[또 하나의 문화]

여자로 말하기, 몸으로 글쓰기

[또 하나의 문화]
제9호

도서출판
또 하나의 문화

[또 하나의 문화]

「또 하나의 문화」는
인간적 삶의 양식을 담은
대안적 문화를 만들고 이를 실천해 가는
동인들의 모임입니다.
이 모임은 남녀가 진정한 벗으로 협력하고
아이들이 자유롭게 자랄 수 있는 사회를 꿈꾸며,
특히 하나의 대안문화를 사회에 심음으로써
유연한 사회체계를 향한 변화를 이루어 갈 것입니다.

여자로 말하기, 몸으로 글쓰기
[또 하나의 문화] 제9호

■ 책을 펴내며 —— 14

■ 좌담
살아남기 위한 말, 살리기 위한 말 —— 23

■ 고정희를 그리며
토악질하듯 어루만지듯 가슴으로 읽은 고정희/박혜란 —— 53
고정희 선생님이 죽었다?/김은실 —— 100

■ 논설
여성의 자기 진술의 양식과 문체의 발견을 위하여/김성례 —— 115
지식인 여성들의 글쓰기/조혜정, 김미숙, 최현희 —— 139
미친년 넋두리/조주현 —— 172
『그 많던 싱아는 누가 다 먹었을까』가 우리에게 던진 숙제/조은 —— 188

■ 문학의 현장
페미니즘 문학에 대한 몇 가지 생각들/이소희 —— 200
페미니즘과 여성시/김혜순 —— 218
19세기 영국 여성 작가들의 자전적 소설/서지문 —— 233
앨리스 워커의 『보랏빛』을 통해 본 상징과 서간체 형식/박소연 —— 246

■ 콩트
나는 곡비인가?/김영숙 —— 261
약 먹는 여자/하운 —— 266

서른아홉 살의 아침/박혜자―― 272
술래잡기/정진―― 279
내숭 열녀비/김효선―― 284
찬밥에도 칼로리가 있다/이연경―― 289

적응과 성장
환자를 돌보듯이 나를 돌보며 글쓰기/이나미―― 297

공동창작
투구에 걸린 목/연극 소모임―― 306
소리, 자루, 그리고 춤―발성연습/연극 소모임―― 323

다시 읽는 글
버지니아 울프의 『자기만의 방』/한정아―― 334
함께 읽고 새로 써본 씩쑤의 「메두사의 웃음」/박일형―― 353

서평
『여자가 알아야 할 남자의 비밀, 남자가 알아야 할 여자의 비밀』
/김정화―― 366

표지 그림/윤석남
글 편집/김성례, 이소희, 조은, 박혜란, 장필화, 유승희, 조형, 조옥라, 조혜정

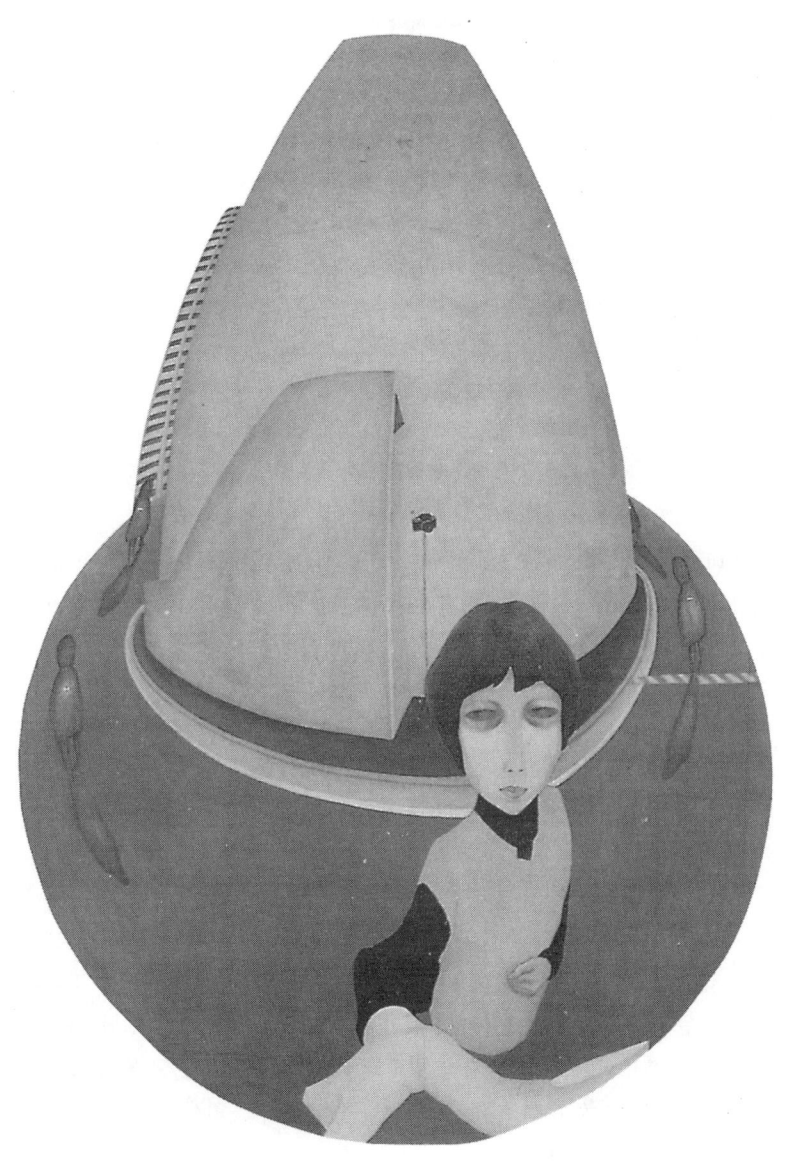

민경숙, 「She He She He She He She He……」, 나무판 위에 혼합 재료, 190×130cm, 1991.

책을 펴내며

1.
1987년에 동인지 3호 『여성해방문학』을 펴내면서 우리는 이미 한차례 여성 억압과 언어의 관련성에 대해 생각해 보았다. 이번 호에서 우리는 또다시 말하기 행위의 정치성을 주제로, 침묵을 포함한 '말'과 백지로 남겨둔 '글'의 문제를 다루어 보고자 한다. 직접적 박해와 간접적 회유 속에서 여성은 어떻게 자신을 표현하며, 침묵하며, 망설이며, 말 같지 않은 말을 되풀이하며, 저항하며, 또 자신을 감추며 살아왔는가? '말없음'에서 '말찾기'까지, 여성이 자신의 체험을 자신의 것으로 만들기 위해 말을 살려내는 방법에는 어떤 것들이 있는가?

우리는 그 동안 남성의 말로 억울함을 호소하며 피해자로서의 요구 사항을 소리 높여 주장해 온 자신을 돌아본다. 우리는 이 책에서 여성들이 목소리를 높여야 한다는 주장을 더 이상 하지 않는다. 오히려 말을 하지 말아야 한다는 말을 한다. 말 자체를 의심해야 한다는 말을 하고 있다. 남성의 말과 전쟁을 벌이려고 남성의 말에 맞추는 것, 그 말로 많은 것을 말할수록 자신의 언어를 더욱 잃게 되는 그 자가당착에 우리는 이제 더 이상 우리를 가두어 두고 싶지 않다.

이 책에서 우리가 당위적인 주장 대신 '지배자'의 눈을 피해 질러 온 '소음'들, 울부짖음, 신음소리, 내숭, 그리고 여성끼리 나누어 온 지혜의 소리를 끌어내 보고자 한 이유가 바로 여기에 있다. 설명적이거나 주장이 강한 글보다는 '보여주기'를 하는 글을 쓰려고 노력한 것도 그런 뜻에서였다. 생존 전략인 자기 진술과 해방이 되는 자기 진술은 분명 다르다. 그러나 그 둘은 연결되어 있고, 해방의 말을 찾기 위해 우리는 그 동안 존재했으나 공인되지 않았던 담론의 공간들, 침묵의 공간, 울음의 공간, 낄낄거림의 공간을 되찾아야 한다.

'여자로 말하기'라는 말은 이제 우리에게 더 이상 낯선 상징이 아니다. 그 말을 들었을 때 우리들은 대개가 다음과 같은 것을 떠올린다. 여성의 삶에 드리워진 그림자, 말의 빼앗김과 되찾음, 침묵 시위와 반언술 행위, 이런 것들 말이다. 이 책에서는 그래서 좀더 색다른 단어로 실천적 말을 하자는 분위기를 살려보았다. 그것은 '몸으로 글쓰기'라는 단어이다.

'몸으로 글쓰기'라는 것은 우리가 만들어낸 단어는 아니다. 서양의 페미니스트들이 얼마 전부터 사용해 온 단어이기도 하다. 예를 들어 미국에서는 70년대 초반부터 여성해방운동에 참여한 많은 여성들이 소규모로 모여서 '자기 이야기 풀어내기', '껍질벗기', '허물벗기'의 차원에서 '여자로 말'하고 '몸으로 글'을 써왔다. 이들은 서구 역사를 거슬러 가면서, 자기 주장이 강하다고 하여 마녀로 몰려 죽어간 여성이 되어 이야기하기도 하고 마녀처럼 주문을 걸기도 하며, 형식과 내용을 송두리째 바꾼 새로운 사전을 펴내기도 하였다. 영국에서는 여성으로 말하기의 전통이 20세기 초반부터 활발하게 일어 왔으며, 프랑스에서는 언어와 정신분석학을 연결하는 매우 이론적인 논의로 '몸으로 글쓰기'의 단어가 최근에 크게 부각되어 왔다.

'몸으로 글쓰기'라는 것은 결국 기존의 언어가 여성의 체험을 풀어내기에 적합하지 않다는 인식에서 출발하여 새로운 언어를 만들고자 하는 여성들이 해온, '머리'만도 아니고 '가슴'만으로도 아닌 온몸으로 쓰는 모반 행위라 할 수 있다. 그 내용과 형식은 각 사회의 구체적 역사의 진행에 따라 크게 달라질 것이며, 이 책은 우리 사회에서 일고 있는 그런 글쓰기를 찾아내고, 또 만들어 가기 위한 첫걸음이라는 면에서 의의를 갖는다.

2.
이 책의 구성은 늘 그랬듯이 다양한 장르로 차 있다. 좌담인 「살아남기 위한 말, 살리기 위한 말」에서는 주로 '말'과 '글'을 가지고 먹고 사는 문필가와 학자들의 다양한 개인적 체험을 통해 가부장적 언설의 모습을 들여다보려 하였다. 이어지는 박혜란의 「토악질하듯 어루만지듯 가슴으로 읽은 고정희」와 김은실의 「고정희 선생님이 죽었다?」는 그 동안 가장 활발하게 「또 하나의 문화」 동인활동을 해온, 지난해 봄에 지리산에서 어이없는 사고로 세상을 떠난 고정희 시인을 그리며 쓴 글이다.

시인 고정희는 단순히 시인이 아니었다. 그는 논설과 논문과 기사와 평전 들을 쓴, 폭넓은 글쓰기를 한 문필가였다. 그의 글에는 일상적 삶에서 부대끼면서 모순을 풀어내는 '몸으로 쓴 부분'과 거대한 '진리'를 깨우친 자의 목소리가 압도하는 '머리로 쓰는 부분'이 함께 있다. 만약 타계하지 않았다면 그는 지금 집을 짓지 않는 여자에게 가해지는 압력과 가지지 못한 사람을 계속 서럽게 하는 체계가 어떻게 맞물려 있는지에 대해 열심히 쓰고 있을 것이다. 달리 말해서 '독신녀'와 '지사'로서 양분되어 있는 자신의 삶을 통합해 가는 새로운 글쓰기의 장을 열어가고 있을 것이라는 것이다. 실질적으로 이 책이 예정보다 늦어진 것은 부지런하고 열정적인 그가 우리 곁에 있지 않았기 때문이라는 것을 편집회의 때마다 우리는 뼈아프게 느껴야 했다. 이 책은 그의 영전에 바치는 책이다.

네 편의 논설에서는 그 동안 여성들이 공인된 언설이나 문자화된 역사에서는 배제되어 왔으나 완전 침묵하지는 않았으며, 여러 영역에서 다양한 형태로 끊임없이 꿈틀거려 왔음을 보이고 있다. 이러한 여성들의 꿈틀거림, 그 생존 전략과 소극적/적극적 저항들은 그 동안 여성들이 써온 서사 전략들에서 여실히 드러나고 있다. 최근 학계에 일고 있는 자기 진술의 여러 방식과 구술사에 대한 관심은 억압 집단이 써온 말을 이해함으로써 권력의 개입이 덜한 역사를 쓰려는 새로운 운동으로 이어지고 있으며 이런 흐름 속에 김성례의 논설이 있다.
 다른 세 편의 논설은 실은 전형적인 논설 형식과는 거리가 먼 글이다. 논술을 하기보다, 여자가 '머리'를 가지고 '말'을 한다는 것이 무엇을 뜻하는지를, 우리에게 전해져 오는 여성 문인들의 글을 통해 보여 주는 글이다. 특히 이 땅에서 서럽게 죽어간 여성 문인들의 목소리가 이 글의 중심이 되고 있다. 이 원혼들에게 '가족'이란 무엇이고 '나라'란 무엇이었을까? 그리고 '말'이란 또 얼마나 숨막히는 형틀이었을까? 이 시대에 작가가 되려면 남자의 '머리', 서구적 '머리'를 가져야만 한다고 한다. 그래서 많은 작가 지망생 여성들의 몸과 마음은 흐트러지고 망가진다. 어찌할까? 여자가 할 말을 하면 '미친년 넋두리'를 한다고 한다. 미친 척하면서 여자는 할말을 한다. 언제까지 그리해야 할까? 덧붙여 박완서의 자전적 소설 읽기를 통해 '어머니 읽기'와 모반의 언어에 대해 생각해 보려 하였다.
 「문학의 현장」에서는 위의 문제들을 구체적 작품 분석을 통해 풀어낸다. 그 동안 육체화된 언어로 눈길을 끌어온 최근 젊은 여성 시인들의 시세계를 정리해 준 김혜순의 평론과 최근 대중적 인기 속에 주목을 받은 적이 있는 양귀자의 소설을 독자중심 비평으로 풀어준 이소희의 비평은 한국 문학을 대상으로 한 글이다. 서지문은 영미 문학에서의 자서전적 글쓰기를 통해 '주체'의 문제를 정리해 주고 있으며, 박소연은 앨리스 워커의 작품

「보랏빛」의 분석을 통해 상징과 문체의 문제를 부각시키고 있다. 애초의 편집 구성으로는 비평문보다 창작 작품을 많이 싣기로 되어 있었다. 그러나 실망스럽게도 우리 편집에 들어맞는 작품을 별로 찾아내지 못했다. 좁게는 편집진의 게으름 탓일 것이고 넓게는 그 동안 여성운동이 목소리만 높았지 실질적으로 여성의 자기 표현을 깊이 있게 담아 낼 정도로 성숙하지 못한 탓일 것이다. 하여간 반성할 일이다.

우리 책의 인기 지면인 「적응과 성장」에는 의사이며 여자이며 가정주부인 이나미의 글이 실려 있다. 자기 이야기를 진솔하게 풀어간 이 글을 통해 독자는 다시 한번 여자가 글을 쓴다는 것은 그 자체로서 매우 정치적이며 실천적 행위일 수밖에 없음을 깨닫게 될 것이다. 「콩트」로 풀어본 여러 가지 말하기의 글들 역시 이와 같은 맥락에서 읽어 주기 바란다. 「눈물로 말하기」, 「아파버림으로 말하기」, 「전화로 말하기」, 「편지로 말하기」, 「내숭 열녀비」, 「찬밥에도 칼로리가 있다」들을 통해 독자는 다시 한번 검열당하고 있는 자신과 그 망을 교묘하게 헤집으면서 말하기를 중단하지 않고 있는 여성들의 다양한 자기 표현법들을 볼 수 있을 것이다.

창작 작품으로는 20대가 대부분인 「또 하나의 문화」 연극소모임이 무대에 올린 적이 있는 두 편의 희곡을 싣는다. 「투구 속에 걸린 목」은 가부장제의 비인간성을 가장 적나라하게 드러낸 '김보은, 김진관 사건'을 극화한 희곡으로 1992년 봄에 이화여대 가정관에서 공연한 작품이다. 재판 과정을 사실주의적으로 살린 극이 아니라 이 사건을 계기로 중앙집권화한 폭력과 그 무수한 대리인들을 다시 한번 생각하게 하는 상징극이다. 국가와 폭력과 가족과 성간의 관계를 상징적으로 드러낸 브레히트적인 극이라고 할 수 있다. 「소리, 자루, 그리고 춤」은 동인들만을 위한 자리에서 공연을 한 것이다. 말을 잃어가는 현대 젊은 세대의 모습을 잘 그려내고 있는 극이다(말을 잃어가는? 그래 말을 잃어가는!). 여자들만이 아니라 현대의 많은 사람들이 말을 잃어가고 있다.

끝에 '여자로 글쓰기'에 관한 논의에서는 빼놓을 수 없는 두 사람에 대한 글을 두 편 실었다. 여자의 글쓰기에 관한 글 중에 고전이라 할 수 있는 버지니아 울프의 『자기만의 방』과 영문학자이며 프랑스 작가인 씩쑤의 「메두사의 웃음」의 일부를 읽어 보기로 한다. 서평 역시 자기 표현과 커뮤니케이션에 대한 주제와 관련하여 뽑아보았다. 자기 표현을 제대로 해내기 위해 좋은 글을 많이 읽어야 한다는 것은 예나 지금이나 진리가 아닌가? 여전히 빈 여백으로 남는 부분은 독자들이 자신의 체험으로 적극적으로 읽어 주고 그럼으로써 새로운 글을 쓸 수 있게 되기 바란다.

3.
 '남성적 주체'에 기반을 둔 글쓰기는 얼마나 더 지탱해 갈까? 시대를 표현할 말을 찾지 못해 망연자실함을 느낀다는 사람들이 늘어가고 있다. 고고한 외로움 속에서 글을 쓰던 남성 작가들이 무거움 속에 침잠하고, '거대한 권위의 소리'가 흔들리기 시작한다. 이제 여자들은 붓을 든다. 시대를 앞서가는 대변인으로서가 아니라 시대를 아프게 경험하고 있는 주변인으로서 글쓰기를 시작한다.
 이 책을 통해 많은 여성과 또 남성들이 자기의 체험을 돌아보고 그것을 말하고 쓰기 시작할 수 있다면 좋겠다. 여전히 문화적 식민지 상황을 벗어나지 못하고 있는 우리는 사실상 남녀의 성에 관계없이 자신의 체험을 말하는 언어를 잃고 살아왔다고 해도 크게 틀린 말은 아닐 것이다. 지배적 언술의 틀에 매이지 않고 자신의 체험을 풀어내기, 일상적인 삶의 공간을 되찾기, 권력의 개입이 적고 왜곡되지 않은 의사소통을 하기, 답답한 가슴을 달래 주고 눌린 기를 살리기, 이런 것을 해내기 위해 이제 '혀'를 풀어가야 하지 않을까? 자신의 여자됨에 주눅들지 않는 여자들은 언제쯤 대장정을 시작할 수 있을까?

윤석남·박영숙 공동제작, 「우리의 이야기」,
사진과 목조각·아크릴과 안료 채색, 1992.

좌담

살아남기 위한 말, 살리기 위한 말

참석자: 박완서, 박혜란, 조혜정, 김혜순, 장필화, 박일형, 김성례
정리: 유숭희
때: 1992년 1월 22일 (수) 10:30-13:00

인식 / 존재조건 구도에서 언어의 논의까지

조혜정·
이번 호에서 우리는 여성이 자기를 과연 얼마나 잘 표현하면서 살고 있는가, 여성의 삶이 말과 글에 의해 어떻게 규정되는가, 여성적 글쓰기와 말하기라는 단어가 과연 현 사회구조 내에서 어떤 의미를 갖는가 하는 것들을 묻고 나름대로 답을 해보기로 했습니다. 지금 우리가 쓰는 언어가 너무나 특수해서 많은 사람을 소외시킬 수도 있다는 전제에서 말을 풀어 보자는 거지요. 책을 만드는 우리들이나 읽는 사람들이 지향하는 목표가 결국 자유롭게 말하기, 자유롭게 글쓰기이니만큼, 우선 우리부터 가슴을 터놓고 생각을 풀어 보죠.

장필화·
여성의 자기 표현이라는 주제를 놓고 얘기하기 전에 다루어야 할 것이 있습니다. 최소한의 자기 주장이라든가 자아의 문제이지요. 제가 충격을 받은 얘기를 하나 보기로 들겠습니다. 한국 성폭력상담소의 상담 사례를 봤는데, 피해 여성들이 피해 상황을 설명하면서 어쩔 수 없이 자기는 그 상황에서

피해를 받을 수밖에 없는 것으로 이미 설정하고 들어가는 거예요. 예를 들어 피해 여성이 판매원이어서 돈을 받으러 갔는데 그 남자가 오라고 그랬다, 그 전화부터 자기는 이상했다, 불길한 예감을 가졌다, 어디서 만나자고 하고서 여관에 가자고 그러더라, 그러니까 이제 정말 당했다고 생각했다, 이런 식으로 진술하면서 가기도 전에 자기는 여기서 당할 거라는 각본에 들어가 있는 거예요. 이런 진술은 법정 진술로는 아주 불리한 것이지요. 중요한 것은 그러한 피해자를 더욱 잘 이해할 수 있어야 한다는 점이지요. 이 사람은 그 상황에서 자기가 뛰쳐나올 수 있다든가 저항한다든가 하는 것이 가능하다고 생각조차 못하는 거예요. 많은 여성들이 주눅들고 기죽은 삶의 경험에 익숙하다면 자기 표현 이전에 자기 인식, 자기 주장, 인격적 주체로서의 권리에 대한 인식을 하는 것이 선행되어야 한다는 생각이 듭니다.

김혜순·
그런데 꼭 인식을 먼저 하고 말하거나 행동하는 겁니까? 인식과 언어를 분리시키기는 어렵지 않을까요? 저는 바로 그러한 진술 양식 자체가 억압의 산물이자 억압기제라고 생각해요. 그런데 그 동안 우리는 진술의 틀이 억압기제라는 면을 무시해 온 것 같아요. 인식이 어려운 것은 왜지요? 자기 진술을 가능하게 하는 언어가 이미 막혀 있기 때문이 아닐까요? 이름은 잘 기억나지 않는데, 어떤 이가 그런 얘기를 한 적이 있어요. 여성이 어떤 충격적인 경험을 하면, 일단 침묵한대요. 일단 침묵을 한 다음에 공포를 느끼고 그 다음에 죄의식에 빠진대요. 자기가 잘못했다는 거죠. 남자는 그 반대로 간대요. 처음에는 공포를 느끼고 죄의식을 느끼다 나중에는 침묵해 버린대요. 차이가 있다는 거죠. 성폭력상담소에 전화를 걸었다는 것이 벌써 자기를 표현하는 것 아니겠어요? 여기서는 일단 말을 했다는 것이 중요한 거예요. 죄의식과 무엇을 섞어서 할지라도······. 상담원은 그런 진술을 들으면서 그 진술의 틀을 파악하고 또 깨뜨려 줄 기술을 가져야 하지 않을까요?

조혜정·
두 분의 말씀이 우리 토론의 화두가 될 수 있을 것 같습니다. 장필화 씨는 최소한 인식 변화가 있어야 한다는 쪽이고 김혜순 씨는 언어가 바뀌지 않고 어떻게 제대로 인식 변화가 올 것이냐는 입장인 것 같습니다. 본론에 들어가기 위해 이 문제를 간략히 정리하는 것이 좋겠지요? 지금까지 우리가 억압과 해방에 대해 이야기할 때는 주로 관념이 깨지 않았다는 점을 강조하거나 물적 조건을 바꾸어야 한다는 점을 강조해 왔어요. 실제로 지난 1,2세기 동안 관념론자와 유물론자로 대별되는 이들은 서로 팽팽한 대립 관계를 이루어 왔지 않습니까? 이 둘은 상반된 것처럼 보이나 실제로는 '절대적 진리'나 '진보' 개념에 바탕을 둔 계몽주의적 논의라는 점에서 공통성을 지닙니다. 장필화 씨가 자기 인식에 관해 말할 때는 그런 계몽주의적 틀에서 보는 것이 아닌지요? 문제를 바로 인식하게 되는 것, 그런 인식을 하는 주체적 자아를 갖는 것의 중요성 말입니다. 그런데 그 차원의 논의는 단순하다는 지적이 요즘 나오고 있고 바로 그런 지적을 김혜순 씨가 하려는 것 같습니다. 새로운 인식을 하기 위한 방법론을 찾자는 것, 그 방법론은 '언어'와 밀접한 관계가 있다는 것이 최근의 여러 가지 움직임에서 드러나고 있습니다. 언어적 소외를 발견하고 언어 이전의, 또는 공인되지 않은 자기 표현의 다양한 방식을 탐구해 가겠다는 것, 이런 것이 지금 우리가 새롭게 관심을 가지기 시작한 부분이지요. 이 문제는 페미니스트들만이 아니라 비판사회과학 일반에서 광범위하게 관심의 대상이 되고 있는 것이고 새로운 패러다임의 출현을 시사하는 부분이지요.

박혜란·

그렇습니다. 억압을 관념의 문제로 환원하거나 물질로서의 변화로 이해하는 접근에는 문제가 많아요. 그 한계는 최근에 가장 여실히 드러나고 있지 않나요? 관념의 변화가 쉽게 오지 않구요. 특히 설교와 같은 계몽주의적 언어는 지겹게 들릴 뿐이지요. 물적 조건의 변화라는 것도 여성운동의 경우는 여성을 사적 존재로 남겨 두려는 구조의 변화를 이끌어 내는 것이 초점이 될 터인데 그것이 단순히 여성들이 사회 생활에 뛰어든다고 되는 것이 아님이 또한 뚜렷이 밝혀졌지 않습니까? '체제'만 바꾸면 된다는 식의 '거창한' 단순논리를 반복적으로 주장만 하고 있을 때가 아니라고 생각합니다. 우리 나라 여성들의 절반은 이미 공적 영역에서 활동을 하고 있고, 대중 매체로 인하여 사적 영역에만 있는 여성들 역시 공적 영역의 침투를 강하게 받고 있지요. 저는 특히 사회 활동에 뛰어든 여성들이 공/사의 영역을 넘나들면서 겪는 분열과 이중성을 질리도록 보고 또 경험하고 있어요. 우리는 우리가 원하는 새로운 자아 형성, 다시 말해서 공적/사적 영역을 연결해 내는 새로운 작업을 전혀 해내지 못하고 있다고 솔직히 인정해야 할 것입니다. 왜지요? 우리는 왜 이렇게 계속 분리된 두 개의 장을 넘나들며 자신의 분열을 계속 보고만 있어야 할까요?

조혜정·
그러면 관념의 변화나 객관적 조건의 변화는 모두 쉽게 오는 것이 아니고 어떤 언어적 매개를 통하여 온다는 점에 주목하여 새롭게 언어에 대한 논의를 띄워 보도록 합시다. '무지'에 머무르는 '대중'(?)을 나무라고 공적 영역으로 탈출을 하라는 식의 언설이 그 동안 변화를 이끌어 가고자 했던 이들이 사용해 온 전략이라면 지금은 자기 자리에서 입을 열어 우선 자기 표현을 하도록 부추겨야 한다는 말인 것 같은데, 이 방법은 적어도 사적 영역과 공적 영역 간의 연결 문제, 그리고 엘리티즘의 극복 문제와 직결되는 중요한 전략이 될 수 있을 것 같습니다.

단죄하기 전에 풀어내게 하는 것

박완서·
욕구를 풀어주는 라디오 프로가 생각나는데 어떻게 생각하세요?

조혜정·
'꽃바구니 속의 행복'인가 하는 그런 것 말인가요?

박완서·
사람들은 조그맣게 글쓰기라든가 직접 말함으로 자신의 삶을 충분히 담아내지 않습니까? 그런데 그 사람들이 자기 말을 자유롭게 하는 것 같으면서도 항상 거기에는 함정이 있어요. 대부분 아주 작은 것에서 행복을 느끼게끔 되어 있다구요. 지금 '여성 시대'니 어떤 프로든지 많이 달라지려고 노력을 해도 여성 프로가 오래 동안 내려오면서 청취자들에게 말 시킨 것을 보세요. 가내 공업을 한다든가 아주 작은 돈을 갖고 사는 이야기를 들을 때 요새 저걸 갖고 어떻게 사나 하는 생각이 들어요. 그런데도 생일에 남편이 통닭 한 마리를 사오면 그야말로 하늘로 날아갈 것 같은 기쁨을 맛보겠지요.

김혜순·
그러니까 여성 프로들이 여성들의 마음을 풀어내는 그런 역할을 해오긴 했군요.

장필화·
그럼요. 쉽지 않은 상황에서 글을 써내고 그것을 공개해 내는 의지와 용기는 큰 의미를 갖는다고 할 수 있지요. 자기 말을 '사회적인' 자리에서 하고 싶은 욕망이 그만큼 크고, 또 그런 계기가 그렇게 한정되어 있다는 것을 뜻하기도 하고요.

박완서·
그런데 그게 과연 진실인가 하는 것은 우리가 생각해 봐야 돼요.

박일형·
거기에 함정이 있기 때문에 결론은 행복으로 나오는 것 같아요. 그렇지만 얘기를 끌어내는 게 꼭 함정 때문만은 아니고 또 다른 무엇이 있다고 생각해요. 우리가 여기서 주목할 것은 그것이 함정인지 비위 맞추는 것인지의 차원이 아니라 이야기하고 싶은 욕구를 자극해 온 것, 자기들의 의도나 구조를 숨기면서 이야기를 풀어내게끔 만드는 과정, 그 기법의 차원이라고 봅니다. 우린 차라리 그 기법을 배울 필요가 있다는 거죠.

박완서·
고민과 갈등이 없이 편지 쓰는 사람은 없어요. 모두 다 고민과 갈등이 있는데 반드시 화해가, 아주 조급한 화해가 있을 뿐이에요.
　내 생각으로는 우리의 의도와는 전혀 다르게 가고 있는 두 갈래의 글쓰기, 말하기가 있다고 생각해요. 하나는 체제순응적인 방송 매체이고 또 다른 하나는 소위 운동권에서 의식화시킨 사람들의 문집에서 볼 수 있는 것입니다. 예를 들어 미싱공처럼 공장에서 일하는 사람들의 이야기들인데 이 체제를 완전히 전복하지 않으면 해결될 수 없는 것으로 결론이 이미 나와 있죠. 이런 두 가닥의 이야기, 곧 같은 달콤한 소리를 맴돌며 계속하는 거나 신념에 차 있는 높은 목소리나 모두 진정한 의미의 의식화는 아닌 것 같아요.

박혜란·
문제는 그 의식화를 담아내는 방식인데, 방식을 모르면 목소리만 커지게 되죠. 의식화를 위에서 계몽, 주입, 선동하기보다는 사람들이 방송국에 솔직한 편지를 쓰는 방법으로 새롭게 생각해 볼 필요가 있겠군요. 대중 매체 시대로 들어서면서 그런 전략상의 변화는 더욱 필요한 것 같습니다.

박일형·
저는 주로 차 속에서 여성 프로를 듣게 됩니다. 어떤 때는 방송에서 감당하기 힘들 만큼 심각한 이야기가 나오는데 얘기를 들어 보면 구조적인 것까지 모든 걸 다 담고 있어요. 오히려 그들이 담아내려는 그릇, 그들이 만들어 놓은 함정보다 거기에 잡혀든 짐승의 몸집이 더 큰 거예요. 제가 계속 느끼는 것은 처음보다 갈수록 그 문제가 커지고 있다는 거예요. 더 심각하고 더 슬픈 얘기가 나오고 담아낼 더 큰 것들이 나오는 거예요. 전 그 과정이 방송을 듣고 있던 또 다른 청취자들로부터 나오는 거라고 생각해요. 방송을 들으면서 '아휴 저 사람은 저 정도밖에 고생 안 해놓고 얘기를 썼네. 나는 더 큰 고생을 했는데' 하고 생각하는 거죠. 저는 바로 이런 동기 유발의 측면을 눈여겨 보아야 한다고 생각해요. 결국 이런 과정이 점진적으로 증폭되어 나간다면 나중에는 감당하기 힘들 정도가 될 것이고 결국 그릇 자체를 바꾸게 할 것이라고 생각해요.

장필화·
'여성 시대' 같은 프로도 요즘 변화하는 것 같아요. 문제, 갈등의 제시가 더 많아졌어요. 옛날에는 정말 꽃바구니 행복 같은 쪽이었는데 지금은 갈등을 다양하게 보여 주고 있다는 느낌이 들더군요.

박완서·
진행자에 따라서도 많이 달라진다고 봐요. 그전에 어떤 남성 진행자는 거의 농담으로 "아줌마, 아줌마" 그러면서 받아주대요. 어떻게 보면 여자들이 바라는 외간 남자하고 말 한번 해보고 싶은 욕구를 잘 긁어 주는 식이더라구요. 그 수준이었죠.

박혜란·
이제까지는 대개의 진행자들이 여성들을 아이 달래듯이, 살살 어루만지듯이 말을 시키는 게 여성 프로의 고정틀이었습니다만, 최근에는 많이 달라지는 것 같더군요.
 자, 그럼 이야기를 한쪽으로 몰아서 여성들이 이야기를 풀어놓을 수 있게 만드는, 그러면서도 인식의 변화를 이룰 수 있는 방법에 대해 생각해 보죠. 인식의 변화를 해야겠다는 주장이나 설교조가 아닌 전혀 다른 방식으로 각자 얘기를 풀면서 스스로 인식 변화를 이루어 갈 수 있는 방법에 대해서 말입니다.

박일형·
사람들에게 말하고 싶어할 동기를 부여하고 그 다음에 그들에게서 나오는 얘기를 그대로 도로 받아서 "당신의 몸집이 이렇게 큽니다", "당신의 얘기가 이렇게 깊습니다" 하고 얘기해 줄 수만 있으면 될 것 같아요. 일종의 거울 역할을 하는 것이죠. 문제는 이러한 되받음 과정에서 진행자가 얼마만큼 굴절과 과장을 막을 수 있는가 하는 것이예요. 대개의 진행자는 대화의 피상적인 재미나 대화자의 감정적 반응에만 흥미가 있으니까요.

다양한 자기 진술의 방식

조혜정·
입을 열어도 계속 틀에 가두어진 말만 할 위험성을 충분히 알고 있으면서 그럼에도 불구하고 우선 말을 하게 하는 작업을 강조해야 될 때인 것 같습니다. 그러려면 우선 "지식은 해방이다"라면서 절대적 진리를 상정해 온 계몽주의적 구도를 흐트러 버릴 수 있어야겠지요. "지식은 해방적일 수도 있지만 매우 억압적일 수 있다"는 점을 더욱 분명히 할 필요가 있다는 것입니다. 그런 만큼 '거대한 진리'라는 것에 두었던 비중을 줄이고 삶의 현장에서 진지하게 자신의 이야기를 풀어가는 과정에서 드러나는 '작은 진실'에 더 많은 비중을 두어야 할 것 같습니다. 언어의 민주화 작업이 필요하다는 것이지요.

김혜순·
다양한 자기 표현 양식을 찾아내는 것이 중요하다고 생각해요. 지난번 김성례 선생님이 여성학회에서 발표한 심방의 생애사에 대한 논문을 보면, 자기 진술의 형태로 독백이 많이 나옵니다. 독백은 청중이 없는 말이죠. 그런가 하면 듣는 사람에게 말을 거는 표현, 즉 대답을 유도하는 표현이 있고, 또 자기의 말을 강조하기 위해 민요체를 사용하기도 하지요. 우리 민요에는 시어머니는 어떻고 시아버지는 어떻고 며느리는 어떻고 하는 식의 대구가 많거든요. 그 여성의 생애사를 죽 읽으면서 느낀 것이 그 모든 것이 에피소드 중심이고 소서사(작은 이야기)였다는 것입니다. 여자가 자기 생애를 죽 구술하면서 남자에 대해서 원망을 가지면서도 그렇게 미워하지는 않더군요. 사실 불행의 원인은 그 사람인데 그것의 원인을 인식하지는 않는 거죠. 다만 자기 생애를 에피소드화하는 데 주력하고 자기 얘기를 신화에 빗대어 표현합니다. 자기 생애를 운명적인 것으로 신화에 묶어 보려 한다는 거죠. 그런 것들이 여성의 자기 생각과 자기 진술 방식, 즉 여성의 말하기를 이해하는 데 굉장히 중요하다는 생각이 들어요.

그런데 제가 그것을 읽으면서 매우 놀란 것은 요새 젊은 여성 시인들의 시들을 읽었을 때 느끼는 것도 그런 전략을 많이 사용한다는 거예요. 자기의 서사 전략으로서 고백체를 쓴다든지, 신화적 공간을 설정한다든지, 저같이 대화체를 쓴다든지 하는 것이죠. 결국 문체 이야기인데 너무 문학에 국한된 논의인가요?

김성례·
또 특이한 것은 그 무당이 얘기할 때 내용과 표현이 시간과 관객의 성격에 따라 변한다는 점이예요. 상황과 간주관성이 중요한 변수가 되고 있습니다.

김혜순·
우리 시어머니한테도 발견되는 일인데요. 결혼할 때 시아버지한테 끌려가 다시피한 얘기를 들어 보면 독백으로 했다가 갑자기 나한테 말을 거시는 식으로 말씀하시죠. 연극 배우처럼. 그런데 그런 것이 서사적인 전략이 될 수 있겠느냐는 것이 문제지요. 전 그런 것에 관심이 많은데, 제 글쓰기와 그들의 전략에 일맥 상통하는 부분이 있다는 느낌이예요.

김성례·
공인된 방식은 아니겠지만 소외집단들은 자기 나름대로의 자기 표현을 해왔으리라 가정하고, 지금껏 그들——주로 여성——이 써온 자기 진술 양식, 서사 전략을 찾아 보는 것이 지금 우리가 하려는 작업이 되어야 한다고 생각해요. 문제는 그 서사 전략들을 어디서, 어떻게 찾아내고 담론화할 것인지입니다. 우리 자신들을 보더라도 이미 남성적 언어에 너무나 길들여져 있고, 그 언어를 잘 쓰기 때문에 남성적 사회에서 활동을 하는 게 아닐까요?

김혜순·
제 집에 오는 파출부 아주머니는 베란다에다 뭘 기르는 것을 좋아해서 베란다가 온통 흙투성이에요. 호박도 심고 해서 13층 꼭대기에 별 게 다 있어요. 그분은 그 취미로 사는데, 말을 시키면 별 얘기를 다해요. 얘기하기 위해서 제가 먼저 이야기를 아주 쉽게 풀어서 해놓지요. 제가 결혼할 때 우리 시어머니가 뭐를 해달라고 해서 제가 울고불고 얘기를 풀어 놓으면 그 쪽에서도 자기 결혼식에 나를 초대하는 거예요. 그래서 저는 그분의 생애를 굉장히 많이 알고 있어요. 그분의 꿈 얘기라든지…… 너무 아름답고 신화적인 것이 많아서 저는 소설가도 아닌데 소설을 쓰고 싶어질 정도예요. 그런데 그걸 절대로 녹음을 못해요. 녹음을 하면 완전히 입을 다물어 버려요. 얼마 전에는 그분 얘기로 글을 써서 『여성신문』에 실었는데 굉장히 싫어하더라구요.

조혜정 ·
제 고민도 바로 그건데요. 제가 아주 좋아하는 아주머니가 한 분 계신데 얘기를 잘하셔요. 소박을 당하고 혼자 살던 때 얘기를 신나서 하세요. 그런데 "얘기하고 나면 속이 참 시원하시죠?" 하고 물었더니 아니라는 거예요. 그게 숙제로 남아 있었지요. 이번 책 때문에 다시 그분 얘기를 듣고 이야기를 허물없이 하신다고 제가 한마디 덧붙였어요. 사람들이 배운 게 중요하다고 하는데 사실은 아무 것도 아니라고 했어요. 살아온 얘기 자체에서 배울 것이 많다고 했죠. 그랬더니 그 말을 한 이후부터는 그분의 이야기가 너무나 규범적으로 변해버리는 거예요. 나도 배운 것에 기죽지 않고 철학이 있다는 얘기를 하고 싶어지셨는지…….

김성례 ·
선생님과 그분과의 대화의 상황이 어땠는지 모르지만, 얘기의 틀 자체가 중요하지요. 그 아줌마가 얘기의 틀과 내용을 왜 어떤 식으로 바꾸느냐를 물어야 한다는 거예요. 여성의 말이 글로 바뀌는 과정에서 어떤 작용이 일어나는가 하는 문제와도 연결이 되지요. 서로 얼굴을 맞대고 얘기를 할 때는 관객이 친밀한 관계에 있는 한 사람에 불과하지만 그 얘기를 글로 쓰는 경우에는 보이지 않는 독자를 대상으로 하게 되는데, 그 독자 가운데 냉정한 눈으로 자기를 판단할 수 있는 두려운 존재를 연상하게 된다면 얘기 자체가 더 규범적이게 되지 않을까요?

장필화 ·
나는 말과 글 그 자체보다는 말에서 글로 전화되는 것에 숨은 의미, 즉 사적인 인식에 머물러 있던 것이 공개되고 공식화된다는 것에 대한 두려움이 더 크다고 생각해요. 너무 사적 존재로만 남아 있다 보니 그런 것이 아닌지요.

박혜란 ·
제 경험을 말씀드리면, 집에서 살림만 하다 보면 바깥 세상에 대해 공포심을 갖게 돼요. 자신이 없어지는 거죠. 식구들한테나 이웃, 친구들과는 끝없이 말을 나누고 가끔씩 일기를 쓰기도 하지만 웬만해서는 공적인 장소에서 떨지 않고 말하지 못합니다. 더구나 자신의 사적인 이야기를 그대로 글로 공개한다는 건 어림없는 일이죠.

조혜정 ·
우리가 전부 공적, 사적 두 가지 분열된 자아를 가지고 있다는 게 다시 문제로 제기되었군요. 주변적일수록 그 분리가 더 강할 것이구요. 그러면 공적 자아에 대한 공포나 고정관념은 여성들이 갖고 있는 특징 중의 하나일 수 있겠습니다. 그리고 공포심을 없애는 전략이 필요하다고 할지…….

장필화 ·
필요하지요. 대체로 여성들은 스스로 공적 경험을 해본 적이 없다고 생각하니까 그것부터 깨야 되겠지요.

박혜란 ·
여성들이 스스로를 사적 존재로 규정하고 있는 차원을 뛰어넘을 수 있게 하는 전략은 무엇일까요? 사적 존재가 자신을 공적 존재로 인지하게 되는 과정이랄까 언어랄까…….

장필화 ·
내 삶을 담아낼 수 있는 것이 '장화홍련전'에 있는 것이 아니라 '장화홍련전'을 극복하는 어떤 신화가 있다는 것을 인식하는 것, 그래서 더욱 적극적인 삶으로 갈 수 있는 그런 모델이라고 할까, 이야기 틀을 형성하는 것이 우선되어야 한다고 봅니다.

조혜정 ·
새로운 이야기 틀, 또는 전개 양식이 중요한 것 같습니다. 그게 바로 김혜순 선생이 얘기한 에피소드와도 연결되는 거죠. '논문 100매'라고 할 때 그것은 에피소드가 아니거든요. 에피소드로 3매만 쓰면 된다든가, 논리적이거나 형식적 일관성이라는 강박관념에서 벗어나서 독백도 하다가 대화도

하다가…… 이야기 자체 내에서 일관성이 없을 수도 있다는 것이 용인된다면 더 많은 이야기들이 터져 나올 수 있을 것은 분명해요.
김성례·
여러 사람들이 함께 모여 이야기를 하는 현장, 계 모임이라든가 동창 모임에서 자신의 이야기를 할 때 어떤 특별한 스타일들이 있을 거예요. 결혼, 아이들, 성, 노후에 관한 문제라든지, 이런 것들을 친구들끼리 나눌 때 이야기가 담기는 그릇이 친척들하고 있을 때와는 달라지거든요. 대화가 이루어지는 현장의 차이에 따라서 이야기의 스타일들이 어떻게 달라지는지 여러 현장들을 잡아 비교해 보면 소서사적 언술에 대한 또 다른 측면이 밝혀지겠죠.
장필화·
차이가 있다 하더라도 그 영역은 다 사적인 영역이죠. 이제까지 여자들이 대부분 잠겨 있는 현장이라는 거죠. 어떻게 공적인 현장으로 끌어 내느냐 하는 것이 중요합니다.

말하기와 글쓰기

김혜순·
문학에서는 1920-30년대부터 여성주의적 문체가 더러 나타난다고 말할 수 있겠는데요. 문학적인 구술 양식이 아니라 벌써 문자화된 것으로 제도권 안에서 확연하게 구분하기는 어렵지만 나름대로 특징적인 것은 있다고 볼 수 있겠지요. 그런데 개개인에게 여성적인 요소를 갖춘 것은 있지만, 그렇다고 해서 명확하게 이건 남성적인 언어고, 저건 여성적인 언어라고 할 수는 없을 것 같아요.
박혜란·
대부분 여성들이 사적인 영역에 잠겨 있고 공적 영역으로 나오지 않으려 하기 때문에 그들의 이야기를 어떻게 풀어낼 것인가, 그것을 담아내는 그릇은 어떤 것일까에 대한 이야기들을 나누어 봤습니다만, 그러면 딱히 문학인만이 아니라 모든 공적 영역에 참여하고 있는 여성들 특히 지식인 여성들은 과연 글쓰기에 문제가 없을까요? 주위에서 찾아봐도 모두들 힘들어

하는 것 같습니다만.

장필화·

글로써 인정받으려면 일정한 형식에다 넣어야 하고 여성들도 결국 그것을 따라야 하기 때문에 그들의 언어도 사실 여성들의 언어는 아니죠. 특히 출세해야 되겠다든가 인정받고 싶은 욕망이 강할수록 글은 남성 모방적일 수밖에 없고 그런 면에서 여성들을 더 답답하게 만들겠지요. 앞으로는 달라질 수 있기를 바라고 또 그렇게 될 가능성도 있지요.

 지금 글을 쓰는 여자들의 언어를 남성/여성 언어로 딱 구별해서 말하기는 힘들겠지만 그 구분은 유용하다고 봐요. 또 그것은 단순히 남성/여성의 구분이라기보다는 엘리트/대중의 구분과 상당히 많이 겹쳐 있다는 점에도 주목해야 할 것입니다. 문단에 데뷔한 사람들은 여자라 하더라도 대중은 아니니까 여성 대중의 경험을 가진 이들은 그리 많지 않다고 보이거든요. 거기에 더하여 '남성적'이기를 바라는 성향이 높기 때문에 의도적으로 여성의 경험이 배제되었을 가능성이 있습니다.

김혜순·

문학하는 여성들 얘기를 한다면, 문어체적인 언어를 벗어나서 우리가 평소에 사용하는 언어를 향해 간다고 할 수 있어요. 그냥 구술에 자연스럽게 역사성이나 어떤 메시지가 들어가는 수도 있고 의식적으로 새로운 말을 만들어 보려고 쓰는 수도 있는데 아무튼 간에 요즘은 일상적인 언어로 다가가려는 노력을 많이 하죠. 시든 소설이든 애를 쓰고 있어요. 물론 교육받은 이들이 대부분이기 때문에 그런 영향을 벗어나기는 힘들어요. 이번 호 편집안을 보면, 여성들의 삶을 말을 통해서 끌어 내리려고 노력하는 것 같은데 구술된 내용, 소재도 중요하지만 구술되는 양상을 보려고 하는 것 같군요.

조혜정·

그렇습니다. 글 같은 말은 엘리트들이 쓰는데 아주 소수들이 만들어 내고 폐쇄적으로 쓰고 있지요. 그래서 결국 일반적으로 쓰는 말과 글의 거리를 더 넓혔어요. 이론 논쟁을 즐겨하는 지식인들이 술좌석에 가서는 전혀 다른 언어를 쓰는 이중성도 이런 분열이 지식인 내부에서 그대로 일어나고 있음을 말해 줍니다. 글 같은 말을 쓰는 장소와 그렇지 않은 장소가 확연히 구별되어 있고, 그래서 우리 사회에서는 항상 뒤풀이가 있어야 하지요.

우리의 관심은 먼저 어떻게 하면 말을 살려낼 거냐 하는 문제지요. 앙리 르페브르라는 사람이 '말이 글로 되었을 때부터 억압은 시작되었다'는 얘기를 해요. 관료적인 통제, 일상에서 멀어지는 것이 거기서부터 시작되어 지금 기호의 시대까지 온 것을 얘기하는데 그의 주장이 극단적인 것이긴 하지만 거기서 말하는 글이 갖는 억압에 대해 분명히 인식해야 한다고 봅니다. 그래서 말같이 글을 쓴다는 것이 중요해집니다.

그런데 일상 언어로 쓰려고 보니 엘리트하고 파출부 아주머니하고 그렇게 다르지 않다는 것을 발견합니다. 우리는 다른 계층에 속하는 사람을 너무 이상화하고 신비화하거나 무시하는 경향이 있어요. 또한 대중 매체 시대에 아주머니들도 텔레비전 등을 통해 삶을 담아내는 도식적인 틀을 갖게 되었어요. 반면에 엘리트도 생활 현장에서 실제로는 제대로 말을 갖고 있지 못합니다. 그렇기 때문에 우리는 전략이 필요합니다. 이번 책이 전략을 세우는 데까지 갈 수 있기를 바랍니다. 전에는 우리 말에 문제가 있다는 정도의 문제의식이었는데 이제는 문제의식의 수준을 벗어나서 많은 이들이 허물을 벗고 자기 말을 할 수 있도록 하기 위해서지요. 자기를 억압하는 것을 구체적으로 드러내고 제거하는 일을 해야 하는 거죠. 그런 면에서 여성들이 침묵하는 것, 내숭 또는 수다떠는 것에 주목해 볼 필요가 있습니다.

장필화·

여자들의 수다는 정말 많은 의미를 갖고 있고 다양하게 분석될 수 있다고 봅니다. 그런데 대부분 항상 잘 아는 친구들 사이에서 일어나는 것이 수다의 한 특성이 아닌가 해요. 대상이 분명히 정해졌을 때 하는데, 이 대상이 내가 모르는 사람이라고 볼 때 입을 다물게 되고 이것은 글쓰기에 대한 것과 비슷한 반응이라고 생각합니다.

김혜순·

김성례 선생님이 쓴 「심방의 생애사」를 보면 그 제주도 심방이 김성례 선생님하고 심방의 딸과 이웃여자와 있을 때는 말을 했는데 비디오 카메라로 찍을 때는 말을 잘 않더라는 거예요. 그리고 말의 내용이 전혀 달랐던 것과도 같네요. 그러니까 반복되는 것 같지만 듣는 이가 누구인지가 매우 중요한 것이군요.

장필화 ·
여자들의 수다가 왜 글이 안되고 거기에서 막힘이 생기는가를 생각해 보아야 되겠지요. 말을 글로 바꾸지 못하는 것은 그만큼 공론화의 그릇이 되는 독자라는 대상을 상정할 수 없기 때문이 아닐까요? 자기가 아는 말을 듣는 수용자와 그렇지 않은 불특정 다수라는 수용자의 간격을 뛰어넘지 못하는 거예요. 특히 여자는 공적인 자리에서는 주인공이 될 수 없었으니까요. 우리가 고백체란 말을 많이 썼는데 고백체에서 대상은 누구이겠어요?

조혜정 ·
그런 면에서 나는 박완서 선생님이 글 쓰시는 자세나 방식에 대해 얘기해 볼 필요가 있다고 봐요. 박선생님이 쓰시는 방식은 수다의 형태는 전혀 아닌데 그럼에도 불구하고 많은 남자들 눈에는 수다로 보이는 것 같습니다. 그런 부분을 우리가 얘기해 봐야 할 것 같습니다.

박완서 ·
내가 말을 잘하는 사람인 줄 알고들 있어 당황스러울 때가 많아요. 아무리 안 하려고 해도 강연 같은 것을 몇 번 하게 돼요. 일년 계획을 세울 때 강연은 안하겠다고 결심합니다. 그건 내가 말을 잘 못하기 때문이죠. 난 말과 글 사이에 심한 갈등을 느껴요. 사람들이 내가 말을 잘하는 줄 아는데 사실은 잘 못하죠. 또 글을 읽은 사람이 나를 평가해 준 것만큼 말에서도 평가를 받고 싶다는 허영심 같은 것도 있고. 그러니까 대개는 안 하지요. 상대가 문학을 좋아하는 어떤 소그룹이라든가 할 때는 비교적 나은데 그야말로 누군지 모를 아줌마들과 아저씨들이 모인 자리에서는 말이 먹혀들어 가는 걸 내가 전혀 못 느껴요. 교류가 없을 때에 전혀 말이 안되고, 교감이 안 느껴질 때 말이 안된다구요.

그런데 친구들하고 수다떤다든가 만나는 거는 달라요……. 어떤 두려움 같은 거는 뭐냐 하면 글을 쓸 적에는 필요없는 말을 덜어 낸다든가 고칠 수도 있지만 말은 한번 뱉어 내면 어떻게 할 수가 없다는 거죠. 신문사에서 한 마디만 해달라고 전화로 물어오면 너무 싫은 거 있죠. 내가 말을 하는 게 진실일까, 내가 마구 쏟아내는 것이 진실인가 쌍소리를 하는 게 진실인가…….
난 너무 오래 글쓰기에 익숙해 있어서 그런지 그냥 말을 탁 뱉어 놓는 것이 싫어요. 사실은 더 신중하게 생각해서 쓴 게 진실 같애요. 그러니까 더 안심이 되는 거고…… 강연을 할 적에 잘 못하면 사람들에게 실망을 주어서 싫고 또 잘해도 다 문제라고 봐요. 강연을 잘하면 자기 말에 자기가 상승되어 말을 부풀리게 되고, 자기 황홀에 빠진다고나 할까……. 그런 열정에 잘 마무리를 했다고, 사람들이 박수를 막 쳤다고 하는데 다 끝나고 올 적에 생각을 해보면 너무 싫어지곤 해요.
조혜정·
아주 굉장히 중요한 말씀인데요. 왜 싫어질까요?
김혜순·
선생님이 글에 대한 전문가이고 글로 말하는 데 너무 익숙해져 있기 때문일 거예요. 말을 너무 많이 하는 사람들도 있잖아요. 글은 전혀 안 쓰고.
박완서·
너무 유창한 말에는 거짓이 있는 것 같애요. 후에 자기가 들으면 소름끼치지요. 일전에 텔레비전에 출연한 적이 있는데 막내가 그것을 녹화해 놓은 모양이예요. 나는 내가 나온 것은 의식적으로 안 봐요. 아이가 녹화해 놓고 보라고 그러는데 나는 안 보고 싶은 것을 들키기 싫어서 들락날락거리면서 보는데 그 소리가 그렇게 싫더라구요. 그런데 왜 싫을까? 목소리가 싫은 걸까?
장필화·
글을 쓰시는 분으로서 글과 말을 비교하시는 점에서 새로운 생각을 주시는군요. 글이 일상화되지 않은 대다수의 여자들의 자기 표현은 결국 말로 될 수밖에 없는데 그것이 글로 될 수 있는 배경은 어떤 것인가, 그 바탕이 어떤 것이 될 수 있는가 하는 것이니까 접근하는 방법이 전혀 다른 것 같아요.
김혜순·
여기서 '말'의 정의를 새로이 해야 될 것 같아요. 자기 경험을 이해하고 표현하는 것이 더 말에 대한 정의에 가깝겠죠. 어떤 것에 대한 판단이라기보다는 자기 경험을 얘기하는 행위를 할 때 그 주체가 자기를 어떻게 표현하고 있고 자기 이미지를 나타내고 있을 때, 무슨 언어를 사용하든 간에 그런 것을 말이라고 해야겠죠.
박혜란·
자기 표현이 자기 경험을 어떻게 이해하는가에 따라 달라진다는 것과 어떤 틀로 담아내느냐 하는 것은 다른 문제 같습니다. 지금 우리가 관심 갖는 문제는 여성에게 글쓰기가 왜 어려운가의 문제입니다. 그 문제를 풀기 위해서 작가는 어떻게 그 억압에서 쉽게 벗어날 수 있는 것인가, 작가의 글은 전부가 자기 경험을 푸는 것인가에 대한 이야기를 들어보면 도움이 될 것 같은데요.

김혜순·
아까 박완서 선생님께서 말이 참 싫다고 하셨는데 저에게도 말과 글은 서로 보완적이기보다는 대립되는 편이에요. 말로 하지 않는 예술 장르를 보기 좋아해요. 예를 들어서 유진규의 판토마임을 볼 때 참 기분이 좋아요. 말이 없으니까. 얼마 전 홍신자 보이스 콘서트를 보러 갔는데 "아——" 그러고만 있으니 참 기분이 좋던데, 갑자기 "아리랑, 아리랑" 하니까 미치고 나가고 싶어지든데요. 말을 하니까 그런 기분이 들던데. 너무 말이 싫어요. 말씀하신 대로 방송 언어 같은 그런 언어가 있잖아요. 밀란 쿤데라의 소설에 「농담」이라고 있어요. 거기에 보면 방송하는 여기자가 나오는데 여기자는 말을 상징해요. 저는 말이 듣기 싫어 FM 채널을 막 돌립니다. 음악이 나오면 괜찮은데 내용 없는 방송 언어는 너무 싫어요.
 저는 그런 말이 아닌 말을 하고 싶어서 쓰는 것인지도 모르겠어요. 어쩌면 또 쓰라고 하니까 쓸 때도 많고, 청탁이 밀릴 때는 아무렇게나 쓴 것도 막 주고, 어떻게 정확하게 말할 수는 없죠. 하지만 말에 대한 거부감에 많이 사로잡혀 있다는 것도 한 요소라는 생각이 들어요. 말에 대한 존재론적인 거부인지도 모르죠.

조혜정·
그것하고 박완서 선생님이 말, 수다가 싫다고 하신 것하고는 다른 것 같은데요. 말이 겉도는 세상에 대한 지겨움에서 탈출하고 싶은 욕구 같은 것 아닙니까?

김혜순·
문학하는 사람으로 말에 대한 관심이 없을 사람은 없죠. 말에 대해서 시도 쓰고 소설도 쓰고 어렵게도 쓰고 쉽게도 쓰고 어떤 식으로든 말에 대해 쓰지요. 자기가 하는 문학에 관해서도 쓰지요. 메타 언어지요. 그것도 문학의 큰 범주입니다. 소설가가 주인공으로 제일 많이 삼는 것이 소설가인 것 같아요. 시인도 시란 무엇인가를 끊임없이 묻지요. 말에 대해 생각해 보는 것도 그런 맥락에서 생각해 볼 수 있을 것 같아요.

김성례·
김혜순 씨의 시를 읽어 보니까 자기를 표현할 때 소위 여성적인 경험과 밀접한 표현 방식을 많이 사용하고 있어요. 여성은 항상 요리를 하고 음식 준비를 하는 등의 일을 많이 담당하고 있잖아요? 그래서 자기를 표현할 때 그런 주제가 자기 삶과 어떤 특별한 연관성이 있다고 보는지? 아니면 어떻게 우연하게 골라낸 것들이 입술이라든지 자기 몸하고 관련이 있고, 또 맛있게 먹는다든지 어떤 몸의 이미지라든지 음식 또는 먹는 행위들이 관련성을 보여서 선택되었는지? 그것은 여성적인 경험이 지겨워서일 수도 있겠고 그 자체가 가지고 있는 존재론적인 진정성이 시어로 표현된 것일 수도 있겠고, 또 전혀 관련이 없을 수도 있죠.

김혜순·
제 시에는 먹는다는 말이 많이 나옵니다. 먹는 관계가 많은데 먹는 관계가 그렇게 맛있게 열심히 즐겁게 먹지는 않는 것 같지요. 다른 사람들이 제 시를 분석해 놓은 것을 보면 제가 외부적인 힘과 저와의 관계를 먹고 먹히는, 또 먹이는 관계로 해석하고 있다고 그래요. 그런데 제가 하는 일 중에 먹는 일이 참 중요하고 요리를 많이 하잖아요. 그게 저의 일상이니까 그게 나오지 않을 수 없죠.

그리고 여자의 몸이라는 것은 남자의 몸하고는 달리 내밀한 거예요. 생리 주기가 있고…… 남자를 봐요. 얼마나 밋밋한 몸인가를. 생리 주기가 있어서 지금 배란기인가 아닌가를 알 수 있을 정도로 얼마나 복잡한 구조로 되어 있어요? 마치 우주적인 구조물이죠. 이 구조를 쓰지 않을 수 없죠.

박일형·
박완서 선생님의 이야기는 말을 비우기 위해서 글을 쓰는 것이고 지금 김혜순 선생님이 이야기는 말과 소리 지르기, 몸짓, 부스럭거리기가 대조되면서 말을 안하기 위해서 글이 아니라 자기 몸으로 돌아가기, 움직이기 이런 것들로 가는 것같이 느껴집니다. 그런데 박완서 선생님은 말과 글을 얘기하실 때 거짓과 진실에 대한 이야기를 많이 하셨고 김혜순 선생님 얘기에는 거짓과 진실에 대한 것이 없는데 그것이 분명한 차이라고 보여요. 그때 선생님들이 느끼시는 말이라는 것은 서로 다른 것 같아요.

조혜정·
박선생님은 복잡한 사회를 표시하는 데, 현실을 재현하는 데는 글이라는 수단이 더 좋다고 생각해서 하시는 것이지 말 자체가 너무나 역겨워서는 아니죠? 도망을 치는 것은 아니죠?

박완서·
결국 말의 문제인데, 말이 하고 싶어 글을 썼다고도 할 수 있어요. 내 전집을 낸다고 해서 초기에 썼던 단편을 읽어 보니——그때는 모르고 썼는데——"이게 아닌데, 이게 아닌데" 하는 말이 많이 나와요. 그런데 외형적으로도 그렇고 내가 곰곰이 생각해도 크게 불행한 것이 없었어요. 화목한 집안이고 큰 부자는 아니지만 그 정도면 되었다 싶게 욕심도 많지 않고 주위에서도 그렇고 우리 식구들도 그렇고 만족하고 행복하게 사는 줄 알고 있는데 "이게 아닌데"라는 말이 거듭 나오는 거예요. 텔레비전 극 같은 데서 나오는 것처럼 가끔 별안간 가출한다든가 하는 방법으로 가정을 떠나 보고 싶은 걱정이 일어날 적이 있지요. 결국은 내가 혼자 '이게 아닌데' 생각하는 게 너무 외로운 거예요. 누군가에게 공감을 얻고 싶다, 사실은 누구든지 벗기면 이럴 것이다 해서 글을 쓴 거죠.

그러니까 아까 독자 이야기도 나왔지만 독자를 의식하느냐 아니냐고 물어 보면 난 당연히 의식한다고 해요. 가만히 보면 독자를 의식하지 않고 쓴다는 것에 대해 굉장한 자부심을 갖는 사람이 있는데 나는 그 사람도 독자가 알아듣게 하는 것을 의식하지 않는다고는 생각하지 않아요. 비위를 맞추는 것을 의식하지 않는 거지요. 나도 어떻게 하면 독자들의 비위를 맞출까 해서 미사여구를 쓴다든가 일상적인 생활의 흐름 속에서 오는 약간의 기쁨, 아름다움들을 발견해서 보여 준다든가 하죠. 비위를 맞추고 싶지는 않지만 공감을 얻으려면 알아듣게는 해야 되니까요. 나는 될 수 있는 대로 여러 사람들이 알아듣게 하고 싶어요. 그런 것에는 굉장히 신경을 쓰죠. 그러니까 말하는 것 같은 문장으로 쓰려고 애쓰고, 내 속에서 아주 확고하게 글로 쓸 수 있는 것은 아니지만 아주 고급의 이론이 지글거릴 때도 있어요.

조혜정·
고급의 이론이 뭐죠?

박완서·
그러니까 어려운 것, 평론가나 지식인들이 잘 쓰는 관념적인 말들이 있잖아요. 왜 그런 것이 공감을 일으키고 새로운 이론이라든가 소설 이외의 글에도 읽다 보면 굉장히 공감이 가는 것이 있고, 그래서 못 알아듣는 이들에게 구체적인 상황을 설정해서 전달, 풀어쓰는 가교의 역할을 하고 싶을 때도 있지요. 내가 공감한 것에 대한 또 다른 공감자를 얻어내고 싶은 것도 있습니다.

소서사와 일상 언어, 그리고 여성적 언어

조혜정·
그러니까 박선생님께서는 우리 삶이 잘못 규정되고 있음을 알아차리고 이야기를 재구성해 오신 셈이고, 김혜순 선생님은 새로 쓰려고 보니까 적절한 언어가 없어서 몸부림을 치는 시를 쓰고 있는 셈이군요(웃음). 몸부림치는 시는 말과 글에 대한 신뢰와 불신…… 이것은 '탈근대론'과도 연결해 볼 수 있는 매우 흥미로운 차이라는 생각이 듭니다. 이런 것과 관련해서 좀 포괄적으로 이제까지 문학에서 여성 작가들이 해온 역할에 대해 말씀을 좀 해주시지요.

김혜순·
소설과 시는 너무 다른 것 같아요. 장르가 다르면 벌써 말하는 방식이 다르거든요. 저도 말 거는 식으로 쓰려고 많이 해요. 선생님도 어려운 것이 지글거릴 때 쉬운 언어로 푼다고 하셨지만 그렇게 느낄 때면 무언가 보이는 것으로 만드는 가시화, 이미지화하고 싶어지지요. 그것을 시에서는 정서화라고 하는데 잘 안될 때도 있지만요. 그러다 보니 내 옆에 먹고 싸는 것을 가지고 하고 대화체로 쓰게 돼죠.

저는 대화체 아니면 잘 안 써져요. 그래서 시를 쓸 때와 다른 글을 쓸 때가 다르죠. 시를 쓸 때는 참 마음이 편하고 쓰고 나면 에너지가 많이 소모된 것을 느끼지만 참 좋은데, '페미니즘과 여성시' 같은 논문을 써봐라 하면 몸이 막 갈등하고 아프고 잘 안돼요. 말이 막 저를 치는 거예요. 그런 언어가 체질화되기까지 시간이 걸려서 그것을 쓰고 나면 다시 시로 돌아가기 위해서 체질을 바꿔야 돼요.
박혜란·
저는 이번에 고정희의 작품을 죽 읽으면서 시의 문체도 이렇게 다양할 수 있구나 참 놀랐어요. 지금 김혜순 씨가 말씀하신 대화체를 고정희는 잘 안 썼지만 「눈물꽃」이란 시를 보면 대화체 시가 갖고 있는 특징이 잘 드러나더군요. 마치 단막극을 보는 것같이 현장성이 있으면서 감동을 주더군요. 그는 여성해방의 문학은 문체 혁명으로 이어져야 한다고 말했었죠. 세상 떠나기 전날 월례논단에서 발표한 내용에는 여성주의 문체 개발을 위해 규방 문학이나 서간체, 굿 양식을 살펴보라고 했는데 생전에 그가 열심히 시도한 작업들이죠. 김혜순 씨 말씀은 문체와 체질, 곧 글과 몸이라는 점에서 중요한 시사점를 던지는 것으로 들립니다.
김성례·
마음과 머리 속에 떠다니는 생각을 글로 표현할 때 왜 이리 어려울까?
박완서·
소설 아닌 다른 글도 쓰기가 그렇게 어려워요? (모두들 웃음) 연재소설을 쓸 때는 아침에 화장실에서도 보고 휴지로도 쓸 것을 내가 왜 이러나 하고 미치겠어요. 신문 연재소설도 그렇고 잡지에 연재를 하거나 하는 것은 스토리니 성격이니 모든 것이 미리 다 되어 있다구요. 쓰기 시작하면, 봇물 같은 것이 터지면 빨리 쓸 수 있겠죠. 그렇지만 이 다음에는 뭘 해야겠다는 것이 다 되어 있는데도 잘 안돼요. 그래서 다음 회에는 쉽게 쓸려고 어떨 때는 90매를 써 놓고 80매를 보내요. 10매가 남으면 거기서 무언가 번식을 해서 잘 이어질 줄 알고요. 그래도 안되는 거 죠. 그러니까 한참 쉬었다가 다시 쓰는데 그게 소설의 경우는 심해요. 소설은 보이지는 않으나 완전히 구체적인 세계니까 내가 만들어 낸 허구의 세계일망정 나는 어떤 껍질을 갖고 있는 것 같애요. 거길 들어가야 뭐가 써진다는 게 너무너무 고민스러운 거예요.
박일형·
아까 말한 체질과도 같은 것 같은데요. 무당이 되는 것처럼 체화해야 되기 때문에 오는 어려움 아니예요?
박완서·
저건 저렇게 되고 이건 이렇게 되고 직업은 무엇이다 하는 것이 뻔한데도 써지질 않아요. 이 방에서 일어나고 있는 일이 정해져 있는데도 그 방에 들어가기가 싫은 것도 있고 안 들어가지는 것도 있어요. 투명한 어떤 껍질을 갖고 있는 것 같애요, 허구의 세계가. 그러다가 기회를 엿보느라 시치미를 딱 떼는 것 같은 느낌도 들어요. 그럴 때는 보통 때는 안하던 것들, 청소, 서랍 정리 같은 것을 하거든요. 언제고 거기에 들어가려고 배회를 하다가 그 앞에 있는 거거든요.

조혜정·
저는 요즘 글을 쓸 때마다 이것이 얼마나 자기 수련을 필요로 하는 것인가를 생각하게 됩니다. 어떤 면에서 많이 알고 또 논리적 사고력을 갖춘, 남이 읽을 만한 글을 쓸 수 있는 사람은 소수밖에 나오지 못하는 거라는 생각을 하게 돼요. 정말 쉬는 시간이 필요불가결하다는 말은 글쓰기가 극도의 긴장과 집중을 요구하는 작업이라는 뜻이지요. 어떤 자체 완결성을 갖도록 머리 속에서 내내 작업을 해야 하고 아마 잠잘 때에도 하죠? 그래서 아침에 일어나면 좋은 생각이 나기도 하잖아요? 철학자들이 글을 쓸 때 산책을 한다고 하는데 그런 시간이 또 절대적으로 필요하고요. 전 뒷산에 등산하면서 주로 글쓰는 구상을 하거든요. 여러 생각들이 어디서 계속 돌고 있다가 팍 뜰 때 농축된 단어들이 나오거든요. 그런데 그런 식으로 쓰는 글이라는 게 현실과 동떨어진 것은 아니지만 일상적 의무 속에 매여 있는 사람이 쓰기에는 얼마나 어려운 글인가 절감할 때가 많아요.

박혜란·
저 같은 경우는 늘 집안일에 쫓기기 때문에 오히려 글을 못 쓰는 데 대해 완벽한 핑계거리가 준비되어 있는 편이죠. 사실 김치거리를 다듬으면서 또는 설거지를 하면서 얼마든지 머리 속으로 글 쓸 준비가 되는 셈입니다만.

김성례·
글을 쓴다는 게 어떤 방이나 껍질 속에 들어간다고 하는 공간적인 표현이 재미있는데요.

박완서·
보이지 않는 공간과 껍질이 있는 것 같애요. 허구의 세계에도 엄연히 문이 있고 유리집 같은 ……. 그런데 그게 어떤 때는 너무 단단하게 느껴져요, 호두껍질 이상으로. 그런데 그게 반갑기도 하고 표현하려는 인물 같기도

해요. 그러니까 그것을 인물화하지 않으면 안된다구요. 이것은 소설의 경우에만 해당하는 것이 아닌가 하는데, 그 사람이 내가 되는 것, 내가 그 사람이 되는 것인데 그것이 힘든 거예요. 그래서 나로 돌아와서 한참 쉴 기간이 필요한 거예요. 매일 그 사람으로서 살 수는 없으니까요.

박일형 ·

남들의 구조는 잘 보이니까 그 구조를 풀어내기는 오히려 쉬운 거예요. 남들의 스토리와 남들의 내러티브를 빌려서. 그런데 자기의 내러티브나 구조는 평소에는 잊어버리거나 잠재시켜 놓는 것 같아요. 그래서 그걸 다시 찾거나 그것을 다시 언어화시키려고 하면 자기 방으로 꼭 들어가야 되는…… 그것이 객관화되지 않으면 구체화되지 않는 거죠.

김혜순 ·

그것은 소설, 희곡이라는 장르에서는 반드시 필요한 것이죠. 그런데 시 경우는 타자화되지 않아요. 그래서 저는 방에 들어간다는 느낌은 전혀 없어요, 방을 터뜨리는 느낌은 있어도. 방을 짜는 듯한 느낌이 있어요, 내가 들어갈 방을.

시에는 화자라는 것이 반드시 있다고 해요. 페르조나(persona)라는 것이 있어서 화자를 내세워서 그 화자가 말을 한다고 하는데 제 경우에는 화자와 내가 거의 같은 인물로서 내 얘기를 막 하죠. 그러니까 방에 들어간다는 느낌은 전혀 없는 거죠.

조혜정 ·

장르의 차이도 중요하지만 박선생님 경우는 글을 쓸 때 대서사를 쓰시는 편이죠. 그런 면에서는 사회학적 소설이랄까…… 많은 사람들을 대변하며, '초월적 자아'의 경지에 자신을 몰아넣어야 할 때가 있을 테지요. 고정희 시인이 비슷한 선상에서 썼던 것 같고…… 김혜순 시인은 자기 표현을 해내려는 편이 강하고 기존의 언어의 틀을 전부 부정하고 싶어하는 욕망을 읽게 됩니다. 그 면에서 의미 있는 차이가 있다는 생각이 드는군요. 그런데 요즘 인기를 끌고 있는 이인화의 『내가 누구인지 말할 수 있는 자는 누구인가?』라든가 박일문의 『살아남은 자의 슬픔』과 같은 소설을 읽으면 그런 방이 전혀 없이 썼다는 느낌을 받습니다. 그냥 마구 남의 말을 베끼기도 하고 내뱉아 놓고 있어요. 그런 소설을 좋은 소설이라고 하기에는 문제가 있지만, 그 소설을 읽고 나서 많은 사람들이 "나도 소설을 쓸 수 있겠다"고 느꼈다는 말을 듣고 새롭게 평가하고 싶어지더라구요. 문단에서도 '재현의 위기' 운운하면서 새로운 진술 양식을 추구하는 움직임이 뚜렷해지고 있는 것을 저는 고무적인 현상으로 보고 있습니다.

박일형·
제 생각에 박완서 선생님의 경우는 방을 찾아 나가거나 만드는 것 같고요. 김혜순 선생님이 이야기하는 것은 방을 자기가 언제나 느끼고 있는데 그곳으로부터 나가는 것이로군요. 두 분 사이에는 굉장히 차이가 있는 것 같아요.

김혜순·
그래요. 지금 제가 얘기하는 방하고 박완서 선생님이 얘기하는 방은 다르다구요. 왜냐하면 소설이라는 제도 속으로 들어가야 하는 것이기 때문이죠. 아무리 자유로운 구체화를 한다고 해도 소설이라는 범주 안에 있다구요. 그런데 범주가 불일치하기 때문에 싫은 거예요.

김성례·
방을 만들려고 하고 그것을 완벽하게 이상적으로 만들려는 의도는 어떻게 보면 여성 언어를 정형화하는 노력이라고 할 수 있겠지요?

박혜란·
여성 언어를 정형화하는 것은 결국 또 다른 억압이 될 수 있겠습니다. 다양성, 차이를 전제로 한다는 것을 분명히 하면서, 여성 언어의 정의를 내려볼까요?

김성례·
여성이 자기 얘기를 하는 것을 그냥 여성 언어라고 간단히 말할 수 있겠죠. 여성 언어를 이것이다 저것이다 하고 말하기는 어려워요. 그래서 오늘 이야기된 두 방이 다르다는 것은 매우 중요하다는 생각이 듭니다. 이런 논의가 실은 여성주의 리얼리즘이라든가 포스트 모더니즘 논의와도 직결이 되는 문제이겠습니다.

박완서·
나도 비슷하게 느꼈는데요. 뚜렷하게 제시할 수 있는 방은 아니지만 또 내가 속한 일상성으로부터 내가 나가야 하는 것도 있어요. 그래서 더 어려울 수도 있어요. 어떻게 보면 여러 가지 관계에서 틀지워진 일상성으로부터 내가 나가기가 어려운 거라고 바꿔 말할 수도 있어요. 써지기까지의 소설, 허구의 세계를 하나의 방이라고 하면 거기에 들어가는 게 어려운 게 아니라 나의 여러 가지 견고한 일상성으로부터 나가기가 어렵다고 하면 그 둘은 거의 동일한 의미로도 볼 수 있어요.

조혜정·
어떤 요인들이 있을까요?

박완서·
누가 붙드는 게 있는 것도 아니고 해서 아까 알기 쉽게, 들어가기가 어렵다, 어떤 인물화하기가 어렵다고 했는데 아무튼 떠남이 있어야 들어갈 수 있는 거지요.

조혜정·
선생님이 이야기하는 떠남은 일상적으로 여러 가지 역할들이 너무 많아서라는 의미와도 연결이 될까요? 상대적으로 여자들이 그런 일상적 흐름에서 떠나기 힘든 조건에 살고 있지 않습니까?

박완서·
그런 면도 있지요.

조혜정·
각자의 글쓰기에 대해 이야기 해주신 셈인데 대략 이렇게 정리될 수 있을는지요? 우선 여성이 글쓰기라는 것을 어렵게 생각하는 이유는 자신을 사적 존재로 규정해 왔으며 실제로 사적 공간에 머물러 있는 경우가 많다는 것과 관련이 있습니다. 다음으로 일상성에서 벗어나는 것 자체가 어렵다는 상황적 조건을 들 수 있겠지요. 일반적으로 집안일을 담당하고 일상의 잡다한 뒤치다꺼리를 하면서 어떤 깊고 논리적인 글을 써내는 것은 매우 어렵다는 것 말입니다.

다음으로 그런 조건이 어느 정도 해결된 경우를 생각해 보면 자신들이 쓰는 언어 자체가 남성적 언어이므로 뭔가 삐거덕거리는 느낌을 가지게 되지요. 남성 위주로 짜여진 평론가들 눈치를 보든 대중매체에 길들여진 일반 독자의 눈치를 보든, 남성중심 언어의 덫에 걸려서 허우적대거나 상업주의에 놀아날 가능성이 높다는 것이지요.

이때 여성(문인)들은 (문단에서) 살아남기 위해 이중전략을 써야 하는데 남성중심의 언어를 훌륭하게 구사하면서 그 속에 매몰되지 않고 저항하는 언어를 동시에 개발해야 한다는 말이 됩니다. 저는 박완서 씨나 김혜순 씨는 이 작업을 매우 성공적으로 해내신 경우라고 생각해요. 작년에 장편 『한라산의 노을』을 펴낸 한림화 씨의 경우도 이중전략을 적절히 쓰고 있는데 대중화에는 실패했어요. 우선 제주도 사투리로 썼기 때문에 읽기 어려웠고 다음으로는 평론가들이 전혀 제대로 잡아주지를 않았거든요. 제주도 출신들도요. 그런 것을 보면서 지방 분권을 이루어 내기가 실제로는 매우 어려운 것임을 절감했습니다. 이런 소설이 나왔을 때 그 지역 문인들이 모여 공론을 벌여서 적극적으로 의미를 만들어갈 때 비로소 지방의 공동체적 삶은 꽃필 수 있지 않겠습니까? 그런 점을 겨냥해서 한림화 씨가 사투리를 고집했던 것일텐데 지역 문인들이 침묵하고 마니까 살려낼 수가 없게 되는 거죠.

하여간 대상을 뚜렷하게 정하고 글을 쓰면 글쓰기의 어려움은 한결 줄어들 것이라고 생각해요. 한림화 씨가 제주 지식인이나 육지 지식인들을 겨냥하기보다 자기 표현대로 '섬무지랭이' 여성들이 읽어낼 글을 썼다면 어땠을지 상상해 볼 수도 있죠. 그래서 전 요즈음 실험을 하고 있는데, 그냥 구체적 대상을 생각하고 쓰는 거예요. 수다를 떨면 쉬워지는 것과 마찬가지지요. 아까 박선생님이 일반적으로 수다는 자기 소모적이라고 하셨는데 이 수다가 자기 소모적이지 않고 자기 성찰적일 수 있는 수다가 될 수 있다고 한다면 많은 좋은 글을 쓸 수 있을 것 같아요. 바꿔 말하면 방에 들어가기가 쉬워진다구요. 자기 속의 방, 또는 자기 주변적 상황으로서의 방이 딱히 구별되지 않을 수도 있고……

물론 아직 글은 지식인들이 주로 읽는 것이고 문자매체는 매우 한정적이예요. 그런 면에서 요즘에는 방송 드라마를 활용하는 방법을 적극 고려해 볼 필요가 있다는 생각도 하게 되죠? 전 최근에 김수현의 "사랑이 뭐길래"를 보면서 김수현의 작품이 늘 '의식 있는' 사람들에 의해 비판을 받지만, 실은 그런 '의식 있는' 사람들보다 더 '의식화'하는 효과를 내고 있다는 생각을 하게 되었어요. 드라마를 본 후 온 식구들이 모여서 벌이는 토론이나 논쟁들이 다 그런 과정에 포함되는 것이니까요.

다수 여성들의 자기 표현: 개기기, 화장, 내숭, 그리고……

장필화 ·
이제까지 소위 전문화된 글쓰기 중심으로 얘기를 해왔는데 다시 처음으로 돌아가 더욱 일상적인 삶을 사는 대다수의 여자들의 진짜 자기 표현 욕구에 대해 이야기를 나누고 싶습니다. 우선은 표현 욕구의 침잠에서, 다음에는 글을 쓰기에는 너무나 잡다한 일상사가 많고 거기에 매몰되어 있어서 정말 필요한 집중과 긴장을 할 수 있는 충분한 시간이 없고 쉴 수 있는 공간도 없고…… 조건이 갖추어져 있지 않다는 이야기가 나왔지요. 제가 보기에는 그것이 하나의 패러독스인데, 여성의 일상 세계를 그리는 것이 중요하다고 보는데 거기에 있는 사람은, 그것을 매일 경험하는 사람은 글을 쓸 시간이 없고 간혹 쓸만한 사람이 있다면 그는 이미 거기에서 떠나 있죠. 어떻게 하면 이 문제를 해결할 수 있을까요?

김성례 ·
'진리'를 말하지 못한다는 공포심에서 벗어나 입을 열어야 한다는 점을 계속 주장해 왔지 않습니까? 우리는 글쓰기라고 할 때는 꼭 종이에 텍스트로 쓰는 것을 연상하는데 저는 자기 표현, 자기 진술, 이야기하는 것 그 행위 자체에 초점을 두었을 때, 예를 들어 파출부 아주머니가 커피 한 잔을 들면서 오늘 남편이 어땠고 자기가 40년을 어떻게 살아왔는지 기가 막히다는 등 이런 저런 얘기를 할 때 그것이 바로 자기 삶에 대해서 이해하고 해석하는, 그 틀을 만들어 가는 글쓰기가 아닌가도 생각해 봤어요.

글쓰기란 말을 아예 빼버리고 자기 진술, 자기 이야기 하기라고 좀더 포괄적으로 규정하면 여기서 우리가 방을 나와야 한다든지 다시 들어가야 한다는 식의 전형적인 글쓰기 틀을 떠날 수 있을 것 같아요. 여기서 작은 이야기의 여러 형식들은, 그런 방 말고 방을 떠나서 더 넓은 광야가 있잖아요? 그 광야에서 그게 꼭 말로 표현 안되더라도 냄새라든지 소리라든지 표정이라든지, 무엇인가를 얘기할 터이고 우리는 그 얘기를 듣고 읽어낼 수 있어야 한다는 거지요.

조혜정 ·
나는 최근에 중고생들이——대개 남학생들일 겁니다만——교실 바닥에 침을 뱉아 골치라는 말을 들었어요. 침을 뱉지 말라고 하면 더 뱉는데요. 교무실에까지 가서 그런다나요. 학생들은 전혀 의도적으로 하는 것이 아니고 저절로 침을 뱉게 된다고 하는데 실은 이것이 의도적 저항의 일면이 아니겠어요?

나는 억압하고 있는 집단이 죽어 있는 척하면서 갖가지로 개기며 힘을 지닌 자를 골탕먹인다고 생각해요. 억압적 학교에 저항하는 학생이나 독재적 남편에 저항하는 아내나 모두 안 그런 척 하면서 자신이 할 수 있는 별 것을 다 시도하지요. 그런 것이 다 자기 표현, 말의 범주에 들 수 있는 행위이지 않습니까?

박혜란·

여성들이 개기는 방법은 여러 가지가 있습니다. 사실 여성의 심리적 증상 속에는 남성 지배에 대한 무의식적 분노의 씨앗이 들어 있습니다. 이 심리적 증상을 '개기기'라고 할 수 있지요. 예를 들면 여비서가 중요한 서류를 분실한다거나, 서류철에 커피를 엎지른다거나, 가정주부들이 때때로 요통 때문에 또는 온몸이 쑤셔서 자리 보전하고 누워 있는 것도 일종의 개기기인 경우가 많죠. 남편 앞에서는 꼼짝 못하다가 설거지를 하면서 그릇을 우당탕탕 씻는다거나 수돗물을 크게 틀어 놓고 쉴새없이 욕을 한다든가 따위는 가정주부들이 개기는 방식 중 가장 흔한 거죠.

은폐된 저항이랄까 무의식적인 저항이랄까 여성들은 자신의 분노와 저항을 수동적이면서 간접적으로 표현하는 데 길이 들어 왔습니다. 그 동안 우리는 이러한 수동적이고 간접적인 표현 방식이 결국은 자기 자신한테 불리한 결과를 초래한다는 식으로만 보아 왔는데, 그렇게 결과로만 평가하기 이전에 자기 표현으로서 '개기기' 자체가 지닌 뜻을 생각해 볼 필요가 있다고 생각합니다.

조혜정·

저는 이번 「남녀평등과 인간화」 강좌에서 '내숭떨기'에 대해 글을 쓰게 했었는데 내숭떠는 것도 한 전형적인 말하기의 방식임을 확인하게 되었어요. 솔직하게 있는 그대로를 드러낼 수 없는 위치에 있는 이들의 적응 전략이라는 것이죠. 제가 놀란 것은 그냥 부끄럽고 소심해서 내숭떨게 되는 경우도 있지만 아주 적극적인 연출을 하는 경우가 많다는 점이었어요. '화장'도 비슷한 맥락에서 볼 수 있구요. 하여튼 자기 표현의 욕구가 강해지고 방식 역시 다양해지는 소비사회, 이미지 시대에 들어서면서 언어에 대한 이해는 더 포괄적이 되어야 할 것 같습니다.

박일형·
후기 산업사회에서는 여성들의 언어가 일종의 대안적 언어로서 고려될 수 있을 것 같아요. 서구에서는 남성 언어의 중심을 이루는 논리주의적 패러다임이 본격적인 해체의 대상이 되고 있고, 따라서 남성 언어의 틀에 덜 속박된 여성의 내면적 언어는 남성 언어를 해체하는 도구이자 대안 언어이기도 한 것이지요. 결국 이분법적 대립의 논리를 벗어난 새로운 각도에서 여성의 언어와 표현에 주목할 필요가 있어요.

장필화·
그것은 매우 장기적이고 원론적인 차원에서나 타당한 말이예요. 지금 우리 주변을 둘러보세요. 개기는 사람들은 많지만 그것은 그저 신음소리나 꿈틀거림에 지나지 않아요. 그 와중에 다수의 여성들에게 자기 표현의 욕구를 충족시켜 준다는 핑계로 나오는 많은 상업주의적 책들이나 대중 프로그램을 보세요. 대부분의 라디오 여성 프로들이 여전히 그런 수준이고 최근에 페미니스트 소설이라고 인기를 끌고 있는 양귀자 씨의 소설도 알고 보면 지금 여자들이 당장 내뱉고 싶은 말을 대신 내뱉어 주면서, 여자들 간의 적대심을 더 불러일으키고 페미니즘을 농담거리로 삼아버리는 데 오히려 더 큰 몫을 하고 있지는 않은지 염려스럽거든요. 이 책은 페미니즘에 관해서 많은 부분 왜곡된 이해를 확산시킬 위험성을 갖고 있어요. 지나치게 남성 혐오의 성격을 강조하다가 너무나 안일하게 사랑에 의지해서 끝나는 식의 구성이 페미니즘에 대한 비웃음, 냉소를 담고 있다는 느낌을 주거든요.

조혜정·
그런 위험성이 있긴 하지만 말꼬를 트는 데 얼마간 힘을 기울여야 한다는 것이 제 생각입니다. 우선 재미있어야 하고 다음으로 여성들이 벌이는 토론의 장이 많아져야 할 것입니다. 또 그 토론들이 공론화되는 방식으로 여성들에게 되돌려져야 하는데, 그 방식은 반드시 글이 아니라 다양한 매체를 이용한 다양한 장르를 통해서 이루어질 수 있고, 구체적인 삶 속에서 꿈틀거리면서 일어서는 것을 보여 주는 작업이겠지요.

이때 우리는 여성들이 일상적으로 은근슬쩍 해온 행위와 언어 자체를 활용해야 합니다. 누군가가 설명해 주는 방식이 아니라 '보여 주기' 방식을 통해 스스로가 삶을 이론화해 갈 수 있어야 한다는 말입니다. 그러기 위해서 소극적 저항도 저항의 한 방식이며 주목해야 할 영역이라는 것이구요. 언어의 지평을 그만큼 열어 가자는 뜻입니다.

박혜란·

여성들이 자기 체험을 풀어내는 방식의 다양성을 발견해 내자는 우리의 목표에는 이미 여성들이 자기 체험을 돌아보고 그것을 쓴다는 행위, 글쓰기의 중요성을 인식해야 한다는 전제가 담겨 있었던 것으로 압니다. 김선생님께서 아까 왜 글쓰기에만 매달리냐 하셨는데 소위 영상시대, 정보화시대에 들어서는 지금 그 질문은 매우 중요한 페미니스트 전략을 가져다 줄 것도 같습니다. 지금까지 우린 글쓰기의 억압성에 대해, 또 어떤 글쓰기가 해방적일 수 있는가에 대해 각자의 목소리를 내봤습니다만 문제는 이런 목소리를 실제로 공론화해 내는 일이라고 생각합니다. 수다를 공론화해서 라디오 「여성살롱」의 통제된 그릇을 넘쳐 흐르게 하는 것, 더 많은 소서사를 쓰는 여성작가들과 그들을 길러내는 여성 독자들을 살려내는 것, 그래서 억압적 글쓰기가 해방적 글쓰기가 되게 하는 것이 우리들의 궁극적 목표가 되겠습니다. 오랫동안 '말'을 하시느라고 고통스러우셨을 겁니다. 그러나 해방적인 면도 많았지요? 오늘 토론은 이 정도로 마무리할까요? 감사합니다.

김원숙, 「산꼭대기」,
린넨 위에 오일, 66×66inch, 1991.

고정희를 그리며

토악질하듯 어루만지듯 가슴으로 읽은 고정희

박혜란*

천지의 정기를 얻은 것이 해방된 여자요
해방된 몸을 다스리는 것이 해방의 마음이며
해방된 마음이 밖으로 퍼져 나오는 것이 해방의 말이요
해방된 말이 가장 알차고 맑게 영근 것
그것이 바로 시이거늘
그런 해방의 시가 조선에는 아직 없습니다
— 고정희, 「황진이가 이옥봉에게」 중에서

1. 우리의 만남

내가 고정희를, 아니 고정희의 시를 처음 만난 건 서른아홉 살 나던 해인 1984년 5월이었습니다. "밥 벌어먹기 위해" 늘 술에 찌들어야 했던 내 남편은 그때 가끔씩 하늘을 볼 시간이 날 때면 아무 서점이나 들러 책을 훑곤 했었죠. 그는 최소한 시집 한 권씩이라도 꼭 들고 나오곤 했는데, 어느

---

* 1946년생. 대학 졸업 후 기자생활 5년만에 전업주부로 전환, 10년을 보냈다. 세 아이의 어머니로 39세에 여성학 공부에 도전, 현재 여성을 둘러싼 모든 문제에 대해 쓰는 일과 말하는 일에 열심이다. 고정희와는 『여성신문』 창간 때부터 함께 일했고, 「또 하나의 문화」 동인으로 서로 무척 가까웠다.

날 저녁 "대단한 시인이야"라며 『이 시대의 아벨』을 내 앞에 툭 던졌습니다. 그리고 시답잖은 표정으로 '대단한'에 대한 부연 설명을 요구하는 나에게 그는 "읽어 봐" 하고 대답했습니다.

유년기부터 은밀하게 품어온 문학에의 꿈을 그저 '닥치는 대로 책읽기'로 풀어 오다가, 전업주부 10년 세월 그나마도 폐업한 채, '바보상자 앞의 붙박이'로 살아가면서도 여전히 지적 오만과 편견에 사로잡혀 있던 나는 순간적으로 오기가 발동했습니다. '어디 얼마나 잘 썼나 보자(여자인 주제에)'라는 터무니 없는 겨룸의 심보로 시집을 펼쳐든 나는 「서울사랑」을 다 읽기도 전에 온 몸이 송연하게 죄어드는 기분이었습니다.

사실 그즈음은 평범한 가정주부들도 우리 사회를 떠돌고 있는 음습한 공기에 질식할 지경이었지요. 따라서 옛날에 먹물깨나 먹었다는 주부들은 일상의 잡담 틈틈이 시국에 대한 근심을 털어 놓고 있었습니다. 그렇지만 그것은 그저 말의 성찬에 불과했습니다. 왜냐하면 모두들 아파트를 늘리고 자동차 운전면허를 따는 물질의 기쁨에 난생 처음 빠져들어 있을 때였으니까요. 무엇보다 안정을 위해선 자유쯤은 유보될 수 있는 거라고 너무도 쉽사리 동의할 때였으니까요. 광주는 잊혀진 전설이었으니까요.

그런데 고정희라는 시인이 우리를 이렇게 찔러대고 있었습니다.

뿌리 있는 것들만 성난 오월에는
뿌리 있는 것들만 꽃지는 오월에는
바람이 따다 버린 병든 이파리를 보며
그것을 우리의 말이라 이름한다
그것을 우리의 믿음이라 불러 본다
그것을 우리의 사랑이라 불러 본다
그것을 우리의 침묵이라 불러 본다
(중략)
다 잠드셨는지 어두운 오월
다 항복하신지 문 닫는 오월
병든 이파리처럼 말없는 오월에는
푸른 가랑잎처럼 떠나가는 오월에는

왜 이리 고향이 갈 수 없는 땅인지
  왜 이리 고향이 신화보다 슬픈지
  ―「서울사랑」부분

 그러더니 폭풍우를 부르는 듯한 목소리로 "너희들의 양심은 어디로 갔느냐"고 질타합니다.

  바람부는 이 세상 어디서나
  이제 침묵은 용서받지 못한다
  울지 않는 종은 입에 칼을 물리고
  뛰지 않는 말은 등에 창을 받으리
  날지 않는 새는 뒷축에 밟히리
  뒷날에 참회는 적당치 못하다
  너희가 쫓아 버린 아벨
  너희가 쫓아 묻어 버린 아벨
  너희가 쫓아 묻고 부인한 아벨
  너희는 모른다 모른다 모른다 시치미뗀
  아벨의 울음 소릴 들었느냐?
  ―「이 시대의 아벨」부분

 고정희는 나를 보고 말하고 있었습니다. 나의 일상을 손잡을듯이 들여다보면서 나의 안일함을 찔러대고 있었습니다. 시대를 탓하면서 고작 "무력한 근심이나 보태는 오늘"(「망월리 비명」)을 살아가는, 이른바 보통사람들의 완강한 침묵을 깨뜨리려는 외침은 실은 억압의 역사만큼이나 오래 전부터 울려왔습니다. 그럼에도 불구하고 고정희의 외침이 내게 각별하게 전해지는 까닭은 어디에 있었을까요?
 그러나 그뿐, 나는 느낌을 받았으나 해석해 낼 능력이 없었습니다. 그해 5월의 마지막 주가 되자 난 이대로 살 수는 없다는 절박감에 등을 떠밀리는 기분이었습니다. 나는 중산층 주부의 그저 그렇고 그런 삶이 지겨웠습니다. 나는 새롭게 살고 싶었습니다. 그리하여 그해 가을, 생소하기 짝이 없었던 여성학 공부를 시작했습니다.

기대와 좌절 그리고 고달픔으로 점철된 첫학기를 다 보내기도 전 나는 뜻밖에도 고정희를 만났습니다. 여성학과에서 그를 여성문학 특강 강사로 초빙한 것입니다. 나는 그를 공격형 투사 또는 정열 덩어리로 상상했더랬는데 그는 의외에도 매우 수줍어 보였으며 그리고 더 의외로 매우 논리적이었습니다. 해박한 지식을 동원하여 여성문학사를 통시적으로 훑어주고 나서, 그러나, 그는, 갑자기 "광주를 잊어서는 안됩니다"는 말로 결론을 내렸습니다. 일종의 기습이었습니다. 그는 대학원 특강이라는 중압감에서 스스로를 해방시킨 것이었습니다.

> 어여쁜 말들을 고르고 나서도 저는
> 같은 생각을 했습니다.
> 모나고 미운 말
> 건방지게 개성이 강한 말
> 누구에게나 익숙지 못한 말
> 서릿발 서린 말들이란 죄다
> 자르고 자르고 자르다 보니
> 남은 건 다름 아닌
> 미끄럼 타기 쉬운 말
> 찬양하기 좋은 말
> 포장하기 편한 말뿐이었습니다
> 썩기로 작정한 뜻뿐이었습니다
> 그러므로 말에도
> 몹쓸 괴질이 숨을 수 있다면
> 그것은 통과된 말들이 모인 글밭일 것입니다
> (이것을 깨닫는 데 서른다섯 해가 걸렸다니 원)
> ―「현대사연구1」

뒤풀이를 하던 술집에서 난 그에게 아양을 떨며 다가갔습니다. 전 선생님의 독자입니다. 『이 시대의 아벨』을 읽었습니다. 그는 매우 수줍어하면서 함박꽃같이 웃었습니다. 형형한 눈빛과 어우러져 그 웃음은 한순간에 조금 어두운 술집 안을 환하게 밝혔습니다. 가정주부 10년은 나에게 공적 공간에서 말하는 법을 잊게 만들었기 때문에 난 내가 그 시집에서 받은 느낌을 충분히 표현할 수가 없어 진땀이 났습니다. 생각 같아서는 「상한 영혼을 위하여」를 줄줄 외울 수 있을 것 같았는데 겨우 나온다는 말이 "충분히 흔들리자, 상한 영혼이여 / 충분히 흔들리며 고통에게로 가자" 단 두 줄뿐이었습니다. 그는 자기보다 나이가 든, 턱없이 흥분한 이 독자를 만나 매우 기분좋아 하는 것 같았습니다.

그리고 이후 7년 동안 우리의 만남은 밀접했습니다. 시인과 독자로서, 또 하나의 문화 동인으로서, 그리고 여성신문 창간 초기 주간과 편집위원으로서 만나, 함께 일하고 마시고 싸워댔습니다.

특히 여성신문 창간 전후의 아홉 달 동안은 거의 매일 만나 매일 마시고 싸웠습니다. 주제는 늘 '민중이냐, 여성이냐'에 관한 것이었습니다. 싸움은 언제나 "너는 천상 시인이다"는 말로 끝났습니다. 나는? 고정희의 말에 의하면 나는 정실부인의 "오만과 편견"에 사로잡혀 있는 중산층 여성이었습니다.

여성신문을 그만둔 그해 가을 그는 홀연 「저 무덤 위에 푸른 잔디」를 들고 나타났습니다. 청량한 바람이 일었습니다. 나는 여성신문의 「금주에 만난 사람」에 그와의 인터뷰 기사를 실었습니다. 인터뷰는 거의 다섯 시간에 달했는데 난 그때 비로소 그와 싸우지 않고 많은 말을 나누었음을 알았습니다. 그러나 시집에 대해서는 그가 섭섭함을 숨기지 못할 만큼 혹평을 했습니다.

나는 그가 죽은 다음에야 그의 모든 시들을 씹어 먹듯 읽어댔습니다. 읽고 또 읽었습니다. 그리고 그의 시에 대해서 쓴 다른 사람들의 글도 읽었습니다. 그래서 그를 사랑하는 여성으로서, 그리고 변덕스런 독자로서 그의 시에 대한 나의 생각을 그에게 말해주고 싶었습니다. 그리고 고정희가 나와 벗들에게 맡겨 놓은 일, '여성주의 문학의 완성'이라는 무거운 숙제를 풀 수 있게 도와달라고 말하고 싶었습니다. 나는 그의 도움말을 그가 생전에 남긴 10권의 시집, 그리고 죽은 다음에 남긴 1권의 시집 갈피갈피에서 찾아내고 싶었습니다.

2. 광주와 수유리 시절

1975년 소위 추천의 형식을 갖추어 문단이라는 데 오른 고정희는 1979년에 낸 첫시집 『누가 홀로 술틀을 밟고 있는가』를 포함하여 1991년 타계할 때까지 10편의 시집을 낼 만큼 왕성한 창작열을 보여 주었습니다. 제8시집 『광주의 눈물비』 발문에서 차미례는 고정희가 사는 모습을 들여다보면 '시인은 노동자'라는 생각이 떠오른다고 쓰고 있는데, 나는 그의 사람됨과 일하는 모습에서 수도자의 삶을 연상합니다. 그는 조금 먹고, 조금 자고, 많이 쓰는 사람이었습니다.

양적으로 많이 썼을 뿐만 아니라 그의 시세계는 새로운 시집이 나올 때마다 놀랄 만큼 확장되어 갔습니다. 흔히들 첫작품이 마지막 작품이 되기 일쑤인 문단의 풍토에 비하면, 그의 이런 발전적 모습은, 그가 끊임없이 노력하는 작가임을 증명해 줍니다. 사실 넉넉지 않은 농가의 5남3녀 중 장녀로 태어난 그가 시인으로 이름이 오를 때까지의 범상치 않은 삶의 도정 그 자체가 이미 노력하는 사람으로서의 고정희를 증언해 주고 있습니다. 국민학교를 졸업하고 스물일곱에 한국신학대에 들어갈 때까지 그의 발자취를 찾아 엮어 내는 일을 나는 진작에 나의 다음 할일로 마음먹고 있습니다. 이 일은 고정희의 개인사라기보다 자아가 강한 가난한 시골 여성의 치열한 자기 실현의 과정을 보여 주는 살아 있는 여성사가 될 것이 틀림없으니까요.

첫시집의 제목에 대해 고정희는 재미있는, 동시에 의미 있는 기억을 안고 있습니다. '술틀'이란 단어 대신에 대부분의 사람들이 '수틀'로 바꿔서 말하거나, 쓴다는 것입니다. 작가 자신이 아무리 술틀이라고 고쳐 말해도 활자화된 것은 거의 어김없이 수틀로 나오곤 했다며, 바로 그것이 여성에 대한 고정관념의 반영이 아니겠느냐며 그는 화도 안 내고 말하였습니다.

고정희에게 시쓰기란 무엇인가? "그것은 일종의 멍에이며 고통이며 눈물 겨운 황홀이다"라고 그는 이 첫시집의 후기를 통해 고백합니다. 시를 쓴다는 것은 '내가 믿는 것을 실현하는 장이며, 내가 보는 것을 밝히는 방이며, 내가 바라는 것을 일구는 땅이다'. 쓰기는 그에게 다름아닌 살아남기 위한 방법이었습니다.

첫시집은 등단 전후 5년간의 시를 모은 것이었는데 포도주를 만들기 위해 포도를 이죽이는 술틀을 밟는다는 행위 자체가 꽤나 이국적인 정서를 느끼게 만드는 것처럼, 짜라투스트라, 카타콤베, 브라암스, 파블로 카잘스 따위의 제목이 자주 등장합니다. 본문에도 "바드득 조여진 바이얼린 G선"(「브라암스前」). 또는 "바하의 무반주첼로 C단조가 / 맑게 맑게 우주의 귀를 닦고 있다"(「영구를 보내며」)와 같은 표현이 드물지 않습니다. 고정희의 초기시를 기독교적 세계 인식과 연결시켜 해석하는 경우가 많으나, 이 첫시집에서는 서구적 정서를 자아내는 표현이 오히려 눈을 끕니다. 지하무덤 또는 아우슈비츠로 상징되는 유신 말기의 질식할 듯한 상황에 대한 신랄한 풍자, 침묵하는 지식인에 대한 질타, 구원에의 갈망 등 그가 죽을 때까지 매달렸던 주제들이 비죽비죽 얼굴을 내밀고 있습니다. 다만 내가 보기에도 그런 주제들이 어쩐지 시인의 몸에 잘 맞지 않는, 어딘지 겉도는 옷처럼 여겨지는 때가 있는데, 그것은 나의 편견 때문일까요, 첫시집이 갖고 있는 서투름 때문일까요?

그럼에도 불구하고, 이런 구절들은 고정희의 시를 '볼' 때마다 받게 되는 '소리내어 읽고 싶은 충동'을 얼마나 자극시키는 표현들인가요?

들끓는 동해 바다 그 너머
분홍살 간지르는 봄바람 속에서
실실한 씨앗들이 말라가고 있을 때
노기 찬 태풍들 몰려와
산준령 뿌리 다 뽑히고 뽑힐 때
시퍼런 눈깔 같은 포도알 이죽이며
홀로 술틀을 밟고 있는 사람아,

속이라도 비어 있는 빈병들을 위하여
혼이라도 비어 있는 바보들을 위하여
눈 귀 비어 있는 저희들을 위하여
빈 바람 웅웅대는 민둥산을 위하여
언 江 하나 끌고 가는 순교자 위하여
아픈 심지 돋우며 홀로

술틀을 밟고 있는 사람아,
(중략)
잠든 메시아의 봉창이 닫기고
대지는 흰 눈을 뒤집어 쓰고 누워
작은 길 하나까지 묻어버릴 때
홀로 술틀을 밟고 있는 사람아,
그의 흰 주의(周依)는 분노보다 진한
주홍으로 물들고 춤추는 발바닥 포도 향기는
떠서 여기저기 푸른 하늘
갈잎 위에 나부끼는 소리 누군가는
듣고 있구나
―「누가 홀로 술틀을 밟고 있는가?」 부분

지구 가득 부신 햇빛 부려 놓고
노을을 물들이는 태양이여,
산마루 넘어가는 태양이여,
눈은 눈으로 구름은 구름으로 떠나고 있을 때
나무들 우쭐대는 진종일 바람은 바람으로 만나고 있을 때
내 깊은 눈물 샘 어디쯤서 물그르매
물그르매 번쩍이는 너
―「연가」 부분

그의 연시는 무척 도드라지는 것 같습니다. 그는 남달리 사랑이 많은, 그래서 이 세계와 사람을 모두 사랑할 줄 아는 행복한 시인인가 봅니다. 그러나 그의 사랑은 좀 외로와 보입니다. 입버릇처럼 그는 자신은 "강인한 외로움의 정서"에는 이미 오래 전부터 익숙해져 왔노라고 말하곤 했습니다.

고정희는 마지막 지리산행을 떠나던 날 가졌던 「또 하나의 문화」 월레논단에서 「여성주의 리얼리즘과 문체혁명」이란 주제로 발표를 했는데, 그는 그날 새삼스레 자신의 삶을 오늘에 이르게 한 세 개의 행운에 관해 털어

놓았습니다. 그것은 광주와 수유리, 그리고 「또 하나의 문화」와의 만남이라고 했습니다. 광주에서 시대의식을 얻었고, 수유리 한국신학대학에서 민중과 민족의 내용을 배웠으며, 「또 하나의 문화」를 만나 민중에 대한 페미니즘적 구체성을 얻었다고 했습니다. 그는 이 만남들이 "분리가 아닌 상호보완의 관계에 있으며 그것이 바로 나의 한계이며 장점"이라고 했습니다.

등단 직후의 광주 시절 고정희는 잠깐 동안 한 주간신문의 사회부 기자로 일한 적이 있었습니다. 그는 이때 사회의 아픈 구석들을 접하면서 빈부 차이에 대한 의식이 강해지고, 불평등 문제에 관심을 갖다 보니 '자연스럽게' 여성문제가 눈에 들어오게 되었다고 합니다. 그러나 그땐 다만 언젠가 시기가 오면 여성사를 새로 쓰겠다는 계획 아래 여성에 관한 자료만 수집했습니다.

당시 고정희는 시를 쓰기 시작하면서부터 개인적으로 많은 충고를 받아왔는데 그 내용의 대부분은 "사회 의식이 너무 강하다", "여성답지 못하다", "순수시를 써야 한다"는 것이었습니다. 이에 대해 고정희는 "나는 자신에게 절박한 것을 써야 그것이 시라고 생각한다. 창조 에너지에 무슨 남성·여성의 구별이 있는가?"(「여성신문」 대담)라고 답한 적이 있습니다.

그런데 두번째 시집 『실락원 기행』(1981)에서도 그의 사회 의식은 기독교적 구원의 차원에서 맴돌고 있는 듯합니다. 이 시집에서는 분노보다도 목마른 기다림과 외로움 등이 개인적 고통의 차원에서 절절히 울리고 있습니다.

듣는가 그대여
갈가마귀 날으는 들판으로 가슴을 열면
천 번도 더 서걱이는 갈대
우주 담아도 일어서는 벌판
우리는 왜 불일 수 없는가
우리는 왜 합일일 수 없는가
언제부터 우리는 샘물일 수 없는가

가까이 오라, 그대여
들꽃보다 쓸쓸한 영혼의 뿌리

죽어서도 恨 못 푸는 외로움이라면
천 번도 더 타오르고 싶구나
(중략)
이상주의 목발의
그대와 나
―「실락원 기행 3」부분

동시에 고향을 떠난 날이 길어질수록 어머니와 고향집에 대한 그리움 또한 커갑니다. 방긋 웃는 아기에게 화답하여 웃는 친구를 보면서도 시인은 어머니를 그리워합니다. 그것은 고정희만의 고독이고 아픔일까요?

내 친구 千在純의 아가는 웃고 있었어
예쁜 뺨과 하얀 손가락을 가진
千在純의 아가는 방긋 웃고
따라 웃는 千在純의 거울 속에서
그리운 어머니를 보았지
어머니일 수 없는 나는
어머니인 千在純을 보았어 그것은
나와 千在純의 거리일 수도 있지만
어머니인 자와 어머니일 수 없는 자의
고독일 수도 있어 늘 웃는 자와
웃을 수 없는 자의 아픔일 수도 있어
집이 그리운 자의 눈물일 수도 있어

고향을 오래 떠나본 자는 알지
어머니 부르며 돌아오는 밤에
무심코 마주치는 이층집 불빛과
여럿이 둘러앉은 저녁밥상의 따스함
홀로 오래 떠도는 젊은이는 알지
―「방랑하는 젊은이의 노래」전문

3. 민중의 바다로, 거침없는 입담으로

2년 후 펴낸 장시집 『초혼제』에서 나는 비로소 쭈빗거림을 벗어 던지고 당당해진 고정희를 만납니다. 무엇이 고정희를 그렇게 갑자기 자라게 했을까요? 시집 후기에서 그는 그 동안의 창작생활에서 자신을 한시도 떠나 본 적이 없는 '극복'과 '비전'이라는 문제에 대해 고백합니다. 그것은 내용적으로는 암울한 시대상황 극복과 인간성 회복의 문제였으며 형식상으로는 가락에 있어서 전통과 오늘의 접목이라는 문제였습니다. 그리고 그는 무엇보다도 수유리 시절에서 해방되어야 한다는 절박감을 느끼고 있었습니다. 「화육제별사」는 수유리를 벗어나고자 하는 그의 몸부림입니다.

> 그 이후 나는 저물고 있었다.
> '행복'을 탐낸다는 것이
> 죄악처럼 두려운 오월
> 자학으로 흥분된 우리는
> 바람이 누그러진 오월의 황홀 속에서
> '금관의 예수'를 합창하거나
> 본회퍼의 죽음을 묵상하다가
> 이내 따뜻한 기숙사로 돌아와
> 애꿎은 시트를 수없이 찢었다
> (진리·자유·정의·평화)
> ―「화육제별사」 부분

> 나는 보았고 알았고 깨달았지만
> 결코 내 길과 결혼하지 못했다
> 나는 결혼하지 않았으므로
> '불임'의 고독을 상흔처럼 지녀야 했다
> ―「화육제별사」 부분

밥을 위하여 누추한 출판사 혹은 잡지사 기자로 전전하면서 다치지 않으려고 몸을 사려왔던 데 대한 죄책감, 고정희를 따라 다니던 그 죄책감은 결국 다시 수유리에서 극복될 수 있었습니다. 그는 이제 현상과 인식의 괴리를 극복하고 민중의 바다로 나갈 것을 약속합니다.

> 결국 그랬지, 친구여
> 나는 수유리로 다시 돌아와
> 무교회주의자가 되고
> 수유리에 떠도는 칼바람 소리와 만나
> 칼바람과 살기로 약속하였다
> 오 수유리에
> 유엔 평화 깃발을 꽂기로 했다
> 우렁우렁 사랑가 풀어 내기로 했다
> 그렇게 해서라도
> 저 징그러운 바람소리 잠재우기로 했다
> ―「화육제별사」부분

첫시집에서 「짜라투스트라」라는 제목으로 쓰여졌던 시대 인식은 한국적인 언어와 풍습 속에 재조명되어 「우리들의 순장」으로 다시 등장합니다. 드디어 고정희가 갈고 닦아 온 날카로운 풍자 정신이 토속적인 언어로, 거침없는 입담으로 쏟아지기 시작한 것입니다.

> 그러므로 폐하,
> 그 이후 이 글을 올리는 소생이란
> 눈만 뜬 송장이올시다
> 요샛말로 '눈감은 산 송장'이올시다
>
> 하오나 우리가 아무리
> 산 송장일망정
> 여직 이승 노자 두둑하오니
> 하관례는 치렀을망정(앗싸리)

죽은 송장과는 또 다르지 않습니까?
안 그렇습니까?
―「우리들의 순장」부분

수유리 시대의 극복과 민중의 바다로의 출범에 대하여, 발문을 쓴 김정환은 그것을 4월에서 5월로 넘어가는 과정, 즉 개인적 기억으로서의 4월 사건에서 공동체적 체험으로서의 5월 사건으로의 발전이라고 평가합니다. 이러한 발전이 시에서는 "낭송시의 차원에서 역사에 대한 관심으로, 삭막한 예언 정신에서 풍요로운 공동체적 연희예술 정신으로, 선언으로서의 구약 정신에서 삶으로서의 신약 정신으로, 탈춤에서 굿으로, 굿에서 난장판으로 이어지는 과정으로" 나타났다는 것입니다.

고정희가 이 과정에서 찾아낸 '마당굿시'라는 형식은 백낙청의 표현을 빌면 "시에서 서사성과 더불어 희곡성을 회복하려는 뜻깊은 실험"으로 매우 성공적이었습니다.

제5부「사람 돌아오는 난장판」에서처럼 고정희의 입담이 질펀하게 펼쳐지는 시도 다시 없을 것입니다. 그의 놀라운 언어 구사력은 그가 노력하는 작가답게 늘 우리 말의 발견에 정성을 쏟기 때문이기도 하려니와 여기에는 해남과 광주를 오가며 그 틈서리에서 고단한 삶을 꾸려야 했던 청년기의 경험에 크게 힘을 입은 것 같습니다.「또 하나의 문화」동인 조은은 고정희의 언어 구사는 이 시대의 편협하고 삭막한 제도권 교육이 베풀 수 없는 독특한 정서를 담고 있다고 말한 적이 있습니다.

「사람 돌아오는 난장판」은 역동적이고 짜임새 있는 형식 뿐만 아니라 그가 이 시대 삶의 현장을 보다 구체적으로 포착하고 있다는 점에서 매우 뛰어난 시입니다. 그 중에서도 둘째마당의 무당 사설이 특히 그러한데 좀 길지만 함께 읊어 보기로 합시다.

물러가라 물러가라 농촌귀신 물러가라
일년 사시절 피땀으로 절은 농사
반절은 인충이 먹고 반절은 수마가 먹고
비료세 소득세 전기세 라디오 티븨세 물고 나면

가을수확은 검불뿐이니 사―람―이 죽었구나

물러가라 물러가라 도시귀신 물러가라
꼭두새벽부터 일어나 식은밥 한숟갈 뜨는둥 마는둥
십리 공장길 걸어 지하 3층으로 내려가
한여름 같은 기계실에 혼 빼주고 넋 빼주고
마음도 다 빼주니
한 달 수입이 3만 5천원이라
구내식당비 5천원 주고
인세 갑근세 주민세 삭월세 문화세 주고 나면
빈―주먹이나 먹어라 사람 없구나

물러가라 물러가라 감옥귀야 물러가라
식솔에 갇히고 직장에 묶이고
신문에 길들고 시간에 얽매이고
척, 하면 퇴직이요 척, 하면 실직이라
간 곳마다 장님이요 간 곳마다 벙어리라
간 곳마다 얼간이요 간 곳마다 떠중이라
인명이 재천이라 하였거늘
하늘을 죽였으니 사람 없구나
―「사람 돌아오는 난장판」 부분

사라진 사람, 죽은 사람을 돌아오게 하려면 어떻게 해야 하나. 사람을 돌아오게 하려면 평등한 세상을 만들어야 한다고 시인은 확신하고 있습니다. "살풀이 고풀이 원풀이 한풀이"를 질탕하게 베풀어 주어야 한다는 것입니다.

하늘에는 무명성이 있고
땅에는 무명초가 있네
무명성과 무명초 한데 혼을 섞어
동네잔치 사람잔치 밤 가는 줄 모르네

그 나머지 회비는 내 알 바 아니네
인간 세상의 더러움
다 함께 깨끗해지고
온 세상 울퉁불퉁한 것
모두 변하여 고르게 되었네
— 「사람 돌아오는 난장판」 부분

자신이 '죽어 있는 삶'과 '살아 있는 삶'에 대해 많은 콤플렉스를 숨기고 있었던 것 같다는 자기 확인의 말 끝에 고정희는 자신이 낙관주의자임을 고백합니다. "그럼에도 불구하고 나는 나에게 죽음을 선언하고 저주를 선언하는 때에조차도 그 속에서 무럭무럭 솟아나는 신념과 기대를 저버리지 못한다." 사랑 많은 사람, 고정희는 그래서 하느님에게 기도를 드리지 않았던가요. "우리가 눈물 흘리는 동안만이라도 주는 우리를 용서하소서"(「이 시대의 아벨」)라고. 김주연은 고정희의 시를 지탱하고 있는 두 개의 축은 강한 의지와 생명에 대한 사랑이라고 말한 바 있습니다. 동시에 그는 양심과 정의가 상실된 불의의 세계에 대해 시인이 느끼고 있는 죄의식이 적극적인 사랑, 즉 기독교적 사랑의 실천으로까지 뻗지 못할 때가 있다고 아쉬워 합니다.(『이 시대의 아벨』 후기)

하지만 삶의 무게에 짓눌려 더 이상 숨쉬기가 어려워졌을 때 이 시를 소리내어 읽어 보십시오. 갈래갈래 찢어진 영혼을 어루만지는 한없이 부드러운 손길이 내 몸에 닿는 것을 느낄 것입니다.

상한 갈대라도 하늘 아래선
한 계절 넉넉히 흔들리거니
뿌리 깊으면야
밑둥 잘리어도 새 순은 돋거니
충분히 흔들리자 상한 영혼이여
충분히 흔들리며 고통에게로 가자

뿌리 없이 흔들리는 부평초 잎이라도

물 고이면 꽃은 피거니
이 세상 어디서나 개울은 흐르고
이 세상 어디서나 등불은 켜지듯
가자 고통이여 살 맞대고 가자
외롭기로 작정하면 어딘들 못 가랴
가기로 목숨 걸면 지는 해가 문제랴

고통과 설움의 땅 훨훨 지나서
뿌리 깊은 벌판에 서자
두 팔로 막아도 바람은 불듯
영원한 눈물이란 없느니라
영원한 비탄이란 없느니라
캄캄한 밤이라도 하늘 아래선
마주잡을 손 하나 오고 있거니
―「상한 영혼을 위하여」전문

　사랑이 큰 만큼 외로움도 깊은 걸까요? 눈 큰 사람치고 눈물이 헤프지 않은 이 없다는 말대로 고정희는 유난히 눈물이 많습니다. "융융한" 30대를 혼자 건너면서 그의 시에는 외로움보다 눈물이란 단어가 더 자주 나옵니다. "어머니와 호박국이 그리운 날이면" 한 선배를 찾아가고, 그 가족의 윤기 흐르는 웃음소리에 "이유 없이 쏟아지던 눈물"을 노래한 「객지」를 읽을 때, 나는 강인한 외로움의 정서에는 이미 익숙하노라고 시치미 떼던 고정희의 외로움, 그의 섬세한 감수성을 읽습니다.
　『초혼제』의 발문을 쓴 김정환은 느닷없이 고정희가 결혼을 안한 것이 마음에 걸린다고 투정 부리듯 말하고 있습니다. 그는 결혼으로 얻을 수 있는 소득을 너그러움과 일상 생활의 감수성 따위로 꼽으면서 독신이야말로 일상의 가장 큰 적의 하나라고 단언합니다. 왜 남성 평론가라는 이들은 여성이 '정의의 사도'와 같은 시를 쓰는 것을 못 참아 할까요? 왜 그들은 여성 자신보다 훨씬 더 결혼의 신화에 매달릴까요. 그들은 여성이 각기 개성을 가지고 있음을 보지 못합니다. 게다가 그들은 결혼한 여성이 그들처럼 계속 편하게 글을 쓸 상황에 있을 수 있다고 믿고 있나 봅니다.
『이 시대의 아벨』 5부에는 고정희가 체득한 일곱 가지의 사랑법이 담겨 있습니다. 고정희의 사랑이 언제나 그렇듯이 여기서도 사랑을 하면 할수록 더욱더 외로움이 심화되는 그런 사랑, 고통스런 사랑입니다.

> 그대 향한 내 기대 높으면 높을수록 그 기대보다 더 큰 돌덩이 매달아 놓습니다
> 부질없는 내 기대 높이가 그대보다 높아서는 아니 되겠기 내 기대 높이가 자라
> 는 쪽으로 커다란 돌덩이 매달아 놓습니다
> 그대를 기대와 바꾸지 않기 위해서 기대 따라 행여 그대 잃지 않기 위해서 내
> 외롬 짓무른 밤일수록 제 설움 넘치는 밤일수록 크고 무거운 돌덩이 하나 가
> 슴 한복판에 매달아 놓습니다
> ―「사랑법」 첫째 전문

간절히 원하되 이루어지기를 원하지 않는 사랑, 커갈수록 누르는 힘도 커가는 사랑. 이런 사랑을 할 수 있는 사람이 어떻게 사랑이라는 이름 아래 여성의 자유의지를 최대한 구속하는 결혼 생활을 할 수 있을까요? 그가 독신으로 산 것은 그가 시인이 된 것 만큼이나 자신에게 어울리는 삶의 양식이었지 않을까요?

4. '민족'과 '여성' 사이에서

"아침부터 저녁까지 우는 여인들로 줄을 잇는 가정법률상담소"(『눈물꽃』)에서 출판·홍보 일을 맡고 있던 고정희는 우연한 연줄로 1984년 「또 하나의 문화」 창립 동인으로 참가하게 됩니다. 고정희의 말에 의하면 자신이 처음에 그 팀에 들어간 것은 "시인으로서가 아니라 민주 시민으로서의 역할이 무엇인가를 모색하기 위해서"였다고 합니다. 그러나 그는 그 모임에서 "뜻밖에도" 고향에서밖에 만날 수 없는 신뢰의 가능성을 발견하고 마음을 쏟아붓게 되었다고 합니다. 사회학·인류학·여성학 등을 전공한 동인들과 더불어 새로운 대안문화를 만들어 나간다는 데 의기투합한 고정희는 동인지를

만드는 데 그가 이제까지 쌓아 왔던 출판인으로서의 경험을 최대한 활용합니다. 개인적으로는 그 동안 모아둔 여성문제 자료를 바탕으로 '여성사 새로 쓰기' 작업을 구체화하는 것도 이 만남을 통해서 결실을 거두게 됩니다.

그는 「또 하나의 문화」의 가장 좋은 점으로 서로 다르되 함께하는 분위기를 꼽았습니다. 한국의 어느 모임에서도 이런 분위기가 가능한 곳은 없다고 그는 놀리듯 자랑하듯 말하곤 했습니다. 그러면서도 가끔 '일'과 '사람' 사이의 갈등이 그를 괴롭혔습니다.

고정희의 영결식에서 조사를 읽은 조혜정은 "한편에서는 여성의 고통을 가볍게 아는 '머슴아'들에 치이고, 다른 한편에서는 민족의 고통을 가볍게 아는 '기집아'들에 치이면서, 그 틈바구니에서 누구보다 무거운 십자가를 지고 살던 그대"라며 안타까워했는데 정작 생전의 고정희는 이 두 세계 사이에서 마음껏 시의 세계를 확장시켜 갔던 것 같습니다. 그는 자유로운 사람이었습니다. 다른 사람에게는 구속으로 느껴질 틈바구니를 오히려 해방의 공간으로 생각할 수 있는 상상력의 소유자, 그가 고정희입니다.

「또 하나의 문화」 동인지 1호(『평등한 부모 자유로운 아이』)에 실린 고정희의 시를 읽어 보면 그의 자유로운 시혼에 감동받지 않을 수 없습니다. "그리움의 태에서 미래의 아이들이 태어난다네"와 같은 표현.

   보시오
   그리움의 胎에서 미래의 아기들이 태어나네
   그들은 자라서 무엇이 될까
   우리들의 아기는 살아 있는 기도라네
   딸과 아들로 어우러진 아기들이여
   우리 아기에게
   해가 되라 하게, 해로 솟을 것이네
   별이 되라 하게, 별로 빛날 것이네
   우리 아기에게
   희망이 되라 하게, 희망으로 떠오를 것이네
   그러나 우리 아기에게
   폭군이 되라 하면 폭군이 되고

인형이 되라 하면 인형이 되고
절망이 되라 하면 절망이 될 것이네, 오
우리들의 아기는 살아 있는 기도라네
—「우리들의 아기는 살아 있는 기도라네」부분

동인지 2호에 고정희는 「한국여성문학의 흐름」이란 제목으로 여성문학 70년사를 점검하는 논문을 씁니다. 이 논문은 여성문학에 대한 개념 정립이 안된 상황에서 선구적인 글로서의 의의를 갖는데, 특히 그가 제시한 여성문학의 당면 과제는 고정희가 자신과 다른 여성들에게 부과한 숙제였습니다. 여성문학에 대한 그의 입장은 다음과 같습니다.

우리는 최선의 이념으로서 참된 민주 공동체의 형성을 지향하고 있다. 더 구체적으로 문학인들이 추구하는 궁극적 목표 중의 하나가 일차적으로는 인간을 인간답게 만드는 민주문화 형성이라고 말할 수 있다면 여성문학은 진정한 여성문화 양식을 형성시켜 나가는 데 자기 자리를 확보할 수 있어야 한다. 이때 여성문화란 현재 우리가 직면해 있는 지배문화 혹은 가부장제 부성문화의 모순을 극복하려는 '대안문화'를 의미한다. 즉 여성문화운동은 지금까지 주종의 관계로 일반화된 남녀를 동시에 구원하려는 해방적 차원을 지니고 동시에 새로운 사회의 비전을 제시하는 모성적 생명문화의 차원이어야 한다고 본다.
—『열린 사회 자율적 여성』, 또 하나의 문화 제2호, 122쪽

그는 다음 해 동인지 3호 『여성해방의 문학』을 펴내는 데 핵심적 역할을 함으로써 스스로에게 부과한 숙제를 성실하게 해냈으나, 그가 창작적 과제로 제시했던 '새로운 여성적 문화 감각'의 수용은 아직 미흡한 채 남겨지게 됩니다.

여성문학과 민족문학의 두 세계를 활달히 오가며, 이론적 작업과 창작활동에 매진하던 그간의 삶은 제5시집 『눈물꽃』(1986)에서 쉬이 더듬을 수 있습니다. 『눈물꽃』은 고정희가 마음껏 다양한 목소리를 내면서도 그것들이 서로 배타적으로 보이거나 튀지 않고 절묘하게 조화되는 분위기를 담고 있습니다. 시인이 책 뒤에서 말했듯, "삶과 이데아는 동전의 안과 밖의 관계이다. '현

실'이라는 렌즈가 곧 꿈의 광맥을 캐는 도구"이기 때문에 고정희는 삶의 다양한 현장을 "꿈꾸며 눈물 흘리며 뜨거운 결속으로" 탐사해 갑니다.

4부로 이루어진 이 시집의 곳곳에서 이제 민중, 그 중에서도 여성의 삶이 구체적으로 형상화되기 시작합니다. 삶의 맨 밑바닥을 억척스럽게, 그러나 당당하게 살아가는 여성의 역사 의식을 짚은「평안도 계사니」는 고정희가 모색 중이던 민중적 여성주의 문학의 첫시도가 아닐까 합니다.

>1592년 6월이었습니다
>한 달 전에 왜군에게 한양을 빼앗기고
>평양성에 도착한 조선 님금은
>평양 백성과 함께 조선을 지키겠다 약속해 놓고서는
>자신은 몰래몰래 도망치고 있었습니다
>도망치던 길에 혼비백산하여
>계사니의 주막에 들렀습니다
>쫓기는 신세로야 일개 졸장부와 다름없는 님금은
>계사니에게 왜 도망치지 않느냐고 물었습니다
>어케 도망칩네까?
>여기가 내 땅인데 어케 도망칩네까
>그리고 계사니는 왜놈 장정 여섯 명을
>때려눕히고도
>쓰러지는 조선땅 기둥뿌리 하나를 붙잡고 있었습니다
>1593년 10월이었습니다
>나라 찾아 환궁길에 오른 님금은
>계사니의 주막에 어가를 멈추고
>소원이 무엇이냐 물었습니다
>아무것도 없습니다
>그때 계사니의 두 눈 속에는
>오직 조선땅의 힘없는 백성들이
>어른댔을 뿐입니다
>―「평안도 계사니」전문

시집의 제목대로 『눈물꽃』에는 시편마다 눈물이 넘쳐 강이 되어 흐릅니다. 그러나 정작 「현대사연구·13」이란 상당히 냉정한 제목의 시편에 부제로 달린 「눈물꽃」에는 단 한 방울의 눈물도 보이지 않습니다.

악아, 새벽신문 정치면 서두에 말이다 새 신발에 관한 특집이 실렸구나 이제 비로소 말인데, 네 그 새 신발 말이다…… 아예 신지 않는 게 어떠냐, 눈 밖에 나는 새로운 신발이란 희망을 망치고 해를 망친다잖니 관습에 맞지 않는 신발이란 말이다 혈육을 망치고 일평생을 망친다잖니…… 그래서 말이다…… 너 그 새 신바알……
무슨
말씀을
그렇게 하세요, 아버지
제게 새 신발이 어디 있어요
뻔히 아시면서 왜 들볶으세요
소원대로 헌 신발 가게를 차리세요
제가 언제 반대했나요?
저금통장 여기 있어요
(중략)
그…… 그렇지만 애야, 내 말 뜻을 말이다 넘겨짚지 말아라…… 장사를 하자는 것이 아니고 나보다 많이 살 네 발에 관하여…… 운명을 백팔십도 바꾸자는 것이다…… 순리에 거슬리는 신발이란 말이다 인지산정…… 콩밥이나 먹으러 간다는데…… 그래서 말인데…… 한번쯤은 내 말을 명심해서 들어봐라……
아버지, 운명은 신발이 아니에요
운명은 다만 이기는 것이에요
이기고 길들여서 끌고 가는 것이에요
아버지도 이제는 운명을 이기세요
세월이 값없이 흐르고 있어요
남은 시간엔 고삐가 없구요
청춘이란 그렇게 성급해서 탈이야 나는 말이다 팔십 평생 동안 맨손으로 일어나서 늬들 팔남매 고등교육 시키느라 말이다 산전수전 다 겪고 난세 흉년 육

이오 다 겪었지만 말이다 인간지사 순리에는 못 이기는 법이여…… 거창한 명
목이란 수상한 법이여 (중략) 그러니 말인데 고명딸 같은 널 애비 말뚝에 매두
자는 게 아니고오…… 다만 내 말 뜻은 말이다…… 지금은 징표를 보일 때가
아닌즉 썩은 물 구만리로 흐르기를 기다려…… 두번 다시 초죽음 갖다 바치지
말고……
  저 지금 일하러 가야 해요, 아버지
  하실 말씀 있으시면 저녁에 하세요
  그럼 다녀오겠읍니다
  헌 신 발 신 고 갑 니 다
  아 무 일 도 없 을 겁 니 다
  신문을 너무 믿지 마세요, 아버지이
  — 눈물꽃 132-135쪽

  이 시는 현실 참여적인 딸(시인 자신)과 그를 걱정하는 팔순 아버지의 대화체 시입니다. 고정희가 단호하게 신발을 바꿔 신는 모습이 보이는 듯합니다. 조심스럽게 충고를 보내는 아버지의 말은 중간중간에 '……'를 삽입하는 반면 딸의 말은 단호하게 행 바꾸기를 하는 형식으로 썼는데, 이러한 형식에 담긴 부녀간의 끈끈한 정이 읽는 이의 가슴을 쩡하게 만듭니다. 눈물을 말하지 않되 눈물을 솟게 만드는 시인의 능력.
  "오매, 미친년 오네"로 시작되는 시편(「프라하의 봄 · 8」) 같은 연작시에서는 신발을 이미 바꾸어 신은 시인이 강렬한 표현으로 "굳은 땅 갈아엎는 날"(「프라하의 봄 · 13」)에의 갈망을 드러내 주고 있습니다.
  고정희가 앞서 광주 시절에 다짐했던 새로 쓰는 여성사의 첫부분이 이 시집에 실려 있습니다. 「현대사 연구 · 14 — 가을 하늘에 푸르게 푸르게 흘러가는 조선 여자들이여」는 공권력에 의한 성폭력의 역사, 공녀 문제 · 정신대 문제 · 기생관광 문제를 통렬히 고발합니다. 다리 후둘거리며 떠나갔던 여자들, 가슴 벌떡거리며 실려 갔던 여자들의 덕으로 조선조 사대부가 밥줄을 지키고 친일 매국노가 재상을 지켰습니다. 그런데 오늘날 또다시 이 땅의 여성들이 달러 박스 낚시질 밥으로 떠나가는 모습에서 반복되는 역사를 보고 시인은 분노합니다.

이 시집에서도 역시 고정희는 대립보다 화해의 길을 찾습니다. 죽음의
문화를 극복하는 길은 멀리 있는 것이 아니라 바로 일상적인 만남의 관계
에서 이루어진다고 그는 쓰고 있습니다.

여보게 보이나
즈믄 빗장 안으로 죽음이 엎드리네
죽음의 사자가 조금씩 다가오네
주검을 보는 밤은 캄캄해
온통 주검으로 가득하기 때문이야
살아 남으려면 빗장을 뽑아야 해
나는 너에게서
너는 나에게서
대못 한웅큼씩 뽑아내야 해
남자는 여자에게
여자는 남자에게 서로 다가가
닫아지른 쇠빗장 뽑아줘야 해
마음속의 빗장들 풀어내야 해

우리 한몸 이뤄 잠들기 전에는
햇덩이 같은 아이 태어나지 못하네
— 「디아스포라 — 나 언제 그대와 한몸 이루려나」 부분

"나와 너" "남자와 여자" 사이의 빗장 뽑기 없이는 "햇덩이 같은 아이의
탄생"은 바랄 수 없노라는 예언자적 잠언에서 고정희가 이제 막 자기 것으로
만든 여성주의적 세계관이 일면 생소하게 그러나 간절하게 울려 퍼집니다.

5. 어머니와 강물

제6시집 『지리산의 봄』(1987) 앞머리에서 고정희는 언제부터인가 눈물이 자

신의 시의 "밥"이 되었다고 고백합니다. 이미 오래 전부터 그의 시는 눈물로 젖어 왔는데 이즈음 그가 겪어야 했던 가까운 이들의 갑작스런 죽음, 그 가운데서도 어머니의 죽음은 그를 그렇게 만들었습니다.

그럼에도 불구하고 멈추지 않고 가야 하는, 살아 남은 자의 슬픔이 짙게 배어 있는 이 시집은 그러나 한편으로 그를 지탱해 주는 것이 사랑의 힘임을, "아름다운 사람 하나"에 대한 그리움임을 큰 소리로 외칩니다.

의미 있게 보이는 건, 어머니의 죽음 이후 그의 시에 비로소 어머니가 등장한다는 사실입니다. 부재로 인한 존재의 확인이랄까요. 그의 어머니는 죽음으로써 더욱더 큰 어머니로 고정희에게 돌아옵니다.

> 내가 내 자신에게 고개를 들 수 없을 때
> 나직이 불러본다 어머니
> 짓무른 외로움 돌아누우며
> 새벽에 불러본다 어머니
> 더운 피 서늘하게 거르시는 어머니
> 달빛보다 무심한 어머니
>
> 내가 내 자신을 다스릴 수 없을 때
> 북쪽 창문 열고 불러본다 어머니
> 동트는 아침마다 불러본다 어머니
> 아카시아 꽃잎 같은 어머니
> 이승의 마지막 깃발인 어머니
> 종말처럼 개벽처럼 손잡는 어머니
>
> 천지에 가득 달빛 흔들릴 때
> 황토 벌판 향해 불러본다 어머니
> 이 세계의 불행을 덮치시는 어머니
> 만고 만건곤 강물인 어머니
> 오 하느님을 낳으신 어머니
> ―「땅의 사람들·8――어머니 나의 어머니」 전문

그 어머니는 종종 강물로 표현됩니다. 「땅의 사람들」 연작시 15편은 암울한 시대는 결국 '강물을 이루는' 사람의 힘으로 열리고 말리라는 희망이 담긴 시들입니다. 시편마다 사람에 대한 그의 깊은 신뢰가 넘쳐납니다.

엄숙하여라, 사람의 소리
어여뻐라, 사람의 발바닥
—「땅의 사람들·13」 부분

고향집으로 가는 길에서 바라본 자연, 그림 같은 산과 들에 절하고 싶고 입맞추고 싶은 충동에 몸을 떠는 시인(「땅의 사람들·14」). 고향을 완전히 떠나고 난 그제야 그에게는 산야가 "아버지 힘줄" 같게, "어머니 잔정"으로 다가갑니다.
「지리산의 봄」 연작시들에서 지리산에 오르고 내리는 도정에서 그가 만나는 것들이 자연이 아닌 「사람」들이라는 것을 알 수 있습니다.

남원에서 섬진강 허리를 지나며
갈대밭에 엎드린 남서풍 너머로
번뜩이며 일어서는 빛을 보았습니다
그 빛 한자락이 따라와
나의 갈비뼈 사이에 흐르는
축축한 외로움을 들추고
산목련 한 송이 터뜨려 놓습니다
—「지리산의 봄·1」 부분

지리산은 누구인가요? "숲으로 구만리 하늘을 가리고, 통곡의 폭포에서 물 맞는 여자"(지리산의 봄·5」)라고 그는 부릅니다. 나무가 울고 숲이 울고 숲이란 숲은 모두 따라 울고 시인의 가슴 속에도 "망망대해 같은 눈물"이 출렁거립니다. 눈물은 「천둥벌거숭이 노래」에서도 넘칩니다. "하느님이 눈물의 밸브를 푸셨"는지 동서남북에서 하느님이 울고, 열두 대의 첼로가 울고, 고정희는 떠나는 사람을 두고 웁니다.

떠날 수 없는 것들 뒤에 두고
바람처럼 깃발처럼 떠나고 있는 사람
아흐, 떠나면서 떠나면서
사라지지 않는 사람
―「이별」부분

길을 가다가 불현듯
가슴에 잉잉하게 차오르는 사람
네가 그리우면 나는 울었다
―「네가 그리우면 나는 울었다」부분

열리지 않는 것은 문이 아니니
닫긴 문으로 나는 갈 것입니다.
―「내 슬픔 저러하다 이름했습니다」부분

   1988년 여름 고정희는 여성 정론지를 표방하는 『여성신문』의 주간으로 내정됩니다. 12월에 창간호를 내고 이듬해 7월에 그만둘 때까지 한 해 동안 그는 말 그대로 살과 뼈를 발리는 노동에 시달립니다. 물론 그는 이때 여성 억압의 다양한 현장들과 부딪칠 수 있는 기회를 갖게 됩니다. 그는 날마다 시를 쓸 짬이 안 난다며 투덜댔는데 그러면서도 새벽 다섯 시만 되면 어김없이 안산의 책상 앞에 앉아 시를 썼습니다. 그 전날 밤의 새벽 귀가를 알고 있던 내겐 깡마른 고정희의 이런 버릇이 자학으로 비쳤습니다. 제발 몸을 생각하라는 내 충고를 그는 싱긋 웃음으로 넘겨 버렸습니다(아, 나는 지금 그 따위 입발린 말 대신 맛깔스런 밑반찬을 만들어 주지 못한 나의 인색함이 갑자기 미워지기 시작합니다).
   여성신문 창간 작업이 막바지에 다다를 즈음 그는 여성문학사상 중요한 일을 해내는데, 동인들과 함께 여성해방시 모음 『하나보다 더 좋은 백의 얼굴이어라』(1988)를 펴낸 일입니다.
   12명의 시인이 쓴 75편의 시를 한데 모은 이 시집은 '여성해방'이란 단어가 낯선 시기에 '여성해방의 시'라는 이름을 달고 출간된 첫시집이자 그 시집에 실린 시가 수준작들이라는 데 의의를 둘 수 있습니다. 그 동안 시인들이 각자의 입장에서 계속해 온 여성 억압적 삶의 한풀이를 한 곳에 모으고 나아가 그들이 희구하는 평등의 모습을 여러 갈래의 목소리로 표현해 낸 시집입니다.

고정희가 새벽마다 몸을 깎으면서 썼던 시들은 여성신문을 떠난 그해 가을 일곱번째 시집 『저 무덤 위에 푸른 잔디』로 태어났습니다. 지난 8년간 그를 죄의식에서 벗어나지 못하게 한 광주에 대한 말의 족쇄가 풀리자 그는 이제 수난자의 빛으로 광주를 재해석한 굿판, "잘못된 역사의 회개와 치유와 화해에 이르는 큰 씻김굿"을 우리 앞에 흐드러지게 펼친 것입니다.

수난자는 누구인가요? 이때의 수난자는 지식인도 아니요, 상식적인 의미에서 말해지는 민중도 아닙니다. 실제로 당시의 지식인들은 피바다의 소용돌이에 질려서 몸을 피했으며, 당시 총받이가 되었던 민중 역시 지하로 숨었습니다. 피하지도 숨지도 않고 고스란히 그 수난을 보유하고 계승한 이들은 바로 광주의 어머니들, 구체적으로는 유족회 어머니들 그리고 부상자 어머니들이었다고 고정희는 대답합니다.

그는 해방 사회의 새로운 인간성의 모델은 어머니의 본질에서 찾아야 한다고 믿습니다.

> 어머니여
> 마음이 어질기가 황하 같고
> 그 마음 넓기가 우주천체 같고
> 그 기품 높기가 천상천하 같은
> 어머니여
> 사람의 본이 어디인고 하니
> 인간세계 본은 어머니의 자궁이요
> 살고 죽는 뜻은
> 팔만사천 사바세계
> 어머니 품어주신 사랑을 나눔이라
> —「사람의 본이 어디인고 하니」부분

어머니는 눌림받은 여성의 대명사이며 잘못된 역사의 고발자요, 증언의 기록이며, 동시에 치유와 화해의 미래입니다. 넷째머리 진혼마당에서 노래하는 5월의 한풀이는 단지 한 많은 여성의 개인적인 한풀이에 그치는 것이 아니라 한반도 전체 민족 공동체의 한을 푸는 일이며 전 인류의 해방에 이르는 길을 닦아 주는 일이라고 그는 『여성신문』 대담에서 말한 바 있습니다.

인류해방은 결국 모든 사람들이 살맛 나는 세상에서 사는 일입니다. 「사람 돌아오는 난장판」에서 기원했듯 여기서도 그는 삶에 대한 신뢰, 어우러져 사는 삶의 기쁨을 간절히 노래합니다.

아하 사람아
앞앞이 소중한 목숨등우리 있어
문밖 나가 있는 동안 시시로 궁금하고
들어와 있는 동안 미더운 사람아
보듬아보고 안아보고 치뜰어도
새록새록 그리운 건 사람뿐이라
많아도 넘치는 법이 없고
모자라도 허전하지 않는 것은 사람뿐이라
서로 눈알 부라려도 칼로 물 베기요
서로 등 돌려도 마음 맞물려 지새는 자웅이라
싸웠다가 돌아서서 웃음으로 악수하고
흩어졌다가 달려와서 한뜻으로 맞들고
애 녹였다 불현듯 기쁨으로 넘침이라
—「말로 주면 섬으로 받는 사람의 화복대길」부분

이 시집의 발문을 쓴 박혜경은 고정희를 "인본주의적 낙관론자"라고 했는데 이 지칭은 참으로 적절합니다. 그러나 그는 또 고정희가 혈연적 유대감을 단선적으로 강조함으로써 자칫 역사를 원초적인 정서적 친화성의 차원에서 즉물화시키는 오류를 범할 수 있다고 지적합니다. 고정희 자신 혈육에 연연하기보다 이상에 충실했던 사람이었음은 너무나 자명한데, 그것이 혈연적 유대감으로 읽힌 것은 왤까요? 우리 사회에 만연한 '핏줄'주의

——고정희를 그렇게 외롭게 만들었던 가족주의가 여기서도 그 모습을 드러냅니다.
　불행히도 고정희의 씻김굿은 현실에서 큰 효험을 보지 못했습니다. 1980년대는 당대에 치유와 화해를 이루기엔 너무 짧았던지도 모릅니다. 고정희는 1989년 마지막 밤에 벌어진 5공비리 청문회를 보고 억지로 다스리던 상처가 다시 덧남을 느낍니다.

　"나는 실로 최초로 역사적 진실에 대하여 절제하기 어려운 노여움을 품게 되었고 내가 지금까지 소망을 가졌던 일에 대하여, 신념에 대하여, 대상에 대하여 짙은 회의를 갖게 되었다."
　—『광주의 눈물비』 서문에서

　아직 오지 않은 봄을 이미 맞아들였다고 착각하며 신보수주의로 회귀하고 있는 동시대인들을 향해 그는 "서글프고 처절한 노여움"을 터뜨립니다. 제7시집 『광주의 눈물비』는 고정희가 "악발에 북받쳐" "정면대결"을 불사하는 심정으로 써낸 시의 모음입니다.

오월이라는 의미를
그대 저녁밥상에서 밀어내지 말라
광주는 그대의 밥이다

오월이라는 눈물을
그대 마른 가슴에서 닦아내지 말라
광주는 그대의 칼이다

(중략)

오월이라는 기다림을
그대 겨울 난롯불에 화장하지 말라
광주는 그대의 봄, 우리의 봄,

서울의 봄이다.
― 「망월동 원혼들이 쓰는 절명시──우리의 봄, 서울의 봄 2」

그는 다시 광주의 어머니들을 불러냅니다. 애써 묻으려 했던 수난의 현장을 재현하면서, 그는 "어머니 하느님"의 울음 소리를 들려줍니다.

광목집베 한 자락으로
그대들 최후의 비명을 덮으며
번개치는 그대들 두 눈을 감기며
광주의 어머니들이 울부짖었다
피묻은 맨발에 양말을 신기고
이름없는 원혼들의 수의를 입히며
광주의 자매들이 울부짖었다
모른다 귀를 막고
모른다 눈을 감고
모른다 모른다 모른다 입을 다문
저 죄악의 대낮에
피에타 피에타 피에타
얼굴없는 시신을 가슴에 파묻으며
광주의 누이들이 울부짖었다
어머니 하느님이 울부짖었다
― 「통곡의 행진」 암하레츠 시편 7 전문

여태까지 좌절하지만 결코 절망하지 않던 고정희, 아픔과 기쁨을 항상 함께 묶을 줄 알던 고정희는 이제 자신이, 세상이 완전히 버림받았음을 서글퍼 합니다.

아아 그러나 어쩌랴,
내가 그대를 버렸을 때
나는 이미 그대에게 버림받았다

> 내가 신을 버렸을 때
> 나는 이미 신에게서 버림받았다
> 버린 것들 속에 이미 버림받음이 있다
> 우리가 우리를 버렸을 때
> 거기, 버림받은 뒷모습이 있을 뿐이다
> ―「드디어 神 없이 사는 시대여」 암하레츠 시편 18, 부분

그러나 고정희를 지탱해 온 사랑의 힘은 뿌리뽑힐 수 없는 것인가 봅니다. 그는 가을 기도를 올립니다. 어머니 하느님, 정의의 하느님, 평등의 하느님께.

> 우리를 긍휼히 여기사
> 수확의 시간을 조금만 더 연장해 주소서
> 참말의 수확
> 이웃사랑의 수확
> 거듭남의 수확
> 고난의 수확을
> 삶의 제단에 바치게 하소서
> 그리고 용서하소서
> 사람이 사람을 지배하는 교회
> 남자가 여자를 지배하는 교회
> 강자가 약자를 지배하는 교회에서 바치는 추수를
> 용서하고 용서하고 용서하소서
> ―「이 가을에 드리는 기도」 부분

6. 몸으로 글쓰기를 하다만 그가 남긴 여백

간행 날짜로 따지면 고정희는 90년 한 해에 세 권의 시집을 내는 기록을 세운 셈입니다. 8월에 『광주의 눈물비』, 9월에 『여성해방출사표』 그리고 12

월에 『아름다운 사람 하나』. 나중의 두 권은 그가 필리핀 마닐라에서 열린 "탈식민주의·시와 음악 워크숍"에 참여하러 떠난 사이에 나왔습니다. 그는 떠나기 전에 출판사에 원고를 넘기느라 그 해 여름을 다 썼습니다. 그는 해남을 떠난 이후 생계를 위해 항상 직장을 가졌었는데 여성신문 이후에 처음으로 거기서 벗어난 자유를 만끽하였습니다. 상대적으로 남는 에너지를 그는 시에 몽땅 쏟아 부을 수 있었습니다.

그는 자신의 삶을 정리하고 새롭게 도전하고 싶은 강한 욕구를 느꼈습니다. 마닐라로 떠나면서 그는 이렇게 말합니다.

"이제 나는 다시 내 자신의 한계에 도전하기 위하여 새로운 출발을 서두르고 있다. 지금까지 내 삶의 집착이며 애증의 토대였던 이 땅과 잠시 이유기를 갖는 일이 중요한 의미로 승화될 수 있기를 바라는 맘 간절하다."
— 『여성해방출사표』 서문

여성해방운동이라는 전제 하에서 쓴 최초의 시집으로 기록될 『여성해방출사표』는 고정희가 그간 나름대로 심각한 갈등을 겪어 왔던 사회변혁운동과 여성해방운동을 함께 묶으려는 의도에서 쓴 시집입니다. 시집의 1·2부는 조선시대에 시를 썼던 4명의 여성의 삶을 재해석하고 그들의 입을 빌어 오늘의 여성 현실을 고발합니다. 3부는 정치 이데올로기가 여성을 어떻게 규제해 왔는가에 초점을 맞추고 4부는 그 동안 써온 목적시들을 담았습니다. 김혜순은 "이 시집을 통하여 고정희는 페미니즘 문학을 운동의 차원으로 끌어 올렸으며, 민중과 여성의 삶의 모습을 한자리에 놓으려는 의지를 표현했다. 이 시집으로 말미암아 고정희는 우리 시사에 여성해방 문학가로서의 특별한 위치를 차지하게 되었다"고 평가합니다(교육방송 「현대의 고전」 대담에서, 1992년 2월).

자신이 문체혁명이라고 이름 붙인 형식 중 하나인 서간체를 택함으로써 고정희는 시공을 초월하여 여성들이 대화를 나눌 수 있는 장을 마련해 줍니다.

황진이는 시적인 혁명을 꿈꾸다 까마귀밥이 된들 어떠랴 생각하고 스스로 기생이 된 선각자적 여성으로, 신사임당은 자신이 조선조 남성들의 철옹성 속에서 그들 마음대로 조작된 현모양처상으로 받들어지는 데 대해 통탄하는 여성으로 그려집니다. 신사임당의 편지를 통해 고정희는 현모양처의 껍질을 벗기고 새로운 여성상으로 나아갈 것을 부추깁니다.

황진이의 편지를 읽노라면 곳곳에서 고정희의 평소 목소리를 듣게 됩니다.

> 그렇게 다시 흘러가는 겁니다
> 그렇게 새로 마주치는 겁니다
> 새로운 물이 되어 돌아오는 겁니다
> 사랑하되 머물지 않으며
> 결혼하되 집을 짓지 않는 삶
> 거기에 해방세계 있기 때문이외다
> 사랑이 멍에라면 잘못 가고 있사외다
> 결혼이 집이라면 잘못 살고 있사외다
> 나는 급진주의 세대가 아니지만
> 사랑하는 법이야 능히 알고 있사외다
> ―「황진이가 이옥봉에게」 부분

허난설헌은 최초로 조선 봉건제에 반기를 든 여자 시인으로, 여자를 피압박 계급으로 바로본 최초의 시인으로 재해석됩니다. 그의 입을 통해 고정희는 여자 해방 투쟁을 위한 출사표를 던집니다.

> 아아 그리고 오늘날
> 생존권 투쟁에 피 뿌리는 딸들이여
> 민족민주 투쟁에 울연한 딸들이여
> 남자출세성공에 희생된 딸들이여
> 무엇을 더 망설이며 주저하리
> 다 함께 일어나 가자
> 남자들의 뒷닦이는 이제 끝났도다
> 우리가 시작하였고 그대가 완성할

해방세상의 때가 임박하였도다
―「허난설헌이 해동의 딸들에게」부분

3부는 고정희가 여성해방의 걸림돌이 되는 것 중 하나라고 입버릇처럼 말하던 '여성끼리 갈라지기'를 회화적으로 그리면서 뭉치기를 향해 나아가려는 그의 노력을 실감나게 전해 줍니다.

비정하게 저무는 낯선 거리에서
그대는 저쪽으로 나는 이쪽으로
운명을 수락하듯
우리는 서로 다른 길을 향해 갑니다
당신을 사랑해, 라고 말하고 싶을 때조차
왜 우리는 단순하게 손잡지 못할까요
왜 우리는 질투하는 두 짐승처럼
함께 가는 길에 퉤퉤 소금을 뿌리는 것일까요

때로 나는 내 자신 속에서
그대와 나를 갈라놓은 내 적을 발견합니다

  너는 검은색이고 나는 흰색이야

당신을 향하여 금을 긋는 순간
나는 내 자신의 적을 봅니다

  시 한 편 없이도 살만 찌는 주제에
  하하 인생의 깊이와 넓이?

당신을 향하여 거드름을 떠는 순간
나는 내 자신의 적을 봅니다
  여보세요, 사랑장사를 말로만 하시나요 외로움 같은 거 아시기는 아시나요

마음 좀 어루만질 시간은 있으세요 구닥다리 소외감 알아보시겠어요 빈 의자
하나쯤 건사는 하시나요

당신의 사랑법에 찬물을 끼얹는 순간
나는 내 자신의 적을 봅니다

아암 째째한 인생은 당당하므로 나는 하품하는 여자를 좋아합니다 나는 지루
하고 지루한 여자를 좋아합니다 나는 게으르고 인색한 여자를 좋아합니다 나
는 삭막하고 황량한 여자를 좋아합니다 나는 단물이 다 빠진 여자를 좋아합
니다 나는 머릿속에 오직 남자밖에 든 게 없는 여자를 좋아합니다(좋아하려
고 목하 노력합니다)

당신의 행복론에 돌을 던지는 순간
나는 내 자신의 적을 봅니다

그토록 자부하는 풍요의 식탁에는 여자 민중이란 메뉴도 있나요? 해방의 만
찬이라는 식단도 있나요? 통일민주 염원이란 조찬도 있나요? 장백산 횡단이
란 특식도 있나요? 보수대연합 분쇄라는 주문식단도 있나요? (있으면 어디가
덧나나요?)

당신의 인생론에 칼을 들이대는 순간
나는 내 자신의 적을 봅니다

그러나 때로 나는 당신 속에서
그대와 나를 갈라놓은 당신의 적을 만납니다
당신과 다정하게 마주앉지만
내 품속에서 슬몃 얼음이 만져질 때
해를 거듭하며 만나고 또 만나도
당신에 대하여 아는 게 없을 때
아무리 코를 킁킁거려도 들풀 냄새가 안 날 때

나는 당신에게서 당신의 적을 만납니다

나는 사랑받는 여자예요, 얼굴에 써붙이고 다니는 사이
앉자마자 나 바빠, 허둥대는 사이
나는 현모양처예요, 십 분 간격으로 집에 전화하는 사이
나는 수퍼우먼이야요, 잠시도 시선이 안정되지 않는 사이
여자의 본분은 희생봉사 아니에요, 중간에서 남의 말 뚝뚝 자르는 사이
나는 당신에게서 당신의 적을 만납니다

요즘 왜들 붉그죽죽 물드는지 모르겠어요
과격한 행동은 곤란하잖아요
민중 어쩌고보다 기층여성,
생존권 투쟁 어쩌고보다 소외계층 생계대책 하면 부드럽잖아요
광주항쟁보다는 광주사태, 하면 거부감이 덜하잖아요
시국혼란 오면 무사할 수 있어요?
십 리 밖에서부터 정실당리당략 울타리를 치는 동안
나는 당신에게서 당신의 적을 발견합니다

아아 그러나 때때로
나는 당신 속에서 동지를 만납니다
좌절의 밭고랑에 토악질하는 등 두드리는 손끝에서
나는 동지의 순정을 만납니다

야금야금 시시하고 데데해진 사람끼리
어둔 밤길 동행하는 든든함 속에서
나는 동지의 따뜻함을 만납니다

슬픔의 한 자락 붙드는 모습에서
간간이 주눅드는 인간 냄새에서
두 눈에 가득 고이는 상처에서

나는 동지의 그리움을 만납니다
— 「무엇이 그대와 나를 갈라 놓았는가」 부분

모든 여자에게 '정실부인'이 될 것을 강요하는 세상에 대한 혐오가 피부로 느껴지는 시입니다. 아마도 이 시는 고정희가 여자로서 살면서, 특히 자기가 좋아하는 여자 친구들을 만나면서 외로움이 줄지 않던 것, 그리고 독신녀라는 신분으로 겪어야 했던 '억압'과 고통을 가장 생생하게 드러내 주고 있는 시일 것입니다. 특히 그는 돈과 사회적 지위와 도덕적 지원을 다 받고 살고 있는, 껍질을 벗으려고 노력을 함에도 여전히 무감각한 정실부인들과 정신 없이 바쁜 페미니스트 친구들의 쫓기는 생활을 보면서 마음 붙일 곳 없이 몹시 외로웠습니다. 여성이 하나 되기를 열렬히 원했기에 그는 더욱 외로웠던 것입니다. 이 시에서 그는 결혼했느냐 안(못) 했느냐로 여자들을 이분화 그리고 적대화하는 가부장제 문화의 논리를 꿰뚫어 보면서, 여성들이 각자 자기 선 자리에서 모순을 발견하고 그것을 극복해 가 는 연대적 과정을 한 편의 연극처럼 보여 주고 있습니다. 여성들끼리 상대방에게서 적을 발견하기보다 동지를 발견하는 감각을 일깨우자고 역설합니다.

여성들이 서로에게서 동지를 만날 수 있다면, 여자가 뭉친다면 무엇이 될까요? 고정희는 기쁨에 넘쳐 이렇게 노래합니다.

남자가 모여서 지배를 낳고
지배가 모여서 전쟁을 낳고
전쟁이 모여서 억압세상 낳았지

여자가 뭉치면 무엇이 되나?
여자가 뭉치면 사랑을 낳는다네

모든 여자는 생명을 낳네
모든 생명은 자유를 낳네
모든 자유는 해방을 낳네
모든 해방은 평화를 낳네

모든 평화는 살림을 낳네
모든 살림은 평등을 낳네
모든 평등은 행복을 낳는다네

여자가 뭉치면 무엇이 되나?
여자가 뭉치면 새세상 된다네
—「여자가 뭉치면 새세상 된다네」 전문

『아름다운 사람 하나』를 고정희와 어울리지 않는 의외의 작업으로, 또는 통속성이니 상업성이니 하는 말로 폄하하려는 사람이 있다면, 그는 이제까지 고정희의 시를 제대로 읽지 않은 사람입니다. 아니, 고정희를 알지 못하는 사람입니다. 어떤 이는 전반적인 보수주의 내지는 패배주의 물결의 흐름 속에서 고정희도 휴식하고 싶은 마음으로 연시집을 낸 것 같다고 말합니다. 사랑하는 이를 향한 이토록 간절한 기다림과 절망과 자기 비판, 자기 희생이 휴식이라니. 고정희의 시집들을 읽은 사람이라면 이 연시집에 수록된 시의 상당 부분이 이미 그의 앞 시집들에 올라 있었던 것임을 금방 눈치챌 수 있을 것입니다.

진부한 표현이지만 고정희에게 누군가를 사랑한다는 것은 숙명인 것 같습니다. 또 그 사랑은 언제나 "사랑의 삼보——상처와 눈물과 외로움 가운데서"(「더 먼저 더 오래」) 솟아 오릅니다.

그대 이름 목젖에 아프게 걸린 날은
물 한잔에도 어질머리 실리고
술 한잔에도 토악질했다
먼 산 향하여, 으악으악
밤 깊도록 토악질했다
—「전보」 전문

고정희의 외로움은 그러나 조금도 그를 초라하게 만들지 않습니다. 왜냐하면 그의 사랑은 그를 좌절시키는 것이 아니라 그의 삶을 단단하게 지탱시키는 뿌리이므로. 이 아름다운 시를 느껴 보십시오.

아침에 오리쯤 그대를 떠났다가
저녁에는 십리쯤 되돌아와 있습니다

꿈길에서 십리쯤 그대를 떠났다가
꿈 깨고 오십리쯤 되돌아와 있습니다

무심함쯤으로 하늘을 건너가자
바람처럼 부드럽게 그대를 지나가자
풀꽃으로 도장 찍고
한달음에 일주일쯤 달려 가지만

내가 내 마음 들여다 보는 사이
나는 다시 석달쯤 되돌아와 있습니다
―「그대 생각」 전문

해가 뜨고 지듯
지워 버림으로써 당신은 내 가슴 속에서
지워지지 않은 생명이 되어
더 깊은 곳으로 나를 인도했습니다
―「편지」 부분

7. 그가 남긴 여백에 짓는 우리들의 집

그렇게 그를 사랑하는 많은 사람들을 남기고 고정희는 떠났습니다. 그의 또 다른 사랑인 지리산으로. 그리고, 지리산에서 떠나간 지 꼭 한 해가 지나서 또 한 권의 시집이 나왔습니다. 『모든 사라지는 것들은 뒤에 여백을 남긴다』라는 이름의 시집입니다.

1부 「밥과 자본주의」는 「탈식민주의 시와 음악 워크숍」에 참가했던 여섯 달(?) 동안 마닐라에서 쓴 시들입니다. 고정희는 필리핀이라는 또 다른 제3세계에서 자행되고 있는 억압의 현장을 목도하고 다시 한번 분노합니다. 마닐라에서 그는 아시아가 여전히 어김없이 식민지화되어 있다는 현실을 깨닫습니다. 이 땅 위에는 강도 나라와 빼앗긴 나라의 백성이, 하녀와 주인님이 함께 살고 있었습니다. 그리고 밥은 가난한 백성의 쇠사슬이었습니다.

> 문짝마다 번쩍거리는 저 미제 알파벳은
> 아시아를 좀먹는 하나의 음모이다
> 거리마다 흘러가는 저 자본의 물결은
> 아시아를 목 조르는 합법적 강간이다
> ―「브로드웨이를 지나며」 부분

악령의 자본이 시대를 제패한 후 인본주의도, 신도, 사랑도, 사람도 다 죽었노라고 그리하여 "세계는 이제 악령의 통일로 가고 있다"(「악령의 시대, 그리고 사랑」)고 이 아시아의 시인은 절망합니다. 여기서 그의 언어는 다시 청년기로 돌아간 듯 구호적이고 강박적이고 항변적입니다.

「몸바쳐 밥을 사는 사람 내력 한마당」은 매춘 여성의 눈으로 본 통렬한 풍자시입니다. 식민지 백성 중에서도 가장 억압받는 계층, 그 중에서도 매춘 여성이야말로 "거저 주는 밥 한 그릇 못 먹은" 정직한 사람입니다. 고정희는 매춘 여성의 삶이야말로 자신이 고민해 온 계급모순과 성모순과 민족모순이 중첩되는 지점이라 생각한 듯합니다. 그래서 그들의 입을 빌어 다시 한번 거꾸로 가는 세상에 대해 토악질을 해댑니다.

> (쑥대머리 장단이 한바탕 지나간 뒤 육십대 여자 나와 아니리조로 사설)
>
> 구멍 팔아 밥을 사는 여자 내력 한 대목
>
> 조선 여자 환갑이믄 세상에 무서운 것 없는 나이라지만
> 내가 오늘날 어떤 여자간디

이 풍진 세상에 나와서
가진 것 없고 배운 것 없는 똥배짱으루
사설 한 대목 늘어 놓는가 연유를 묻거든
세상이 묻는 말에 대답할 것 없는 여자,
그러나 세상이 묻는 말에 대답할 것 없는 팔자치고
진짜 할말 없는 인생 못 봤어
내가 바로 그런 여자여
대저 그런 여자란 어뜬 팔자더냐 (장고, 쿵떡)
팔자 중에 상기박한 팔자를 타고나서
부친 얼굴이 왜놈인지 뙤놈인지 로스케인지
국적 없는 난리통 탯줄 잡은 인생이요
콩 보리를 분별하고 철든 그날부터
가정훈짐 부모훈짐 쐬본 적 없는 인생이요
밥데기 애기데기 구박데기로
식자마당 밟아본 적 없는 인생이요
봄이 오고 여름이 가고
추풍낙엽 동지섣달 긴긴 계절에도
거저 주는 밥 한 그릇 못 먹은 인생이라 (허, 그래)

조국 근대화가 나와 무슨 상관이며
산업발전 지랄발광 나와 무슨 상관이리
의지가지 하나 없는 인생이 서러워
모래밭에 혀를 콱 깨물고 죽은들
요샛말로 나도 홀로서기 좀 해보자 했을 때
아이고 데이고 어머니이
수중에 있는 것이 몸밑천뿐이라
식모살이도 이제 싫고
머슴살이도 이제 싫고
애기데기 부엌데기 구박데기 내 싫다
깜깜절벽 외나무다리에서

검부락지 같은 줄 하나 잡으니
그게 바로 구멍 팔아 밥을 사는 여자 내력이라 (허, 좋지)

내 팔자에 어울리는 말로 뽑자면
(유식한 분들은 귀 좀 막아!)
씹구멍가게 차려놓고 하
씹—할—놈의 세상에서
씹—할—년 배 위에 다리 셋인 인간 태우고
씹구멍 바다 뱃길 오만 리쯤 더듬어온 여자라 (장고, 쿵떡)

내 배를 타고 지나간 남자가 얼마이드냐,
손님 받자 주님 받자
이것만이 살 길이다,
눈 뜨고 받고 눈 감고 받고
포주 몰래 받고 경찰 알게 받고
주야 내 배 타기 위해 줄선 남자가
동해안 해안도로 왔다갔다 할 정도였으니
당신들 계산 좀 해봐
황석영의 삼포 가는 길에선가 용산 가는 길에선가
그 여자 배 위로 지나간 남자가
한 개 사단 병력이었다고 하는디
내 배 위로 지나간 쌍방울은
어림잡아 백 개 사단 병력 가지고도 모자라 (얼쑤——)

(중략)

이런저런 물건들이
그 잘난 좆대가리 하나씩 들고
구멍밥 고파 찾아오는 곳이 홍등가여
그러니까 홍등가는 구멍밥 식당가다, 이거여

그것도 다 정부관청 인가받은 업소이제
아 막말로 지 구멍 팔아먹는 장사처럼
정직한 밥장사가 또 어디 있으며
섭할 때처럼 확실한 인간이 또 어디 있어?
구척장신 영웅호걸이라 해도
겹겹이 입은 옷 다 벗고 보면
흰놈 검은놈 따로 없고
잘난놈 못난놈이 오십보 백보라 (허, 그래)
인생이 다 밥 한 그릇 연유에 울고 웃는 순진한 짐생이야!

그런디 세상은 하 요지경 속이라
오늘날 떵떵거리는 모모재벌기업 밥장사들
아름다운 금수강산
천가람에 독극물 풀어
수도물에 악취오염 펑펑 쏟아지는데도
눈썹 하나 까딱 않고 건재하는가 하면
세상 차별인생이 구멍밥 장사여
지 밑천 팔아 목숨 연명하는 인생을
세상은 '갈보'라고 쉬쉬해
구멍밥 장사가 전생에 무슨 죄가 있다고
아 요즘 그 혼한 동맹파업이니
몸값 인상 시위니, 섭할 권리 투쟁 한번 안 일으켰는데
어찌하여 구멍밥 먹는 놈은 거룩하고
구멍밥 주는 년은 갈보가 되는 거여?
까마귀 뱃바닥 같은 소리 하지를 말어,
구멍 팔아 밥을 사는 팔자 중에
지 혼 파는 여자 아무도 없어
구멍밥 장사는 비정한 노동이야
물건 대주고 밥을 얻는 비정한 노동이야
혼 빼주고 밥을 비는 갈보로 말하면야

여자옷 빌려 입고 시집가는 정치갈보
지 영혼 팔아먹는 권력갈보가 상갈보 아녀?
아 고것들 갈보 데뷔식도 아주 요란벅적해
금테 두른 이름표 하나씩 달고
염색머리에 유리잔 부딪치면서
정경매춘 꽃다발 여기저기 꽂아놓고
백성의 오복길흉이 마치
정치갈보 권력갈보 흥망에 달려 있는 것처럼
오구잡탕 거드름을 떨어 (장고, 쿵떡)
(정치갈보 몰아내고 민주세상 앞당기자)

내 식자마당 그림자도 밟아본 적 없고
지체 높은 집 문턱도 넘어본 적 없지만
구멍밥 장사로 백팔번뇌 넘다 보니
밥과 인생에 대해
명예박사학위 서넛쯤은 너끈해
구멍으로 쓰는 논문 좀 들어봐
인두겁이 벗겨지고
똥 내력이 뚜렷해질 거야 (허, 시원하게 벗겨봐)

— 「몸바쳐 밥을 사는 사람 내력 한마당」 부분

아시아의 가난을 확인한 경험은 이제 '함께 나눔'의 범위를 민족 공동체에서 인류 공동체로까지 확장하도록 고정희의 지평을 넓힙니다.

너는 이제 알아야 한다
밥은 선택하는 것이 아니라 함께 나누는 것이란다
네가 밥을 함께 나눌 친구를 갖지 못했다면
누군가는 지금 밥그릇이 비어 있단다
네가 함께 웃을 친구를 아직 갖지 않았다면

누군가는 지금 울고 있는 거란다
이 밥그릇 속에 이 밥 한 그릇 속에
이 세상 모든 슬픔의 비밀이 들어 있단다
―「밥은 모든 밥상에 놓인 게 아니란다」 부분

3부의 통일굿 마당은 고정희가 남남북녀의 혼인잔치 형식을 빌려 모든 인류가 평등한 삶을 누리는 세상이 도래하기를 염원하는 시입니다. 그 세상은

가진 것의 이름으로 소외받지 않는 땅
경쟁이라는 이름으로 미워하지 않는 땅
(중략)
각자 마음문 열어주는 땅
각자 가진 근심의 구멍 막아주는 땅
성공이라는 이름으로 버림받지 않는 땅
―「혼인을 축하하는 시」 부분

입니다.
2부 「외경 읽기」에 담긴 몇 편의 시들과 4부를 이루는 두 편의 시들은 앞의 시집들의 맥을 이은 사랑의 시들입니다. 1부와 3부의 시들이 '선지자'이며 '지사'였던 고정희의 입담이 서릿발처럼 내리치는 것이라면 2부의 시는 여성운동을 통해 얻은 자기 성찰의 언어가 실린 것들입니다. 그는 끝내 이 두 언어를 융화시켜 내지는 못했습니다. 몸으로 글쓰기를 하기에는 그는 이상주의자였으며 복합적이었다고나 할까요? 그의 마지막 강연에서 그는 지리산에서 돌아와서 그 작업을 해내겠다는 뜻을 비쳤습니다. 그가 다시 왔다면 분명 그의 시는 또 한번의 비약, '몸으로 글쓰기'를 충분히 해낼 수 있었을지 모릅니다.
시집의 제목으로 쓰인 「모든 사라지는 것들은 뒤에 여백을 남긴다」와 「사십대」, 「독신자」에서 배어나오는 그 짙은 외로움의 빛, 거기서 나는 누구와도 어느 주의와도 '결혼'하지 않았음으로, 실제는 그렇게 많은 생산을

했음에도 불구하고 '불임'의 고독을 상흔처럼 지니고 산 그를 느낍니다. 고정희가 죽기 바로 전에 남긴 시이기에 그 빛이 더욱 날카롭게 느껴지는지도 모릅니다. 그는 자신의 죽음을 예감했을까요? 그 예감이 시인으로 하여금 이슬처럼 사라지게 해달라고 기도하게 만들었을까요?

오 하느님
죽음은 단숨에 맞이해야 하는데
이슬처럼 단숨에 사라져
푸른 강물에 섞였으면 하는데요
―「독신자」 부분

그는 자신의 시대로 사라져 감으로써 살아 있는 자들의 슬픔이 더 깊어질 것까지 예감했을까요? 아닙니다. 삶에 충실한 자일수록 죽음을 가까이 느끼는 법. 사십대가 되어도 죽음의 그림자를 예감하지 않는 사람이 있을까요?
그는 시인이었기에 시 쓰기로 죽음을 예비할 수 있었던 것입니다. 시를 쓰지 못하는 나는 그럼 어떻게 삶과 죽음에 대한 말을 남길 수 있을까요? 사랑하는 사람에게 그의 시처럼 말할 수 있으려면 어떻게 해야 하는 걸까요?

오 모든 사라지는 것들 뒤에 남아 있는
둥근 여백이여 뒤안길이여
모든 부재 뒤에 떠오르는 존재여
여백이란 쓸쓸함이구나
쓸쓸함 또한 여백이구나
그리하여 여백이란 탄생이구나

나도 너로부터 사라지는 날
내 마음의 잡초 다 스러진 뒤
네 사립에 걸린 노을 같은, 아니면
네 발 아래로 쟁쟁쟁 흘러가는 시냇물 같은

고요한 여백으로 남고 싶다
그 아래 네가 앉아 있는
― [모든 사라지는 것들은 뒤에 여백을 남긴다] 부분

나는 지금까지 고정희의 시를 읽었습니다. 그를 읽었습니다. 마음이 한 걸음 먼저 앞서 가면서 그를 읽었습니다. 언제인가 가슴과 머리로 다시 한 번 읽어 보고 싶습니다. 그가 내게 그리고 우리에게 여백으로 남게 될 때, 그때가 되면 그가 우리에게 남기고 간 일을 시작할 수 있을 것 같습니다. 이 땅의 여성들이 갈라지기를 멈추고 서로 뭉치기를 간절히 노래한 고정희의 뜻을 살리는 길이 무엇인가 모색할 수 있을 것입니다. 그리고 고정희처럼 우리 역시 스스로 믿는 것을 실현하고, 보는 것을 밝히고, 바라는 것을 일구는 무엇으로서의 글쓰기와 말하기를 찾아낼 것입니다.

고정희를 그리며

고정희 선생님이 죽었다?

김은실*

아직도 믿기지 않는 이 이야기를 어디에서부터 시작해야 할까? 아카데미 하우스에서 흔들리던 비디오 속의 고정희 선생님, 지난 1991년 5월 8일 월례 발표회 때도 들었던, 조금은 무게 중심이 위로 간 맑고 엉기는 목소리. 동남아 난민들처럼 깡마른 채 눈만 빤짝이며 필리핀에서 돌아올 때 큰 입 벌려 웃던 모습. 코맹맹한 소리로 압구정동과 신사동의 이미지를 논쟁하던 베어스 타운의 모습. 나일론 이불에 싸여 있던 지리산에서의 부드러운 표정과 싸늘했던 몸의 감촉. 광주 기독병원 빈소에 이방인처럼 놓여 있던 정지된 표정. 나에게는 이러한 모습들이 혼재되어 아직도 죽음과 삶의 배타성이 실감되지 않는다. 그러면서 단순히 공간적으로 보이지 않는 것이 아니라 죽어서 부재한 사람의 기억과 추억은 항상 절망에 맞닿아 있고, 이미지를 떠올릴 수 있는 별도의 감각적 투사체가 없이는 고정희 선생을 불러낼 수 없다는 사실로 죽음을 이해한다.

그러니까 지난 1991년 6월 9일 일요일에 나는 내 연구에 대한 이야기도 할겸하여 조옥라 선생님 집에 갔었다. 늦은 점심을 먹은 후 커피를 마시고 있었는데 한 4시쯤에 조옥라 선생님에게 전화가 왔다. "뱀사골에 있는 지리산 국립공원 관리사무소인데, 배기자라는 분과 같이 온 사람이 급류에

* 5남매 중의 맏딸로 컸다. 1957년에 태어나 서울대 인류학과 대학원 석사 과정을 마치고, 미국 캘리포니아 대학에서 여성주의 인류학도로 '여성의 몸'에 대해 연구하고 있다.

실종이 되었다. 아직 누군지는 모르겠다. 배기자라는 분이 조옥라 선생님에게 연락하라고 했다"는 것이다. 처음에 국립공원 운운 할 때는 무슨 소리인지 몰라 "제가 조옥란데요, 네, 네……" 하던 조옥라 선생의 딱딱하던 목소리가 배기자라는 말이 나오자 "아이고, 그러면 시인 고정희 씬데, 어떻게 됐어요?" 하면서 "으으으" 신음소리로 변하며 울먹이기 시작했다. 그러면서 "어떡해요, 어떡해요"를 반복했다. 나 역시 소파에 앉아 있다가 이게 무슨 소리인가! "고정희 선생님요? 실종이라고?" 하면서 전화기 옆으로 소리를 들으러 바싹 다가갔다. 선생님은 "물에 빠졌대" 했다. 너무 놀랍고 기가 막혀 사방이 막막해지면서 아연해졌다. 선생님은 "고맙다. 해남 본가에 연락을 취하겠다. 다시 연락을 달라"고 하면서, 그곳 연락처를 받고 전화를 끊었다. 아무런 말을 할 수가 없게 된 우리는 잠시 가슴을 감싸 안으며 멍하게 있었다. 그러다가 조옥라 선생님은 울면서 조혜정 선생님에게 전화했다. 시인들을 통해 해남 연락처를 알려고 했지만 모두들 모른다고 했다. 그래서 일요일이지만 위급 상황이라 양해를 구하면서 해남 경찰서의 당직자를 연결하고, 다시 안산 성포동 동사무소를 연결하여 원적을 추적했다. 그리고 나서 다시 해남 경찰서에 고정희 선생님의 해남 본가를 찾아 달라고 의뢰했다. 울다가, 전화하고 전화받는 사이에 시간은 6시가 되어가고 있었고, 그때 해남 오빠와 통화가 되었다. 다시 지리산 국립공원의 최과장은 전화하여 "시체를 발견했다. 하지만 물이 불어 시체 인양은 시간이 좀 걸리겠다. 밤 10시나 되어야 국립공원 사무소로 내려올 것 같다"고 했다. 조옥라 선생님은 지리산 뱀사골 사무소로 내려가겠다고 말했고 나에게 같이 갈 수 있냐고 물었다. 나는 간단한 준비를 하고 다시 왔다. 우리는 기차편이나 고속버스편을 알아보려 했지만, 이미 너무 늦은 시간이라 가능한 교통편은 없었다. 다른 방법이 없는데다 조옥라 선생님의 남동생이 데려다 주겠다고 자진해 나서서 멍하고 부은 눈을 한 우리는 7시경에 지리산을 향하여 출발할 수 있었다.

날씨는 아직 장마는 아니었지만 남부 지방은 장마처럼 비가 내렸고, 서울도 아침에 비가 왔고 저녁이 되면서 다시 장마 때와 같이 우중충하고 거무침침한 분위기를 자아내는 날이었다. 전주로 내려가는 비먹은 저녁의 고속도로는 한산하고 어두웠고 차 속의 우리 역시 어둡고 침울했다. 옥산 휴

게소에서 커피와 핫바라는 생선 소시지를 하나씩 먹고 우리는 전주를 경유하여 남원까지 갔고, 거기서 88 고속도로를 타고 지리산 뱀사골을 향했다. 지리산 속으로 들어가자 이미 시간은 거의 밤 11시를 넘고 있었다. 그날 아침에 쏟아진 폭우로 뱀사골로 가는 칠흙 같은 밤 속의 지리산은 격한 물소리로 가득했고, 넘어진 나무와 넘친 흙을 군데군데에서 볼 수 있었다. 국립공원 관리사무소 입구에 도착하니 여러 사람들이 모여 있었고 우리를 향해 서울 문인협회에서 왔냐고 물었다. 우리는 무심하게 그렇다고 대답하고, 그들이 건널목 쇠고리를 걷어 주자 관리사무소 안으로 들어갔다.

관리사무소로 들어가는 잔디밭에 천막이 쳐 있는 것이 보였고 여러 사람들이 관리사무소 계단 밑에 소란스레 앉아 있었다. 우리가 차에서 내리자마자 누군가가 우리 쪽으로 왔다. 조옥라 선생님이 자신의 신분을 밝히자 최과장이 우리 쪽으로 왔고, "유족들이 한 시간 전쯤에 도착했고, 운좋게도 시체가 8시쯤에 인양되어 10시에 이곳에 도착했다"고 말했다. 우리는 천막 쪽으로 갔다. 그곳에는 광주와 해남에서 올라온 오빠 세 분과 광주에서 올라온 여동생 부부, 그리고 우리보다 한 10분쯤 전에 도착한 서울의 막내 남동생과 여동생 남편이 있었다. 그리고 관리사무소 숙직실에서 가져왔다는 나일론 여름이불에 덮인 고정희 선생님이 천막 아래 누혀 있었고 여동생이 이불 위로 고정희 선생님의 몸을 쓰다듬고 있었다. 가족에게 목례하고, 우리는 천막에서 좀 떨어진 곳에서 멍하니 그 이불을 쳐다봤다. 그러다가 여동생에게로 갔다. 이불을 내려다보니 이불에 싸여진 고정희 선생님이 너무 작아 보였다. 눈물이 왈칵 쏟아졌고 조옥라 선생님은 어깨를 들썩이며 오열했다. 우리도 이불 위로 선생님을 쓰다듬었고, 조옥라 선생님은 고정희 선생님의 발을 쓰다듬으며 크게 울었다. 조옥라 선생님은 분향했고, 우리는 서로 붙들고 울다가, 멍하니 서 있다가, 또 기가 막혀 허망해 하면서 천막으로 갔다가 다시 떨어져 둘이 서 있곤 했다. 그러다가 나는 고정희 선생님의 얼굴을 봐야겠다고 했다. 조옥라 선생님은 "나는 못 봐. 안 보겠어"라고 말하며 얼굴을 가렸다. 나는 여동생의 맞은편으로 가서 선생님 얼굴을 볼 수 있냐고 했더니 물론이라면서 얼굴에 덮인 이불 자락을 걷어 주었다.

얼굴은 창백하고 눈은 감겨 있었지만 표정은 단아하고 상당히 편안해 보였다. 오른쪽 이마에 피가 조금 보였지만 얼굴은 깨끗했고, 고통이나 괴로움의 흔적은 없었다. 머리의 뒤쪽과 뒷어깨가 좀 깨졌다고 여동생이 말했다. 나는 이미 고인이 된 고정희 선생님의 얼굴과 어깨를 기막힘과 한숨을 들이마시면서 만졌다. 조옥라 선생님도 이제 가까이 와서 울먹이며 얼굴과 어깨를 쓰다듬었고, 우리는 아래쪽 이불자락을 들치고 다리를 봤다. 이미 10시 반에서 11시 사이에 보건소의 의사가 와서 시체를 검안하고 죽음을 확인한 후였기 때문에 옷은 거의 벗겨진 상태였다. 우리가 다리를 주물러 줬을 때, 온 주위의 차가운 지리산의 공기처럼 고정희 선생님의 몸도 차가웠다. 그것은 차가운 물 속에 들어갔을 때 피부가 얼얼해지는 느낌과 같은 한기였다. 그러나 아직 딱딱하게 굳어 있지는 않았다. 고정희 선생님의 머리맡에는 선생님의 등산화가 휑하니 놓여 있었고, 입고 있었던 빨간 파카가 젖은 채 뭉쳐져 있었다. 소지품은 파카 주머니에 있었던 7천원이 전부였다.

계단 밑에 있었던 사람들은 신체 인양 작업을 같이했던 관리사무소 직원들, 동네 사람들 그리고 경찰서, 동사무소 사람들이었다. 모두 물 속에 들어가 작업을 했었기 때문에 이미 술들을 조금 했다. 자정이 넘어가는 지리산은 아주 추웠고 하늘은 검푸르렀지만 주위의 산 지형들을 볼 수 있을 만큼 희뿌옇고 또 물 흐르는 소리로 가득했다. 사람들은 천막 주위로 와서 사고에 관해서 이야기했고, 혼자 살던 여자 시인이 죽은 것에 대해 애도한다고 말했다. 그들 중 동네에 살면서 지리산 등반을 안내한다는 한 아저씨는 밤새 우리들과 같이 있어 주기도 했다. 사고 경위에 대해서는 이미 조서가 만들어진 상태였고, 유족들은 시체를 다른 곳으로 옮겨도 좋다는 검사의 허가를 기다리는 상태였다. 그런데 검사 허가는 내일 아침에나 날 것 같다고 하면서 최과장은 절차상으로는 안되는 것이지만 특별히 가입관을 위해 장의사를 불렀다고 말했다. 최과장은 특별히 면사무소에서 천막을 내주었고, 돗자리도 안 쓰던 새것이라고 하며 이맘때 실종되는 시체는 못 찾는데 이렇게 빨리 시체를 찾으니 다행이고 고정희 선생은 운이 좋다고 했다.

여러 사람들이 이야기하는 사건의 정황은 이렇다. 지리산에는 그날 아침 비가 굉장히 많이 왔다. 고정희 선생은 지난 밤 12시가 넘어서 지리산에 도착하여 관리사무소 건너편에 있는 상가의 한 식당에서 잠을 잤다. 아침 일찍 산을 오르려고 하자 식당 주인을 비롯하여 여러 사람들이 비가 올 것 같고 또 비가 오면 위험하니 산에 오르지 말라고 말렸다. 고정희 선생은 꼭

산에 올라야 된다고 주장하면서 걱정하지 말라고, 여러 번 지리산에 올랐고, 또 잘 안다고 말하면서 동행인 배기자와 함께 8시에 뱀사골을 향해 떠났다. 조금씩 부슬부슬 내리던 비는 곧 폭우로 변했고, 9시부터는 관리사무소 쪽에서 산행을 금지시켰다. 선생은 12시경에 사고를 당했는데, 그곳은 막차 바로 아래 지점으로 관리사무소에서 15km 떨어진 곳이었고, 뱀사골에서 3km 떨어진 곳이었다.

  선생이 산행을 할 때 이미 많은 사람들이 내려오고 있었지만 선생은 개의치 않고 계속 산행을 했다. 그러다가 위에서 내려오던 경남 도청에 있다는 사람이 더 이상 산행은 안된다고, 빨리 이 지역을 벗어나야 한다고 말리자, 건넜던 징검다리를 다시 건너 돌아오려다 사고를 당했다. 세 시간 동안에 106mm 이상 내린 비는 급류를 이루어 계곡에 넘치고 있었다. 그래서 가만히 서 있어도 떠내려갈 만큼 급하게 흘렀는데, 평소 때 그냥 건너 다니던 돌다리는 그 위에 멈추어 서 있을 수가 없을 만큼 격류에 휩싸여 있었다. 그들은 물의 저항을 이기기 위해 징검다리를 탁탁 뛰면서 건너야 했었다. 그래서 몸이 가벼운데다 자기 몸무게만한 무거운 배낭을 진 고정희 선생을 돕는다고 배기자는 앞에서 손을 잡고 경남 도청에서 왔다는 사람은 배낭을 잡아주었다고 했다. 그 상태에서 다음 돌다리로 뛰다가 무게 중심이 흐트러지는 바람에 위로 조금 나온 돌다리에서 미끄러졌고 아래로 처지는 몸과 거기에 더해지는 물살의 속도로 고정희 선생의 손은 배기자의 손에서 빠져나갔다. 그리고 배낭의 무게로 몸이 휘청이며 돌에 머리를 박아 물에 빠지기 전에 먼저 뇌사가 온 듯하다. 시신에 전혀 물이 들어가지 않아 깨끗한 상태인 걸 보니 물을 먹을 새가 전혀 없었던 것 같았다. 그런데다 격하고 빠르게 흐르는 힘찬 물살은 고정희 선생의 몸에 붙어 물길을 방해하는 부피 큰 배낭을 고정희 선생의 몸으로부터 벗겨 냈다. 벗겨질 때 나뭇잎처럼 얇고 가벼운 몸은 배낭에서 튕겨져 물살이 흐르는 반대쪽으로 날아갔다. 그래서 급류에 휩쓸려 떠내려 가지 않아 수색자들에게 쉽게 발견될 수가 있었다.

  정말 순식간에 일어났고, 너무 갑작스레 일어나 어떻게 해볼 수가 없었다고 했다. 배기자는 놀라서 울고 또 죄스러워 정신이 나갔고, 경남 도청 사람은 내려와 신고를 하고 조서를 꾸미고 배기자가 서강대 조옥라 선생에게 연락하라고 했다는 말을 남기고는 가버렸다.
 조옥라 선생님과 내가 내려갔을 때 우리는 사고의 정황에 대해서, 그리고 어디서 고정희 선생이 사망했는지를 먼저 묻지 않았다. 최과장은 왜 안 묻는지 이상해 했고, 좀 어색하리만큼 이말저말을 하면서 사고였다고 설명했다. 또 유족들이 점잖아 잘 이해한다고 했다. 하지만 고정희 선생의 셋째 오빠는 납득할 수 없어 했다. "사고 현장을 봐야겠다. 어떻게 여기까지 와서 죽음을 납득도 안한 채 시체만을 안고 돌아갈 수 있느냐. 사고가 안 날 수 있었는지도 모른다"고 했다. 그러나 나와 조옥라 선생은 고정희 선생이 여기 지리산에 죽어 있다는 사실, 그것이 전부를 말하는 것처럼 느껴졌다. 그 사고 과정 하나하나는 고정희 선생의 죽음 그 자체와 전혀 관계가 없는 듯이 보여, 따지고 묻고 하고 싶지가 않았다. 마치 사고 과정은 고정희 선생의 죽음을 설명할 수 없다고, 죽음은 어쩌면 단순히 그 사고의 형식을 빌렸다고 우리는 단정하고 있었는지도 몰랐다.
 밤 한 시가 지나서 장의사가 왔다. 두 명의 남자가 와서 솜에 어떤 액체를 묻혀서 간단히 염을 하고 삼베 옷을 입혔다. 여자 동생이 아래를 닦았고 오빠와 남자 동생이 붙잡고 옷을 입혔다. 나와 조옥라 선생님은 돗자리 밖에 서 있었다. 모두 벗겨져 닦이고 손이 모아지고 옷이 입혀지는 전 과정이 장의사 차를 타고 온 젊은 두 남자 손에 의해 수행되었다. 가까이 가서 내가 해야 되겠다고 생각하면서도 감히 못했다. 거기 우리는 둘이 붙들고 나무처럼 서서 아주 자세히 보고 있을 뿐이었다. 삼베 적삼과 치마를 입은 고정희 선생님은 참 작아 보였다. 마치 아기처럼 보였다. 그리고 모자가 씌워지고 그리고 얼굴 위로 삼베 천이 완전히 덮일 때 갑자기 어떤 차단과 배제의 느낌으로 가슴이 퉁 내려앉으면서 철렁거렸다. 그리고는 관 속에 선생님이 놓이고 그 위에 흰 천이 덮이고 또 흰 베로 관을 동여매기 시작하자, 이해가 될 것 같으면서도 이해가 안되는, 그 경계가 너무 애매하고 투명한, 하지만 너무 그 골이 깊은 삶과 죽음의 이질성이 몸 위로 스멀거렸다. 그러면서 죽음은 죽은 자의 문제가 아니라 산 자들의 문제이며, 산 자들이 걸머지는 어떤 것이라는 느낌이 들기 시작했다.
 그날 지리산은 아주 추웠다. 팔이 긴 옷을 겹쳐 입었지만 싸늘한 밤공기를 밀어낼 수 없었다. 유족과 우리는 돗자리 머리에 관을 가로로 누이고 가는 향을 피워 놓고 앉아 있었다. 그러다가 서너 시가 되자 동네에서 왔다는 한 분이 너무 춥다고 나무와 종이를 모아 와서 저쪽 시멘트 바닥에 불을 피웠다. 우리는 여섯시 반까지 거기에 그렇게 있었다. 모닥불과 천막 사이를 왔다갔다 하면서, 물소리 나는 계곡을 바라보면서, 유족들과 간단한 이야기를 나누면서……. 고정희 선생님이 안 보이자 울음도 일단은 그쳤다. 검푸른 지리산은 아침이 되면서 맑은 하늘과 그 좋은 산세를 드러냈다.

우리는 검사의 전화만 오면 8시에 광주의 기독병원으로 출발할 수 있도록 먼저 식당에서 시래기국과 밥을 먹고 광주로 떠날 준비를 했다. 그런데 문제는 검사의 전화를 기다리며 밤새 노천에서 밤을 샜는데도 관내 당직 검사는 이 지역을 이탈하여 연락이 안되고 있었고, 아침에 남원 분청으로 전화했더니 출근할 때까지 기다리라는 것이었다. 어디에 있느냐 물어도 모른다는 대답이었고, 모두 '검사 영감님'에게 조금이라도 불편을 줄까 쉬쉬하면서 기다리는 형상이었다. 유족들은 이해가 안된다고, 만약 우리가 떠나더라도 할 수 없는 거 아니냐 하면서 감정을 삭이고 있었다. 밤새 지치고 마음이 황량해진 조옥라 선생은 남원 분청으로 전화하여 당직 검사의 이름을 대라고 대들었고, "책임질 테니 이름을 말해라. 그리고 당신 이름도 말하라"고 소리질렀다. 마음이 급해지고, 억울하고 서글픈 감정이 복받쳐 서울의 친구 남편인 판사에게 도움을 청할 때는 목소리가 떨리고 울고 있었다. "여기 내 친구가 사고를 당해 죽었는데, 당직 검사가 근무지를 이탈하여, 노천에서 밤을 샜는데도 지금 어디 있는지도 몰라 시신을 옮길 수가 없다"고 하소연했다. 서울에서 연락받은, 아침 운동하던 검사는 전화로 허가하던 관례를 깨고, 8시 반쯤 남원서 출발하겠다고 연락이 왔다. 시간을 더 걸리게 만들고, 자신의 지위를 시위하기 위해서인지……. 검사가 온다니까 온 경찰서 직원이 동원되고 면사무소 사람들이 나오고 죽음을 당해 황당해 하는 사람들의 혼을 빼려는지 이곳저곳에서 사람들이 몰려오면서 "서울에서 오신 선생님이 일을 더 번거롭고 크게 만든다"고 자기네끼리 수군댔다. 상부에서는 무슨 사건이냐고 묻고 야단치는 전화가 빗발쳤고, 관리사무소는 어제 조서를 보냈다고 말하면서도 오는 전화마다 반복하여 설명하곤 했다. 어수선하고, 죽어서조차 고정희 선생 마음대로 하나도 되는 게 없는……. 그 무엇엔가 항의하듯 나와 조옥라 선생은 만약 검사가 뭐라고 하면 대들 준비를 했다. 9시 반이 지나서야 서울의 선배에게 야단맞은 새파랗게 젊은 검사는 여러 명을 대동하여 나타났고, 조옥라 선생에게 눈길 한 번 안 주면서 이미 관 속에 넣은 시신을 확인하겠다고 꺼내게 했다. 이 일은 10분이 채 안 걸렸고, 검사는 곧 떠났다. 경찰소장은 서둘러 우리를 보내려 했고, 일단의 사복 경찰이 경찰 봉고차를 타고 나타났다. 어떤 경찰은 검사에 대고 직무유기 운운하는 우리가 국가 권력을 비방한다고 면사무소와 관리사무소 직원에게 어이없다는 듯이 말했다. 유족들도 지쳐 이제 그만 떠났으면 해서 우리는 광주로 향하는 차에 올랐다. 이때는 이미 10시 반이 지나고 있었고, 해는 뜨거워지고 있었다.

광주 기독병원은 광주 시내에 들어가서도, 한참 들어가야 하는 곳에 있었다. 병원에 도착해 보니 빈소를 차릴 아무런 준비가 되어 있지 않았고, 서울에서 아침에 내려왔다는 한길사 문학교실의 제자라는 조영미 씨 부부만이 와 있었다. 날씨는 더웠고 영안실은 어수선하고 황량했다. 날씨 때문에 관에는 방부제가 뿌려졌고, 우리는 주섬주섬 안으로 들어섰다. 우리는 빈소부터 차리자고 영정 사진이 어디에 있냐고 물었다. 곧 이어 도착한 오촌 여조카가 영정 사진이 준비되고 있다고 말했고, 광주에서의 모든 것을 준비하기로 되어 있는 김준태 시인은 어느 다방에서 영결식 절차에 대해 다른 사람과 의논중이라고 했다. 간단히 빈소가 차려지고 사진이 도착했다. 광주에 산다는 민족문학회의 한 시인이 문인으로는 일착으로 도착했다. 그의 첫마디는 "내가 그렇게 시집가라 그랬는데…… 자식, 시집도 안 가고 그러더니 이렇게 노처녀로 죽지!"였다. 말 안 듣는 누이에게 "봐라, 내 말 안 들으니"하는 식의, 애정이 넘치지만 철저히 고정희 선생을 아직 성인이 못 된 누이로 여기는 이런 담론은 그 후에도 광주에서 수없이 듣게 되었다. 둘째오빠는 셋째오빠를 묘지 준비 때문에 해남에 보내려 했다. 오촌 조카는 서울에서 조형 선생님이 '고정희 선생이 화장되고 싶다고 했었다'는 전화를 했다고 말했고, 조영미 씨도 고정희 선생님이 아무도 돌보지 않게 되어 자기 무덤에 잡초가 무성해지는 것이 싫다고, 그래서 죽으면 화장하는 것이 낫겠다는 말을 했다고 전했다. 그러자 유족은 잠시 망설였다. 그때 광주의 시인이 과감하게 "그것은 소녀적 감상으로 한 말이다" 하고 말했다. 시적인 언어일 뿐이니 신경쓸 것 없다고 했다. 그러자 모두 그렇다고 했고,

셋째오빠는 해남으로 묘지를 준비하러 내려갔다.
 광주의 사촌언니가 주동이 되어 영안실 뜰에는 천막이 쳐지고 돗자리가 깔리고 상이 차려졌다. 음식과 마실 것이 나오기 시작했고, 친척들과 광주 시인들이 오기 시작했다. 그러면서 유족들은 우리보러 좀 쉬라고 했고, 계속해서 뭐를 좀 먹으라고 했다. 더운 날씨에 피곤한 우리는 서울에서 지리산까지 달려 내려오는 고정희 선생님의 친한 여자 친구로 범주화되었다. '민족시인장'으로 준비된다는 공식적인 장례 과정은 우리와 엮어지지 않았고, 아무도 우리를 공식 의례 속으로 끌어들이려 하지 않았다. 사람들은 모두 결혼하지 못해 노처녀로 죽은 것을 애석해 했고, 어떤 사람은 동행인에게 "그러니까 너와 결혼하라 그랬잖아" 하면서 결혼하지 않은 것이 죽음의 원인인 양 말했다. 그러자 엷은 미색의 여름 양복을 입은 그 사람은 웃었고, 우리 모두가 있는 데서 자기 학교에 전화하여 자기는 내일까지 여기 있을 거라며 시험 문제를 조교에게 불러줬다. 그 모습은 심정적으로 이 죽음에 개입되어 있다기보다는 보호자 없이 처녀로 죽은 고정희 선생에게 뭐하면 보호자로서의 책임 혹은 뒷처리를 해줄 수도 있다는 관용을 보이는 듯 했다. 어쨌든, 그는 양복자락 날리며 분주하게 행동했다.
 김준태 시인이 도착하여 詩人 故 高靜熙라는 빨간 천에 금색 글씨의 휘장을 빈소에 늘어뜨리게 되면서, 영안실은 '든든한' 남자들과 광주가 주도하는 의례의 장이 되어갔다. 아무도 우리를 「또 하나의 문화」라는 단체의 사람으로 인식하지 않았고, 그런 단체가 뭐하는 곳인지, 고정희 선생이 그런 곳과 무슨 연이 있었는지 전혀 의식하지 않았다. 아니 상관이 없었다. 나는 서울에서 우리 동인들이 오기만을 기다렸고, 목은 영안실로 들어오는 차들을 보느라 한뼘은 들어났고, 또 차소리만 나면 달려 나갔다. 처음으로 이태영 선생님이 보낸 화환이 도착했다. 그러면서 빈소는 빈소의 모습을, 좀 화려하고 덜 외로운 모습을 갖추기 시작했다. 차소리가 나면서 조그만 트럭이 들어왔는데 「또 하나의 문화」라는 글씨가 보여 달려갔다. 분홍색 글라디올러스와 노란색과 흰색의 국화로 만든 아주 예쁜 화환이 「한길문학」과 함께 배달되어 왔다. 처음 그 글씨를 보자, 마치 몇년만에 혈육을 만난 것처럼 가슴이 뭉클해지면서 반가왔고, 나가떨어졌다는 기분에서 지원 원군이 오고 있다는 느낌이 들었다. 지금 생각해도 이상하지만 그때의 심리

상태는 상당히 방어적이고 불안했었다. 무엇엔가 밀리고 있다는 기분에 애써 저항하고 있었는데, 그게 고정희 선생의 죽음인지 아니면 고정희 선생이 우리와 함께 추구했던 여성주의가 남성들에게 가볍게 어떤 바람으로 무시되고 있다는 느낌인지, 아니면 고정희 선생이「또 하나의 문화」에 대해 갖는 애정이 비공식적이고 사적인 것으로 취급되고 있다는 인상인지…… 분명하지 않았지만 우리의 존재는 상당히 사적이고 주변적인 것으로 처리되고 있던 것만은 확실했다. 무더운 날씨였고 사람들은 북적거리는데도 우리는 이상하게 고립되어 있었다. 더워서 음료수를 마시면서 또 눈물을 찔끔거렸고, 엉엉 소리내어 통곡하는 고정희 선생님의 제자를 이상하게 쳐다보곤 했다. 마치 그들이 애도하는 사람과 내가 아는 사람은 다른 사람인 양……. 고정희 선생의 빈소는 모르는 사람들에게 둘러싸여 멀리 있었고, 그들에게 둘러싸인 고정희 선생은 너무 낯설었다. 이들이 알고 있는 고정희 선생은 내가 알고 있는 사람과 같은 사람같지 않았다. 그래서 우리는 우리가 아는 고정희 선생을 표면화하고 그 존재를 주장할 수 있는, 서울에서 내려오는 우리편을 더욱 기다렸다. 2시에 서울로 떠나기로 했던 조옥라 선생은 서울에서 사람들이 오면 떠난다고 6시까지 출발을 미루고 있었다. 나는 이제 도착할 우리 동인들과 유족을 연결하기 위해, 그래서 고정희 선생과「또 하나의 문화」와의 관계를 시위하는 고리로 남아 있어야 된다고 생각했지만 기다려도 동인들은 오지 않고 있었고, 그리고 조옥라 선생마저 가버린 뒤의 황량함을 생각하니 갑자기 힘이 빠지고 피곤이 몰려오기 시작했다. 나는 조옥라 선생님에게 같이 서울로 올라가겠다고 했다. 조옥라 선생은 난감해 하는 듯했고, 또 내 자신 너무 바보같다고 생각되어 곧 취소했다.

조옥라 선생님은 아주 걱정스런 표정으로 서울로 향했다. 나는 계속 택시만 지나가면 달려나갔고, 이제 나는 유족 외에는 아는 사람이 없는 고정희 선생의 비공식적인 관계망으로 남아 있었다. 목포대학 인류학과에 있는 친구가 겸사겸사 왔다. 그는 광주의 남성들과 인사를 한 뒤 내게로 와 한 5분쯤 이야기하는데 영안실 옆길에서 검은 옷을 입은 일군의 우리 여성들이 나타났다. 그들은 울면서 들어서는데 나는 너무 반가워 웃으며 그들에게 달려갔다. 일순 내 행동이 우는 그들과 어울리지 않았지만 조혜정, 장필화, 이상화, 김혜순, 윤양헌 선생님들과 손을 잡고 이영자 선생님과 껴안고, 분향을 마친 조형 선생님의 우는 어깨를 껴안게 되면서 다시 눈물이 쏟아지기 시작했다. 나는 마치 혼자 있다 가족을 만난 아이처럼 허순희, 호용수 그리고 해원이까지 낀 우리 팀을 영안실 건물의 반대편 쪽으로 데리고 가서 사건의 흐름을 대강 이야기하고, 고정희 선생의 기막힌 죽음과 여성주의 시인으로 성장한 고정희가 여기 그의 삶을 마무리해 주는 광주 친구들 사이에 있지 않음이, 공식화되고 있지 못하는 우리 「또 하나의 문화」와의 우정이 서러워 마치 철없는 새끼가 제 어미에게 고자질하듯 주절댔다. 모두들 서로가 외면한 채 거기에 앉거나 서서 섧게 울었다. 아무튼, 우리는 조객으로 여기서 주관하는 장례 행사에 그대로 따르기로 했고, 유고 등에 대해서는 우리와 의논할 수 있는 채널을 유족과 「창작과 비평」의 이시영 씨와 김준태 시인에게 말해 두기로 했다.

하지만 검은 상복을 입은 「또 하나의 문화」 사람들이 몰려오고 또 서울에서 온 여성 친구들이 많아지면서 광주의 남성들은 다소 불편함과 심리적인 견제를 받는 듯했다. 자신들이 알고 있는 고정희와는 전혀 연관지을 수 없는 듯이 보이는 일군의 까마귀떼가 무리를 지어 영안실 앞마당의 한 귀퉁이를 차지하게 되면서 그들은 무언의 제약을 받는 듯 부자유해지기 시작했다. 우리 쪽에는 고정희가 그들을 사랑한 만큼 그를 사랑해 주지 못했던, 그리고 바쁘다고 시간을 내주지 못했던 차미례, 장정임, 이민자, 이계경, 이경자…… 등 많은 친구들이 한차례 섧게 울다가 미안한 자리를 같이했다. 차미례 씨는 "그놈의 신발 때문에 죽었다"고 시신 머리맡에서 내가 보았던 신발을 저주했다. 그렇게 바꾸라고 했는데도 멋있다고 생각했는지 안 바꾸더니 그 닳은 신발로 기어이 미끄러졌다고 욕해댔다. 조형 선생님은 슬픔 중에서도 무릎 꿇고 앉아 노트하며 서울에서 우리가 주축이 되어 할 추모제 일을 조직화하기 시작했고, 조혜정 선생님은 사진을 찍어댔다. 나는 이영자, 장정임과 함께 한구석에 자리를 차지하고 광주까지 몰려온 이 많은 조객과 고정희라는 인간의 한에 대해, 그 인간적 고통과 설움에 대해 그리고 현실 극기의 그 극단적 긴장에 대해, 또 선생에 대한 연민과 원망에 대해 사회과학을 해댔다. 그러면서 나는 어딘가에 있을 고정희 선생의 눈치를 봤고, 언어의 적나라함이나 심정의 솔직함이란 이럴 때의 예의가 아니라는 느낌이 들기도 했다.

영안실 안은 사방에서 보내온 화환으로 자리가 부족했고, 꽃내음이 밖에까지 스며나왔다. 그리고 빈소는 둘째오빠와 남자 친척들에 의해 지켜졌고, 빈소와 여러 곳의 연락 그리고 행사 진행은 김준태 시인이 맡았다. 영안실 바로 앞 돗자리는 고은 선생을 위시한 「민족문학」팀이 차지했고 그 옆에서부터 건물 오른쪽 끝까지는 「또 하나의 문화」와 여성들이 차지했다. 그리고 왼쪽 끝에 있는 모퉁이는 수박과 술과 안주를 준비하는 여성 친척들이 차지했다. 그 옆으로 놓여 있는 상에는 남자 손님들이 술을 마시고 있었고, 영안실 앞쪽 벤치로부터 시작하여 주차장 쪽으로 나 있는 자리는 젊은 남자 문인들이 차지했다. 광주에서 그리고 민족문학하는 남자 시인들 사이에서 고정희 선생은 얼마나 좋은 누이였는지를 나는 장례 내내 느꼈다.

모인 사람들은 고정희는 자신이 만나자고 할 때 모두 바쁘다고 난리법석을 떨던 사람들이 만사를 제치고 광주에 달려온 이 모양새를 보려고 죽었다고까지 말했다. 위에서 보면서 '너희들 여기서 뭐하니' 하면서 말이다. 회한과 미안함으로 아직 이별의 준비가 안되어 있는 사람들은 담배를 물고 허공을 바라보고, 어떤 사람은 쪼그리고 앉아 여전히 울고 있고, 그리고 어떤 이는 잠을 자기 위해 여관으로 갔다. 「또 하나의 문화」는 우리가 알고 있는 여성주의 시인으로서의 고정희를 시집 못 보낸 채 묻는 것이 슬퍼, 누이로 애인으로 가슴에 품은 오라비들로부터 그를 빼내기 위해 차미례 씨를 내세워 적어도 유고 정리에는 우리도 참여하고 싶다는 의사를 이시영 씨에게 전했다. 그들은 이러한 우리의 뜻을 그리 유쾌하게 생각하지는 않는 듯했다. 전혀 예상하지도 않는 곳에서 고정희에 대해 대단히 이상한 애정을 주장하는 정체불명의 사람들이 나타났다고 생각하는 듯했다. 문인도 아닌 사회과학하는 사람들이…….

다음날 영결식은 아침 10시에 '민족문학인장'으로 김준태 시인의 사회로 거행되었다. 김준태 시인은 검은 상복의 까마귀떼들을 못본 척하는 것이 께름칙하다고 생각했는지, 장례위원 명단에 여기에 와 있는 여성이 한 명도 안 들어간 것을 겸연쩍어하면서 사과했다. 조형 선생님은 '경황 없는데 그런 거 다 이해한다'고 말했고, 영결식 때 가능하다면 조혜정 선생님이 써온 글을 읽는 걸로 족하다고 했다. 새벽녘에도 고석주, 박혜란 선생, 미경이, 효선이 등 까마귀떼들은 계속 모여들었다. 장례식이 진행되고, 「또 하나의 문화」에서 가져온 육성 테이프를 잠깐 틀자 모두들 오열했다. 박혜란과 고석주 선생은 진저리를 치면서 울고 또 울었고, 모두들 정말 징그럽게, 징그럽게도 울었다. 조혜정 선생은 조사를 읽는데 목이 메이고 부들부들 떨어, 이상화 선생이 다가가 잡아 주었고, 울음 때문에 문장의 호흡은 아무데서나 끊어져 알아 듣기가 힘이 들었다. 조혜정 선생이 조사를 읽기 시작하자 「또 하나의 문화」는 울음을 멈추고 다른 사람들이 그 내용을 들을 수 있을까 마음 조이며 긴장했다. 다시 정현경 선생이 나가 마이크를 잡아 주었고, 이제 셋이서 함께 우는 무대가 되어 버렸다.

기독병원의 영안실 마당에서 그리고 해남의 장지에서 공식적인 모든 의례는 남성에 의해 주도되었다. 고정희 선생은 이런 의례 형식을 싫어했다. 사실 우리는 결혼하지 못한 채 죽은 노처녀에 대한 아쉬움과 애도를 계속하게 만드는, 결혼하지 않은 여자에 대한 예(禮)의 형식이 부재한 이런 가부장제 의례 속에 그를 방치해서는 안되었다. '집을 짓는 결혼을 하지 않고'도 당당한 인간으로 대접받는 새로운 의례 형식를 갖춰 그를 땅으로 하늘로 보냈어야 했다. 우리는 이승에서 여성이 인간으로 사는 형식에 대해서는 이야기했었지만, 교만하게도 죽음은 꿈에도 생각해 보지 못했기 때문에, 고통과 한에서 해방되고 삶과 죽음이 화합하는 새로운 형식의 장례 의례를 상상도 해보지 않았다. 그래서 고정희가 어떻게 죽었고, 그때 누구와 있었고, 누구와 친했고, 남자 애인은 있었는지 등등 가냘픈 그 몸에 그리도 벗어버리고 싶어했던 세속의 무게를 여전히 지우는 그 관습의 세계에 우리는 그를 방치하고 만 것이다.

필리핀에서 돌아와 눈을 반짝이며 토해 내던 대안적인 삶의 양식에 대한 확신, 그리고 이를 위해 죽기 전날까지도 치열하게 고민했던 새로운 해방의 언어 형식은 고정희를 사랑했고 또 잘 알고 있다는 제례 주관자들의 손에 의해 아주 단단한 기성의 관 속에 갇히고 있었다. 고정희는 관례대로 묻히고 있었고, 그의 시가 죽음을 이긴다면 그들이 내준 문학사에 또 그렇게 쓰여질 것이다. 광주에서 고정희 선생이 추구했던 새로운 실천으로의 여성주의는 하나의 바람이고 외도로 취급되는 듯했고, 이제 그가 죽자 숨겨 놓았던 그 외도의 상대 「또 하나의 문화」는 정부의 모습으로 광주에 나타난 셈이었다. 고정희 선생은 광주에서 우리들을 비장하게 만들었다. 그리고 광주의 문인들을 어설프게 만들었다. 마치 그들은 고정희의 허우대만 갖은 정실부인 같았고 우리는 그들이 알지 못하는 내밀한 비밀을 알고 있는 화려한 정부처럼 보였다. 그들은 합법성과 공식성을 갖은 주인이며 오만한 정실부인이었지만 우리 때문에 그들 식의 호방한 감정 표현을 자제해야 했고, 자신들이 어떻게 보여질까 눈치가 보여 답답한 장례를 치러야 했다. 우리는 해남까지 가서도 그들의 행사에 간섭하지 않았지만 그렇다고 그들을 돕거나 그들에게 협조적이었다고 말할 수 없었다. 우리는 우리가 알고 있는 고정희를 그들이 아는 고정희와 같이 마늘밭에 묻고 다시 우리 식으로 새로운 화합의 제례의식으로 그를 보내고 부를 것을 기약하며 해남을 떠났다. 서울에서 우리와 함께했던 고정희는 새로운 형식과 의미로 우리를 위해 다시 보내지고 다시 불려올 것이다.

유연희, 「고도를 기다리는 나 I」,
캔버스 위에 오일·종이 부조,
76×87cm, 1989.

이제야 돌아와
원피스 / 슬립 / 스타킹 /
거들 / 브래지어 /
팬티를 벗고
인형극의 인형처럼 조종하던 얼굴을 지우고
삶의 체액이 끈적하게 묻은 오늘을
럭스 비누로 씻어 개수구로 흘려 보내고
전신 거울 앞에 서면 벗어 던진 것들이 조였던
부분의 살은 일제히 빨갛게 부풀어 오른다.
— 양선희, 「억압에 대한 명상」 중에서

논설

여성의 자기 진술의 양식과 문제의 발견을 위하여

김성례*

1. 들어가는 말

어느 날 늦은 오후 세상살이가 버겁다고 느낀 나는 어머니에게 푸념을 늘어 놨다. "엄만 날, 뭐하러 낳았어요? 이 세상 이제 살기 싫어요." 엄마는 웃으며 살기 싫으면 참기름 바르고 들어오라고 거뜬하게 대답하셨다. 나는 머쓱해졌다. 엄마는 자신이 마치 나를 낳아 주고 또 거두어 가는 생명의 주인인 것처럼 말씀하시는 것이었다. 애들이 말 안 들으면 기름 발라 도로 넣어 버린다고 협박도 하셨단다. 어머니에게 자궁은 생명과 죽음이 드나드는 곳이다. 여성에게 자궁은 자신의 몸에 대한 자의식이 형성되는 현장이며 여성끼리의 대화가 은밀하게 오가는 변경이다.

나는 점액질의 출생과 재생의 증인인 셈이다. 나는 이 글을 쓰기 시작할 때 무척 힘들었다. 나는 글을 쓸 때 일종의 주술적 느낌을 가지고 시작하는 버릇이 있다. 거미 입에서 줍이 나오듯이 뭔가 끈끈한 독즙이 생각으로 모아져야 글을 쓸 수 있다. 거미줄을 짜야 먹이를 구할텐데, 내 입에서 독즙은 안 나오고 입에서 맴도는 말들은 메마른 것들뿐이었다. 말을 하기가 이렇게 어려워서

---

* 1953년 뱀띠, 정월생, 셋째딸로 태어났으나 두 언니가 전쟁 때 유행성 독감으로 죽어 외동딸로 컸으며, 손아래 남동생이 셋이 있다. 인류학 공부를 했는데 무속이나 민간종교, 주술사와 여성적 글쓰기에 대해 관심이 많다. 현재 대중문화에 대한 논문을 쓰고 있으며, 강원대에서 가르치고 있다.

야……. 얼마 동안의 기다림 후에야 독즙이 나오기 시작하였다.
 독감으로 신열이 난 채 지하철을 탔다. 이른 오후여서 사람이 별로 없었다. 맞은편 좌석을 바라보았을 때 루즈 칠한 입술들이 갑자기 돌출되어 보였다. 조금 후 전동칸 안으로 들어서는 여성들에게서도 모두 똑같이 루즈 칠한 입술을 확인할 수 있었다. 몸에 열이 있긴 했지만 그들의 우연한 동질성에 나는 놀라움과 흥분을 느꼈다. 도발적인 색채와 그 자태가 놀라운 게 아니고, 그들의 루즈 칠한 입술은 '우리는 한 족속이다'는 암호처럼 보였다. 아무것도 칠하지 않은 나는 순간 당혹할 수밖에 없었다. 과연 내가 그들의 '언어'를 알아들을 수 있을까?
 안 보이시길래 외출중인 줄 알고 오후 내내 열어 보지 않은 안방 문을 열었을 때, 발끝에 이불이 밀려 있는 채 진땀을 흘리며 잠들어 계신 어머니의 모습은 나를 얼마나 곤혹스럽게 하였는가?
 우리 어머니들은 쓰다 남은 천조각을 이어서 보자기를 만들어 그 위에 명주실로 꽃과 나무를 심고 새를 날게 했다. 그 세련된 색채 구성과 문양을 통해 어머니들은 자신의 언어를 창조했고 그것을 대대로 전수했다. 여성의 언어는 색칠한 입술과 보자기에, 잠자는 어머니의 고달픈 침묵에 숨겨져 있다.
 나는 불현듯 '몸으로 글쓰기'를 떠올리고 글을 시작할 수 있었다.

 여기서는 여성이 자신의 존재와 경험을 표현하는 모든 언술 행위를 여성의 자기 진술이라는 더 포괄적인 개념으로 보려고 한다. 여성의 자기 진술은 다양한 양식으로 나타난다. 공식화된 표현 양식으로서 시나 소설뿐 아니라 일기나 편지와 같은 사사로운 문학 형태, 그리고 문자화되기 이전에 일상적인 생활 가운데 떠도는 언술 행위인 신세 타령, 교훈적 생애 이야기, 옛날 이야기, 비방 전수, 전화로 이야기하기, 술 마시며 나누는 얘기, 라디오 방송을 통하여 전달되는 살아가는 이야기 등 통틀어 '수다'의 양식으로 볼 수 있는, 기록에 남지는 않지만 '이야기하는' 행위들을 모두 자기 진술의 양식이라 할 수 있다. 그러나 '악쓰기'나 주기적인 울음 행위와 같이 말로 구체화되기 이전의 소리도 여성이 자신을 표현하는 언어적 기법에 포함할 수 있다.
 이 다양한 자기 진술의 양식들은 여성이 가부장적인 지배질서 안에서 받는 억압에 대하여 적응하고 인식하고 또 저항하는 전략들이라 할 수 있다. 그 동안 여성은 '나'라는 이야기 주체를 애써 지우고, 나를 억압하는 절대적 주체의 말로, 그의 시선이 가는 대로 자신의 고통을 표현해 왔고 내숭을 떨면서 생존을 꾀했다. 그러나 표면에 나타나는 겸양과 순종, 인내와 체념의 이면에는 욕망과 영웅적 과시, 정열과 분노의 '진정한' 언어가 숨어 있다. 침묵으로, 방언 또는 말 같지 않은 말로 위장하여 이어져온 여성의 '글쓰기'와 '이야기하기'를 이제 하나의 공적 담론으로 끌어내는 작업이 여성운동의 주요 과제라 할 수 있다. 언어가 하나의 특유한 문체로 전형화되는 다양한 문화적 맥락을 발견하여 더 광범한 언술 현장을 과감히 드러내는 작업이 이 글의 목적이다.

이 글에서는 여성이 주체로서 만들어 내는 갖가지 이야기 속에 전형적으로 드러나는 주제들의 특징이 무엇이며 자신의 이야기를 전달하는 여러 전략들, 예컨대 침묵, 망설임, 반복하거나 강조하고 때로는 사실을 은폐하는 전략에 대해서 살펴보고, 또한 이야기들이 청중에게 전달되는 말하기 현장에서의 사회적 관계, 그리고 왜 무엇을 위하여 이야기하는가 하는 이야기 행위 자체의 정치성에 대하여 알아보려고 한다.

2. 여자로 말하기

여성의 말에는 무엇인가 다른 게 있다.

여성에게는 산다는 것이 바로 말하는 것이고 쓰는 것이다. 김혜순 시인은 "너무 살고 싶어서 쓴다"고 고백한다.

그리하여 나는 부글부글 끓어올라요
입김이 뭉글뭉글 솟아오르잖아요?
많은 추억을 혼합하여 끓인 찌개처럼 돌아온 당신들이
쓰러진 나를 흰 식탁에 내려놓고
찬 숟가락을 확 들이밀 때까지
내가 이제 더 이상 볼 것이 없을 때까지
나는 시방 또 끓어올라요.

― 「내 시를 드세요」[1] 중에서

김혜순 시인에게 언어는 부엌에서 경험한 삶의 기억에서 짜여진 직물이며, 그의 시는 여성의 일상적인 삶의 '언어적' 현실을 기록한다. '여성적인' 삶의 테두리 안에서 밖의 세계와 소통하는 방법은 아무데서나 찌개소리처럼 끓어오르는 것이 아니고, 늘 찌개소리와 함께 끓어오르는 부엌에서의 분노를 통해서만 가능하다. 시의 행간을 자세히 읽어 보면 부엌에서 끓는 소리는 '분노의 소리'이며, 그 소리는 찌개 그릇을 식탁에 올려 놓을 때까지 고독하게 혼자 부엌에서 일을 하는 여성만이 들을 수 있는 소리이다. 식탁에 앉아 있는 '당신들'에게 제공한 찌개의 끓고 있는 소리는, 단란한 가정이라는 공식적인 환상의 식탁 아래 어두운 공간에서 끓어오르는 분노의 소리이다. 김혜순은 계속 그의 분노의 언어를 '끓어오르는 뇌수'에 넣고 있다.

그는 넣었다 토마토 케첩을
끓어오르고 있는 나의 뇌수에.
그는 논리 정연한 태도로 발라내었다
끓어오르는 뇌수에서
실핏줄과 튀는 힘줄을.
그는 맛있게 먹고 있었다.
「프레베르의 아침 식사에 대한 나의 저녁 식사」[2] 중에서

그 분노의 소리는 그 광경을 바라보고 있는 (그렇게 보이도록 꾸미는) 그의 푸근한 시선에 감추어져 있다. 그러나 그 시선은 초능력을 가진 수퍼 우먼의 눈힘을 이용하여 끓고 있는 찌개 냄비를 뒤집어 엎어 버릴 수도 있다. 김혜순의 시집을 해설한 평론가 남진우는 이런 숨겨진 음모를 어떻게 읽어냈는지 그의 시를 '무서운 유희'라고 평을 하고 있다. "고정된 의미와 단일한 목소리의 지배 및 전횡에 항의해서 필사적으로 불협화음을 내지르는"

---

1) 김혜순, 1990, 『우리들의 음화(陰畵)』, 문학과 지성사.
2) 김혜순, 1985, 『아버지가 세운 허수아비』, 문학과 지성사.

시인의 "극단적인 가학적 충동"을 눈치 챈 것이다. "내가 내 육체의 주재자가 아니며 내가 자신의 생명을 유지하기 위해 무언가를 먹고 섭취해야 하듯이 나의 삶 또한 누군가의 또는 무언가의 먹이에 지나지 않는다"는 김혜순 시인 자신의 진술은 "이 세계의 폭력성과 야수성을 적나라하게 드러내는" 하나의 우화로 해석된다. 그러나 김혜순 시인이 인간적 가치의 모든 것을 "신체적인 것으로 축소 환원"하는 것은 남진우가 평가하듯이 우화적인 기법 이상의 의미를 갖는다. 시인의 여성적 삶에 대한 이해가 있었다면 남진우는 그의 가학적인 충동에 의해서 표출된 "고감도의 언어"를 "산문적인 논리성보다는 시적 연상의 자유로움"과 "동화적 상상력"의 산물로 해석하거나, '끓어오르는 뇌수'에 뿌리박힌 분노의 소리를 "현실을 초월하려는" 유창한 말장난으로 해석하지는 않았을 것이다.

김혜순은 여성의 분노를 '끓어오르는 뇌수'에서 꺼내어 밥상머리에 올려 놓는다. 공공 장소에서 발설된 '끓는 소리'는 모두가 들어야 한다. 그의 시는 들으라고 하는 '말'이다. '여자로 말하기'에는 상투성이 있다. 그것은 내면적인 외침과 그것의 기묘한 은닉이다. 뇌수에 박아 놓거나 먹기 좋게 끓여 내온다. 여성의 언어는 냄새 맡을 수 있고 먹을 수 있는 육체의 언어이다. 남진우는 김혜순의 시 행간에서 벌어지는 이러한 몸의 신랄한 의사 소통을 못 읽는다. 지금 진행되고 있는 삶을 이야기하는 데 '초월적 자아'의 논리를 강요하려 하기 때문이다. 여성의 자기 창조는 말을 하는 과정에서 이루어지기 때문에 잘 듣고 있지 않으면, 그리고 말하고 있는 상황에 대한 느낌이 없으면 '들리지도 않으며' 여성이 보이지도 않는다.

여성의 자기 진술은 남성과 차이가 있다. 말하는 동기가 다르고 말하는 맥락이 다르고 표현 방식도 다르다. 말하는 내용도 다르다. 말을 통하여 삶의 진실성이 전달되는 방식도 다르다. 그래서 이야기의 효과도 다르다. 이러한 차이는 각기 생애의 경험이 다르고 그 경험에 의미를 부여하는 방식이 다른 데서 기인한다. 같은 여성의 이야기라고 해서 늘 똑같은 방식으로 진실한 것은 아니다.[3] 적어도 여성의 경험이라는 공감대가 형성될 때는 삶

---

3) The Personal Narrative Group, 1989, *Interpreting Women's Lives*. Bloomington: Indiana Univ. Press.

에 대한 이해 방식이 다르더라도 그 경험의 '진실성'에 대한 신뢰는 서로 공유한다. 김혜순 시인의 파출부 아줌마는 컴퓨터 앞에 앉아 시를 쓰느라 밤낮 매달리는 시인을 불쌍하게 여긴다. "이 좋은 세상에 놀러도 다니고 하지……." 그러나 시인은 그 파출부 아줌마가 글은 못 읽지만 베란다에 보잘것없는 오이나 상추 등 채소를 한 줌씩 키우는 비상한 재주에 놀란다. "여자는 이런 일을 잘해야 하느니……." 그의 성분리주의적 인생관은 시인에게 가부장적 규범에 대한 진실을 전달해 준다. 중산층 주부들이 자기 삶의 정당화를 위해 꾸며대는 '나는 죽어도 행복해!' 하는 이야기이든 라디오 여성 살롱에서 흘러나오는 가난한 주부들의 신세 타령이든, 자기의 이야기를 '여성'이라는 범주를 사용하여 풀어낸다는 면에서 모두 진실하다. 어느 이야기가 더 진실하다는 판단이 중지될 때 이야기의 진실성은 보존된다. 시인과 파출부 아줌마의 사이, 중산층 주부와 가난한 주부의 계층적 균열 사이에서 가부장제에 대한 비판적인 언술이 공통적으로 창조된다.

여성의 이야기가 가지는 진실은 듣는 사람이 그것을 사실로 인정할 때 드러난다. 내가 여성으로서 다른 여성의 이야기를 읽는 방식은 여성 경험에 대한 공통적인 인식에서 출발한다. 경험을 이야기한다는 것은 자신의 언어를 만들어 가는 행위이다. 자신의 삶의 역사를 엮어 나간다. 이야기하는 것은 역사보다 진실하다. 진실하다고 믿었던 것보다도 이야기는 진실하다.[4] 자신이 '여성'임을 자각하고 자기가 누구인가를 알게 되고 그 한계에 대하여 목소리를 높여 비판하는 가운데 여성의 언어가 창조된다. 이야기하는 즐거움은 격앙된 목소리이든 푸념이든 '이야기하는 행위' 자체에 있다. 시인의 시를 제대로 읽어 주고 삶의 이야기를 들어줄 사람이 있으면 그 즐거움은 한층 더해질 것이다. 수다를 떨면서 자신이 혼자임을 잊는다. 또한 이야기를 들으면서 같이 경험 세계에 들어간다. 그 세계가 가난과 고통, 분노와 체념으로 가득찬 가부장제 문화이고 진실과 위장이 뒤바뀐 혼돈 상태에 있더라도 들어가서 보아야 한다. 그리고 그 혼돈에 대해서 말해야 한다. 여성의 자기 진술은 이 혼돈의 와중에서 늘 현재진행형으로 만들어진다. 여성의 언어가 '맨 처음'의 언어가 아니듯이 마지막 말도 아니기 때문이다.

---

4) Trinh Minh-ha, 1989, *Woman, Native, Other*. p.119.

3. 억압의 문화, 저항의 언어

그러나 "여성의 말을 시작해 보기란 얼마나 어려운지, 그건 너무나 새로운 말이어서 나는 내 열 손가락이 서로 비틀리고 움켜지기를 바랄 정도이다."[5]

여성은 말하기 두려워한다.

그런데도 왜 이야기를 하려 하는가? 말 안하기 위해 입을 꼭 다물고 비트는 몸짓으로 자기를 표현하는 여성이 입을 열어 자신의 삶과 경험을 이야기하는 것은, 해버리는 것은 그러한 말하기에 대한 거부감과 부자연스러움의 한계를 넘어서려는 하나의 반역 행위이다. "자기 고유의 말을 하려는 모든 여자는 우선 여성을 창조해야 하는 이 엄청난 긴급성을 피할 수 없다. 억압적이지 않은 말을 창조하는 것. 말을 끊지 않고 말문을 트이게 하는 그런 말을 만들어 내야만 하는" 존재의 긴급성이 있다.[6] 말문 트기가 긴급하다는 뜻은 지금까지 우리가 해온 말들은 '말'이 아니었음을 의미한다.

'말하기의 두려움'이란 사실 거짓말이나 막힌 말의 횡포에 대한 거부감에서 비롯된다. 그것은 진실을 감추기 위해 남들이 잘 알아들을 수 있는 언어로 말을 습관적으로 해왔다는 것을 인식하게 될 때 느껴진다. '글로 말하기'에 이미 익숙한 배운 여성들에게 이러한 진실의 은닉은 더 여실하게 드러난다. 대체로 근대 학문과 문학은 남성의 언어, 글의 꼴에 의해 형성된 것이었다. 그렇다면 새로이 여성의 말을 만드는 것, 그것은 가능한가? 만약 여성 자신으로부터 솟아나오는 말로써 촘촘한 새 천을 짤 수 없다면 그것은 아무것도 안될 것이다. 거짓말이 아니라 진실된 말, 남의 말이 아니라 내 존재의 말, 즉 막힌 말이 아니라 트인 말을 하는 일은 "여성만의 감성에서 우러나온" 말의 형식을 창출해 내는 일이며, 여성만의 경험에서 비롯된 자기 반성과 자기 진술이 될 것이다.

비트겐슈타인에 의하면 "내 언어의 한계가 내 세계의 한계"이다.

언어란 생각을 표현하는 도구일 뿐 아니라, 생각을 형성하는 도구이다.

---

5) 안니 르끌렉, 1990, 『이제 여성도 말하기 시작한다』, 17쪽.
6) 앞의 책, 18쪽.

그래서 언어의 차이는 언어를 사용하는 사람들이 세계를 보는 방법의 차이이기도 하다. 여성은 '황무지', '불모의 땅', '불귀의 땅', '죽음의 영토'라는 억압된 세계, 보이지도 들리지도 않고, 아예 없는 것같이 느껴지는 투명한 세계의 이미지로 연상되어 온 바 있다.[7] 언어가 없는 것은 자신의 생각이나 견해를 표현할 수 있는 능력이 없다는 뜻이다. 말을 한다 할지라도 그 말이 자신의 경험을 충분히 묘사해 주지 못할 것이라는 두려움은 종종 자신의 말 서두에 붙이는 단서에서 나타난다. '내가 뜻하는 것은', '알다시피', '정말' 같은 삽입구는 자신의 말이 현실을 표현할 수 있을까 하는 지나친 걱정 때문이지만 이러한 걱정은 말을 막히게 할 뿐이다. 이와 같이 자기를 두려워하고 존재를 숨막히게 하는 억압 문화는 언어 공포증을 낳는 것이다.

여성의 언어와 자기 진술에 대한 페미니스트의 관심은 이러한 관점에서 비롯된다. 억압의 문화는 여성 언어를 남성의 언어와 다르게 구성한다. 여성이 대화에서 자주 쓰는 찬성을 뜻하는 '멋진', '훌륭한' 같은 수식어구는 단정적인 진술의 날카로운 면을 무디게 하는 여성적인 언어이다.[8] 한편 가부장제 속에서 여성은 침묵적이라는 널리 퍼진 믿음을 반증하기 위하여 목소리를 여성성의 지표로서 택하는 수도 있다. 강렬한 침묵으로부터 해방되었기 때문에, 여성적 목소리는 그 유창함 때문에 즉각적으로 알 수 있다. 이 점을 잘 아는 버지니아 울프는 여성의 말을 '재잘거리고, 수다스러운, 물과 종이에 번지는 듯한 단순한 말'이라고 시인한 바 있고 남성들은 이러한 유창함을 '나불나불 지껄임'이라고 조롱하곤 했다.[9]

그러나 '긴장의 결핍, 말 많음, 형식에 대한 느낌이라곤 없는 더듬거림'이 여성 언어의 특징이라면 이는 남성들이 만든 '논리적인 말의 규칙'에 일치되지 않음을 표시하기 위한 저항의 전략일 수도 있다. 여성의 부드럽고 유창한 말하기 행위의 이러한 전략은 여성 언어에 대한 성차별적인 상투성의 의혹을 씻어 줄 것이다. 한마디로 여성이 말하는 언어라고 해서 특

---

7) 엘레인 쇼왈터, 1988,「황무지에 있는 페미니스트 비평」,『페미니즘과 문학』, 김열규 공역, 서울:문예출판사. 49쪽.
8) 로빈 라코프, 1973,「언어와 여성의 위치」, 루트반, 1989,『페미니스트 문학비평』 123쪽에서 재인용.
9) 루트반, 1989, 위의 책. 136-137쪽에서 재인용.

별히 '여성적'인 것이 될 수는 없다. 문학적 상상력에서도 여성적 특수성을 발견하기는 어렵다. 또한 '여성'에 관한 이야기의 생산자가 반드시 여성이 아닐 수도 있다. 조지 엘리엇은 남성처럼 글을 쓰며, 이 엠 포스터는 여성처럼 쓴다. 더욱이 여성에게만 배타적으로 사용되는 기술 형식이나 문체는 존재하지 않는다.
'본질적으로 여성적인' 것은 없다.
그런데도 여성의 글쓰기에는 무엇인가 다른 것이 있다. 우선 여성들은 자신이 무엇인가 하는 존재론적 질문이 아니라 남성지배의 사회에서 자신들이 어디에서 어떻게 억압받고 있는가에 대한 자의식에 기초하여 글을 쓴다. 여기서 중요한 것은 여성의 문체와 여성의 기술 양식이 어떠한 경험의 맥락에서 쓰였는지이다. 글쓰기와 글읽기의 행위는 남성과 여성에게 각기 다르게 경험된다. 글쓰기의 형식에 있어서도 여성의 글은 남성의 것과 구별된다고 한다. 특히 여성의 글은 '자전적'이라고 평한다.[10] 여기에는 여성의 글은 개인적이고 즉흥적이어서 소설적이고 (가상적), 기교적이고 미학적인 남성의 글에 비교하여 덜 문학적이라는 평가가 숨어 있다. 개인적이라는 말은 내성적인 혹은 감정적인 것을 뜻하며 자질구레한 일상의 서술임을 뜻한다.
그러나 일상사가 자전적 글쓰기에 많이 비추이는 것이 사실이지만 여기서 '개인적인' 것의 의미는 '말할 수 없는 것'들로서 여성의 육체에 대한 경험과 욕망을 감추는 기능을 한다. 실제로 여성의 글에서 서술하는 자아는 자신의 내밀한 것에 대하여 부재로서, 곧 침묵의 소리로 독자에게 전해진다. 자기 감시적인 화자는 마음의 진실을 폭로하느냐 은닉하느냐 하는 두 가지 상반된 충동을 상황에 따라 결정하는 셈이다. 말한 만큼 말할 수 없는 부분—아마 더 중요하고 모호한 비밀—이 존재하는 것이다. 여성의 소위 '개인적이고 친밀한' 자기 진술은 '감추어진 자아'의 부분적 기록이면서 또한 진실과 은폐 사이에 '분열된 자아'의 자화상이다.[11] 조화로운 자아 형성을 진화적인 연대기로 서술하는 남성의 자전적 글쓰기가 남성중심 사회의 질서와 총체성 지향의 삶에서 비롯한다면, 일회적이고, 파편화된,

---

10) Jelinek ed., 1980, "Introduction", *Women's Autobiography: Essays in Criticism* 참조.
11) Stanton, ed., 1987, *The Female Autograph*. p.11-12.

비연속적인 형태인, 무형식의 여성의 글쓰기는 여성의 파편화된 삶의 조건에서 비롯한다.[12]

남성중심적인 사회에서 여성 언어는 억압된 여성 경험 안에서 발생하며 여성의 이야기 행위는 여성적 자아의 재현이다. 여성의 글쓰기가 자서전적인 성격을 갖는 것은 여성적 자아의 재발견이라는 내적 욕망이 숨어 있기 때문이다. 여성의 자아에 대한 태도, 자기 정체감은 남성과 다르게 구성된다. 먼저 여성 주체는 자기 구별성을 강조하기보다 다른 사람과의 관계에 바탕을 두고 있다. 여성은 자아를 정립하기 위해 신, 남편, 공동체라는 더 보편적인 틀을 필요로 한다는 것이다. 여성의 자신에 대한 관심은 그의 사회적·법적·정치적 주변화의 자연스런 결과이기 때문에 자신의 주체성에 대하여 득의만만하지 않고 '변명'하는 성향이 있다.[13] 그래서 여성이 자기 이야기의 글에 대해서 갖는 각별한 취향은 늘 자아를 가부장 사회의 보편적 틀에서 주어진 정체성과의 유희를 통해 분리시키는 이중성을 가지게 된다. 초도로우는 여성의 정체성은 모자 관계의 차이에서 확인되며 개인적인 자아 개념이 아니라 '여성'이라는 집단적 정체감, 그리고 영웅의 자기 발견이 아니고 타자로서의 역할을 통하여 자신의 자율성을 인식하는 과정을 거친다고 하였다. 이와 같이 자아 감각을 파괴하지 않은 채 여성의 정체성을 인식하는 방법은 남성의 문화 중심에 위치한 절대적인 주체성과 비교하여 보았을 때 '불확실성의 수사학'이라고 하기도 한다.[14]

여성의 언어는 여성의 역사이다.

언어는 언어 주체의 역사적 경험이 구현되는 현장이다.[15] 여성 주체는 언술을 통하여 형성되며, 여성의 경험은 언어의 게임이다. 여성은 자신의 경험을 이야기하는 과정에서 자신을 둘러싼 세계에 대한 플롯을 창조한다. 여성의 역사를 만들고 여성의 언어가 형성된다. 가부장적 사회의 경험에서 여성 주체가 취하는 입장은 언제나 다른 목적, 또는 뭔가 다른 것이 되는 데 수단이 된다. 여성은 남성지배 언술의 국외자로서 말을 하고 글을 쓰기

---

12) Jelinek, 1980, 앞의 책 참조.
13) Spacks, 1977, "Women's Stories, Women's Selves," *The Hudson Review* 30, p. 29-46.
14) Spacks, 위의 논문.
15) Scott, 1992, "Experience", *Feminists Theorize the Political* 참조.

때문에, 이러한 타자로서의 주변적인 입장은 해방적인 잠재력을 가질 수 있다. 여성은 해방되려는 욕망을 언제나 형성중이거나 시험중인 주체의 종잡을 수 없는 언어 게임으로 표출한다. 침묵이 강요되어 온 주변 집단이 '스스로 드러내고 표현하기' 위해서는 '여성'이라는 단어에 부여된 모든 외부적인 억압의 문화에 저항하고 지배적인 남성 언어가 휘두르는 지시 기호의 횡포로부터 해방되야 한다는 의지적 명분이 필요하다. 여성 경험의 주변화에 도전하는 여성의 언어는 권위적 언어에 저항하는 언어이며, 그 표현 양식 또한 탈중심적이고 탈구조적이며 일탈적이다. 그러므로 여성의 언어와 자기 진술은 가부장제 문화의 억압 구조 안에서 체제 부정적인 속성을 갖는다. 여성이 언어의 주체로서 이야기의 권위를 갖는 자기 진술의 전략적 특성을 재발견하는 일이 여성해방운동의 주요 과제가 된다.

언어의 변화는 세계의 변화를 가져올 수도 있다.

4. 말하기의 정치성 : 분열된 주체와 몸

여성의 언어와 자기 진술 행위가 갖는 체제 부정적인 특성은 탈근대 시대가 당면한 '서사의 위기'와 연관해 볼 수 있다. 료타르에 의하면 근대 이후 과학 지식이 지배적 담론의 지위를 차지하면서 '서사의 위기'가 대두되었다 한다.[16] 언어와 권력의 문제는 과학적 지식의 담론과 서사적 담론의 관계에서 잘 드러난다. 서사는 신화, 민담, 설화, 속언 등 전통적 전수와 계승이라는 자체의 활용법으로 존재하며 그 속에 많은 언어 게임들을 서사 문화의 가족으로 포용하고 있다. 그러나 서사 곧 이야기는 과학적 지식조차도 하나의 이야기로 포괄하는 관대함이 있지만 과학적 지식은 서사에 대하여 배타적이다. 과학적 담론들은 서사적 진술의 타당성을 심문하고, 그 진리치가 입증되지 않는다는 이유로 서사를 "야만, 원시, 미개, 후진, 소외, 관습, 무지"하다고 단정하고 있다. 이 배척 때문에 서사와 과학적 담론, 서사적 지식과 과학적 지식 사이에 있어 온 오랜 갈등은 역사 기술의 담론 양식에서 근대적 대서사와 소서사의 갈등을 초래하였다. 근대적 대서사는

---

16) 도정일, 1991, 「포스트모더니즘—무엇이 문제인가?」 참조.

헤겔과 맑스의 변증법적 사회 진화에 대한 사변적 서사와 프랑스 혁명에 뿌리를 둔 또 하나의 근대적 지식 통합의 모형으로 해방 서사를 들 수 있다. 근대적 대서사가 지향하는 주체는 통합 주체이다. 총체성과 정당성이라는 근대적 가치 범주를 추구하는 통합 주체는 구체적 주체가 아닌 지식의 주체인 사변적 정신 그 자체였고, 또한 통합 주체는 지식의 주체인 동시에 사회적 주체가 되어 인간 해방이라는 목적 아래 지식과 실천을 통합해 왔다. 그러나 양 대서사가 총체성을 추구하는 성향은 서구의 근대화 과정에서 억압, 강제, 공포의 정치적 전체주의를 정당화해 왔다.

료타르는 여기에서 탈근대적 대안으로서 소서사라 부르는 담론 양식들과 이것이 생산하는 서사적 지식을 제안하며 소서사의 몇 가지 특성을 지적하고 있다. 소서사는 자기 진술의 진리치를 확인하고 검증해야 하는 지시적 언술 행위가 아니므로 자체 정당성을 문제삼지 않고 지식의 총체화를 추구하지 않는다. 또한 소서사는 보편적 합의에 의해 도달하는 하버마스 식의 이상적 언어 공동체의 허구성을 지양한다. 료타르의 탈근대 소서사 이론은 여성 언어와 언어 공동체에 대한 역사적 전망을 제시한다. 여성주의 문학 혹은 여성의 말하기와 글쓰기에 관한 논의에서 쉽게 빠지는 함정은 '여성'과 '여성 해방'이라는 통합적 명령어로 여성 주체의 다양한 목소리를 죽이는 언술적 테러리즘이다. 여성 주체의 추구는 합의에 도달하는 것이 아니라 여성들 사이의 차이와 이견, 그리고 다양한 목소리에 도달하는 것이다. 여성성이나 여성 담론의 총체성과 합의에의 충동에서 벗어나 모든 언어 형식과 표현 양식에서 다중적 주체와 국지적 합의를 추구하는 것이 여성의 '해방된' 서사 전통이 되어야 할 것이다.

여성의 말하기와 글쓰기는 따라서 새로운 언술 공간의 확보를 위한 정치적 과정이다. 서구의 근대적 주체는 죽었다 하나 그것은 남성적 주체에 해당되는 말이다. 여성의 주체는 '보이지 않는' 위치에 있어 왔으나 이제 새로이 자리잡아 가고 있는 중이다. 역사적으로 사회 경제의 현장에서 주변적인 위치에 있어 온 여성에게는 근대의 통일된 큰 이야기의 주변에서 '무지하고 야만의 상태'로 불완전한 몸을 지닌 채 생존해 왔다. 모호한 장소에서 발설되는 여성의 언어는 일관된 소리가 아니고 많은 언어 게임을 동시 다발적으로 뱉아 놓는 소음처럼 들린다. 일상 세계에서 옛날 애기나 에피소드 형식으로 서로 연결됨이 없이 전승되는 여성의 언어는 분열된 상태를 그대로 드러냄으로서 '말한다.' 그러나 '말하는 여성 주체'는 자기가 무엇을 하고 있는지 의식하는 '인지적 주체'가 아니고 '분열된 주체'이다.[17] 자신의 언어를 무언의, 잘 보이지 않는 황무지 공간에 전략적으로 감춤으로써 남성 언어의 권위에 반역해 온 여성 주체의 언술 전략은 소서사가 지닌 정치성을 대변한다. 앨리스 워커의 동명 소설을 바탕으로 만들어진 영화 『컬러 퍼플』에서 씰리가 시아버지에게 갖다 바치는 레모네이드에 몰래 자신의 침을 뱉는 장면은 관람객이나 소설의 독자에게 은밀한 저항의 즐거움을 불러일으킨다. 씰리의 은밀한 반역 행위와 여성 독자와 관람자가 공유하는 저항의 즐거움은 여성의 언어를 "야만, 무지……"라고 배척하는 지배적인 언술의 폭력 속에서 살아남은 주체성의 실천이었다.

여성의 언어와 자기 진술이 지향하는 해방의 힘은 언술 행위가 억압되고 있는 그 지점에서 분출한다. 해방의 힘은 바로 억압의 위치 곧, 주변 그 자체의 공간적 속성에서 나온다. 이른바 '주변성의 시학'이 그것이다.[18] 자아의 주변성을 의식하고 있는 여성 주체는 성급하게 언어의 상징화라는 무기로 억압의 상황을 치유하지 않는다. 오히려 남성 언어의 권위와 논리를 초월한 다양한 소리들의 열린 공간으로 나아간다. 주변의 공간은 열린 공간이다. 여성의 주체성은 변화가 일어나는 장소이다. 여성의 주체성은 한 상태에서 다른 상태로 전이해 나가는 과정에 있기 때문에 어떠한 고정된 틀에 잡아넣기가 어려운 모호한 변경이기도 하다. 변경(border)이라는 개념이 상징하는 의미는 양성성, 현장성 ('지금 여기'), 변혁성이다.[19] 변경에 위치

---

17) Kristeva, 1987, "Talking about Polylogue", *French Feminist Thought : A Reader*, ed. by Toril Moi. 참조.
18) de Certeau, 1984, *The Practice of Everyday Life*. 참조.
19) Turner, 1966, *The Ritual Process* 참조. 인류학자 빅터 터너는 개인적, 사회적 정체성의 변화를 역치성 liminality 개념과 통과의례의 틀에 맞추어 설명한다. 역치성은 문지방을 넘는 것을 뜻하는데, 한 상태나 지위에서 다른 상태와 지위로 변화되는 것을 이른다. 통과의례 중에서도 성인식의 예를 들어보자. 우선 입사자는 지금까지 보호받고 양육받은 사회로부터 분리되어 변두리 황무지에 격리된다. 격리된 장소에서 어른으로부터 사회 생활의 규칙에 대하여 교육을 받은 다음 성인식을 통하여 일정한 성인이 되는 육체적 정신적 시련의 시험을 치른다. 시험을 통과하면 입사자는 어린

한 여성 주체는 '남성'과 '여성'의 범주로 고정되기 이전의 양성 혼합 상태이다. 그러나 여성 주체는 이야기하는 과정에서 형성되는 현장성을 가진다. 또한 고정 불변의 자리가 사회적으로 정해져 있지 않기 때문에 여성의 주체성은 환상이나 상상된 자아의 영역에서 생산된다. 주어진 여성의 영역 변두리에 서서 상상하는 세계는 시공간과 역사적 상황의 차이를 초월하여 변혁의 시발점이 될 수 있는 가능성을 가진다.

주변 공간은 억압과 침묵의 공간이지만 여성적 자아에 대한 자의식을 배태하는 공간이기도 하다. 여성은 자신의 언어를 소유하는 것이 아니라 자신의 문체를 새로이 만든다. 직접적인 발언보다는 문체적 실천 속에서 이야기를 한다. 이야기를 하는 과정에서 여성으로서의 역할을 부여받는 파편화된 자아가 죽고, 대신 이야기하는 서술자(narrator)로서의 주체가 새로이 태어나는 공간이다. 이야기 글에서 드러나는 말은 타인의 언어를 매개로 한 작가로서의 여성의 말이다. 이야기 속의 서술자는 타인의 언어를 매개로 작가의 의도를 굴절시켜 표현한다. 이러한 언술은 '언어로 말하는 것'이라기보다는 '언어를 통한 말하기'이다. 자신의 말은 갖지 않으면서 타인의 언어로 '나는 나'라고 말하고, 나 자신의 언어로 '나는 타인'이라고 말하는 이른바 '언어의 이중성(heteroglossia)'은 여성적 언술에 특징적으로 나타난다.[20]

이와 같이 여성의 언술에는 이중의 언어가 단일한 화자를 통해 표현되어 실제로는 두 가지 발언, 어법, 문체, 세계관이 혼합되어 있다. 이중의 언술 행위를 통하여 말하는 주체는 어떤 다른 것으로 변화하기 때문에 이때 쓰여지는 여성의 서사는 부활된 자아의 서사라고 할 수 있다. 소설 「컬러 퍼플」에서 여동생 네티가 언니 쎌리에게 보내는 편지는 이들 자매에게 '살아있음'의 서사이다. "죽지 않으면 꼭 쓸께." 남편이 감춰 두었던 편지 뭉텅이를 발견한 쎌리는 남편과 집을 떠남으로써 생의 전환을 개척한다. 여기서 편지는 감정의 전달을 위한 사적 기록인 동시에 여성의 생존의 공적 기록이 된

아이의 습관을 버리고 독립된 개성을 가지고 새로운 사회적 역할을 부여받는다. 입사자가 격리되는 장소, 변두리는 정체성의 변화가 일어나는 현장이며 전체 통과의례의 핵심적인 국면이다. 여성이 자신의 이야기를 스스로 말하는 행위는 변화와 해방에의 실천이라는 의미에서 터너의 이른바 통과의례적인 속성을 갖는다 하겠다
20) 미하일 바흐찐, 1988, 「소설속의 담론」, 『장편소설과 민중언어』, 69쪽.

다. 네티의 편지는 썰리의 죽음과 같은 억압의 삶 가운데서 상상했던 해방된 자아의 서사이다. 썰리가 살아온 현실과 네티가 거주하는 상상의 세계 사이에 놓인 변경은 여성적 자아의 죽음과 부활이 발생하는 장소이다.

그러나 여성 주체의 해방과 부활은 구원이라는 역사적 필연성을 주장하는 근대적 대서사의 변경에서 일어난다. 사사로운 일상의 불연속적인 삶에서 더듬거리고 재잘거리는 가운데, 미묘한 권태의 찰나, 착각이나 몽상 가운데 인지된다. 페미니스트는 마술사의 지팡이를 가지고 우연히 동시 다발적으로 일어나는 그 미묘한 이야기들에 생명력을 불어넣는다.

5. 다양한 말하기의 틀: 몸으로 글쓰기와 구술 서사

뭔가 새로운 이야기를 하려면 새로운 방법으로 말해야 한다.

새로운 언어를 만드는 여성의 능력은 사실 언어의 욕망이다. 남성의 가치를 되풀이하지 않기 위해서 여성은 단음조의 언어가 아니라 혀로 말하는 갈림 언어를 만들어 낸다. 말을 하려고 입술을 움직이는 제스처와 입술 사이에서 삐져 나오는 소리 속에는 잠재되어 있는 언어의 욕망과 감정적인 힘으로 가득 차 있다. 그 소리는 중성적이거나 남성적인 지식에 의해 배반당한 언어에 대하여 미묘한 진실을 보존하고 있다. 갈림 언어는 지배적인 언어가 추구하는 의미와 진실에 대하여 윤리적 편견을 가지고 있으며 동시에 그 편견을 진실로 믿는 은밀한 쾌락을 전달한다. 독즙이 나오기를 기다리는 주술적 방법은 잠재된 언어의 욕망을 입술과 자궁, 신열에 들뜬 '몸으로 글쓰기'로 전환하는 언술 전략이다.

'몸으로 글쓰기'는 이론적 글쓰기와 다른 형태의 글쓰기이다.[21] 혀가 굴러가는 대로 상상력이 가미된 감각적인 기억을 순간적으로 재생하는 여성의 갈림 언어는 유아기 이전의 언어와 경험을 닮았다. 여성의 언어는 혀로 말하는 방언(glossolalia)과 같이 '말 같지 않은 소리들이 엮어내는 언어'이다. 알아들을 수 없는 소리를 즉흥적으로 내는 방언은 오순절 교회에서 신이 주

---

21) '몸으로 글쓰기'는 프랑스 페미니스트 비평가들의 '여성적 글쓰기'에 대한 탐색 가운데 엘렌 씩쑤와 이리가레이가 주장하는 이론이다. 이에 대한 적절한 소개는 Toril Moi (1987)를 참조.

신 말의 선물이라 하여 방언의 능력은 신통력으로 통한다. 방언은 횡설수설, 무의미한 운율 또는 가장 언어와 다르다. 별안간 자연스럽게 나오는 말이어서 미리 외우거나 준비한 말이 아닌데도 음성학적으로 보면 모음과 자음이 결합하는 조직, 강세와 억양에서 실제로 모국어의 규칙을 많이 따른다고 한다. 그 언어는, 배우지는 않았지만 무의식에 저장해 둔 언어이다.[22] 신이 직접 이야기하던 역사 이전의 세계 속에 존재했던 본래의 말이다.

여성의 언어는 방언과 같이 역사의 숨은 기억으로부터 갑자기 튀어나와 발설되므로 미리 예견할 수 없고 논리적인 틀에 맞추기에는 너무 빠르고 즉흥적이어서 종잡을 수 없다. 영원히 미성숙한 아이처럼 어머니의 세계와 사물의 세계에 머물러 있는 욕망 덩어리인 여성의 언어는 남녀를 이분화한 외디푸스 콤플렉스 이전의 세계의 기억과 향수를 담고 있다. 그 세계는 역사 이전의 원초적 세계이며 어머니와 딸의 유대로 짜여진 세계이다. 어머니의 몸에 각인된 여성의 언어는 그것의 숨은 기억을 풀어내는 해석자를 따로 가지고 있다. 방언은 특별히 신의 선택을 받은 자만 듣고 해석할 수 있으며 해석자는 방언을 보통 사람이 알아들을 수 있는 일상 언어로 바꾸는 일을 한다. 방언의 해석은 신과 인간의 의사 소통이다. 부드럽고 유창한 어머니의 목소리에는 접촉의 친밀감 속에 담긴 뜻을 알아듣는 딸에게만 들리는 의사 소통의 책략이 숨겨져 있다. 고의적으로 망각되고 왜곡되고 전위된 어머니의 언어를 기억해 내는 행위, 곧 아직 쓰여지지 않은 말들에 자기의 목소리를 붙여 기호화하는 행위가 곧 의사 소통이다. 의사 소통은 이성적인 남성 언어가 만들어낸 순종의 덕목으로 식민화된 여성의 몸을 해방한다.

여성 언어의 기억술은 이와 같이 해방과 재생의 모티브를 갖는다. 재생의 공간은 여성의 몸이다. 언어를 창조하고 계승하는 능력은 여성의 몸을 통해서 이루어진다. 아프리카의 도공(Dogon) 부족의 창조 신화에 의하면, 도공 부족의 여덟 조상은 누모(Nummo) 여성신이 누모 남자신의 목소리를 빌어 자신의 성기에 말을 하고 있는 동안 그의 자궁 안에서 탄생한다. "최초의 말이 여성의 성기 앞에서 큰소리로 전해지자…… 말이 드디어 개미탑, 곧 여성의 성기라고도 하는 (일곱번째 조상이며 이야기의 대가인) 일곱번째 누모의 입

---

22) 피터 파브, 1980, 『말의 여러 모습』, 이기동 옮김. 서울: 덕문출판사. 82-85쪽.

에서 흘러나왔다. 직조로 짜여진 두번째 말 또한 최초의 출산이 일어나는 태초의 (여성) 성기이다." 언어의 창조자와 계승자는 여성이며, 말하는 주체는 '자궁이다.' 그리고 도공 부족의 어른 오고테멀리(Ogotemmeli)가 지적하듯이 여성의 자궁에서 비롯된 말은 다른 성적 기관인 귀로 들어간다. 한 바퀴를 돌아 말은 귀에서 자궁으로 되돌아간다. 아프리카 서사 전통에서 이야기는 여신의 선물이며 창조의 힘이다.[23]

여성의 이야기는 세계 창조의 힘이 체화한 것이며 몸의 진동을 통하여 확산되고 내면화한다. '몸으로 글쓰기'는 '나'를 기존의 언어의 틀에 집어 넣는 것이 아니고, 자아의 변경에서 끊임없이 들어왔다 나갔다 하는 동안 결국 '내'가 사라지는 몸의 입구, 곧 언어를 창조한다.[24] 참기름 발라 드나드는 어머니의 자궁과 루즈 칠한 입술은 여성 언어의 입구이다. '몸으로 글쓰기'는 몸에 관한 글쓰기가 아니라 몸을 쓰는 것이며 자아를 쓰는 진행형의 자기 진술이다.

여성의 이야기는 말하는 여성의 수만큼 다양한 형태를 가진다. 보자기가 다양한 문양과 색채 구성을 가지듯이 여성의 이야기에도 다양한 문체와 전략이 있다. 먼저 자기 진술의 양식에는 문학적 양식 외에도 구술 서사가 있다. 구술 서사에는 '살아온 역대', 옛날 이야기, 꿈 이야기, 신세 타령, 무당의 신화 등 특별히 여성들이 즐겨하는 서사 장르가 있다. 이 모두 여성의 언술 행위지만 이야기의 형태뿐 아니라 의사 소통의 효과도 제각기 다르게 나타난다. 문학적 양식의 경우 이야기 글의 '문학성'을 이상화하기 위해 작가와 독자 사이에 인위적 거리를 전제로 한다. 반면 듣는 사람이 눈에 보이는 현장에서 구술되는 이야기는 글의 내적인 언어 구성과는 다르다. 구술의 맥락에서는 침묵과 멈춤도 언어로 의식되며, 지속적인 긴장과 해석의 차이가 구술 이야기에 리듬과 연극적 효과를 가져온다. 구술 이야기도 나름의 문학성을 가진다. 구술자가 자신과 자신의 삶을 재료로 하여 이야기를 만드는 과정은 자신의 삶을 의미 있게 해석하는 행위로 볼 수 있다. 심상대의 「양풍전」은 평론가 이남호의 평에 의하면 "말이 안되는 소리"로 엮

---

23) Griaule, 1965. *Conversations with Ogotemmeli*. Minh-ha, 1989, p.127에서 재인용.
24) Minh-ha, 1989, 앞의 책, p.36.

어진 소설이지만 구술 이야기의 형식과 문체를 이해하는 데 좋은 표본이다. 여기서 그 '말도 안되는 이야기'는 놀라운 사실성을 가지고 삶에 대한 해석을 하고 있다.

    그 몽칭기 던지던 양반은 벌써 죽었고 그거 아들이 있는 기 이름이 효자야……. 그래 인재 몽칭기 냉게 던지던 기 또 뭐 몇 해를 앓았대요. 앓아노니 그거 아들이 만날 거 수년을 댕기미 생수 또다 갖다 줬대. 그 아버지를. 그래서 주의에서 지는 어머이를 목매 죽게 핸기 생수가 어티개 목구멍에 넘어가느냐. 주위에서 그랬대……
    그 생수 먹는다는 양반이잖아.
    그래. 지랄을 해가지고. 거래, 나는 또 괜찮은대 옥순이는 가 어머이가 시집오자마자, 옥순이 낳아놓고, 죽었잖아. 옥순이 어머이가, 그 지랄하더라는, 몽칭기 던친다는 양반 딸이야.

목침을 던져 사건을 일으키고, 자신의 어머니가 목매 죽은 양반은 생수 먹는다고 병이 나아질 리 없을 거라는 윤리적 해석이 이야기에 그대로 재현되고 있다. 이야기 글에서 사건들을 두서없이 배열하고 있어서 글로 읽으면 산만하고 형편없는 플롯이지만, 구술 현장에서 이야기를 반복해서 들으면 의사 소통이 되는 이유는 그 윤리적 해석의 공감대 때문이다. 이와 같이 서로 연관성이 없는 사건들을 줄거리 없이 그리고 현재와는 상관없는 '옛날 이야기'처럼 이야기하는 설화적 기술 방법은 구술자의 윤리적 해석의 날카로움을 은폐하려는 전략이기도 하다. 설화는 구비 전승이다. 설화는 시공간의 설정이 구체적 사실에 근거하지 않으며 사회적 연관성을 초월한 사건들이 엮어져 만들어진 이야기이다. 삶에 대한 인과론적 설명을 기피하고 사건 사이의 사회 진화의 필연적인 고리를 전제하지 않는 설화적 기법으로 구성된 구술 이야기 속의 삶은 대체로 불연속적이다. 그래서 특정한 사건만을 기억 속에서 선택적으로 끄집어 내어 의미 있게 배열하여 하나의 줄거리를 만들어 내는 작업은 삶의 현실에 대한 해석이지 연대기가 아니다. 임의적인 방법으로 연결된 이야기의 진실성은 청중의 판단이나 인지 능력에 달려 있다. 이야기 자체는 늘 진실된 것의 비유로 전달된다. 이러한 서술 기법은 진실과 사실 사이의 가능한 긴장을 한껏 잡고 있음으로써 이미 알려진 공식적 이야기, 곧 역사의 허구성과 숨겨진 이야기들의 진실성을 되바꾸어 놓는 효과를 가진다.
그래서 이야기는 역사보다 더 진실하다.
그리고 이야기에는 거짓이 없다.
그러나 구술 이야기는 사실의 진술이 아니라 말하는 이의 기억술에 의존하기 때문에 과장적이며 의례적인 구성을 가진다. 대체로 영웅적 모험과 회귀의 서사 구조를 갖는다. 주인공이 현실에서 도주했다가 새로운 권위를 가지고 돌아오는 이야기의 구조는, 격언이나 신화의 형식을 빌어 구술자의 동기와 사명감, 그리고 삶의 지혜를 청중에게 자연스럽게 전달한다. 러시아의 전통적인 민담과 근대 소설의 서사 구조를 비교한 벤야민의 말을 여기서 주목할 필요가 있다.[25] 그에 의하면 영웅 신화의 서사 구조를 가지고 있는 구술 이야기는 청중에게 삶의 근원적인 해결은 주체의 생존에 있다는 진실을 전달하는 반면 근대적인 소설은 주체의 죽음에 대한 향수를 내포한다. 더욱이 근대적 주체는 영원히 돌아오지 않기 때문에 소설의 경우 삶의 진실을 전달하는 데 지연된 효과를 가진다.

구술 이야기는 이야기꾼의 경험이 시간의 지연 없이 직접 전달되기 때문에 이야기가 지닌 진실성은 쉽게 체화된다. 구술 이야기는 '몸으로 글쓰기'의 전형이다. 특히 역사의 주변에서 이야기의 부스러기들을 모아 전설과 민담으로, 민요로, 로맨스 소설로 재구성하는 소서사의 전통을 가진 여성들에게 '몸으로 글쓰기'는 오랜 관습과 같은 것이다. 이와 같이 오래되고 광범한 실용성 때문에 구술 이야기를 여성의 자기 진술의 원형으로 볼 수 있다.

여성의 '몸으로 글쓰기'의 한 유형으로서 구술 이야기가 갖는 전형성은 이야기와 경험이 유리되지 않으며 주체의 생존을 목적으로 한다는 데에 있다. 근대 소설이 주체의 죽음과 퇴행적인 회상을 기본적인 전략으로 삼는다면 구술 이야기는 이야기꾼이 이야기하는 과정에서 스스로 주체를 창조해 가는 서술 전략을 가진다. 제주도 무당 문심방이 자신의 생애사를 무속

25) 발터 벤야민, 1983, 「이야기꾼과 소설가」 『발터 벤야민의 문예이론』, 참조.

신화의 서사 구조와 유사하게 구성하는 경우를 봐도 그렇다.[26] 그의 생애는 농경과 어로의 주재신이고 인간의 생명과 죽음의 세계를 관장하는 여신들의 영웅적인 삶과 일치되는 방향으로 이야기된다. 그의 구술 생애사는 현실로부터의 도주와 영웅적 회귀, 그리고 재생의 모티브로 엮어진다. 그에게 도주는 자기됨을 향한 도주이며 여행은 자아 확인과 자유를 향한 도주이다. 신화적인 영웅과의 동일시를 통해 무당으로서의 이색적인 삶을 과시하는 '도주' 이야기는 무당에 대한 한국 사회의 적대적이고 무관심한 환경에서 자아를 주장하고 자아의 긍지를 얻기 위한 투쟁의 서사이다. 비합리적인 현실과 기적이 일어나는 이상향 사이의 변경에 서 있는 문심방에게, 여성적 자아와 언어 사이의 간격은 점점 커지고 그 사이의 공간은 투쟁으로 가득 찬다. 생활 세계와 자기 정체성의 이중성이야말로 여성의 운명인지도 모른다. 그러나 우리가 한(恨)이라고 운명적인 것처럼 다루는 여성의 신랄한 슬픔 저변에는 투쟁의 의지가 자리잡고 있다. 여성의 창조적 잠재력은 반복되는 일상에서 여신으로 환생하는 기적을, 이야기하는 과정에서 만들어 내는 능력에 있다.

그러나 여성은 남성 중심의 지배적 담론이 지시하듯이 세상을 향하여 구원의 가능성이 내재되어 있는 원초적 힘 또는 영원히 '보이지 않는 부족'이 아니다.[27] 이것은 '보이지 않은 것'은 보지 않으려는 가부장적 담론의 언술 전략에 지나지 않는다. 여성은 역사 이전 과거에 상주하는 보편적인 구원자가 아니라 현재 여기에서 자신의 삶을 이야기하는 과정에서 '스스로

---

26) 김성례, 1991, 「한국 무속에 나타난 여성체험: 구술 생애사의 서사 분석」 『한국여성학』 제 7집.
27) 남미 문학 비평가 Jean Franco는 마르께즈를 비롯한 중남미의 마술적 리얼리즘 계열의 소설들이 '남미적인 문화적 고유성'의 원천을 인디안의 지모신이나 역사의 굴곡에 굽히지 않는 여성들의 이야기에서 찾는 것은 서구의 남성 중심의 문학적 전통의 이념을 교묘하게 반복 계승하는 데 지나지 않다고 지적한 바 있다. 여성을 역사 이전의 낙원의 원천으로 보는 낭만주의적 전통은 여성을 인디안들처럼 역사를 가지지 않은 부류이거나 역사적으로 '보이지 않는 부족'으로 여기는 반페미니즘적인 것이라고 비판하고 있다. Franco, 1988, "Beyond Ethnocentrism: Gender, Power, and the Third-World Intelligentsia", *Marxism and the Interpretation of Culture*. Cary Nelson and Lawrence Grossberg ed. Urbana and Chicago: University of Illinois Press.

구원하는 여신'으로 부활한다. 페미니즘은 여성을 본질적으로 보이지 않게 하는, 보이는데도 보이지 않는 것으로 거짓말하는 가부장적, 식민적, 총체적 담론의 횡포에 대한 투쟁의 역사이다. 그 투쟁의 흔적을 기록하는 것은 여성의 소서사의 계보학을 만드는 것이다. 계보학은 소서사를 재활성화해서 과학적 지식과 역사 발전의 대서사가 기도하는 총체성과 그 권력 효과에 대항하려는 시도이다.[28] '몽칭기 던진 양반'의 패륜을 말 끝마다 재현하는 「양풍전」의 얘기하는 어머니의 '자궁'과 루즈 칠한 입술의 소리로, 보자기 문양에 그려진 여성의 비공식적, 불연속적인 언어, 그리고 설화적 기억술 등은 "은폐된 질서 속에 웅얼거리는 갈등"의 계보학이다. 기존의 언어 질서를 거부하고 파편적인 언어를 재구성하는 여성 진술의 계보학은 그 동안 억압된 여성의 주체성을 해방하는 여성운동의 실천 전략이다.

여성은 이제 자기의 말을 하기 시작했다. 그리고 세상은 그 말을 듣고 웅성거리기 시작했다. 이것은 사실상의 여성해방 선언이며 지금 여기 곳곳에서 일어나고 있는 현실이다. 여성이 여성으로서의 자신에 대하여, 관계하는 사람들에 대하여, 주위에서 일어나는 사건에 대하여, 역사에 대하여, 그리고 미래에 대한 계획을 얘기할 때 비로소 자신의 몸이 분열되어 있음을 알게 된다. 여성이 이야기하는 과정에서 발견되는 자기 분열과 분열된 지점으로서 자신의 몸이 발견된다. 이렇게 발견해 내는 과정에서 여성의 언어가 창조되고 발설된다, 노출된다, 보인다, 들린다. 여성적 자아의 틀이 짜여지며 여성이 중심이 되는 세계가 펼쳐진다.

도움받은 글

김성례, 1991, 「한국 무속에 나타난 여성체험: 구술 생애사의 서사 분석」 『한국여성학』 제7집. 한국여성학회.
김혜순, 1985, 『아버지가 세운 허수아비』, 문학과 지성사.
_____, 1990, 『우리들의 음화(陰畵)』, 문학과 지성사.

---

28) 콜린 고든 편, 1991, 『권력과 지식—미셸 푸코와의 대담』, 117쪽.

도정일, 1991. 「포스트모더니즘—무엇이 문제인가」, 『창작과 비평』 봄호.19권 1호.
미하일 바흐찐, 1988, 『장편소설과 민중언어』, 전승희 외 옮김. 창작과 비평사.
발터 벤야민, 1983, 「이야기꾼과 소설가」 『발터 벤야민의 문예이론』 반성완 옮기고 엮음, 서울: 민음사.
심상대, 1990, 「양풍전」, 『묵호를 아는가』, 서울: 민음사.
안니 르끌렉, 1990, 『이제 여성도 말하기 시작한다』, 열음사.
엘레인 쇼왈터, 1988, 「황무지에 있는 페미니스트 비평」, 『페미니즘과 문학』, 김열규 외 옮김, 서울: 문예출판사.
피터 파브, 1980, 『말의 여러 모습』 이기동 옮김. 서울: 덕문출판사
콜린 고든 엮음, 1991, 『권력과 지식—미셸 푸코와의 대담』, 홍성민 옮김. 서울: 나남.
K.K.루트반, 1989, 『페미니스트 문학비평』, 김경수 옮김, 서울: 문학과 비평사.

de Certeau, Michel. 1984, *The Practice of Everyday Life.* Chicago: University of Chicago Press.

Franco, Jean. 1988, "Beyond Ethnocentrism: Gender, Power, and the Third-World Intelligentsia", *Marxism and the Interpretation of Culture.* Cary Nelson and Lawrence Grossberg ed. Urbana and Chicago: University of Illinois Press.

Griaule, Marcel. 1965, *Conversation with Ogotemmeli.* New York: Oxford Univ. Press.

Jelinek, Estelle, 1980, ed. *Women's Autobiography: Essays in Criticism.* Bloomington: Indiana Univ. Press.

Kristeva, Julia, 1987."Talking about Polylgue," in *French Feminist Thought: A Reader,* ed. by Toril Moi. Oxford: Basil Blackwell.

Minh-ha, Trinh T., 1989, *Woman, Native, Other: Writing Postcoliniality and Feminism.* Bloomington: Indiana Univ. Press.

Scott, Joan W. 1992. "Experience" in *Feminists Theorize the Political.* ed. by Judith Butler and Joan W. Scott. New York: Routeledge.

Spacks, Patricia M. 1977, "Women's Stories, Women's Selves," *The Hudson Review* 30.pp 29-46.

Stanton, Domna, ed. 1987. *The Female Autograph.* Chicago: University of Chicago

Press.

The Personal Narrative Group, 1989, *Interpreting Women's Lives*. Bloomington: Indiana Univ. Press.

Turner, Victor. 1966. *The Ritual Process*. Ithaca: Cornell Univ. Press.

나혜석, 「자화상」, 1928.

나혜석, 「농가」, 1922.

논설

지식인 여성들의 글쓰기
진이에서 J까지

조혜정, 김미숙, 최현희*

여자로 글쓰기는 서서 오줌 누기?

최근에 일고 있는 여러 가지 사회 변화는 여자들도 자유롭게 글을 쓸 수 있는 조건을 마련하는 방향으로 나가고 있다. 적어도 대학을 다니는 여자들의 수라든가 글을 쓰는 것을 전문으로 하는 인문계 대학에서 여학생의 비율을 보면 뭔가 많은 변화가 올듯한 기분이다. 물리적 공간만을 말한다면 '자기만의 방'을 가진 여자들도 꽤 되는 것 같고 여행도 상당히 자유스럽게 하고 있는 것 같고 자유로운 사귐도 많이 가능해졌다. "행동의 제약 때문에 글을 못 쓴다"는 핑계를 더 이상 대기가 어렵게 된 것 같다.

현대의 시대 사조 역시 여성들 편으로 기울고 있다는 징후는 상당히 오래 전부터 분명했다. 지구상에서의 인류의 삶이 파국을 맞게 되었다는 위기 의식과 함께 그 동안 헤게모니를 쥐어 온 '중심'이자 표본적 인간형으로 군림해 온 '나', 곧 '이성적 주체'인 남성성이 크게 도전을 받고 있다. 이제까지 지배 문명이 확신을 가지고 추구해 온 '진리'와 그것의 중심이 되어 온 '주체'에 대한 회의와 불신의 소리가 높아지면서 시대의 위기를 극복하기 위한 변화의 잠재력

---

* 이 글은 세 사람이 토론을 한 후에 부분적으로 나누어서 쓴 글이다. 「다시 읽어본 황진이와 허난설헌」 편은 조혜정, 「다시 읽어본 나혜석」 편은 김미숙, 「다시 읽어본 전혜린」 편은 최현희가 썼다. 조혜정은 연세대에서 가르치는 문화인류학자이며, 김미숙은 이화여대 여성학과, 최현희는 연세대 국문학과 대학원에 재학중이다.

을 그 동안 '주변'에 머물러 있던 사람들에게서 찾으려는 움직임이 또한 강하게 일고 있다. 그 동안 숨죽여 온 '타자'들이 새롭게 등장할 준비를 하고 있는 것이다.

현대 문명에서 주변화된 집단 중에서 가장 오래된 역사를 가진 여성 집단이 목소리를 내기 시작한 것은 그런 면에서 매우 중요한 뜻을 지닌다. 이제 '인본주의자'란 단어는 시대착오적인 인간을 가리키는 단어가 되어버린 감이 없지 않은데, 그것은 그 인본주의가 뜻하는 '인간'이 결국 '대중 위에 군림하려는 소수의 남성 결탁체'를 의미한다는 것을 알았기 때문이다. 이제 새로운 인본주의적 사회를 원하는 사람들은 그 동안 소외당해 온 모든 집단들의 주권과 창의성을 배제하지 않고 살려내는, 전혀 새로운 사회의 모습을 추구하지 않으면 안 되게 되었다. 그런 면에서 여성운동은 '전망 상실의 시대'에 '전망'을 던져 줄 수 있는 커다란 잠재력을 지니고 있다.

그런데 막상 우리 주변을 둘러보면 기대한 대로의 변화 조짐은 보이지 않는다. 80년대에 크게 일었던 변혁을 향한 외침의 소리는 힘을 잃어가고 감각적 체험 속에서 자신의 정체성을 확인해 보겠다는 몸부림들이 드세어지고 있을 뿐, 이 어려운 시대를 뚫어갈 '말'을 만들어 가는 본격적 움직임은 일어나지 않고 있다.

텔레비전의 인기 있는 드라마 작가들은 거의가 여성들이다. 베스트 셀러 목록에 여자 소설가의 이름이 끼는 것은 이제 더 이상 신기한 현상이 아니며 여자이기 때문에 못할 일은 이제 거의 없다고 한다. 여자가 가져야 할 게 더 이상 있느냐고, 제발 남자들을 좀 살려 달라는 말도 종종 듣는다. 그런데 무언가가 석연치 않다. 여자인 것에 주눅든 여자들은 더욱 많아지고 있는 것 같은 느낌을 지울 수 없다. 지식인 여자들의 글쓰기에 대해서 눈을 돌리면 더욱 그런 느낌을 받는다. 그 조건에 대해 잠시만 생각해 보면 쉽사리 이해가 가는 부분이기도 하다.

'이 시대 최고의 작가'라는 말이 어울리는 이문열은 '외로움을 잊기 위해 소설을 쓴다'고 했다. 그의 산문집 광고 문안에 그렇게 쓰여 있다. 이 시대에는 '자기만의 방'을 가진 외로운 사람들이, 또는 자기 편을 가진 당파성의 목소리가 글을 쓴다.

남자들은 아무리 가난한 시대에 태어났더라도 자기만 원한다면 많은 사회적 경험을 할 수 있고 집단에 소속할 수 있고 또 자기만의 공간을 가지기가 상대적으로 쉽다. 글을 쓰기 위해 절대적으로 필요한 마지막 정리의 시간을 그들은 손쉽게 확보할 수 있다. 정처 없이 방랑하다가 절에 머물면서, 아니면 지나가던 길목에 있는 여관에서 군불 땔 때는 사람으로 고용이 되어서라도 '자기만의 사색의 공간'을 가진다. 지아비가 되면 지아비가 된 대로 단칸 방 작은 공간이나마 성역처럼 그에게 남겨진다. 너무 자주 글쟁이들과 몰려다니거나 술에 쩔지만 않는다면 꾸준히 글을 쓸 수 있다. 외로워할 시간을 확보할 수 있는 자기 통제력만 가지면 되는 것이다. 자기만의 방에서 외로울 수 있기, 가만히 혼자 생각하기, 그러나 여자들에게 이런 것은 얼마나 사치품인가?

문인 사회를 잘 아는 한 여자 친구가 남자 문인들의 행태를 이야기하면서 호모문화라는 표현을 쓴 적이 있다. 그는 이 호모적인 남자들이 그래도 '괜찮은' 편의 사람들이라고 했던 것 같다. 우선 글을 그나마 잘 쓴다는 것이며 자기들끼리 노느라고 바빠서 여자를 괴롭히지는 않는다는 것이었다. 원래 가부장적 사회에서 이른바 '최고의 과학자'나 '최고의 지성'이나 '최고 권력'에 있는 사람들은 여자들과 놀지 않는다. 남자만의 우정과 선후배의 정으로도 충분하다.

문단의 '안 괜찮은' 남자들은 어떤가? 이들은 여자를 이용한다고 했다. 술자리에서는 여자를 안주감으로 씹고, 집에서는 부려먹고, 작품 구상에서 영감을 끌어내기 위한 도구로 사용하다가 싫증나면 버린다고 했다. 미래의 불확실성 때문에 불안에 떠는 여자들의 심리를 십분 이용할 줄 아는 작은 폭군, 가부장들이 많다는 것이다.

문단은 자유 경쟁을 별로 좋아하지 않는다. 학자 집단이라 해서 하나도 더 나을 것이 없지만 문학은 그래도 사회와 가장 많은 직접적 교류를 해오지 않았는가? 그런데도, 더구나 '재현의 위기'가 코앞에 닥친 지금에도, 문인들은 자족하고 싶어한다. 폐쇄적이다. 학연과 지연 등 연줄로 특권을 나누어 먹으려 하고 있다. 이것이 우리 사회를 구성하는 첫번째 원리라는 것을 물론 알 만한 사람은 다 알고 있다. 공식석상에서는 거창한 개념들을 구사하면서 한국의 발전과 갈등과 사회구성체 논쟁을 하고 있지만 실제 사회 생활에서 가장 강력한 힘을 발휘하고 있는 이 '배제와 결속'의 논리에 대해서는 함구한다. 오로지 실천할 뿐이다. 이 연줄 결속망 체제에서는 주변적 남자들도 피해를 본다. 그러나 여자들은 이런 주변적 남자들보다도 몇 배로 힘든 삶을 산다.

이런 와중에서 이른바 지식인 여자들은 심하게 눈치를 살피면서 글을 쓰거나 아예 글쓰기 자체를 포기하고 있다. 여자와 글쓰기, 그 거리는 어떤 문인이 "여자 머리에 피가 몰리면 병이 된다"고 한 말에 나타나듯이 생물학적인 운명처럼 먼가? 아니면 지금의 글 자체에 문제가 있는가? 이 글에서는 이런 질문을 던지면서 지금까지 글을 썼거나, 쓰려고 했지만 제대로 쓰지 못한 선배 여성들의 삶을 살펴 보려고 한다. 딸을 '잘못' 키워 자의식을 갖게 한 부모나 친지들, 그런 여자의 '기'를 죽이기 위해 사방에서 퍼부어진 압력과 조롱에 대해 여성 자신들의 글을 통해 읽어가 보려고 한다.

1. 다시 읽어본 황진이와 허난설헌

영웅호걸의 시대가 있었습니다. 유교적 규율 사회의 틀이 자아의 표현을 엄격하게 묶어 둔 시대에도 김삿갓과 서화담과 허균과 같은 영웅호걸들이 태어났습니다. 고려가 망한 뒤에 망국한을 달래면서 개성인들은 유교적 질서권에 보이지 않는 저항감을 가졌을 것입니다. 그런 가운데 경제적으로 상권을 잡아 새로운 상업의 중심지로 도약을 꾀합니다. 이 새로운 흐름의 송도 상인들이 이루어낸 문화적 토양에서 여자 영웅도 태어납니다. 천오백 육년에 태어나 서른아홉에 숨을 거둔 여자, 본명은 眞, 별명은 眞娘, 기명은 明月, 또는 月明이라 했다 합니다.[1]

그는 기생으로 살면서 '나라'를 이야기했고 당시 여성들에게는 금지된 '사랑'을 했고 또 노래했습니다. 유람길에도 자주 나선 그가 박연폭포를 보며 노래한 漢詩 한 구절을 들어보지요.

......
어지럽게 쏟는 물벼락 골짜기에 가득하네
구슬 절구에 부서진 옥 창공에 맑았으니
이곳에 노니는 사람이여 여산이 좋다고 말하지 마라

---

1) 김지용, 1991,『한국의 여류한시』, 여강출판사, 27-31쪽
조정숙, 1975,「황진희 연구」연세대학교 교육대학원 석사학위 논문

천마가 해동에선 으뜸 가는 곳

여기서 여산은 중국 강서성에 있는 곳으로 은자들이 많이 산 곳이라 합니다. 천마는 평안북도에 있는 산을 말하구요. 또 다른 시는 옛나라에 대해 말합니다.

눈 속에 그 옛날 고려의 빛 떠돌고
차디찬 종소리는 옛나라의 소리로다
남쪽 누각에 수심 겨워 외로이 섰노라니
남은 성터 저녁 안개 피어나듯 떠오르네

여기서 우리는 왕조를 넘나들고 국경을 넘나들면서 자유롭게 생각을 펼쳐간 한 여성의 모습을 읽을 수 있습니다. 그는 자신의 운명을 선택했고 그 자리에 충실했지요. 그리고 자신의 감정에 충실했습니다.

어저 내 일이여 그릴 줄을 모르던가
있으라 하더면 가리요마는 제 구태여
보내고 그리는 정 나도 몰라 하노라

동짓달 기나긴 밤을 한 허리 버혀 내어
춘풍 이불 아래 서리서리 넣었다가
어룬님 오신 날 밤 굽이굽이 펴리라

여성의 삶이 철저하게 남성 중심의 혈통을 잇는 도구로 살아가야 했던 당시였지만 '글'을 극히 숭상했던 때였고 그 틈을 비집고 자기 목소리를 낼 수 있었던 여성들이 몇 있었던 것 같습니다. 고정희 시인은 살아 있을 때 이들에게 많은 관심이 있었지요. 그래서 조선조 시대에서 네 명의 대표 시인을 고정희답게 체계적으로 뽑아 내었는데, 그 네 사람은 반가의 모범생인 신사임당, 기생으로 풍류의 삶을 산 황진이, 첩이기에 부부 애정을 노래할 수 있었던 이옥봉, 그리고 변혁 지향적인 양반 가문에서 자유자재로

지식인 여성들의 글쓰기 ——143

자신의 생각을 내보일 수 있었던 허난설헌이었습니다. 이들 중에서도, 자유로운 정신을 가지고자 하는 욕구가 강했던 황진이와 허난설헌에게 그는 큰 애착을 보였던 것 같습니다.

실로 황진이는 현대의 어느 여성 못지않게 용감한 삶을 살았다고 할 수 있을 것입니다. 이옥봉에게 보낸 편지 형식으로, 진이가 된 고정희 시인이 풀어낸 진이의 목소리를 들어봅시다. 이 글은 1990년에 동광출판사에서 펴낸 고정희의 시집 『여성해방출사표』에 실려 있습니다.

이 자매도 짐짓 아시다시피
아리따운 열여덟 살 어머니 현금과
형용이 단아한 아버지 황 진사가
개성 병부다리 아래서 물과 술로 인연 맺어
송도 황진이가 태어났다지만
스스로 머리 얹고 기방에 적 둔 사연
출신 성분 따위가 아니외다
내 나이 여덟 살에 천자문 떼고
열 살에 열녀전 효부전 읽고
열세 살에 사서삼경 소학 대학 독파한 후
열다섯 살에 율과 부 짓기를 밥 먹듯 하며
거문고 타고 묵화 치다 홀연히 내다본 조선조 하늘
거기서 나는
조선 여자들의 무섭고 암울한 운명의 멍에를 보았습니다
반상을 막론하고 여자들이란
팔자소관 작두날을 타고 있었어요
……
여자도 사람인데, 눈뜨는 순간
이건 노예신세로다, 눈뜨는 순간
남자독점 오복허구 눈뜨는 순간
남녀우열 체제폭력 눈뜨는 순간
바로 그 순간에 가차없이

현모양처 재갈이 물리고
여필종부 부창부수 철퇴 내리치지 않았습니까
이런 세상 단칼에 요절낼 일이로되,
남자와 더불으나 예속되지 않는 삶
세상에 속하나 구속받지 않는 길
풍류적인 희롱으로 희롱으로
양반사회 체면치레 확 벗겨 내는 일
그 길이 바로 기방이었습니다
그곳에서 나는 실로
시적인 혁명을 꿈꾸다 꿈꾸다……
까마귀밥이 된들 어떠랴 작심했습니다
(고정희, 1991: 15 -17쪽)

진이는 남달리 세상을 환하게 뚫어보는 눈을 가졌던 것 같습니다. 자신의 자유로운 영혼을 지키기 위해 '상식'의 길을 자발적으로 포기하였다고 고정희 시인은 보고 싶어했습니다. 나도 그렇다고 생각합니다. 그리고 내가 그 시대에 살았다면 그랬을 수 있기를 바랍니다. 진이는 인습의 굴레에 휘말릴 사람이 아예 아니었다는 것이지요. 그런 면에서 진이는 뛰어난 사회과학자이며 달관한 철학자이자 문화 비판가였습니다. 그는 자신의 죽음까지도 자기의 인생 철학을 표현하는 식으로 마련합니다. 에이즈로 죽을 때를 받아 놓고서 스스로 장례식의 순서를 짜 두고 주제가로 "인생은 카바레"를 부르라고 당부해 놓고는 주어진 기간 동안 에이즈 퇴치를 위해 열심히 일하다가 기꺼이 죽음을 맞이했던 한 연극 배우의 장례식을 영국의 텔레비전에서 본 적이 있습니다. 그런 식이지요. 자신이 죽으면 노래와 춤으로 장지로 전송해 주고 "주검을 개미나 벌레에게 먹이라"고 유언했다 합니다. 이토록 자유롭고 자의적인 인생을 산 것은 불교적인 달관에서 나오는 것이기도 하지만 동시에 그것은 고정희 시인이 해석하고 있듯이 세상을 조롱하고 비판하는 적극적 방식이기도 합니다.
"내가 죽은 후에는 관을 쓰지 말고 그 시체를 동문 밖 물가에 버려서 개미와 까마귀와 솔개의 밥이 되어 천하의 여인들로 하여금 경계하게 하라"

라는 그의 유언을 "자신의 남성 편력의 애상 및 자학감이 스며 있는 뜻 깊은 말"로 해석하는 이가 있습니다.(이규동, 1992: 48쪽) 진이는 남자들이 자신의 죽음을 '자학적인 종말' 따위의 단어로 해석할 것까지도 빤히 알고 있었을 것입니다. 그러나 "그게 대수냐?"고 그는 간단히 묵살합니다.

이규동은 황진이를 '한국의 조르즈 상드'라고 부르면서, 그의 남성 편력은 남성 콤플렉스의 능동화라는 정신분석학적 진단을 내립니다(이규동, 1992:43-44쪽). 이 부분을 길지만 인용해 보지요.

그녀가 지닌 남성 콤플렉스의 남다른 집념은 다음과 같은 시조에서도 역력하게 나타나 있다.

청산은 내 뜻이요 녹수는 님의 정이라
녹수 흘러간들 청산이야 변할손가
녹수도 청산 못 잊어 울어 넘어가는고

청산을 자기의 굳은 뜻으로, 흐르는 물을 님—남성—의 정으로 비기고 있음을 알 수 있다. 이것은 상징적으로는 약간 도착적인 것이다. 대체로 산은 不動의 것이고 남자의 의연함에 견주어진다. 정이란 원래 흐르는 것이고 따라서 여성의 본질을 이루는 것이다.

뭇남성들이 황진이의 무의식 속에서는 여성적 남성의 특성을 보이고 있는 것이 완연하다. 물론 거기엔 황진이의 강한 자기애적 긍지도 포함되어 있음을 간과할 수는 없다.

황진이가 위의 해석에서처럼 남성 콤플렉스를 가졌을 가능성은 상당히 많습니다. 그리고 그는 남녀 불문하고 가장 기개가 높은 삶을 의연한 산처럼 살다 갔습니다. 이 땅에서의 삶을 한없이 살다가 미련없이 지구를 떠난 드문 여성들 중 하나일 것입니다.

그런데 아직 이 땅을 떠나지 못한 채 서성이고 있는 영웅이 있습니다. 그는 천오백육십삼년에 태어났으니 진이보다 거의 육십년 늦게 태어났지요. 아주 변혁적인 집안에서 태어나 두 명의 오빠와 『홍길동전』을 쓴 아우

균과 어울려 많은 것을 배우고 보면서 자라온 여성입니다. 고정희 시인은 이 시인을 특히 사랑했지요. 그의 혼이 지구를 떠나지 못하고 서성이고 있음을 고정희 시인은 알고 있었습니다. 이름은 초희, 아우 균 못지않게 초희는 어릴 때부터 활달하고 명석했다고 합니다. 1589년에 세상을 떠났으니 아직도 떠도는 그 혼은 스물일곱에 죽은 혼입니다.

고정희 시인은 초희 시인을 '어즈버 하늘이 낸 시인 난설헌'이라고 부르면서 역시 같은 책 『여성해방출사표』에서 사임당의 목소릴 빌어 다음과 같이 그에 대해 말하고 있습니다.

> 조선에 태어난 백성 중에서
> 하늘이 낸 시인이 있더이까
> 난설헌 바로 당신이외다
> 조선에 터잡은 백성 중에서
> 하늘이 낸 천재가 있더이까
> 경번당 바로 당신이외다
> 조선에 뿌리내린 백성 중에서
> 하늘이 낸 절세가인이 있더이까
> 초희 바로 당신이외다
>
> 세상이 우러르던 재상 허엽과 강릉 김씨 딸로
> 당신 태어났건만
> 그 문벌 그 족벌이 무슨 소용 있으리
> 독서와 강의는 선비의 일이니
> 부인이 이에 힘쓰면 폐해 무궁하리라, 하여
> 훈학에 힘입은 바 없고
> 문벌 족벌에 기댄 바 없으나
> 네 살박이 여자아이의 매서운 눈초리
> 네 살박이 딸의 처절한 분노는
> 하늘의 밑둥을 흔든 성싶사외다
> 오라버니 어깨 너머로 깨친 글솜씨

백가서책을 스스로 통달하여
다섯 살에 시 지으니, 여신동이요
여덟 살에 백옥루 상량문 올리니, 조선의 문웅이요
스스로 난설헌이라 호를 짓고
수수편편 백옥 같은 시의 장강 이루니, 여자 두보요
안동 김씨 김성립과 혼인하여
천추의 삼한을 품고 살되,
하늘이여 어찌하여 조선을 내고 나를 내었나이까
하늘이여 어찌하여 남자를 내고 다시 나를 여자로 내었나이까
하늘이여 어찌하여 김성립을 남편으로 점지했나이까
하늘을 대지른 그 울연한 기상 다스려
가이 득음의 경지에 넘나들 제
글자마다 주옥이요
글귀마다 산호 열려
천의무봉 시세계 천고명작 이루니,
이 세상 일 같지 않다 이르더이다
어즈버 하늘이 낸 시인
어즈버 하늘이 낸 천재
어즈버 하늘이 낸 절세가인이여
......
아까운 스물일곱 해
그 짧은 생애 마칠 때
평생의 시고가 시의 노적가리 이루었다 하건만
이녁 유언대로 한점 재로 돌아가 무덤에 덮이니
아깝고 아깝도다
(고정희, 1990: 43-45쪽)

난설헌이 쓴 시의 소재는 참으로 다양했습니다. 당시 글을 쓴 여성들이 많이 다룬 규방의 외로움에 대한 글로부터 신의가 굳은 소년의 행락을 노래한 것, 경치를 보면서 느낌을 그린 것, 오빠에게 보내는 편지, 변경을 지

키러 나가는 군대와 싸움터의 모습에서 꿈에 이르기까지 실로 종횡무진합니다. 특히 그녀가 쓴 편지글 등에서 **활달한 천성을** 가진 그녀의 모습을 역력하게 읽어낼 수 있습니다. 달리 말해서 그녀의 좌절을 읽을 수 있는 것이지요.

그는 세 가지 한을 품고 세상을 떠났는데 하나는 중국과 같은 대국이 아닌 조선에 태어났음을 한하고, 또 하나는 남자가 아닌 여자로 태어났음을 한하고, 마지막 하나는 존경할 만한 남편을 가지지 못한데다가 자녀가 일찍 죽은 것을 한하였다고 합니다.

그의 시 전편에 흐르는 흐름은 도가적인 신선 사상이라고 합니다. 당시 변혁적 지식인의 분위기도 분위기였거니와 그가 어찌 그렇게 되지 않을 수 있었겠습니까? 스물일곱 해나마 그가 버틸 수 있었던 것은 꿈에나마 신선을 만날 수 있었고 글로서나마 미지의 세계를 그릴 수 있었기 때문이 아니었을까요? 그는 "책 속에 파묻혀 신선과 교감하며 선경의 꿈 속에 살다간 신비의 시인"이라고 김지용(1991: 30쪽)은 말하고 있습니다. 물론 이런 해석에 고정희 시인은 심한 반발을 할 것입니다. 난설헌이 쓴 다음과 같은 시를 들면서 말이지요.

어찌 용모인들 남에게 빠지리오
바느질 길쌈 솜씨 그 역시 좋은데
가난한 집에 나서 자라난 탓에
중매할미 모두 다 몰라 준다오

밤새도록 쉬지 않고 베를 짜는데
삐걱삐걱 베틀 소리 차갑게 울리네
베틀에는 한 필 베가 짜여 있는데
뉘집 아씨 시집갈 때 옷감 되려나

손으로 쉬지 않고 가위질 하면
추운 밤 열 손가락 곧아 오는데
남 위해 시집갈 옷 짜고 있건만

자기는 해마다 홀로 산다오

김지용이 옮긴 이 시(1991: 138-139쪽)를 고정희 시인은 "사백년 전 경번당 당신은 이미 여자의 처지를 계급으로 절감했사외다"라면서 다음과 같이 옮겨 씁니다.

밤 깊도록 베 짜는 외론 이 심사
뉘 옷감을 이 몸은 이리 짜는가
팔베개 수우잠도 맛볼 길 없이
텅텅텅 북 울리며 베 짜는 몸엔
겨울의 긴긴 밤이 그저 추울 뿐
뉘 옷감을 이 몸은 이리 짜는가

가위로 싹둑싹둑 옷 마르노라면
추운 밤에 손끝이 호호 불리네
시집살이 길옷이 밤낮이건만
이내 몸은 해마다 새우잠인가

가난한 여자를 위한 이 오언절구 절창에
어느 여자 무릎은 치지 않으리요.
(고정희, 1990:42-43쪽)

난설헌은 가난한 신분의 처녀의 신세 타령도 우리에게 들려줍니다. 실로 난설헌이 관심을 가진 주제는 무궁무진하지 않습니까? 그만큼 삶에 관심과 열정이 많은 분이었던 것이죠. 그런 만큼 난설헌의 한은 깊고 깊었습니다. 앞에서 인용한 사임당의 칭송에 고정희의 입을 빌린 난설헌은 다음과 같이 자신의 한을 말하지요.

혹자는 난설헌을
하늘이 낸 시인

하늘이 낸 천재
하늘이 낸 절세가인이라 하지만
아니외다 아니외다 아니외다
곤륜산맥 황하에 넋을 눕힌들
이승의 규방 아자문에 자지러진
삼한삼원의 서슬 아직
청초 우거진 골에 푸르렀으니

하늘은 내게
천기를 다스리는 재능만 주시고
시대를 주시지 않았더이다
하늘은 내게
사랑에 대한 갈망만 주시고
인연을 주시지 않았더이다
하늘은 내게
산고의 쓰라림만 주시고
모성의 열매를 주시지 않았더이다

이 절묘한 이치 그대들 깨닫거든
해동의 딸들이여
이미 시대를 얻었고
인연의 때를 점지받은 그대들은
가을날 오동잎에 떨어지는 찬비 같은
앞시대 고혼들의 눈물 받아
조선여자 해방길 닦아야 할 것이외다
(고정희, 1990: 50-51쪽)

영웅호걸의 시대에 큰 뜻을 펼 수 있었던 기질을 가지고, 또 그런 변혁적 가정에서 태어난 초희는 그러나 슬픈 초희일 수밖에 없었습니다. '변경을 지키러 나가다'라는 오언절구 出塞曲을 읽다 보면 큰 나라에서 남자로 태어났더라면 하는 간절한 원을 읽는 듯하여 눈물이 납니다.

봉화 불빛은 황하 물에 비치고
천자님의 군대는 한나라 궁성을 나왔다
창자루를 베개삼아 백설에 누워
군마를 몰아 사막으로 달려라
......

간밤에 기러기 날아와 편지를 전해 주어
용성이 포위됨을 그때야 알았네
차가운 피리소리 눈보라 속에 울리는데
옥검을 빼어 들고 금미산에 달려갔네

수자리 고생 속에 청춘은 늙어가고
장정의 괴로움에 군마도 여위었다
아! 사나이 정의감은 불붙거니
적의 목을 베어 들고 하란산에 개선하네

때를 타고 나지 못한 이 천재시인에게 나라는 무엇이고 가족은 무엇이었을까요? 기개껏 살았던 진이에 비해 초희의 한은 깊었습니다. 그러고 보니 고정희 시인이 난설헌의 무덤에 가자고 몇 해 전부터 말했었는데 여태 가지를 못했군요. 오는 봄에는 보라빛 들꽃을 한아름 안고 꼭 함께 가보십시다.

2. 다시 읽어본 나혜석

착각의 시대가 있었습니다. 남성 위주의 규범과 도덕이 절대적이었던 시대가 하루아침에 몰락하고 과부가 결혼을 할 수 있게 되었듯이, 암흑을 뚫고 '새시대'가 도래하는 듯하였습니다. 이 시대에 그 동안 여자이기에 금지되어 온 것들을 딸에게 과감하게 허용한 부모가 있었습니다. 여동생에게 신학문을 가르치고 유학을 시켜 자의식을 키우게 한 오빠가 있었습니다. 이러한 가정에서 천팔백구십육년에 태어나 오십평생을 살다간, 한국 여성으로서는 최초로 동경 유학을 했던 화가를 기억하시는지요? 나혜석 말입니다.

혜석은 부유한 집안에서 태어나 딸이라고 해서 억울할 것 없이 자랐습니다. 타고난 기질과 이러한 삶의 조건 때문이었는지 그는 시대를 한참 앞질러 가는 여성이었고, 거침없이 행동과 글로 자기를 표현하는 여성이었습니다. 동경 유학중 자기보다 어린 최승구와의 열애는 유명합니다. 자유연애를 부르짖는 그는 자신의 삶 속에서 끊임없이 사랑을 찾았습니다. "육체의 신비를 모르는 것은 연애가 아냐……"라고 할 만큼 파격적이었던 그는 최승구가 폐결핵으로 죽자 실의에 빠졌지만 곧 털고 일어나 다시 사랑의 대상을 찾았는데 그 상대가 이광수였다 하지요.

좋지 않은 소문에 오빠 경석이 그를 동경에서 데리고 나옵니다. "너는 죽어 마땅한 목숨이다. 너의 구차한 목숨을 건지러 오기보다 듣기에 너무 창피스러워 너를 데리러 오기는 왔지만 나는 너를 데리고 집안에 들어갈 면목이 없다. 차라리 이 현해탄에 빠져 죽어 더러운 혼의 때나 벗겨라!" 하고 나무라면서 말입니다. 이 말에 혜석은 "오빠는 당연한 말씀을 하십니다. 조금도 야속스럽지 않습니다. 그러나 오빠는 생존의 권리를 침해한 사람이라는 것을 반성하시오. 형제라는 것은 서로 깨우치고 도와줄지언정 형제의 생명을 좌우하는 자유권을 준 이는 없습니다. 오빠의 말씀이 월권적이라는 것보다도 자살방조자의 죄의식을 가져야 합니다…… 나는 약혼자와 협의하여 파혼하였고 사랑을 양보하였을 뿐 목숨으로 사죄할 만한 범죄자는 아닙니다." 하고 당당하게 반박했다는 말이 전합니다.[2]

식민지 조선 사람, 더구나 여자가 그렇게나 강한 자아를 표출할 수 있게 한 힘은 대체 무엇이었을까요? 이룰 수 없는 사랑으로 현해탄에 몸을 던진 윤심덕과 나혜석의 자기애를 비교해 봅시다. 윤심덕 역시 거침없고 활달한 성격의 동경 유학생이었지요. 그러나 그는 가난한 기독교 집안에서 국비유학생으로 유학을 갔었고, 귀국 후에 부모와 동생들에게 지나칠 정도로 책임감이 강했답니다. 그는 자신의 예술혼을 펼치기는커녕 당장 생활을 해결하기 바빴고, 자신을 구경거리 정도로 취급하려는 세인의 비난의 눈초리를

---

2) 이상현 편, 1981, 『달뜨고 별지면 울고 싶어라』, 국문, 10-11쪽

견디기에는 너무 여렸던 것 같습니다. 게다가 믿고 의지하는 김우진은 유부남이었으니 나이 서른에 그만 소진해 버린 거지요. 그러나 나혜석은 "동기가 여하하든지 자기 생명을 끊는 것은 현대인의 취할 방법은 아니라"고 단호하게 말합니다. 실제로 그는 이혼 후의 고통스러운 삶 속에서 허우적대면서도 자살은 하지 않았습니다. 혜석이 쓴 글에서 자아를 이야기한 걸 보겠습니다. 그는 '나'를 모른 채 살아가는 조선 여성의 삶을 한탄합니다.

"슬프다. 가이없다. 마땅히 찾아야만 할 지켜야 할 나를 잊고 사는 것, 이것이 야말로 처량한 일이 아닌가! 우리는 너무나 겸손하여 왔다. 아니, 나를 잊고 살아왔다. 자기의 내심에 숨어 있는 무한한 능력을 자각 못하였고 그 능력의 발현을 시험하여 보려 들지 않을 만큼 전체가 희생뿐이었고 의뢰뿐만이었다. 마땅히 아껴야 할, 반드시 사랑하여야 할 우리 몸을 그렇게 되는대로 아무렇게나 굴려 왔으나 지금 앉아서 과거를 회억하니 끔찍스러워 내 뼈와 살에 대하여 눈물을 뿌리지 않을 수 없게 된다."
(이상현, 1981: 123쪽)

혜석의 '나'에 대한 이러한 사랑은 당시 사회 속의 여성해방 사상으로 자연스럽게 확산되어 갑니다.

"우리는 어서 속히 내 한몸이 있는 것을 확인하여야 하겠고 동시에 내 몸이 귀엽고 사랑스럽고 어찌 남의 손에만 맡겨둘 수 있겠으며 내 몸이 사랑스럽거늘 어찌 반드시 한 있는 다른 사람의 사랑으로만 만족할 수 있으랴! 자기를 잊지 않고서라야 남을 진심으로 사랑할 수 있을 것이요, 자기를 잊지 아니하는 가운데에 여자의 해방, 자유 평등이 있을 것이요, 연애의 철저가 있을 것이며 생활 개성의 기초가 잡힐 것이며 경제상 독립의 마음이 날 것이다."
(이상현, 1981: 126쪽)

혜석이 보기에 "모든 것의 출발점은 다 자아에게 있는 것"이었습니다. 이렇게 자신감에 차 있던 당시에 혜석은 부유한 친일관료인 남편 김우영의 지원 아래 아내와 어머니로서뿐만이 아닌 예술가로서 자신만의 생활을 꽤 누렸던 것 같습니다. 게다가 항상 많은 남자들과 교제하곤 했다지요. 그랬던 혜석이 파리에서 최린과의 밀애 사건으로 이혼을 당합니다. 항상 '너 그럼던' 남편이 그때만은 단호히 돌아섰더랍니다. 혜석은 곧 최린과의 결합을 원했으나 최린의 배신에 큰 상처를 입었지요. 원치 않던 홀로 됨과 아이들에 대한 죄스러움에 방황하면서 혜석은 은밀히 "독신자처럼 불행하고 행복스러운 자는 없다"고 말합니다.

"한번 독신의 몸이 되어 보라 그 몸이 하늘에도 날 것 같고 땅에도 구를 것 같으며 전후좌우가 탁 트여 거칠 것 없이 그 몸과 마음이 자유롭다. 이런 사람들이야말로 그들이 못 하는 일, 그들이 못 하는 생각을 해놓나니 역대의 위인, 걸사 명작가들의 그 예가 많다."
(이상현, 1981: 146쪽)

하지만 혜석이 아무리 개화된 의식을 가졌다고 하나 자기 시대를 벗어나 살 수는 없었겠지요. 그가 결코 독신을 꿈꿔 본 일이 없었다는 사실이 그것을 잘 말해 주지요.

"독신자들이여, 그대들에게 불행, 즉 배우자를 잃게 되거든 그 즉시 후보자를 구해 얻으라, 주저하고 생각할 동안에 제2, 제3의 불행이 습래하나니 그 불행을 이겨낼 만한 각오를 가졌다면 모르거니와 점점 끈기가 없이 보송보송해 가고 사람이 싫어져 가고 말이 하기 싫고 甲乙 손이 떨어져 사람을 버려 가는 것이야 어찌하랴."
(이상현, 1981: 142쪽)

그 후로 혜석은 원치 않던 홀로 됨과 아이들에 대한 죄스러움에 방황하며, 세인의 곱지 않은 시선 속에 자신의 표현처럼 "부자연한 상태"의 독신으로 생을 마쳤습니다.

그 시대의 지식인이 거의 그러했듯 혜석 역시 서구 문물을 막대한 동경을 가지고 받아들였습니다. 그 당시 서구적인 것은 지식인에게는 개화와 진보의 상징이었으니, 그는 여성해방을 외치며 서구를 앞장세웠습니다.

"가시덤불 속의 들장미화, 너는 언제나 빛나는 꽃이 되려나, 그러나 타임은 간다. 그 타임은 모든 변화를 가지고 온다. 그 타임은 미구에 너에게 자각과 의식과 실행을 옮겨 주리라. 아니, 지금 진행중에 있다. 선진인 구미 여성이여, 우리는 그대를 존경하는 동시에 우리의 지위를 찾고자 노력하노라."
(이상현, 1981: 154쪽)

그는 자신이 체득한 서구 문물을 조선 여성들에게 전파할 지식인으로서의 책임의식에 가득 차 있었습니다. 남보다 일찍 새로운 교육을 받고 권리의식에 눈을 뜬 여성으로서 선각자적인 의식이 너무나 뚜렷합니다.

"구미 여자의 지위는 어떠한가. 구미의 일반 정신은 큰 것보다 작은 것을 존중히 여깁니다. 강한 것보다 약한 것을 아껴줍니다. 어느 회합에든지 여자 없이는 중심점이 없고 기분이 조화되지 못합니다. 일 사회의 주인공이요 일 가정의 여왕이요 일 개인의 주체이외다. 그것은 소위 크고 강한 남자가 옹호함으로뿐 아니라 여자 자체가 그만큼 위대한 매력을 가짐이요 신비성을 가진 것입니다. 그러므로 새삼스러이 평등, 자유를 요구할 것이 아니라 본래 평등, 자유가 구존해 있는 것이외다. 우리 동양 여자는 그것을 오직 자각치 못한 것뿐이외다. 우리 여성의 힘은 위대한 것이외다. 문명해지면 문명해질수록 그 문명을 지배할 자는 오직 우리 여성들이외다."
(이상현, 1981: 180쪽)

이 식민지 지식인 여성에게 문제의 처방은 너무 간단해 보였습니다. "좀 눈을 뜨려므나"라고 그는 계속 말합니다. 일본서 제국대학 법대를 나왔고 일제의 신임을 얻어 압록강 국경 근처 안동에서 영사까지 지낸 외교관이었던 남편의 후광 아래 혜석은 너무 안이한 생활을 한 듯합니다. 그는 중국에서 폭탄과 권총을 경성으로 보내는 일을 몰래 도와주는 등 항일운동에 대해서도 약간의 관심을 보입니다. 그러나 그는 어디까지나 출세한 식민지 관료의 아내이며, 일본을 등에 업고 '근대화'와 '개화'를 철석같이 믿는 식민지 지식인에서 크게 벗어나지 못했습니다. 안락한 삶은 사람을 쉽게 약골로 만들어 버리지요.

이혼을 한 후 혜석은 '미개화'된 땅 조선을 떠나고 싶어합니다. "나는 싫어. 내 과거와 현재와 미래를 다 알고 있는 조선이 싫어. 조선 사람이 싫어" 하고 울부짖는 그의 모습이 눈앞에 있는 듯합니다. 이 땅에서, 그것도 1930년대에 외간남자와의 염문으로 이혼한 여자에게 던져진 질시의 시선 앞에서는 아무리 당당한 혜석이라 할지라도 고통스러웠을 것입니다.

"가자, 파리로 살러 가지 말고 죽으러 가자. 나를 죽인 곳은 파리다. 나를 정말 여성으로 만들어 준 곳도 파리다. 나는 파리에 가서 죽으련다. 찾을 것도 만날 것도 얻을 것도 없다. 돌아올 것도 없다. 영구히 가자, 과거와 현재가 공인 나는 미래로 나가자."
(이상현, 1981: 150쪽)

식민지 지식인답게 그는 파리로 가고 싶어합니다. 그를 살게 놓아두지 못하는 이 땅은 필경 그를 자유롭게 죽게 놓아두지도 못할 것이었습니다. 때문에 그는 선망의 땅, 파리로 죽으러 가겠다고 한 것입니다. 하지만 남편도 없는 여자가 손에 쥔 것 없이 외국을 간다는 게 쉬운 일이었겠습니까? 출국의 꿈이 좌절된 그는 자신의 예술에서 희망을 찾으려 하면서 다시 한 번 자신을 추스립니다.

"역경에 처한 자의 요령은 노력이외다. 근면이외다. 번민만 하고 있는 동안 타임은 가고 그 타임은 절망과 파멸밖에 갖다 주는 것이 없었나이다. 나는 우선 제전에 입선될 희망을 만들었나이다."
(이상현, 1981: 199쪽)

그러나 세상은 여전히 잔인하기만 하였습니다. 화제와 칭송 속에 꽤 팔리던 그림이 이혼 후에는 아무도 거들떠보지 않게 되었던 거지요. 윤심덕을 자살로 내몰았던 그런 '대중'의 질시와 증오만 뼈저리게 받았겠지요. 여자 예술가를 오직 사생활 차원에서 평가해 온 당시 예술 감상자들의 수준을 말해 주는 단적 사례라 하겠습니다. 그는 처음 겪는 생활고에 당황합니다. 그런 중에도 그는 계속 글을 씁니다. 공공지면에 「이혼 고백서」라는 걸

쓸 수 있는 사람이 과연 나혜석 외에 누가 또 있을까요? 오늘날에도 말입니다. 그는 늘 그랬듯이 거침없고 솔직한 문장으로 자신의 결혼 생활과 이혼하기까지의 일들을 적어내려 갔습니다. 자신이 어떻게 살아가나 흥미진진하게 지켜보는 세간의 눈앞에 당당한 몸짓으로 먹이를 던져 주듯 글을 쓴 그는, 그러나 한편으로 서서히 지쳐 가고 있었습니다. 기회만 나면 덮칠 듯한 기세로 지켜보고 있는 구경꾼들 앞에서 그는 결국 서서히 무너지고 맙니다. 자신을 지키려 안간힘 쓰느라 정작 자기 삶을 추스려 채워 나갈 시간을 놓치고 만 것이지요. 더구나 어느 한 사람 자신을 믿고 지원해 주는 이가 없는 외로움이 그를 허물어뜨린 것입니다.

펄펄 날던 저 제비
참혹한 사람의 손에
두 죽지 두 다리
모두 상하였네
다시 살아나려고
발버둥치고 허덕이다
끝끝내 못 이기고
그만 척 늘어졌네
그러나 모른다.
제비에게는
아직 따뜻한 기운이 있고
숨쉬는 소리가 들린다.
다시 중천에 떠오를 활력과 용기와
인내와 노력이
다시 있을지
뉘 능히 알 리가 있으랴.
(이상현, 1981: 151쪽)

만신창이로 상처 입은 나혜석은 그러나 끝까지 패배를 인정하지 않았습니다.

"청구씨여, 반드시 후회있을 때 내 이름 한번 불러주오. 사남매 아이들아 에미를 원망치 말고 사회 제도와 도덕과 법률과 인습을 원망하라. 네 에미는 과도기에 선각자로 그 운명의 줄에 희생된 자이었더니라. 후일 외교관이 되어 파리 오거든 네 에미의 묘를 찾아 꽃 한 송이 꽂아 다오."
(이상현, 1981: 151쪽)

여기서 우리는 환상의 나라를 품고 사는 식민지 지식인의 비극을 명백히 볼 수 있습니다. 혜석이 만약 그런 친일하는 남자와 결혼하지 않았더라면, 독신으로 살았더라면, 세상의 조롱에 대항하는 글이 아닌 자신을 자유롭게 표현하는 글을 쓸 수 있었다면 어땠을까요? 그 다른 가능성을 같은 시대에 활동했던 작가 강경애에게서 찾아볼 수 있습니다. 간도로 이주한 그는 1931년에서 1939년 사이에 활발한 창작 활동을 했지요. 간도에서의 체험과 어릴 적 가난한 농촌 생활의 경험, 그리고 각종 사회운동에 대한 직간접적인 체험을 바탕으로 해서, 식민지 사회 현실을 중심으로 계층간의 갈등과 빈민 문제를 잘 형상화했습니다. 특히「인간문제」,「소금」,「원고료 이백원」같은 작품에서는 식민지 당대 여성들의 삶의 조건을 세밀하게 살피고 있습니다. 생애가 자세히 전해지지 않아 아쉬움은 남기지만 여성이 조롱에 대항하는 글쓰기에 전력을 다하기보다 자신의 삶을 이야기하기 시작할 때 더욱 탄탄한 목소리가 나올 수 있음을 알게 됩니다.

혜석을 통해 우리는 그 시대에 여자가 서구적 자아와 근대적 자아와 민족주의적 자아 속에서 얼마나 균형잡기 힘든 삶을 살았는지를 새삼 느낍니다. 우리는 민족과 성과 계급에 따른 모순이 심화되는 시대에 갈피를 잡지 못한 책임을 온통 한몸에 지고 가는 여자를 봅니다. 혜석에게 조국은 어떤 의미를 가졌을까요? 김승희 시인은 균형잡기에 실패한 나혜석을 나무라지 않습니다. 오히려 그녀가 여전히 우리의 거울일 수밖에 없는 상황을 다음과 같이 시로서 그려내고 있습니다.

친구여, 나에겐 그런 두려움이 있다네.

저녁을 잘 먹고

실내악이 흐르는 유리창 앞에 고양이처럼 앉아
어둠이 글썽글썽
창문을 두드리는 시간이 오면
어디선가 아직 잠들지 못한 바람이 있어
풍선처럼 고요히
내 몸을 내가 찌르는
하얀 바늘의 살륙의 느낌 같은 것,
풍선 속의 바람은
고요히 스르르
마치, 아무 일도 아니라는 듯이,
간단히 숨을 거두고
부네탈과 미얄탈 같은 것들이
벽 위에서 휴지처럼
구겨져 떨어지는 가벼운 시간

친구여, 세상엔 그런 여인들이 있었다고 하지,
가면을 벗어 조용히 응접실 탁자 위
가족 사진 옆에 포개어 놓고
나의 시간도 아니고
너의 시간도 아닌
'가정의 날'이라는 영원한 반공일(半空日) 같은
어정쩡한 주부의 직업을 닫고
에미는 선각자였느니라—
추운 겨울날
다리를 건너간 여인들이 있었다고 하지

여인에겐 원래 횡단공포증 같은 것이 있어서
다리를 건널 땐 어지럽고 무서워
아버지나 남편의 팔짱을 끼고 걷는 것인데
그러나 추운 겨울날,

홀로 다리를 건너간 여인들이 있었지,
부네와 미얄탈이 걸려진
실내악의 방을 나와
다리를 건너
저 멀리 피안으로 홀로 가는 여인들을 보여주지,
사자와 고양이는 똑같이 고양이과에 속한
맹금류의 동족인 것을,
여인들은 머리칼 위에 빛나는 야성의
화관을 쓰고 조용히 슬픈 선각의 사자후를 남겼네,

에미는 선각자였느니라—고
그리고 나혜석은 거리에서 죽었어,
행려병자가 되어 쓰러지면서
그녀는 원시림 같은, 처녀림 같은,
산소용접으로 튀는 파란 불꽃 같은
쓰러지는 두 눈은 어둠 속에서 정녕
아름다웠지,
여자는 삼계(三界)에 집이 없어
아버지의 집도
남편의 집도
아들의 집도
여자의 집은 아니어서

친구여, 나에겐 그런 예감이 있다네,
나혜석은 죽어서도 옳게 묻히지 못하여
구천을 떠돌다가
이제 나에게로 와서
내 가슴을 위패삼아 머물고 있으니
나 또한 미신처럼
그녀의 신위(神位)를 비밀히 모시고 있으니

여자는
왜
자신의 집을 짓기 위하여
자신을 통째로 찢어발기지 않으면 안되는가,
검정나비처럼 흰나비처럼
여자는 왜
자신의 집을 짓기 위하여선
항상 비명횡사를 생각해야 하는가 [3]

그의 몸은 이 땅을 떠났지만 그의 '자아'는 질긴 생명력을 가졌습니다. 우리는 식민지 지식인의 한계를 그대로 지녔던 그를 탓하기 전에 조선 여성으로서의 그를 먼저 살려내야 할 것입니다. 민족주의 정신이 약하고 서구적 남녀 사랑의 구도에 집착한 그의 단견을 우리는 안타까워 하지만 그 당당한 정신을 또한 그리워합니다. 태어날 때부터 대단한 기개와 예술성을 지녔으며, 계속 그 기운이 꺾이지 않고 자랄 수 있었던 드문 존재였던 그가 식민지가 아닌 땅에서 태어났다면 어떤 열매를 맺었을까요? 그가 파리에 가서 만난 선남선녀가 부유하고 행복해 보이는 중산층 보통 사람들이 아니라 여성 참정권 얻기 운동을, 그리고 반제국주의 운동을 실천적으로 벌이고 있던 여성들이었다면 그의 귀국 후 활동은 어떠했을까요? 아직도 우리는 그를 이해하기 위해 많은 질문을 던질 수밖에 없습니다.

3. 다시 읽어본 전혜린

여자도 남자처럼 오로지 '인식'에 바쳐진 글을 쓸 수 있다고 믿었던 시대가 있었습니다.

31세의 젊은 나이로 요절하기까지 남다른 독서열, 풍부한 감수성, 예리한 통찰력, 인식에 대한 강한 집착을 가지고 문학에의 꿈을 불태우던 여자가

---

3) 또 하나의 문화 편, 1988, 『하나보다 더 좋은 백의 얼굴이어라』, 도서출판 또 하나의 문화, 62-65쪽.

있었습니다. 일생에 한 번, 단 한 편만이라도 좋은 작품을 쓰고 싶어했던 전혜린, 그녀의 꿈이 그 타고난 재질과 부단한 노력에도 불구하고 좌초된 것은 어디서 생긴 균열 때문일까요?

혜린은 자신이 쓴 수필에서 지식을 높이 평가하는 이상주의자인 아버지에게서 서너 살 때부터 한글과 일본 말을 배운 이래로 손에 물 한 방울 안 묻히고 공부만 했으며, 아버지 마음에 들고 싶다는 욕망에서 아버지를 대상으로 지식을 쌓아 올렸던 사람이라고 스스로에 대해 말합니다. 이런 과정에서 형성된 자신의 사고를 혜린은 여러 지면을 통해 드러내 주고 있습니다.

물질, 인간, 육체에 대한 경시와 정신, 관념, 지식에 대한 광적인 숭배, 그리고 내 내부에서의 그 두 세계의 완전한 분리는 그러니까 거의 영아기 때부터 내 사고에서 싹트고 지금까지 나에게 붙어 있는 병인 것이다.
(전혜린1, 1979: 30쪽)[4]

모든 평범한 것, 사소한 것, 게으른 것, 목적 없는 것, 무기력한 것, 비굴한 것을 나는 증오한다! …… 동경을 가지지 않으면 안된다. 에로스——닿을 수 없는 것, 불가능한 것의 추구——를 가지지 않으면 안된다. 아니면 우리는 인간이 아니고 그저 좀 교활한 동물일 뿐이다.
(59.1.9.전혜린2 1979: 72쪽)[5]

의식하는 나와 생활하는 나, 내 속의 상부구조와 하부구조, 내 의식 속의 남의 의식, 남의 의식 속의 나의 의식, 코뮤니케이션 너무나 드물고 너무나 짧은 데서 오는 단절감, 비애, 영혼과 영혼의 완전한 고독 속에서 맞부딪치는 해후만이 진실한 것인 타자와의 관계의 어려움, 만인의 길, 자기를 내던지고 유한성과 탁월성에 눈 감는 길의 크나큰 유혹, 나만이 어떤 오식 활자 같이 거꾸로 박혀 있는 것 같은 콤플렉스…… 기타 삶의 메카니즘이 요구하는 의무와 그것에의 반

---

4) 전혜린, 1979, 『그리고 아무 말도 하지 않았다』, 민서출판사.
5) 전혜린, 1979, 『이 모든 괴로움을 또다시』, 민서출판사.

감 및 무력…… 이 모든 갈등에 넘친 가시밭 같은 길이 우리의 삶이다.
(61.1.1.전혜린2, 1979: 152쪽)

"감정은 질식시켜 버리고" "맑은 지혜와 의지의 힘에만 기댈 것", 정신주의와 이상주의는 혜린이 늘 추구해 온 신념이었습니다. 그리고 '하고 싶다'가 아니라 '해야만 한다'는 당위, 그것이 그녀의 삶을 주도했습니다. 순수 이성의 인간 그리고 인간일 수 있었던 사람, 독일의 한 작은 마을에서 평생 산보나 하면서 '철학'을 했던 칸트가 생각나는군요. 그러나 동양 한구석의 식민지 땅에서 태어난 여자로, 전쟁 속 피난민으로, 가부장적 사회의 맏딸로, 나중에는 가난한 독일 유학생으로, 아이와 남편을 돌보며 살림도 꾸려가야 했던 주부에게 그것이 가당키나 한 일일까요? 그래서 직관력이 뛰어난 혜린은 이러한 자신을 오식 활자라 불렀습니다.

"나는 혼자 살고 싶었다. 내 일생을 인식에 바치고 싶었다. 자유롭게 대학생이 된 후에도 그런 결심을 되풀이 했었다"는 그는 절친한 친구가 미국으로 떠나자 자신도 새로운 출발을 위해 독일로 유학을 떠납니다. 그런데 반년 만에 집안끼리 약속된 한 남자와 결혼을 하게 됩니다. 여자의 삶은 어딘가에 묶여 있어야 한다는 우리 사회의 삼종지도를 떠올리게 합니다. 이렇게 시작된 자신의 결혼 생활을 혜린은 "남편 곁에서, 남편과 함께하는 생활이었다"고 말하고 있는데, 실상은 어떠했을까요?

꿈 속에서 부모님과 대판 다투었다. 아버지: 넌 왜 박사학위 논문은 안 쓰고 번역만 하지? 나: 전 아이를 위해 돈을 벌어야 해요.
(58.11.13.)[6]

거의 모든 긴장이나 만족 없이, 난 요즘 권태를 느낀다. 매일같이 똑같은 나날의 경과, 요리를 만들고, 먹고, 세탁을 하고, 번역을 하고…… 깊은 밤중까지 똑같은 피곤과 똑같은 기이한 만족…… 그것이 나의 생활이다. 그것이 전부이다.

---

6) 우명미, 「평범해지기를 거부한 60년대 여성, 전혜린」, 『열린 사회, 자율적 여성』 또 하나의 문화 제2호에서 재인용.

(59.1.20.전혜린2, 1979: 91쪽)

경제적인 이유 때문에 임신으로 인한 육체적인 어려움에도 불구하고 학위를 포기한 채 생활과 번역에 매달려야 했던 것이 그의 이국에서의 유학 생활, 아니 결혼 생활이었습니다.

우리의 성격이 좋아질 수 있는 유일한 찬스는 행복(또는 행운)뿐이다. 불행은 우리의 성격을 보다 악화시키는 데만 도움이 된다. 나의 외국 생활과 결혼 생활 4년간은 문자 그대로 형극의 길이었다. 매일 상처 입고 피가 흘렀다. 이 불행의 체험은 결코 안 지워진다. 내 성격을 구성하고 말았으니까.
(61.11.10.전혜린3, 1979: 114쪽)[7]

불행한 결혼 생활의 직접적 원인이 어디에 있었는지 구태여 알 필요는 없을 겁니다. 다만 그렇듯 불행했다면 어째서 60년대 당시 여성으로서는 파격이라 할 만한 음주와 흡연을 거침없이 하고 그렇듯 자유를 갈망하고 허위와 기만을 용납하지 않았던 성격의 그가 이혼을 두려워했을까요?

이 세상의 얼마나 많은 부부가 이상과 사고 방식과 생활 태도와 취미의 방향과 신앙이 다른데도 같이 살고 있는지 모를 것이다. 그때 그때의 충돌 때마다 헤어졌다면 이 세계는 이혼 남녀로 들끓을 것이다. 그리고 지금의 한국의 단계로는——외국서도——이혼이란 어디까지나 카인의 이마의 흔적이다. 지워질 수 없는 상처다. 한 사람과 그의 아이와 그의 온 집안을 해치는…… 아이가 있는 사람은 적어도 무슨 일이 있어도 이혼을 해서는 안된다.
(62.8.29.전혜린2, 1979: 250쪽)

"그녀의 기질은 반항적이라기보다는 차라리 타협적이었고, 적극적이고 도전적이라기보다는 소극적이고 피동적인 편이었다"는 한 친구의 말에 수긍하게 됩니다. 이혼을 '카인의 이마의 흔적'으로 인지한 혜린은 전 세대

---

7) 전혜린, 1966, 『미래완료의 시간 속에』, 광명출판사.

혜석에 비해 너무나 보수적임을 알게 됩니다. 개인적인 차이일까요? 해방된 조국은 시계를 다시 과부 재가 금지의 시대로 돌려버린 걸까요?
　이상주의자인 그에게 결혼 생활뿐 아니라 사회 생활도 실은 무척 힘들었을 것입니다.

　　학교 선생이란 지식 외에도 어떤 사명감을, 전인격적으로 무엇을 주려고 하고, 줄 수 있는 무엇을 가졌어야 한다…… 한국이라는 나라가 얼마나 쉽게 인간의 의욕을 꺾는가를 지난 일년 반 동안 뼈저리게 체험했다. 지식의 소매상보다는 내의의 소매 상인이 낫다. 왜냐하면 그는 정신은 더럽히지 않을 수 있으니까—
　　—학문이나 학생을 목적으로 대하지 않고 수단(생활 수단)으로 아는 모든 사람은 소매 상인이며 대상을 비하함으로써 사실은 자기가 내려 떨어지는 것이다.
　　(1.7.전혜린2, 1979: 176쪽)

　불타는 지식욕을 가진 그녀가 가르치는 행위에 이렇듯 거부감을 느낀다는 것은 무엇을 의미하는지요? 당시 교수 사회의 나태함과 타락함을 그는 견디기 힘들어 했습니다. 지식으로 권력을 사려는 사람들 속에서 그는 또 한번 절망할 수밖에 없었습니다.
　혜린은 여러 어려움 속에서도 글을 쓰고자 했습니다.

　　어릴 때 시작한다고 해도 여자가 예술을 하나의 진지한 과제로 보는 일은 아주 드물다. 무의에 물들어 있기 때문에, 또 일생 내내 한 번도 엄격한 훈련의 필요성을 인식하지 못하기 때문에 여자는 계속적이고 지속적인 노력을 할 수가 없고, 또 어떤 확실한 기술을 획득하려고 노력하지도 않는다. 사람들이 가르쳐 주지도 않고 수없이 파괴하고 다시 새로이 만들고는 하는 이 배은망덕하고 개인적인 모색과 작업이 여자에게 저항한다. 어렸을 때부터 남의 마음에 들어야 한다는 것을 배워 왔기 때문에, 여자는 속임수를 배웠고, 그래서 몇 가지 잔꾀를 써서 곤경을 빠져 나오려고 한다…… 그러나 예술 작품이란 결코 거울이 아니다. 그것은 어떤 확실한 대상인 것이다. 그것을 완성하기 위해서는 자기의 일(직업)을 이해해야만 한다. 천분과 재질에 의해서만 colette가 위대한 여류작가가 된 것은 아니다. 펜은 때때로 그 여자의 수단이었고 그 펜에 의해 그녀는 섬세한 작업을 요청받았다. 마치 수공업자가 자기 연장에 의해 그런 요구를 받듯이.
(58.12.전혜린2, 1979: 51쪽)

혜린은 여자가 창조한다는 것의 어려움을 너무나 잘 알고 있었던 것 같습니다. 타인의 눈치를 살피느라 신경이 분산되고 지속적인 노력을 하지 못하여 잔꾀를 부리게 되는 조건을 말입니다. 타고난 천분과 재질은 사회의 요구를 받을 때만 발휘될 수 있으며 아주 엄격한 훈련을 필요로 한다는 것을 말입니다. 그래서 혜린은 오히려 포기를 하고 맙니다. 이어지지 않는 단어를 내뱉는 정도에서 자신의 창조는 끝나고 말 것임을 그는 이미 알고 있었던 듯합니다. 그의 불면증은 바로 이런 '무기력'의 자각에서 온 것은 아닐지요?

너무 산문적인 리듬에 통일된, 빈틈없이 권태로 꽉 차 있는 공간 속에 살면 아마 글이 마비되는 것 같다. 나중에는 글이 프로이트의 자유연상이 되고 마니까 말이야. 금붕어나 구라파, 애기, 독립, 밤, 사과, 죽음과 독약과──이런 식으로 사고가 치인의 중얼거림과 흡사히도 닮아가고 있음을 발견하곤 한다. 통일 있는 내용을 생활 속에 담고 싶고 그 내용을 내 전 영혼이 뒤흔들리는 그런 방식 속에 살고 싶다면 과대망상적일까?
(이덕희, 1982: 42쪽)[8]

'통일 있는 글'을 써야 한다는 강박관념이 혜린의 혼을 서서히 갉아먹어 가고 있었습니다. '통일'이 불가능한 자신의 삶 속에서 '통일'을 꿈꾸었던 혜린이 차라리 글쓰기가 불가능한 자신의 삶을 주제로, 그러니까 자신의 생활과 감정을 인정하고 자유연상적인 기법으로 글을 썼더라면 어땠을까요? 그때는 장르와 문체의 변화를 감히 말할 수 있는 포스트 모던의 시대가 아니었다구요? 오로지 순수한 이성의 인간, 인식에 바쳐진 인생, 논리정연한 주체만이 고귀한 것이었다구요?

혜린에게 또 하나의 세상이 없었던 것이 아닙니다.

---

8) 이덕희, 1982, 『그대 이름은 전혜린』, 홍익사.

먼 이국 땅에서 출산을 앞둔 어느 날, 혜린은 그 꿈 같은 인식을 추구하는 삶이 아니라 타인을 위해 사는 삶이 더 가치 있음에 문득 눈뜨게 됩니다.

나는 어머니가 나를 위해 하신 모든 것에 대해 어머니께 감사한다. 어머니는 사랑스럽고 선량한 분이다. 인간으로서 어머니는 아버지보다 훨씬훨씬 가치를 지니고 계시다. 나는 아버지를 동정할 수도 있고 이해할 수도 있다. 그러나 결코 그를 사랑하거나 존경할 수는 없다. 그러나 나는 어머니를 존경하고 사랑한다. 아버지는 어머니같이 한 인간을 위해 공헌하지 않는다. 그러나 그것이 바로 그의 행복이고 운명인 것이다.
(1959.3.11. 전혜린 2, 1979: 146쪽)

자신의 존재의 무게에만도 버거워 아이를 원치 않았던 혜린이었지만 아이의 생활 리듬에 따라 살아야 하는 육아의 경험을 계기로 건강한 육체의 소중함에도 새롭게 눈뜨게 됩니다. 혜린은 자신이 학생 시절에는 건강한 육체와 비대한 육체를 같이 생각하고, 그런 육체와 우둔한 정신을 동일어로 보고 경멸한 때가 있었고 그래서 자신은 건강치 못한 육체의 소유자가 되었다고 고백합니다. 그러나 아이의 생활 리듬에 맞춰서 생활하면서 건강해지게 되었고 "그때 나는 건강이 우리의 육체뿐 아니라 정신에게까지 얼마나 지배적인 역할을 하는 절대적인 무엇인가 하는 것을 깊이 체험했고 인생관도 많은 변화를 겪었던 것이다"(전혜린1, 1979: 149쪽)라고 고백합니다.

나와 정화의 관계는 결국 한없이 밀착해 있는 내재의 육, 존재의 관계만이어서는 안되는 것이다. 그것은 결혼 행위와 마찬가지로 당위이어야 하고 도덕적이고 인수의 관계이어야 하는 것이다. 그리고 이러한 당위의 관계를 자각적으로 받아들이기 위해서는 우선 어머니가 자기의 생을 살고 있을 것이 전제된다…… 그들은 스스로의 생을 택하지도 살지도 않았으므로 결국 남의 생(아이들의 또는 남편의 생) 속에서 그 보상을 찾고자 하는 것이다. 결국 자기 자신이 아무런 생활도 갖지 않은 것은 이 때문인 것이다. 가장 풍부한 개인 생활을 가진 여자만이 아이로부터 가장 적은 요구를 한다. 그와 마찬가지로 이미 끝나 버린 생을 지속하고 있는 여자가 아니라 자기를 초월하면서 끊임없이 자기 의의를 찾고 실증하고 있는 여인이 가장 좋은 교육자가 될 수 있다. 이렇게 생각한다면 여자가 경제적 정치적 사회 생활에 있어서 한 역할을 담당하려는 최근의 일반적인 경향은 지극히 당연한 현상인 것이다. 단 현재 여자가 가정 밖에서 많은 시간을 빼앗기고 있는, 전력을 다해야 하는 직업과 어린 아이의 양육을 양립시킬 수 없는 것은 아직도 너무나 사회의 설비나 그 밖의 노력과 연구가 등한시되어 있기 때문이다.
(63.3.전혜린1, 1979: 265쪽)

이러한 경험과 깨달음들로 그녀는 드디어 "서른이라는 어떤 한계선을 경계로 해서 무의식에서 의식으로 피동에서 능동의 세계로 들어가서 보다 열렬하게 일과 사람과 세계를 사랑하고 싶다. 밀폐된 내면에서의 자기 수련이 아니라 사회와 현실 속에서 옛날과 내가 가졌던 인식애와 순수와 정열을 던져 놓고 싶다"(전혜린1, 1979:135쪽)고 말하기에 이릅니다.
죽음에 즈음해서 혜린은 아주 작은 것들, 한 권의 책, 늦장미의 색깔과 향기, 음악, 진한 커피 등에 만족과 기쁨을 느끼면서 "인류의 귀감이 될만한 '엄청난 무엇'은 이미 나와는 멀어졌다"고 말하고 있었습니다. 오로지 관념으로 만들어진 숭고한 존재라든가 절대이성에 근거한 관념의 세계의 허망함을 어렴풋이 느끼기 시작한 것일까요? 자신의 삶 속에서 작은 기쁨에 귀기울이게 된 태도의 변화가 반갑게 다가옵니다. 그런데 그 새로운 느낌은 새로운 '인식'으로 이어지기에는 여전히 너무나 거리가 먼 것이었지요. 그 자신이 열렬히 갈망하고 모방해 온 '남성적 인식'의 세계를 버리려고 보니 자신에게 남은 것이 너무나 없다는 것을 깨달은 때문인지 그는 끝내 서른의 나이에 죽고 맙니다.
해방된 조국에서, 남자들과 당당하게 어깨를 겨루며 같은 교실에서 배우면서 자란 당시 최고의 지식인 여성 혜린이 기껏 '부성 콤플렉스'에 시달리다 죽고 말았답니다. 글을 쓸 수 있는 자기만의 방과 경제적 능력을 가졌음에도 불구하고 끝내 순수한 관념의 세계 속에 살면서 고고한 책을 쓸 수 있는 삶의 조건을 가지지 못한 것을 한탄하면서, 혜린은 글쓰기를 본격적으로 시작할 나이, 서른에 이 땅을 떠났답니다. 아직도 '죽음'과 '허무'와 '절망'이라는 단어를 즐겨 쓰는 소녀들에게 혜린의 인기는 여전하답니다.

어머니보다 아버지와 동일시한 딸, 여자보다 남자의 언어를 숭배하고 모방해온 여성, 어머니의 질서를 끝내 신뢰하지 못했던 혜린을 통해 전혀 새로운 모습으로 '똑똑한' 여자들을 파괴시켜 나가기 시작한 '근대적인 아버지 질서'가 지닌 보이지 않는 독을 보는 듯합니다.

4. 라라와 J가 글을 쓰기 시작할 때

1990년대 한국이라는 땅에서 인기를 끈 소설에는 '라라'라는 괴상한 이름의 여자 주인공이 나옵니다. '디디'라는 이름의 여자도 있었습니다. 'J'라는 알파벳 부호로 불리는 여자도 있었습니다.[9] 모두 글을 쓰고 싶어했던 여자들이라고 합니다. 나는 웬지 그들이 허구적 인물이라는 생각이 들지 않습니다. 그들은 로댕의 그늘에서 죽어간 '까미유 끌로델'과 칸딘스키의 그림자 속에 숨겨져 있던 '가브리엘레'의 후예라는 생각이 듭니다. 그들은 피를 토해 내고 죽어도, 글을 토해 내지는 못했습니다. 남녀가 가까이 만나게 되면서 여성의 자기 표현은 더욱 체계적으로 막혀 가고 있습니다. 이런 시대에는 오로지 심하게 주눅든 여성들이 심하게 위축된 모방적 글쓰기를 주로 합니다. 남자가 되지 못한 데서 오는 조바심, 중심에 들지 못할지도 모른다는 데서 오는 공포심, 남자의 비위를 상하지 않게 하려는 눈치로 글을 쓰는 여자들이 지면을 주로 얻게 되지요.

「주부 공부방」 소모임에서, 사무직 여성들의 모임에서, 청소부 아주머니들의 봉급인상 투쟁을 위한 현장에서 이루어지는 논의들이 '말이 되는 말'인데 비해 오히려 지식인들, 특히 여성해방 이론가들이라고 자처하는 젊은 여성 지식인들이 벌이는 토론은 왜 그렇게 공허할 때가 많은지요? 나는 우리들의 글 속에서 불안을 읽습니다. 남자가 되지 못한 불안, 여성의 자기 비하와 서구중심적 식민지성을 벗어 버리지 못하는 권위주의를 봅니다. 진지한 자기 성찰 없이 쓰는 글은, 그리고 지식은, 우리의 삶을 즐겁게 하기

---

9) 이 소설의 주인공들은 소위 지식인 여성들이며 글을 쓰고 싶어한 사람들이다. J는 하일지의 『경마장 가는 길』(1992, 민음사)에 나오는 여주인공의 이름이고 라라와 디디는 박일문의 『살아남은 자의 슬픔』(1992, 민음사)에 나오는 여주인공들의 이름이다.

보다 고달프게만 할 것입니다.
또 한번의 착각의 시대가 가고 있습니다. 새로운 시대는 오는 걸까요? 난설헌의 혼은 언제까지 그냥 허공에 떠다녀야 할까요? 많은 여자들이 방으로 들어가고 있습니다. 그들은 아직 나오지 않고 있습니다. 그 동안에 밝고 논리적이었던 남성적 주체가 너무 빳빳하다 못해 부러져 버렸다느니 소멸했다느니 하는 해괴한 소문이 돌고 있고, 일반 독자들은 독자들대로 문학에 너무 지루해졌다면서, 특히 자기 과시적인 이야기는 그만 듣겠다면서 파업을 했다고도 합니다. 그런데 방으로 들어간 그들은 나오지를 않습니다. 웬일일까요?
순식간에 2000년대가 올 것입니다. 스물세 살에 죽어간 여자들은 돌아올까요? 서른세 살이 넘도록 매달 열다섯 시간을 가르치는 시간강사에 열다섯 평 아파트 집세 올라갈 때마다 시아버지에게 손을 내밀어야 한다는, 숨이 꼴딱 넘어가기 직전까지 버텨 왔다는 전민이 엄마는 이제 전민이를 학교에 보내면서 글을 쓸까요? 어머니의 자아분열을 말없이 지켜보아 온 선정이도 이제 글을 쓸까요? J가 글을 쓰기 위해 필요한 것은 무엇일까요? '우리' 모두를 살리려면 자기의 삶을 포기해서는 안된다는 단순한 진리를 깨닫는 것이 왜 이렇게 어려운지요? 자신의 주변적 삶에서 인간을 살려낼 가능성을 보게 되는 것, 남성적 논리에 기죽지 않는 것, 자기 마음 속에서 우러나는 말로 친구에게 편지를 써 보내는 것, 그것을 해내야 하겠습니다. 군데군데 끊기고 누덕누덕 기운 이야기라 하더라도 아이들의 시끄러운 투정소리, 낄낄대는 웃음소리를 들으면서, 외로워서가 아니라 더불어 살기 위해 글을 써야 하겠습니다. 난설헌과 혜석과 혜린과 J와 라라와 디디와 그 밖에 글을 쓰지 못하고 죽어간 무수한 작중의 인물들을 소설 밖으로 불러내올 훌륭한 주문도 우리는 만들어야 할 것입니다.

논설

미친년 넋두리
백신애의 「광인수기」와 길만의 「노란 벽지」를 중심으로

조주현*

1.

뭉크의 그림, 「비명」은 그림을 통해 소리를 표현하려고 하는 작품이다. 열린 입, 떨리는 목젖, 울려 퍼지는 비명 소리는 사실상 페인팅이라는 소재로는 가능하지 않은 것이다. 그런데 귀에 들리지 않는 비명 소리가 표현하려고 하는 것이 바로 현대 사회에서의 우리들의 소외와 불안이기에, 그림에 흐르는 침묵은 오히려 삶의 소외와 불안에 대한 우리들의 공포를 배가시킨다. 악~~! 「비명」은 그것을 보는 나의 경험 세계에 구체적으로 자리를 잡고 의미를 만든다. 「비명」의 절대적 공포의 몸짓은 하느님과 엄마를 찾고 있는 나의 배냇짓을 비추고 있다. 하느님과 엄마를 동시에 찾고 있는 나의 절대적 공포는 어디서 오는가?

하느님과 엄마가 만들어 내는 목소리의 이중주는 어떤 모습을 하고 있는가? 하느님이 만들어 내는 세계, 가부장제의 세계는 나를 인도하고, 부름을 받은 나는 하느님 세계의 한 주체가 된다. 아니 우리 누구도 이 부름 받음을 통한 하느님의 지배를 벗어날 수 없다. 그런데 '미친년'은 이 부름 받음

---

* 1957년 서울에서 태어나 2남3녀의 막내로 자라면서 반항아로 컸다. 대학 다닐 때 여성, 특히 성의 문제에서 문제의식을 느꼈는데, 친구들의 변화가 낯설었다. 계명대 여성학과 교수로 있으며 여성학의 이론적 입장을 정립하는 데 열심이다.

을 벗어난 개인들 중의 하나일지 모른다. '미친년'의 넋두리에는 하느님의 질서가 미치지 않는 공간이 보이고, 거기에서 엄마의 얼굴을 본다. 하느님의 세계가 건사할 수 없는 그 곳, 황무지에 엄마가 있다. '미친년 넋두리'는 그 절절한 하소연으로 엄마의 치마폭 안으로 쏟아질 때 이해 가능한 여성 경험으로 변모한다. 엄마의 이해를 믿고 엄마의 품안에서 위로를 받은 '미친년 넋두리'만이 하느님 세계의 질서를 변화시킬 수 있는 힘이 될 수 있다. '미친년 넋두리'는 하느님 세계에서 벗어나 있으면서, 동시에 하느님 세계에 새로운 형식으로 속하려 할 때만이 대안적이고 위협적인 세력이 될 수 있다.

이 글에서는 백신애의 「광인수기」와 C.P.길만(Gilman)의 「노란 벽지(The Yellow Wallpaper)」에 나타나는 주인공들의 넋두리를 통해서 가부장제 사회에서 여성됨이 가지는 의미의 이중성 문제를 다뤄 보려고 한다.

2.
* 백신애(1908-1939)의 연대기
1925년-1927년(17세에서 19세)   조선여성동우회, 경성여성 청년동맹 상임위원, 단독집회 허가대회 혼자 치름, 김천 강연, 시베리아 방랑, 두만국경, 고문
1928(20세) 병원 퇴원, 영천 문학수업
1929(21세) 「나의 어머니」 입상
1933(25세) 결혼
1934-35(26세에서 27세) 「꺼래이」, 「적빈」 등 왕성한 작품 발표
1938(30세) 5월 남편과 별거, 용계동 친정으로 돌아옴
        6/7월에 「광인수기」 발표(작품 시작 9년 후)
        11월에 이혼 수속
1939(31세) 6월 사망
—김윤식(편), 1987, 『백신애 소설집 꺼래이』, 조선일보사.

백신애의 「광인수기」는 그가 서른살 때 남편과 별거한 직후에 쓴 작품이다. 그리고 일년 후에 그는 죽었다. 이 소설은 주인공이 20여 년간 결혼 생활 후 3남매를 낳고 살다가, 남편의 외도 현장을 목격한 후 정신이 나가서,

마을 밖 외진 곳 다리 밑에 앉아, 자신이 지나온 삶에 대해 넋두리를 하는 것을 내용으로 하고 있다.

주인공이 자신의 경험을 풀어내는 장소는 자연이며 황무지다. 비를 맞으며, 홍수를 걱정하며, 주인공은 자신의 '미친년 넋두리'가 문명과 가부장제에서 벗어나 있음을 설정한다.

아이참, 그놈의 다리는 경치게도 높다. 조금만 더 낮았더면 비가 덜 들이칠텐데. 아이 이것도 내 팔자가…… 어떤 연놈은 팔자 좋아 시원한 집에서 더우면 전기 부채 틀어 놓고, 비가 와서 이렇게 추워지면 따뜨무리하게 불을 때서 번듯이 드러누워, 남편놈과 우스개 놀이나 주고받고 하지마는…… 그뿐이겠나, 무어 또 맛있는 것 사다 놓고, 먹기 싫도록 처먹어 가면서…… 아따 참 그 빛깔 좋은 과실 한 개 먹어 봤으면…… 아이고 생각하면 무엇하나. 왜 이렇게 추운가. 옳지 비를 이렇게 많이 맞았구나. 아이구 이것이, 말이 저고리지 걸레나 다름없지 뭐…… 아이고 아이고 흑…….

오뉴월 궂은 비는 처정처정 청승맞게 오는데 이 떨어진 옷을…… 이것이 옷인가? 걸레지. 벌벌 떨며 이 다리 밑에 혼자 쭈굴치고 앉았으니 거러지나 다름없지…… 벌써 해가 졌는가…… 왜 이리 어두침침하노. 대체 구름이 끼었으니 해가 졌는지 있는지 알 수가 있나. 사람의 새끼라고는 하나도 없구나. 비는 몹시도 들이친다. 하느님아, 할 수 없구나, 당신하고 나하고 둘이서 이야기합시다.

(김윤식, 230-231쪽)

여성이 문화와 문명 속에 주체가 될 수 있는 경우는 가부장제에서 마련된 여성의 역할을 통해서다. 그는 남성의 욕망의 대상이 됨으로써 문화와 문명 안에 자신의 자리를 마련한다. 자신을 부르는 이데올로기의 역할을 거부할 때 그가 있을 곳은 문명이 닿지 않는 곳, 황무지일 수밖에 없다. 다리 밑은 비를 가려줄 수 없을 정도로 깊고 인적이 끊긴 곳이다. 여성이 타자화된 주체성을 거부했을 때, 그에게 남겨진 영역은 자연이다. 자연은 그를 문화와 문명으로부터 소외시키는 곳이기도 하지만 동시에 자신의 경험을 토로하고 반추해 볼 수 있는 장소를 제공하는 곳이기도 하다.

그런데 외진 곳에서 흘러 나오는 그의 넋두리를 듣는 사람은 엄마도, 여성 독자도 아니고 하느님이다. 마치 앨리스 워커가 쓴 『보랏빛』의 주인공이 그랬듯이 그는 '하느님'을 부른다. "먹기 싫도록 처먹어 가면서…… 시원한 집에서…… 우스개 놀이나 주고받는 연놈"의 삶에 대한 참을 수 없는 질투와 부러움으로 그는 하늘에다 대고 넋두리를 한다. '어머니 하느님'에게 말을 건다.

하늘을 향한 넋두리는 우선 열일곱살에 시집왔을 때의 첫날밤을 기억하는 것으로 시작된다.

하느님! 당신 뜻인가요? 참 재미있지요. 그래그래…… 그래서 말이야…… 그이가 아주 눈이 발카 뒤집혀 가지고…… 히히 아주 숨쉬는 소리가 황소 같더군요……. 아이참 그이는 어쩌면 그렇게도 내 간장을 녹이려고 드는지, 아주 나는 아 그놈의 신랑에게 그만 녹초가 됐지요. 하하하, 하하하, 참 그때는 무척도 좋더니……. 그이가 대체 무엇이라고 그이만 보면 그렇게 기쁘고 좋은지……. 참 알 수 없지, 알 수 없어……. 왜 또 부끄럽기는 그리도 부끄럽던지…… 변함없이 살 줄 알았지요. 그러기에 그이에게는 내 살을 베어 먹여도 아깝지 않을 것 같았어요. 에이 빌어먹을 년, 이년이 암만해도 멍텅구리 같은 미친년이야……(234쪽)

"얼른 한번 홀겨" 본 신랑은 "눈물이 나올 정도로" 아주 맘에 쏙 들었다. 부끄러워 술잔을 안 받는 신부에게 신랑이 "당신은 나보다 더 좋은 사람에게 시집가고 싶은가 합니다"고 농을 하자, 신부는 그만 울음을 터뜨린다. "당신은 나를 사랑합니까?" 하고 묻는 신랑에 대해 "결혼한 이제는 할 수 없는데, 나는 당신을 사랑하지 않고서 되는 일인가"고 반문한다. 그리고 첫날밤의 성관계는 결혼을 지속시켜 줄 확실한 토대가 된다.

신혼이 지난 후, 남편은 일본에 공부하러 가고, 주인공은 시어머니와 열일곱살에 결혼에 실패해 친정에 와서 사는 시누이 밑에서 시집살이를 한다. 가부장제 이데올로기의 부름을 받고 가족의 장에서 구체적으로 이를 실현하는 세 여성은 서로가 서로를 지배 이데올로기의 틀로 규정하고 규정당하는 언술의 장을 마련하는데, 서로에 대한 이와 같은 감시는 가부장제 권력 구조를 강화시키는 의도하지 않은 효과를 낳는다.

나를 업수이 여겨도 분수가 있지. 내 팔자가 기박해서 신행 전에 서방을 잡아
먹고 열일곱에 과부가 되었지마는 이런 데가 어디 있단 말인고……. 고래고래
고함을 지르며 옷보퉁이를 마루로 끌어냅디다. 어디 고년(시누이)이 그렇게 악
독하니까 제 신세가 그 모양이지요. 신행 전에 서방을 잡아먹었다는 것도 거짓
말입니다. 열일곱되는 봄에 결혼을 했는데 아주 부자집 맏아들이요, 좋은 자리
라고 알았더니, 웬걸 초례청에 들어선 신랑이 사십에 가까운 사람이었어요. 전
처에게 아들이 없어 첩장가를 든 것이었지요. 그래서 우리 시누이는 첫날밤부
터 신랑을 소박하고 아주 신랑과 인연을 끊었어요. 말하자면 머리는 올렸어도
실상은 숫처녀입니다. 남에게 첩으로 시집갔단 말은 하기 창피하고 분해서 제
입으로 서방 잡아먹은 과부라고 하는 거지요.(236쪽)

가부장적 사회에서 성 주체화된 시누이와 올케는 서로를 가부장제 이데
올로기의 틀에 맞춰서 규정하고 고발한다. 시누이가 결혼을 속아서 한 것
은 시누이의 잘못은 아니지만 중요한 것은 기존 사회가 규정하는 정상적
여성(현모양처)이 되지 못한 결과에 있다. 그 사회의 상징체계가 규정하는
여성의 삶에 속하느냐의 여부에 따라, 각자는 서로를 평가할 뿐만 아니라,
더 중요한 것은 스스로 알아서 자기 자신을 감시하게 되는 것이다. 결국 여
성들끼리의 경쟁과 감시를 통해서, 그리고 여성들 각자의 자기 감시를 통
해서 가부장제 권력은 더욱 강화된다.

시어머니와 시누이의 '구박'에 못 견딘 주인공은 친정으로 가지만, 아버
지에게 다시 쫓겨나서 잠시 친삼촌댁에 있다가 다시 어머니의 중재로 친정
에서 지낼 수 있게 된다. 숙모와 어머니가 주인공을 위로해 주나, 주인공에
게는 그리 큰 위로가 되는 것은 아니다. 오직 일본에서 공부하는 남편에게
온 편지가 "주인공을 와들와들 떨리고 가슴이 쿵덕거리게" 하는데, 편지의
내용은 주인공을 위로하고 어머니와 누이를 용서하라는 내용이다. 그래서
주인공은 "하도 기쁘고 감사하여 얼마나 울었는지" 모르며, "그이의 은혜는
죽어도 못 갚게 될 것"으로 생각한다. 남편이 시어머니와 시누이와의 싸움
에서 자신의 편을 들어준 것은, 자신을 합당한 욕망의 대상으로 인정한 것
을 말하며, 그것은 가부장적 상징체계가 규정하는 여성의 삶에 성공적으로
자리잡았음을 뜻하는 것이기 때문이다. 숙모와 친정 어머니의 위로가 큰

의미가 되지 못하는 반면, 남편의 위로가 그를 감복케 하는 것은 그 같은 이유 때문이다.

남편이 일본 유학에서 돌아오고, 남편이 있기 때문에 시어머니와 시누이의 구박은 사라졌다. 그 후로 이십 년 동안, 주인공은 맏딸 정옥, 맏아들 석주, 둘째딸 정희를 낳았으며, 살림은 자리를 잡고, 단지 그 간에 애태운 것이 있다면 남편이 사회주의 운동으로 감옥에 드나든 것이다.

남편이 '주의자'로 감옥에 드나드는 것은 주인공을 미치게 만드는 원인이 되지 않는다. 그 대신 매일 밤 냉수에 멱을 감고 정성드려 기도하면서 남편의 건강과 안녕을 하느님께 빈다. 남편에 대한 걱정은 아내가 보여 주어야 할 걱정이며, 이것은 그에게 주어진 양처의 역할을 열심히 수행하면 되는 것을 의미한다. '주의자'일 때의 불안은 잡혀갈까 봐 애태우는 것이었고 그것은 아내로서의 그의 위치를 더욱 공고히 한다.

그런데 결혼한 지 이십 년이 지난 지금 남편은 다시 밤을 새고 돌아오거나, 밤늦게 들어오는 경우가 많으며, 더구나 밤늦게 오지 말라는 말에, "무식한 계집이 건방지게 사나이를 아이새끼들 앞에서 꾸짖"으며 "밥이나 처먹고 서방에만 밝아서…… 천생 금수나 다름이 없"다는 '기막힌' 말도 거침없이 한다. 일본 유학까지 갔다 온 지식인인 남편이 아이들 공부도 안 가르쳐 주고 밖으로 나다니며, 그래서 혹시 입시에 떨어지면 아이도 낙망하고 시어머니로부터도 자식 잘못 낳았다고 꾸지람을 들을까 봐, 그는 남편을 미행한다. 역시 예상대로 어느 집에 들어가는데, "동지가 몇 사람씩이나 모이는가" 살펴보니 툇마루에는 여자 고무신과 남편의 구두만이 나란히 놓여 있다.

흘러 나오는 여자 목소리를 설명할 즈음에 그는 다시 다리 밑의 미친년으로 돌아온다. 남편의 외도 확인은 그의 주체성을 부정하는 것이 되기 때문에 "갑자기 깜박 까무러치는 것"같이 되며 이야기를 진행하기가 벅찬 것이다.

배가 고픈데…… 아이 추워, 비는 경치게 온다……. 아이그 한 마리도 잡히지 않네. 아이쿠 요놈의 고기…… 안 잡히는구나. 네 이놈 아이구구. 하하하…… 고기는 잡히지 않네! 에에라 이놈의 냇물을 죄다 삼키지, 그러면 고기도 죄다 따라 들어오겠지…… 꿀떡꿀떡…… (냇물에 입을 대고 마십니다)…… 이제는 그만 누워 잘까. 비는 들이치지마는 이 다리 아래서 자는 수밖에…… 아 참, 하느님, 이야기하던 걸 잊어버렸군. 에이 귀찮아. 그만둘까? 그만두면 뭘하나. 해버리지.(244쪽)

남편은 "그놈의 계집년"과 주인공을 멸시하는 온갖 얘기를 주고받고 있었다.

너무나 모두들 무지하니까 나는 지적으로 너무나 목말랐더랍니다. 아내란 것이 나를 이해하지 못하고, 다만 나에게 맛있는 음식이나 먹여 주고 옷이나 빨아 주고 밤이 되면 야수 같은 본능만 아는 그런 여편네와 20년이란 세월을 살아왔구료. 아무 감격도 신선함도 이해도 없는 그런 부부 생활이었어요. 당신까지 나를 이해 못하고 그러십니까? 그 여편네는 나에게 무지하기를 원하고 생활이 평안하도록, 일하는 남편이 되기 원하며 자식에게는 정신적으로 충실한 종이 되기 원할 따름이예요. 그러니 나라는 사람은 어느 결에 나를 위한 삶의 시간을 가지란 말인가요?

흑흑흑…… 나는 울었습니다. 울었어요. 그이의 하는 말이 용하게 꾸며내는 혓바닥의 장난일 줄은 알지마는 그 순간 나라는 존재는 그이에게 그만치 불행한 존재임을 느낄 때 무척 슬펐습니다. (245쪽)

20여 년을 남편을 위해 살림하고 아이 낳고 기른 것이 남편에게 인정받지 못할 때 주인공은 남편에 대한 분노와 동시에 남편의 인정을 받지 못한 자신에게 슬픔을 느낀다. 남편의 외도는 "한 가정의 귀한 아들 딸과 어머니와 아내를 다 버리고 한 개의 욕망, 결국은 계집에게 반한 그 마음 하나를 억제 못한" 것이고 그것은 "제 혼자의 삶"을 위한 것이다. 삶을 산다는 것은 남과 얽매이고 엇갈려 있는 것이고, 그것은 최소한의 조건이다. 그런데 배반당한 여자는 어쩌란 말인가? 남편이 "제 혼자의 삶"을 살도록 내버려두고 남편이 돌아올 때를 기다리며 현모양처로서 죽은 듯 살란 말인가? 그런데 이 여자는 그러지 못한다. "세상에 제 한 몸만 위하고 제 마음의 자유와 기쁨을 원한다면 이렇게 미치광이가 되어야 하지 않나요."(246쪽) 그는 황무지로 나와 '하느님'을 불러대며 넋두리를 한다.

주인공에게 황무지는 실패한 여성들이 머무는 버려진 곳이다. 주인공에게 남은 희망은 남편이 철부지 같은 사랑을 치우고 자신과 가족에게로 돌아오는 것이다. "보자 보자, 그러니까 또 그이가 어느 순간에 이르러 그 여인과의 사랑이 변하여 나에게로 돌아올지도 모르는 일이다."(247쪽)

결국 주인공의 관심은 남편을 행복하게 해주는 "그 여인"에게 쏠린다. 다시 미행해 간 그 집 밖에서 주인공은

> 그이의 구두를 집어 들고 힘껏 그년의 창문을 향해 던졌더니…… "악!" 소리가 들리더니 방문이 활짝 열리며 그이가 썩 나섭니다. 바로 그이의 어깨 너머로 하얀 얼굴이 나타나며 나를 놀란 눈으로 바라봅니다. 그 얼굴 그 얼굴! 그는 내가 잘 아는 여인이라오. 그는 음악학교 졸업생이랍니다.(250쪽)

남편이 주인공을 부정하고 선택한 여성은 젊은 지식인 여성이다. 주인공 앞에 서 있는 남편과 그 여자의 존재 자체가 단호하게 그를 성적 매력이 없으며 무식한 여자로 낙인찍는 것이다. 문제는 아이들에게는 무식한 엄마이며 남편에게는 매력 없는 아내로 주인공을 규정한 그 남편을 통해서만이 가부장제의 권력 관계 내에서 그의 위치가 확보된다는 데 있다. 남편의 '외도'는 그래서 치명타인 것이다. 자신을 가부장제의 틀에서 밀어내는 가부장 남편 앞에서 그가 보일 수 있는 유일한 저항은 미치는 것이다. '미쳐서' 자기 이야기를 하는 것이다. 여자가 멀쩡한 정신으로는 감히 할 수 없는 말을 입에 올리는 것이다. 남편이 황소같이 내쉬는 숨소리, 그래서 녹초가 된 자신, 살을 베어 먹여도 아깝지 않을 것 같은 부부의 육욕적(?) 사랑. 시어머니와 시누이, 그리고 욕지기 나는 배반한 남편에 대한 고발, 당시 상황에서 들을 수 없는 언어가 이 '미친 여자' 말을 통해 들려지는 것이다.

> 하하하…… 정옥아! 석주야! 정희야!…… 아무리 사람들이 네 어미 까닭에 너희들이 불행하여졌다고 하더라도 그런 말은 믿지 말아라. 너희 아버지가 이 어미에게 어려운 수수께끼를 내놓은 까닭이다. 흑흑흑…… 아이구 보고 싶어……

너희들이 보고 싶다. 정옥이 너는 장조림을 잘 먹고, 석주는 생선을 잘 먹고, 정희는 시루떡을 잘 먹고…… 에에라, 집으로 가야겠다…… 누가 너희들을 보호할까…… 비는 왜 이리도 많이 오노…… 비를 노다지 맞고 가면 모두 나를 미쳤다고 하지 않을까……(250쪽)

그런데 그의 넋두리에는 해방의 공간이 존재하지 않는 듯하다. 버림받은 데 대한 원망과 자녀들에 대한 걱정만 가득하다. 백신애의 '모반'의 기도는 이 정도에서 그친다. 『보랏빛』의 씰리에게 여동생과 슈그가 필요하듯 황무지에 홀로 나앉은 주인공은 망연자실, 하늘의 자비를 기다리는가, 자매의 구원어린 손길을 기다리는가?

3.
* 샬로트 퍼킨스 길만(1860-1920) 연대기
1875 (15세) 부모 이혼
1883 (23세) 결혼
1884 (24세) 딸을 낳음
1886 (26세) 정신병원에 입원
1887 (27세) 이혼
1892 (32세) 『노란 벽지』 출판
1899 (39세) 『여성과 경제』 출판
1900 (40세) 사촌 G.H.길만과 결혼
—E.R. Hedges, "Afterword", In *the Yellow Wallpaper*, New York, The Feminist Press, 1972[1892], pp.37-60.

샬로트 퍼킨스 길만은 백신애보다 50년 빨리 태어난 영국 작가다. 개인적으로는 백신애와 비슷하게 불행한 결혼 생활을 하였고 이혼 직후, 32세에 이 작품을 썼다. 그러나 백신애와 달리 길만이 살던 당시의 영국에는 여성운동이 크게 일고 있었고 그 역시 운동에 참여하였다. 또 그는 40세에 재혼도 하고 '자유의 나라' 미국으로 이민도 갔다. 그래서 환갑까지 살면서 『Herland』와 같은 페미니스트 유토피언 소설도 쓴다. 1892년에 출간한 단편 『노란 벽지』는 작품 발표 후 50여 년 동안 간과되어 왔다가, 여성운동이 활성화되는 1970년대에 새롭게 평가를 받은 페미니스트 문학 작품이다. 이 작품은 한 중상층 주부가 신경쇠약에 걸려서 남편과 함께 시골의 저택으로 요양을 왔다가 결국에는 완전히 미쳐버리는 과정을 여섯 토막의 일기 형식으로 담고 있다.

주인공은 아이를 낳고 난 후 신경쇠약에 걸려 의사인 남편의 권고로 아이를 놔두고 여름 동안 남편과 함께 시골 별장으로 요양을 온다. 의사인 남편과 의사인 오빠, 그리고 역시 저명한 정신과 의사인 와이어 미첼은 한결같이 그에게 마음을 완전히 비우고 아무것도 쓰지 말며 신선한 공기를 마시면서 쉴 것을 권한다. 그러나 그가 원하는 것은 사회 생활을 통한 지적인 자극이며, 자신의 일에 충고를 해줄 수 있는 남편의 동료 의식이다. 하지만 남편은 항상 그가 남편의 귀여운 아내로 있기만을 원하므로 그는 남편 앞에서는 남편이 원하는 모습을 연출하기 위해서 항상 말조심을 해야 한다. 결국 그는 자신을 이해해 줄 수 있는 공모자로서 여성 독자를 상정하고 독자에게 은밀히 자신의 속이야기를 함으로써 자신을 유지하려는 절망적인 시도를 한다.

나는 가끔씩 생각해 보곤 합니다. 주위에서 나를 반대하지 않고 나도 사회 생활을 해서 자극을 받으면 내 상태가 좀 나아지지 않을까 하고요. 하지만 남편은 그런 생각 자체가 내 건강에 제일 나쁜 것이라고 펄쩍 뜁니다…… 저기 남편이 오네요. 이 글을 빨리 치워야 돼요. 남편은 내가 글 쓰는 걸 제일 싫어하니까요…….(Gilman, pp.10-13 글쓴이 옮김)

아내는 자신의 문제가 받아들여지지 않자 남편 앞에서는 남편이 원하는 대로의 모습을 보여 주는 전략을 쓴다. 그러나 그런 이중적 태도는 자신을 더욱 피곤하게 하며, 동시에 이 피곤과 가식에 대해 혐오감을 느낀다. 은밀한 글쓰기를 통해 자기 공간을 확보해 왔던 것도, 이제는 갈수록 쓰기가 힘들다.

가끔씩 나는 이런 생각을 합니다. 내가 몸이 조금만 더 튼튼해서 글을 쓸 수 있다면 벽종이라든지 이런 생각 안하고 쉴 수 있지 않을까 하고요. 그러나 이제는 글을 쓰는 것도 무척 피곤하네요…… 방안의 다른 것들은 다 봐줄 만한데, 단지 벽지는 정말 참을 수가 없군요. 아, 저기 시누이가 와요. 얼마나 열심히 나를 관찰하는지 몰라요. 시누이가 내가 글 쓰는 걸 알면 절대 안돼요. 시누이는 집안 살림을 완벽하게 꾸려 나간답니다. 가정주부를 천직으로 알고 있는 사람이에요. 시누이는 내가 아픈 이유가 글을 쓰기 때문이라고 믿고 있어요. (Gilman, pp.16-18, 글쓴이 옮김)

2층의 놀이방을 개조해 만든 그의 방에는 노란 벽지가 도배되어 있다. 자신의 글 쓰기가 받아들여지지 않는다는 것을 안 주인공은, 점차 멍하니 바라본 시선에 잡히는 노란 벽지의 무늬를 읽어내는 일에 관심을 기울이기 시작한다. 벽지의 무늬는 아무리 자세하게 읽어내려 해도 무늬가 구체적으로 드러나지 않고 언제나 신비한 모습으로 남아 있다. 분명하지 않고 구체적이지 않은 벽지의 무늬에서 아내는 점차 노란 벽지와 자신을 동일시하기 시작한다. 글을 쓰지 못하게 됐을 때, 하느님 세계와 엄마 세계의 갈등을 인식한 주인공에게 벽지는 그 갈등의 핵이 점화될 소재가 된 것이다.

주인공은 낮에도 점점 침대에 누워 있는 시간이 많아진다. 누워서 물끄러미 벽지의 무늬를 보고 또 본다. 어느 날 그는 벽지 무늬 너머로 희미한 물체가 있는 것을 발견한다. 날이 갈수록 그것은 구체화되는데 그 모습은 무늬의 창살 너머에 한 여자가 기어다니고 있는 것이다. 어느 날 밤 그는 일어나서 정말 벽지 안에 움직이는 물체가 있는지 손으로 만져 본다. 침대에 돌아왔을 때 남편은 깨어 있었다. 아내는 자신이 갈등이 점차 심해짐을 느끼고 있었고, 하느님 질서 안에서 자신이 좋아질 수 없다는 것을 다시 한번 남편에게 이해시켜 보려 한다. 그래서 아내는 지금이 기회라고 생각하면서 이곳은 건강에 전혀 도움이 되지 않으니 떠나자고 다시 한번 부탁한다.

왜 그래, 당신? 이 별장을 앞으로 3주 더 쓸 수 있는데 그 전에 떠날 이유가 없잖아? 집 수리도 아직 끝나지 않았고. 그리고 나도 지금 떠날 수 없어. 물론 당신이 지금 정말 위험한 상태라면 떠나야 되겠지만 당신은 지금 점점 좋아지는 중이야. 당신이 그걸 느낄 수 있는지는 모르겠지만, 여보, 나는 의사야, 내 말을 믿어. 당신은 몸도 좋아지고 있고 혈색도 좋아지고 있어. 당신은 식욕도 늘고 있고 말야. 나는 당신에 대해서 점점 안심하고 있어.(Gilman, pp.23-24, 글쓴이 옮김)

남편의 확실성, 분명함, 합리성 앞에서 그가 내세우는 의미는 너무나 보잘것이 없다. 이제 주인공은 하루 종일 누워서 벽지만 보고 있다. 낮 동안에는 벽지의 무늬가 혼돈된 모습을 보이고 있지만 밤에는 언제나 분명하게 창살의 모습으로 드러난다. 남편 존은 이제 주인공이 이해할 수 없는 표정으로 주인공을 바라보기 시작하고 주인공은 그런 남편이 무섭다. 남편이 원하는 모습으로 휴양하고 회복하는 모습을 연출하는 일이 구멍이 나고, 그 구멍 틈으로 보이는 주인공의 욕망은 남편에게는 위협적인 것이다. 주인공은 자신의 엄마 질서가 하느님 질서 안에서 상존할 수 없다는 걸 깨닫게 될수록, 하느님 질서로부터 격리되려 하고, 자신의 엄마 질서가 발각될까 무섭다. 남편 존과 시누이 제니가 벽지를 조사하는 것을 자주 보게 되지만, 그러나 아무도 벽지 속의 여자를 발견하지 못할 것이라고 주인공은 확신한다.

별장의 계약이 끝나기 1주일 전, 주인공은 이제 밤에도 잠을 잘 못 잔다. 벽지 속의 여자는 창살을 흔들기 시작한다. 그러나 그가 창살 밖으로 나오려고 할 때마다 벽지의 무늬는 창살이 되어 그를 목조르고 그러면 그는 눈은 흰자위만 보인 채 거꾸로 매달려진다. 그래서 주인공의 눈에 벽지에는 목졸린 머리가 수많이 매달려 있는 것으로 보인다. 그런데 주인공은 이제 창틀 속의 여자를 밖에서도 보기 시작한다. 그 여자는 창문 너머 보이는 길가에서도 기어 다니며 자기 눈이 닿는 곳에는 어디서든 기어 다닌다. 주인공은 낮에는 방문을 잠가 놓고 자신도 방 안에서 창틀 속의 여자처럼 기어 다닌다. 남편은 시누이에게 낮 동안의 주인공의 행적을 물어보고 주인공에게도 여러 가지 질문을 하기 시작한다. 주인공은 이제 남편이 자기를 바라보는 눈길이 싫다.

별장에서의 마지막 날 밤, 남편은 바깥일로 들어오지 않고 주인공 혼자 있을 때, 벽지 속의 여자는 다시 기어 다니기 시작하면서 무늬의 창살을 흔들기 시작한다. 주인공은 드디어 벌떡 일어나 그가 탈출할 수 있도록 돕는다.

나는 그를 잡아당기고 그는 몸을 흔들었어요. 내가 몸을 흔들고 그가 나를 잡아당겼어요…… 나는 벽지를 찢기 시작했어요. 방문을 잠그고 방문 열쇠는 창 밖으로 던져 버렸습니다. 남편이 올 때까지 나는 나가지도, 사람들이 들어오게 하지도 않겠다고 생각했습니다. 남편을 놀라게 하고 싶어요…… 창문 밖으로는 수많은 여자들이 빠르게 기어 다니고 있었어요. 침대 밑에 있는 벽지도 뜯어내기 위해 나는 침대를 옮기려고 했지만 꿈쩍 안하는 침대 모서리를 물어뜯었습니다. 벽지의 무늬에 걸려 있는 머리들, 튀어나온 눈들, 그리고 흔들거리는 곰팡이들은 비명을 지르며 나를 비웃었습니다. 나는 화가 나서 뭔가 절망적인 일을 하고 싶었지만 창틀이 너무 강해서 창문 밖으로 뛰어내리기는 어렵다는 것을 알았습니다. 그리고 사실 나는 창문 밖으로 뛰어 내리지 않겠어요. 오해받을 수 있으니까요. 아니 나는 창문 밖을 내다보는 것조차 싫어요. 창문 밖에는 수많은 여자들이 기어 다니고 있고, 그 속도는 매우 빠릅니다. 그들도 나처럼 벽지에서 탈출한 걸까요? 그렇지만 나는 비밀스런 밧줄에 묶여 있기 때문에 나를 거리에 내몰게 하지는 못할 겁니다. 문 밖에 남편이 왔네요. 이봐요. 당신은 절대로 문을 열 수 없을 걸요! 남편이 고함을 지르며 문을 두드리는 꼴이라니요! 남편이 이제 도끼를 가져오라고 소리치네요. 저렇게 비싼 문을 도끼로 부숴버리면 아까울텐데요. "여보, 열쇠는 현관 앞 나무 위에 있어요." 나는 아주 부드러운 소리로 말했답니다. 남편은 잠시 조용히 있었습니다. 그리고는 아주 조용히 말했습니다. "여보, 제발 문 열어." "열 수가 없어요. 열쇠는 현관문 앞 나무 위에 있어요." 나는 몇 번이나 반복해서 조용히, 그리고 천천히 말했습니다. 결국 남편은 열쇠를 주워 왔고 문을 열었습니다. "오, 하느님 맙소사. 도대체 이게 뭐야?" 나는 여전히 방안을 기어 다니고 있었습니다. 그리고 어깨 너머로 남편을 돌아다보며 말했습니다. "나는 드디어 탈출했어요. 당신과 시누이가 방해했지만 말이에요. 그리고 나는 벽지를 거의 다 뜯었기 때문에, 나를 다시 벽지 안에 집어넣을 수는 없을 거예요!"

남편이 기절했습니다. 도대체 왜 기절했을까요? 여하튼 그는 기절했습니다. 남편이 내 앞을 가로막고 기절했기 때문에, 저는 남편을 타고 넘으면서 계속 방안을 기어 다닐 수밖에 없었습니다.(Gilman, pp.35-36, 글쓴이 옮김)

주인공이 하느님 질서를 수용하지 않을 수 있는 유일한 방법은 미치는 것이다. 주인공은 처음에는 무던히도 자기만의 공간 안에서 엄마 질서와 하느님 질서를 동반하려 했다. 그러나 하느님 질서가 엄마 질서를 수용하지 않는 상태에서 주인공은 환상을 보고 환청을 듣는다. 자기만의 말, 자기만의 공간을 은밀히 만들어 간다. 벽지 속의 여자를 만나고 끝내 자기 표현의 욕구를 죽이지 않고 지킨다. 결국은 하느님 질서와 완전히 격리된 엄마 질서를 선택한 것이고 남편을 기절시킨다. 자신의 새로운 '주체'를 엄마의 품 속에서 키워 가면서 초현실 세계를 창조한다. 길만은 모반을 적극적으로 준비하고 있다.

4.
여성의 넋두리는 하느님 질서와 엄마 질서가 만들어 내고 있는 이중주의 불협화음이다. 그러나 불협화음 속에 고통당하는 이 두 소설의 주인공은 각기 다른 반응을 보인다. 「광인수기」의 주인공은 하느님 질서에서 버림받은 것을 하소연하고 인간적인 하느님이 자비를 베풀어 줄 것을 기도한다. 「노란 벽지」의 주인공은 하느님 질서의 독재를 몸으로 거부한다. 하느님 질서의 양 끝에, 정옥이 엄마는 타의로, 존의 부인은 자의로 불협화음을 하소연하면서 서성이고 있다. 동양과 서양의 차이, 전근대적 광기와 근대적 광기의 차이, 고향이 싫으면 이주해 가는 새로운 땅이 있고 없음의 차이, 여성해방운동을 통해 비전을 가질 수 있음과 없음의 차이, 그런 차이가 이 두 미친 여자의 넋두리 속에 그대로 드러나 있다.

그런 차이에도 불구하고 이 두 여자는, 이 두 소설가는 같은 배를 타고 있다. 질서 안에 병존하지 않는 한 여성의 넋두리는 '미친년 넋두리'로 향해 갈 수밖에 없다는 점에서 그러하다. 황무지에서 혼자 넋두리를 하고 있는 미친년들이 있다. 엄마의 질서를 그리워하는 그 여자가 우리 곁에는 또 우리 속에는 없는가? 그들을 만나고, 엄마 질서와 하느님 질서를 같이 엮어 가려는 노력 속에 내 여성적 존재의 이중성이 있다. 살아 있는 내 삶의 의미가 채워진다. 황무지에 있는 엄마, 이제 더 이상 황무지에만 엄마를 놔둘 수는 없지 않은가.

* 도움받은 글

R.바르트, 1989, 「비평이란 무엇인가」, 『현대비평의 혁명』, 김현 편역, 서울: 기린원.

백신애, 1987[1938], 「광인수기」, 『백신애 소설집 꺼래이』, 김윤식 편, 서울: 조선일보사.

V.B.라이치, 1988, 『해체비평이란 무엇인가』, 권택영 역, 서울: 문예출판사.

E.쇼월터, 1988, 「황무지에 있는 페미니스트 비평」, 『페미니즘과 문학』, 박경혜 역, 서울: 문예출판사.

Gilman, Charlotte Perkins. 1972[1892]. *The Yellow Wallpaper*. New York: The Feminist Press.

김정서, 「과부 발산댁」, 합성수지, 40×35×65, 1992.

논설

「그 많던 싱아는 누가 다 먹었을까」가 우리에게 던진 숙제
어머니들의 삶 다시 읽기

조은*

1. 담대한 어머니의 일부종사 콤플렉스

'틀에 박힌 듯한 글 말고 좀 색다른 글쓰기는 할 수 없을까' 이런 고민을 하고 있었다. "'여성의 자기 글 쓰기'는 어떤 주제와 어떤 방식을 취할 수 있을까?" 그런 생각들을 해보면서. 그러다가 각자 「딸이 읽은 어머니의 삶」 또는 「딸의 어머니 삶 읽기」를 여럿이서 함께 써 보면 어떨까?' 이런 궁리를 하게 되었다. 격변기를 산 우리 어머니의 삶 읽기를 통해 우리가 무엇인가 고백할 수 있지 않을까? 그러나 누구도 선뜻 응하지 않았다. 무엇을 어떻게 써야 할지 막막하기도 했고 개인적인 경험을 글로 쓰는 데 익숙하지 않기 때문이기도 했다. 이런 때 "좀 다른 방법으로 글짓기를 해봤다"는 실명 성장소설 박완서의 「그 많던 싱아는 누가 다 먹었을까」를 읽게 되었다.

---

* "왜 아들 집에서 편안히 계시지 않고……" 하는 주위의 눈총을 일축하고 "아무나 내 손이 필요한 집에 있어야지" 하시면서 요즘도 "딸, 사위, 손자 두 명 도합 네 아이를 키우고 있다"는 친정 어머니와 살고 있다. 대학에서 영문학을 했고, 외신부 기자 노릇을 2년쯤 하다가 결혼했으나 집안일에는 소질이 없어 대학 졸업 7년 후 공부를 다시 해보기로 작정하고 전공을 사회학으로 바꿨다. 일년에 한 학기는 가족사회학 강의를 맡게 되는데, 왜 그런지 10년이 되어가는데도 강의를 할 때마다 가족이란? 어머니란?이라는 물음에 답을 못해 쩔쩔매고 있다.

"꾸미거나 다듬는 짓을 최대한으로 억제한 글짓기"라고 저자 스스로 밝힌 이 '장편소설'은 평론가 홍정선씨로부터 곧 "박완서 소설의 원형"으로 이름이 붙여졌으며, 그는 "순수한 의미에서 '소설=허구'인지 '자서전=사실'인지 잘 모르겠다"는 혼란에 빠졌고 "마침내 끝까지 읽었을 때는 단순한 소설이 아니라 자전적 소설이거나 소설의 형태를 빌린 자서전일 것이라는 결론을 내렸다"고 밝히고 있다. 그 때문에 평론가로서 이 소설을 '작품'으로 평가하는 데 꽤나 부담스러워하고 있다. 그러나 나는 바로 이 때문에 이 소설을 열심히 읽었고 작가가 어떻게 자기를 글로 쓸 것인가에 관심을 가졌다. 자기 삶에 대한 정직한 기록이 많지 않은 우리에게 격변의 특정 시대를 산 한 여성 작가의 꾸밈 없는 삶의 기록이 갖는 의미는 '작품성의 평가 운운' 하는 차원을 뛰어넘는 차원에서 찾아져야 할 것이다.

"기억력이 사실은 상상력"이라는 작가 자신의 말을 빌리지 않더라도 이 '작품'은 자신의 삶에 대한 기억력을 작가적 상상력으로 재구성했다는 데 이의를 달 수 없을 것이다. 사회과학도의 입장에서 보면 이 소설은 박완서의 생애사 사례로 봐도 별로 어긋날 것이 없다. 그렇지만 내가 이 '장편소설'을 박완서 생애사 사례로 분석할 생각은 물론 아니다. 그런 관점에서 서평을 쓸 생각인 것도 아니다. 이 소설은 읽는 이에 따라서 딸은 어머니를 못 벗어난다고 생각하면서 '박완서 속의 박완서 어머니'를 읽을 수도 있고, 강한 어머니 밑에서 감수성이 강한 박완서 어린 시절의 소외된 감수성에 더욱 관심을 가질 수도 있을 것이며, 때로 어떤 독자는 그의 기막힌 기억력에 감탄했을 것이고, 그와 비슷한 격변의 시기를 산 독자라면 동시대인의 삶의 유사성에 당황해 했을지도 모르겠다.

나는 이 소설에서 아주 자연스럽게 박완서의 어머니에게 주목하게 되었다. 내가 그의 삶에 주목한 것은 이 어머니의 강한 생활력이나 두드러진 자존심 또는 경탄할 만한 똑똑함 때문이 아니라 그러한 강한 생활력, 자존심, 그리고 똑똑함이 표현되는 방식을 통해 읽을 수 있는, 그 시대 여성들을 지배해 온 삶의 구조와 복합성과 왜곡이다. 이 어머니의 삶은 언뜻 보면 우리 시대의 전형적인 강한 어머니 또는 칭송받을 만한 교과서적인 어머니의 모습을 보여 준다. 그러한 담론에 우리는 익숙해 있다. 그러나 더 자세히 들여다 보면 이 어머니의 삶은 그 담론의 억압성과 함정을 정직하게 폭로하고 있다.

 박완서 작품에 대해 줄기차게 남성 중심적 시각에서 평을 해온 평론가 홍정선 씨는 이 소설의 후기에 붙인 작품 해설에서 "강한 생활력과 두드러진 자존심을 지닌 어머니와 이에 버금가는 기질의 소유자인 화자, 그리고 섬세한 기질의 오빠가 어울려서 살아가는 가족 관계는 이번 소설의 중심을 이루면서 이데올로기와 같은 추상적인 문제를 주변적인 문제로 만들어 버리고 있는 것이다. 그런 사실들 때문에 (방점은 필자가 붙인 것임) 박완서의 이 소설에서 가장 두드러져 보이는 인물은 어머니이다"라고 쓰고 있다. 과연 그러한가? 물론 이 소설에서 가장 두드러져 보이는 인물이 어머니라는 데 나도 동의한다. 그러나 그 이유는 "가족을 이끄는 존재로서 온갖 풍파 속에서도 의연히 버티고 서 있는 버팀목" 때문이어서가 아니라, 때로 부끄러워하고 때로 숨기고 싶은 우리의 과거사, 특히 우리의 역사 속의 남자들의 삶이 감춰 버린, 그래서 주변적인 문제로 치부해 버리고자 한 구체적인 삶의 억압 구조를 가장 생생하고 사실적으로 드러내고 있기 때문이다. 이렇게 본다면 이 소설의 중심을 이루는 이들 가족 관계는 이데올로기와 같은 추상적인 문제를 주변적인 문제로 만들어 버리는 것이 아니라 오히려 이데올로기와 같은 추상적인 문제가 우리들의 삶 속에서 어떻게 구체화되고 있는가를 보여 주고 있다고 볼 수 있을 것이다. 그래서 여성의 개인적 역사적 체험이 결코 주변적인 것일 수 없음을 보여 주고 있다.

 물론 박완서의 어머니는 보통의 어머니들보다 너무나도 똑똑한 여자이다. 이 소설에서 박완서는 그의 어머니에 대해 "잘난 엄마", "담대한 여자", "시골선 서울을 핑계로 으스대고, 서울선 시골을 핑계로 잘난 척할 수 있는 엄마의 두 얼굴", "어울리지 않는 짓 하는 데 선수"라는 수식어를 붙여 놓고 있다. 이 어머니는 경탄을 자아낼 만큼 똑똑하고, 사리에 밝고 근대적이며, 자존심이 세다. 양반집의 종부임에도 불구하고 이 어머니는 근엄한 시아버지의 호령도 무시하고 아들 교육을 내세워 혼자 서울살이를 시작한다. 딸을 신여성으로 만들어야겠다고 생각한 이 어머니는 "아무에게도 상의 안 하고 심지어 나한테도 안 물어보고 내 머리를 빗겨주는 척 하면서 싹둑 잘라"버리고 서울로 데려가 학군을 위반하여 일류 국민학교에 보내버린다. 그리고 집주인 애들에게 자기 아이들이 기죽어 사는 것이 싫어 남의 돈이라도 끌어대어 집을 사는 일을 저지르는 아무도 못 말리는 의지력과 결단력을 보여 주는 드문 여자이다. 뿐만 아니라 6·25 때 아들에게 콩깻묵이 덜 섞인 밥을 준 것밖에는 아들과 딸을 구분한 적이 없을 만큼 실제 생활에서 아들·딸 차별도 하지 않는다. 그렇지만 이 용감한 어머니가 가부장적 질서에 모반을 하는 것은 아니다. 이 어머니가 시댁 종부의 자리를 박차고 나올 수 있었던 것은 따지고 보면 남편이 일찍 사망했기 때문이며, 장손의 교육과 출세의 보장이라는 빌미 때문에 가능했다.

이 어머니는 가부장적 질서뿐 아니라 어떠한 지배적 질서에도 모반을 꾀하지 않는다. "집에서도 일본 말로 생활한다"고 자랑하는 아이에 대해 듣고서는 "쓸개 빠진 것들"이라고 격분을 하고 학부형회에 나와 "일본인 선생님 앞에 풀을 세게 먹인 빳빳한 무명옷을 뻗쳐 입고, 쪽에 흑각 비녀를 꽂은 머리를 꼿꼿이 세우고, 꼬마 통역에 대한 배려라곤 조금도 없이 당신 하고 싶은 말을 엄숙하게 하는 자존심 센 어머니가 아들을 총독부 관리를 만드는 데 자긍심을 느끼고 창씨개명을 안해서 행여 자식들에게 불이익이 될까 안달한다. 또한 할아버지가 돌아가셔서 화자가 울지 않았을 때 "그저 딸년이고 손녀고 계집애 기르는 일은 말짱 헛일이라니까"라고 모진 말을 내뱉기도 한다. 해방이 되고 나서 좌우익의 대립에 세상이 어지러울 때는 그 이념과 관계없이 아들이 '노동당'에 개입하는 것을 기를 쓰고 막고자 한다. 그것은 "위법"이었기 때문이다. 그러나 그것만도 아니다. 다시 아들이 좌익에서 돌아서서 보도연맹에까지 가입하는 전향을 했을 때는 이 어머니는 더욱 안절부절못한다. 박완서의 표현에 따르면 아들이 위법자인 것도 견딜수 없었지만 변절자라는 것도 또한 참을 수 없었던 것이다. 이렇게 이 시대의 여성, 그것도 보통 여성이 아닌 자존심 세고 생활력 강하고 의지력과 결단력에서 누구도 따라잡을 수 없는 여성이 순응하며 살아야 했던 복합적이고 다층적인 억압 구조는 이 소설에서 매우 흥미로운 모습으로 구체화된다. 그런데 박완서는 이 극치의 모멘트를 아주 가볍게 흘려 버리듯이 웃음기를 가지고 처리해 버린다.

이 소설 끝 부분에 가볍게 등장한 삽화를 보자. "독실한 불교 신자이신 어머니가 다리를 다쳐 바깥 출입을 못하고 있을 때, 텔레비전하고 독서가 유일한 낙이어서 쉽게 풀이한 성경 이야기나 신앙이 될 만한 명상집 같은

『그 많던 싱아는 누가 다 먹었을까』가 우리에게 던진 숙제──191

것도 즐겨 읽고 때로는 참 좋다고 칭찬도 하고, 머리맡에 두고 되풀이해서 읽는 책도 있어" 박완서가 "개종을 하시는 게 어떻겠냐고 한번 여쭤본 적이 있었는데" 어머니는 의외로 안색에 단박 불쾌한 빛을 드러내면서 "자기가 삼십에 과부가 됐을망정 누구한테도 장차 일부종사를 어찌할까 싶은 걱정이나 의심은 물론 동정도 받아 본 적이 없거늘 딸자식한테 별 해괴 망측한 소리를 다 듣는다는 진노였다"는 것이다. 그 이야기가 있은 뒤 이 어머니는 그 재미있어 하던 성경을 다시는 들춰보지도 않는다. 박완서는 어머니의 개종과 일부종사의 엉뚱한 비유 때문에 그만 웃음이 복받치고 말았다지만, 곧 입을 다물었고, 불현듯 생각하고 싶지 않은 옛날 일을 기억해낸다. 즉 오빠가 좌익에서 전향했을 때 안절부절 못하는 어머니, 그렇게 해서 어렵게 획득한 오붓하고 화평한 가정의 단란에 대해 편안해 하기보다는 불편하게 한 것이 "바로 저런 자랑스럽고도 유구한 정조 관념의 뿌리였구나"에 생각이 미친 것이다. 즉 그의 어머니가 아들의 '전향'에 안절부절못하고 가슴 아파한 것은 이념이나 사상의 문제가 아니라 '변절'의 문제였고 이 변절은 이 어머니에게는 생각해 볼 수도 없는 일부종사 이데올로기의 훼손이었던 셈이다. 박완서가 웃음으로 처리해 버린, 개종을 일부종사에 연결시킨 이 똑똑한 어머니에 대한 엉뚱한 삽화는 이 어머니 삶의 드러나지 않은 억압 구조의 복합성의 일부로 내게 다가왔다. 그리고 우리 어머니들의 삶을 딸들이 읽어 내는 작업은 이 소설 읽기를 끝낸 내게 새로운 숙제로 다가왔다.

　물론 이 삽화는 결코 이 소설의 핵심이 아니다. 이 점이 이 소설에서 어떤 의미를 갖는가는 전혀 중요한 일이 아닐지도 모른다. 그럼에도 불구하고 내게 있어 이 점은 바로 박완서가 그의 어머니를 가장 잘 드러낸 부분이고 또한 박완서가 가장 중요하게 읽어 낸 박완서의 어머니이다. 이 점 때문에 나는 박완서가 결코 의도하지도 않았고 주장하지도 않았으며 내세워 주장 같은 것은 더더구나 하지 않은 여성에 대한 억압적 구조와 굴레를 구체적 삶 속에서 다시 읽어 내는 노력을 해야 하지 않을까 하는 생각을 새롭게 해보게 되었다. 우리는 우리 어머니의 삶읽기를 해보자면서 각자가 어느 순간 우리 어머니들이 내뱉은 모반의 몸짓과 언어에 대해 생각나는 대로 이야기해 본 적이 있었는데 이러한 모반의 언어와 몸짓은 박완서의 어머니의 삶에서 읽을 수 없었던 부분이기도 하다. 바로 이것이 여성들의 억압 구조가 얼마나 복합적이고 다층적인가 하는 질문으로 되돌아오게 만들었으며, 그러면서 그러한 고민과 모반은 얼마나 쉽게 주변화되어 버리는지에 대해서도 생각하게 되었다.

2. 우연히 엿보게 된 페미니스트 어머니들의 모반

여기서 자칭 타칭 페미니스트들이라는 우리들이 어느 순간 우리 어머니들과 뜻하지 않게 마주치게 되었던 모반의 언어를 몇 사례만 적어 보려고 한다. 페미니스트들이라는 우리도 감히 꿈꾸지 못하는, 아니 차마 (체면상?) 입 밖에 못 내고 있는 기상천외의 혁명적 발상들을 가끔씩 쏟아 놓는 어머니, 억눌려 온 삶에 대해 차마 말도 못하고 있다가 페미니스트 운동을 한다는 딸들에게 슬그머니 털어놓은 모반(謀反)의 발언은 어떤 것일까?

ㄱ의 어머니

"결혼해서 1-2년 살다 애기 하나 낳으면 헤어져도 좋다. 애기는 내가 키워 줄 테니 남자와 서로 마음이 맞지 않으면 깨끗이 혼자 사는 게 낫다. 마음에 맞지 않는 남자하고는 못 산다. 아예 처음부터 헤어지는 게 나아."

어느 날 엄마와 아버지가 싸운 날. 심하게 싸운 날. 나보고 시집도 못간 게 울기는 왜 우냐고 비웃던 엄마가 하신 말씀이다. 평소 내가 시집 안 간다고 하면 늘 하던 말. 건성으로 듣던 말이었으나 그 말은 나보다도 엄마 자신에게 하신 말씀인 셈이다. 남 보기에는 갖출 것 다 갖춘 엄마의 40년 결혼 생활은 그 세월을 다 지워 버리고 싶을 만큼 강한 회한과 저주의 뒤범벅으로 이어지고 있고, 그런 그가 이제 삼십을 훨씬 넘긴 혼자 사는 딸에게 어느 날 내뱉은 충고.

왜 애기는 하나 있는 게 낫다고 하시는지…… 아무 후손이 없을 나의 모습이 너무 가련하였을까? 딸이면 더 좋겠지. 여자 살아가는 이야기를 이어가야 한다는, 엄마에서 나, 그리고 딸로 이어져야 한다는 엄마의 숨은 속셈이 있는 것일까? 내가 엄마 한풀이 다 들어 주고 내 마음 속에, 정신 속에, 삶 속에 그 얘기의 속뜻을 새기듯이 엄마도 나의 얘기를 들어 줄 딸이 있어야 한다는 강박관념이 센 것일까?

ㄴ의 어머니

아주 어릴 때 우린 지방에서 살았다. 아버지께서는 자주 서울에 출장을 다니셨는데 출장에 다녀오시면 꼭 선물을 사 오셨다. 그리고 다음과 같은 말씀을 어머니께 하셨다고 한다. "서울에는 당신보다 이쁜 여자도 많고 똑똑한 여자도 많지만 당신처럼 깨끗한 여자는 없더라." 어머니께서는 아버지가 돌아가신 후에도 간간이 이 이야기를 하시면서 즐거워하시는 듯했다. 얼마 전 책을 읽다가 문득 나는 그 이야기가 떠올랐고 '아, 아버지가 서울에 가셔서 분명 다른 여자와……' 하는 생각을 하게 됐다. 그 이후 어머니께서 다시 그때의 일을 꺼내시기에 예전과는 달리 나는 아무 반응을 보이지 않았다. 별 반응이 없자 어머니는 좀 머뭇거리시더니 이렇게 말씀하셨다.
"그래도 남자는 다 도둑이야."

ㄷ의 어머니

어느 날 저녁 밥상을 치우고 편하게 TV드라마나 늘어지게 볼까 생각하고 있는데 어머니가 정색을 하고 나를 불러 세웠다. 그리고는 갑자기 "난 죽어서 너희 집 선산에 묻히고 싶지 않다"고 단호하고 빠르게 내뱉으셨다. 어머니는 그때 서울대 병원에 조직 검사를 의뢰중이어서 '같이 사는 딸에게 만일의 경우를 대비하여 준비시키겠다는 속셈인가' 순간 생각했는데 단지 그것만은 아닌 것 같았다. 덧붙여서 하시는 말씀이 "난 아무래도 너희 집 선산은 싫으니 우리 친정 선산으로 가련다." 그리고는 "나는 우리 친정 선산이 좋다. 양지도 바르고, 앞에 전망도 탁 트이고, 우리 어머니 아버지도 거기 누워 계시고", 그러더니 엉뚱하게도 "너희 집 선산은 큰 냇가를 건너야 되는데 장마에 물이라도 차면 혹 너희들이 내 산소에라도 와야 할 때 무슨 고생이냐. 거기 비하면 우리 친정 선산은 큰길에서 멀지도 않고, 교통도 좋고, 안온하고, 난 우리집 산소로 가야겠다. 할머니 할아버지 옆에 자리도 넉넉히 비어 있더라. 내가 가겠다는데 누가 반대하겠냐?" 그러면서 입을 굳게 다무셨다. 친정 부모님이 모두 세상을 뜨시고 당신 나이 일흔 근처인 우리 어머니는 5녀 1남의 장녀로서 당신이 클 때 친정에서 누렸던 위치가 아직도 유효하다고 믿으시는 모양이다.

그렇지만 나는 난감했다. 그런 말을 외가에 한다면 우리 외숙은 누님한테는 차마 말도 못하고(속으로는 누님이 벌써 노망했나 생각하겠지만), 우리들을 불러 무슨 소리냐 어머니 좀 설득하라고 압력을 넣을 것은 불을 보듯 뻔했다. 그래서 난 시치미 떼고 완곡하고 상식적으로 말했다. 우선 산소에 올 자식 걱정부터 하는 우리 어머니니까, '자녀들 체면에 말도 안된다. 특히 오빠의 체면이 말도 안된다. 그리고 친정 선산도 외숙이 돌볼 때 이야기지, 고모 얼굴이라도 아는 장조카 때까지는 그렇다치고. 그 다음에 누가 알지도 못하는 고모 할머니 산소까지 돌보겠냐'고 일렀다. 그랬더니 슬그머니 말꼬리를 흐리고 말았다. 나는 "오빠한테나 외숙한테는 이런 말을 꺼내지도 마세요"라는 말을 덧붙이는 것을 잊지 않았다. 즉 어머니가 잠시나마 얼마나 상식에 어긋나는 생각을 했는가를 확인시키고 딸에게나 해본 부끄러운 넋두리쯤으로 "주지시켜" 버린 셈이다.

사실 나는 어머니가 왜 우리집 선산에 안 가고 싶어하는지 너무나 잘 이해가 갔지만 일부러 모른 척한 거다. 어머니가 가기로 한 우리집 선산에 아버지의 묘는 있지만 아버지의 시신은 그곳에 없다. 가묘가 있을 뿐이다. 우리가 웬만큼 장성했을 때 애들이 시집 장가가면 아버지 묘라도 있어야 절이라도 하지 않겠느냐는 집안의 여론 때문에 아버지의 묘는 만들어졌다. 20여 년 전에 슬쩍 사망신고를 낸 기록으로 있지도 않은 시신으로 이장 형식을 빌어 만들어진 것이다. 선산에 우리 어머니가 가서 누워야 할 이유가 사실은 없는 셈이다. 우리 어머니는 이른바 대동아전쟁 말기 일제가 막바지 발악을 하던 시기인 1944년 열아홉 나이로 정신대에 끌려갈까 겁이나 원치 않던 결혼을 했다. 결혼 생활 6년 만에 6・25가 났고 남편의 행방이 불명한 상태에서 9・28수복 후에야 5살, 4살, 1살짜리 아이들 셋을 데리고 서울을 빠져나와 친정에 의탁한 삶을 시작할 수밖에 없었다. 시댁은 6・25로 쑥대밭이 되어 실질적 도움을 줄 형편이 아니었고 쓸만한 어른 남자는 남아 있지도 않았기 때문이었다. 우리 어머니는 아직도 아버지가 6・25 때 납북됐는지 월북했는지 아니면 사망했는지 자식들에게 명확하게 이야기한

『그 많던 싱아는 누가 다 먹었을까』가 우리에게 던진 숙제——195

적이 없는 사람이다. 부담 주고 싶지 않은 그 나름의 배려일지도 모른다. 자기 자신도 확실히 알고 싶어하지 않았던 것 같다. 아니 말하고 싶지 않았을지도 모른다. 얼마 전 노 대통령의 중국 방문 TV를 보면서도 남쪽의 여성 대표들이 정신대 문제를 토의하러 북한에 간 장면을 보면서도 "세상 참 많이 변했지"라는 한마디밖에 안 하고 입을 다문 우리 어머니가 당신 묻힐 곳을 친정 선산으로 하고 싶다고 말한 것은 자기 삶을 규정했던 모든 것에 대한 반란이라고 해야 할까? 저항의 몸짓을 극도로 규제받았던 여자가 할 수 있는 마지막 항거의 표시일까? 그리고 그 모반은 겨우 딸에게나 해보는 소리여야 할까? 어머니는 내게 그냥 그런 말을 던져보고 싶었던 걸까? 아니면 정말 그러고 싶으신 걸까? 나는 우리 어머니의 진의를 잘 모르겠다. 무엇이 이런 엄청난 모반의 생각을 할 수 있게 하였을까? 가부장적 지배질서에 그렇게도 열심히 순응했던 어머니가, 이제 삶을 정리하는 단계에서 갑자기 헛살았다고 생각하게 된 것일까?

ㄹ의 시할머니

지난 추석 때 팔순이 넘은 시할머니와 동서분이 앉아서 하시던 말씀이 바로 묘소와 관련된 것이었다. 두 분은 이구동성으로 시집 묘소에는 정말 묻히고 싶지 않다는 말씀을 하셨다. "죽어서까지 김씨 집안에 남아 있을 생각을 하면 참…… 내 업보라 생각하고 사는 것은 살았지만 죽어서는 따로 살고 싶네. 이 집 묘소에 묻히고 싶지 않네.", "형님도 그런 생각? 전 오래 전부터 그 생각을 하고 있었는데", "정말 징글징글하네","합장만은 절대 하지 말라고 아들에게 일러두기는 했는데", "자네 정말 대단하구먼, 그래 합장만이라도 하지 말라고 해야겠구먼" 이것은 내가 얼마 전 시댁에 제사 모시러 가서 엿듣게 된 시할머니와 동서분의 대화이다. 대학에서 여성학을 강의하는 나도 차마 상상하지 못했던 모반의 대화였다.

ㅁ의 어머니

"네가 하고 싶은 것은 무엇이든 하라." 바로 이 말이 '모반을 꿈꾸는 어머니들'이 딸에게 들려준 말 중에 가장 자주 하신 말씀일 것이다. 내 엄마는 정말 그랬다. 대학 일학년 겨울, 아버지 베레모를 쓰고는 싶은데 용기가 나지 않아서 썼다 벗었다 하고 있으면 "네게 썩 잘 어울린다. 쓰고 나가거라." 내가 무엇인가를 하고 싶으면서 머뭇거리게 될 때마다 어느새 엄마는 내 뒤에 와 서 있다. "뒤돌아볼 것 없다. 남에게 신경 쓸 것이 없단 말이다."

모반의 언어를 품고 있기보다 모반을 실천해온 편에 속하는 내 어머니는 각자가 원하는 것을 다 하도록 배려하면서, 동시에 엄한 규칙도 만들었다. 정해진 식사 시간을 놓치면 어느 누구를 위해서건 다시 밥상을 차리는 일이 없다. 추도 예배는 양쪽 친외가로 공평하게 3대에 한한다. 당신의 어머니 추모는 돌아가신 날보다 생신 날로 기린다. 그런 정도의 개인적 성향은 존중되어야 한다는 것이리라. 늘 어머니는 말이 아니라 실천으로 우리에게 가르쳤다. 전통적 의례란 것도 사람이 정한 것이고 계속 새롭게 만들어 가는 것이라는 정도는 알고 있어야 하잖는가?

묘소 문제도 내 어머니에게는 간단한 문제이다. "아이들의 고향도 아니고 정도 들지 않은 산골까지 성묘를 오라고 하는 것은 무리다. 계속 바쁜 생활을 하는 그들이 몸과 마음 편히 올 수 있게 가까운 곳에 공원 묘지를 사겠다"고 선언을 하고는 10년 전에 공원 묘지를 사놓았다. '합리적'이어야 하시는 아버지는 감정적으로는 받아들이기 힘들지만 '합리적인' 결정에 따를 수밖에 없었다. 너무 빨리 개화해 버린 가족사를 개탄하면서. 너무 빨리 서양식을 받아들인 우리 역사의 '오류'를 슬퍼하면서. 개인적으로는 개화파 민족주의 집단에서 자란 현명한 여자를 아내로 맞은 행운인지 불운인지 모를 인연과 당신이 외동아들이며 할아버지가 일찍 돌아가셨다는 운명적 사실과 한번도 자신의 편이 되어 주지 않은 외동아들을 탓하면서 말이다.

B의 어머니

내 어머니는 모반의 언어를 갖지 않고 있다. '삐죽거리거나 삐지거나' 할 뿐이다. 단호하게 자신을 표현하기보다는 늘 '군지렁 군지렁'하는 편이고, 근사한 이야기를 하신 적이 없다. 아버지 앞에서는 별말 못하다가 나가고 나면 종알대신다. 아이들 앞에서 신세 타령을 하는 어머니의 모습이 지겹다. 그래서 한번은 참다참다가 어머니가 신세 타령을 시작하려고 하자 "이혼하시지 그러셨나요"라고 해버렸다. 어머니의 불평이 듣기 싫어서 한 것인데 막상 그러고 나서는 미안해졌다. 자식들에게 남편 흉보는 재미마저 뺏은 것에 대해서……

3. 당신의 어머니는?

자, 이제 어머니들의 삶을 새롭게 읽어 나갈 때가 온 것 같다. 어머니들의 모반의 몸짓과 언어에 주의하면서 귀를 기울여 보자. 여성의 개인적 역사적 체험이 진솔한 상상력으로 재구성될 때 우리는 분명 어머니와 딸로 이어지는, 그 동안 숨겨져 온 거대한 역사의 고리를 새로 보게 될 것이다.

청비(靑飛), 무제, 1992.

문학의 현장

페미니즘 문학에 대한 몇 가지 생각들
양귀자의 「나는 소망한다 내게 금지된 것을」이 베스트 셀러가 된 것을 계기로

이소희*

1. 여성 독자와 페미니즘 문학과 상업주의 문학

"요즘에는 왜 좋은 소설이 나오지 않는가?" 하는 한탄의 소리가 문학계에 일기 시작한 지도 꽤 오래 되는 듯하다. 그러면서 소설은 여전히 팔리고 또 읽히고 있다. 요즘 잘 팔리는 소설은 광고료에 비례한다고 한다. 신문 5단 통광고를 내면 광고료 몇 배의 수입은 올린다는 것이다.

양귀자의 소설도 5단 통광고로 광고료가 많이 들어간, 또 들어가고 있는 소설 중 하나이다. 광고 문안도 젊은 독서 인구를 겨냥하여 매우 매력적으로 만들어져 있다. 책이 나간 지 두어 달 만에 10만 부가 팔렸다고 작가 자신이 텔레비전에 나와서 이야기를 했으니까 상업적으로는 상당한 성공을 거둔 작품임에 분명하다. 그리고 남편이 하는 출판사에서 낸 책이라는 점에서 효율적인 부부 협력의 생산성도 보게 된다. 나는 이 소설이 상업주의에 편승하고 있다는 점에서 비난을 할 생각은 추호도 없다. 우리 사회는 이제 본격적인 상업주의 시대에 돌입했고 우리의 논의는 그러한 현실적 바탕 위에서 이루어져야 하기 때문이다.

---

* 2남 1녀 중 맏딸로 대학원에서 여성문학 석사논문을 쓰면서 여성 문제에 눈을 뜨기 시작했다. 현재 한양여자전문대학 영어과에서 가르치고 있으며 영문학에서의 여성문학비평이 전공이다.

따라서 이 글은 이 책을 상업주의적 전략과 연결하여 비난하고 있지 않다. 단지 판매 전략 중 하나로 이 소설을 새로운 페미니즘 소설이라고 내세우는 점에 대해 논의를 해보고자 한다. 우리 독서계는 젊은 여성들이 상당한 비중을 차지한다. 소설가들이 돈을 벌고 싶으면 여성과 연애에 관한 소설을 써왔다는 점은 이미 잘 알려진 사실이다. 최근 들어 여성해방적 문제에 별 관심이 없던 작가들이 페미니즘 소설 언저리를 맴돌기 시작한 현상이 우리의 주목을 끈다. 무엇 때문인가? 그리고 이런 현상은 페미니즘 문학과 어떤 관련이 있으며 또 어떤 의미를 갖는가? 페미니즘 문학을 하는 문학도로서 나는 이러한 변화가 시사하는 바에 관심을 기울이지 않을 수 없다. 이런 추세는 기존의 연애 소설이 페미니즘이라는 시대 사조의 영향을 받아서 새롭게 변화해 가는 현상을 의미하는 것일 수 있고, 페미니즘이라는 것이 무엇인지 잘 모르면서 신기한 새 옷을 걸쳐 보듯 유행성 겉치레로 덧칠을 하는 것일 수도 있으며, 아니면 그 어떤 것도 아닌 새로운 움직임일 수도 있기 때문이다. 하여간 이런 소설의 출현은 여성해방운동에 적잖은 영향을 줄 것이기에 페미니즘이라는 단어를 내걸고 나오는 상업주의 소설에 더욱 관심을 기울이지 않을 수 없다.

지금 장안의 인기를 모으고 있는 양귀자의 이 소설은 그런 분석을 하기에 매우 알맞은 글이다. 나는 이 글에서 페미니즘 문학과 상업주의 문학에 대한 여성 독자들의 생각을 정리하기 위하여 몇 가지 단계로 분석을 하였다. 우선 많은 광고료를 지불하고 낸 광고 문안 분석을 통하여, 출판사 측에서 부각시키고자 하는 소설에 대한 이미지와 메시지가 무엇이며 또 어떤 독자를 겨냥하고 있는지 알아보았다. 두번째로 그 동안에 나온 이 소설에 대한 서평과 비평문을 분석하여 이 소설이 문학을 하는 이들에게 어떻게 평가되고 수용되고 있는지를 알아 보았다. 세번째로 독자반응 비평을 시도하였는데 독자 집단으로는 두 집단이 선택되었다. 하나는 작가도 참여한 텔레비전 아침 프로에서 있었던 토론 집단으로 대중적 반응을 매우 잘 보여 주는 경우였다. 다른 하나는 내가 관여하는 직장인 소모임인데 좀더 깊이 있는 독자 반응을 알아 볼 수 있었다. 끝에는 문학도로서, 페미니스트로서, 그리고 여성으로서 내 생각을 정리해 보았다.

2. 광고 문안에 나타난 이미지들

이 소설은 광고에서 "한국 페미니즘 문학의 금지된 문을 열었다"[1]고 표현되고 있다. 신문 광고, 여성지와 시사 주간지, 그리고 FM과 TV 프로에 이르기까지 이 소설이 페미니즘이라는 단어와 연관되어 줄기차게 오르내리는 것을 본다. "혹시 아십니까?"와 "아직도 그 여자, '강민주'에 관한 소문을 못 들으셨습니까?"로 반복되는 광고 선전 문구, "가둔 여자와 갇힌 남자, 그들 사이에 있었던 180일 동안의 일!" 이라는 선정적이기까지한 커다란 활자에서 많은 독자들은 '즐거운 읽을 거리 하나가 새롭게 탄생했구나!' 하는 가벼운 흥분을 느꼈을 것이다. 그리고 이어지는 마지막 구절인 "단숨에 읽고 가장 풍성한 독후감을 가질 수 있는 책—이 소설이 바로 그 책입니다"를 읽고 났을 때, 대부분의 사람들은 이제 자신의 호기심이 결제를 받은 듯한 안도감을 느끼게 된다.

위에 인용한 광고 문안에 나타나 있듯이 출판사 측에서 전달하려는 메시지는 분명하다. 이제까지와는 다른 새로운 여성문학이 등장했으며 "지금 놀라운 속도로 그 여자에 대한 이야기들이 퍼져 가고 있습니다"라는 구절을 통하여 그 여자 '강민주'가 장안의 화제 인물이 되었음을 암시하고 있다. 이 5단 통광고를 통해 독자가 '강민주'에 대해 얻을 수 있는 정보는 두 가지이다. 남자를 "가둔 여자", 그것도 "인기 절정의 남자 배우를 납치해 놓고 당당하게 언론사에 편지를 보내는 여자"라는 것이다. 그리고 그는 "우리의 삶 위에 놀라운 이름 하나"로 새겨지고 있으며 "결코 지워지지 않을 이름"이라고 알려 주고 있다. 게다가 작가 양귀자가 올해의 「이상 문학상」을 수상하였다는 사실과 함께 "부드럽고 빛나는 문체"로 쓴 "탁월한 이야기꾼의 자질을 가장 완벽하고 유감 없이 발휘했다는 평판을 받는 소설"이라고 선전되고 있다. 그렇다면, 과연 광고 문안대로 우리 사회에서 "'강민주'를 읽고 있으면 저절로 앗! 앗! 하는 비명이 나오곤" 하는 독자들은 누구일까?

새로운 광고 문안은 이 질문에 대한 해답을 명쾌하게 제시하고 있다. "올해 최고의 작가, 올해 최고의 소설"이라는 큰 활자 옆에 "교보문고 1위,

---

1) 이 광고는 거의 모든 일간지에 7월 초부터 실리기 시작하였다.

종로서적 1위, 영풍문고 1위"라는 작은 활자가 어우러져 머리를 장식하고 있는 광고가 바로 그것이다.[2] 시내 대형 서점에서 베스트 셀러가 되었음을 알려 주면서 한편으로는 "이 소설이 한국 페미니즘 문학의 금지된 문을 열었다!"고 여전히 주장하고 있다. 그러나 이제 그 뒤를 잇는 광고 문안들은 출판사 측의 목소리가 아니라 출판사가 전하는 독자들의 목소리로 채워져 있다. 익명의 비평가 L씨, 어느 직장 여성, 어떤 주부, 대학원에 재학중인 20대 여성의 독후감들이 "여자로 사는 일에 두려움을 느끼지 않게 되었다", "3번이나 읽고 매번 눈물 속에서 마지막 장을 덮었다", "주인공 '강민주' 역할만큼은 내가 맡아야 한다"고 구체적으로 제시되어 있고 "수 많은 독자 편지, 전화, 팩스가 쏟아지고 있습니다" 하는 구절에서 이 작품에 대한 독자들의 관심과 반응이 상당하였음을 부각시킨다. 이 광고는 "올해 최고의 작가가 쓴 너무나 매혹적인 소설"을 출판사 측은 "지금 이렇게 확인" 하고 있다는 문구로 끝난다. 이쯤하면 독서 인구의 상당수가 이 책을 사리라는 것을 쉽게 예상할 수 있지 않은가?

3. 서평과 비평에 나타난 상반된 의견들

이 소설을 베스트 셀러로 만들어 내는 데 서평을 쓴 기자들과 전문적인 글 읽기 작업을 하는 비평가들의 공로는 무시하지 못할 부분일 것이다. 이 소설의 출간과 거의 동시에 쓰여진 서평의 제목은 "여전사의 여자들 환상깨기 독특"[3], "'여터미네이터'의 전면전"[4], "'여성이 지배하는 역사' 꿈꾸는 한 아마조네스의 납치극"[5] 들이다. 여기서 우리는 한 가지 공통점을 발견하게 되는데 "여전사", "여터미네이터", "아마조네스"로 표현되는 초월적 존재로서의 이미지이다. 작가 자신도 『여성신문』과 한 인터뷰에서 "사실주의적인 인물 설정이 아니라 신화적인 '여전사'를 등장시켜 강력한 메시지를

---

2) 이 광고는 9월 초부터 일간지에 실리기 시작하였으며 앞의 광고보다는 작은 지면을 차지하였다.
3) 『여성신문』, 1992년 7월 17일, 12쪽
4) 『시사저널』, 1992년 7월 30일, 90쪽
5) 『여성동아』, 1992년 8월호, 262-265쪽

전달하고 싶었다"고 말하고 있으며 "여성소설의 범주에서만 읽히게 되면 독자들의 폭 넓은 상상력을 막을 위험"이 있기 때문에 "세상의 모든 불합리와 유형 무형의 폭력에 반대하는 모든 사람들에게 함께 읽혀지길 바란다"는 희망도 말하고 있다. 『시사저널』에도 페미니즘을 문학적으로 형상화할 때 "여성문제를 수면 위로 내세우면 남성은 말할 것도 없고 정작 여성 독자들조차 등을 돌리는 현실을 잘 알고 있기 때문"에 작가는 "여성문제를 추리소설 기법으로 탐사한다"고 쓰여 있다. 작가 자신은 이에 대해 "나에겐 과격한 실험이었다. 이 추리소설 기법이 독자들에게 받아들여진다면 그것은 나에게 축복이다"고 말한 바 있다. 『여성동아』와의 인터뷰에서는 작가의 의도가 더욱 분명히 나타나 있는데 "무엇보다 소설은 '재미있어야 하고 많은 사람들에게 읽혀야 한다'는 생각으로 추리소설 기법을 도입해 보았고 비현실적인 상황을 연출"했다는 것이다. 한편, 『여성동아』에서 대대적으로 기사화했듯이 "작품 속에 실제 인물을 오버랩시키는 '재미' 역시 잊지 않은" 채 "양귀자가 '가두어 놓은 남자'는 안성기"였음을 누구나 쉽게 떠올리도록 했다. 여기에는 "어떤 커피회사 광고에서 과시한" 배우 안성기의 "애처가 이미지가 톡톡히 한몫을 했다"고 한다. 또한, 이 출판 화제 기사는 "'여성이 지배당하는 역사'를 '여성이 지배하는 역사'로 바꾸겠다는 의지"를 품은 주인공이 등장하는 이 작품이 "기존 '여성소설'들의 범주를 완전히 뛰어넘고 있다"고 전하고 있다. 작가 생활 14년 만에 이제서야 여성소설을 쓰게 되었다는 양귀자는 자신을 "여성소설의 배신자"라고 정의하면서도 "10년이 넘게 남자들 얘기를 써주고 이제서야 '우리 얘기'를 쓰는 미덕도 바로 모성의 발휘"라고 덧붙이고 있다. 결국 작가의 "모성의 발휘" 덕분에 탄생하게 된 비현실 속의 "아마조네스"는 현실 속의 "부드러운 남자" 안성기와 어떤 형태로 만나게 될까? 흥미로운 질문이 아닐 수 없다.

  그렇다면, 비평가들에게 이 작품은 어떻게 읽히고 있는가? 이 작품에 대한 비평은 아직 별로 없다. 여기서는 그나마 본격적 비평을 한 두 남성 비평가의 글을 살펴본다. 먼저 월간 『말』 9월호에 실린 이재현의 글을 보자.[6] 이

---

6) '이 달의 책' 난에 실려 있으므로 단순한 서평으로 볼 수도 있겠으나 두번째 광고 문안에서 인용한 비평가 L씨의 말, "100m 달리기를 하듯 단숨에 읽었다"는 말로 글이 시작되고 있으므로 나도 이 글을 비평으로 분류하였다. 『말』, 1992년 9월호,

글에서는 강민주의 초월적인 이미지에 대한 언급은 거의 없고 대신 커피 광고에서 '부드러운 여자의 화려한 변신'이라는 이미지를 심은 윤석화가 강민주의 이미지를 대신하고 있다. 이재현은 먼저 "무엇보다 화자 시점 인물인 강민주의 개성에 강하게 끌려" 그에게 "납치당하고 감금당하고 길들여지고 싶다는 느낌"이 들 정도라고 쓰고 있다. 그리하여 그는 "강민주를 이렇듯 개성적이고 생동적으로 그려 놓은 작가의 역량에 새삼 감탄"한다. "강민주라는 인물의 자력은 우리로 하여금 소위 사실주의적 기율에 신경을 쓰게 내버려 두지 않고" 있으며 따라서 그는 자주적 이성 관계를 바라는 남성들의 관심을 끄는 모든 것을 갖춘 현대판 여성인 것이다. 게다가 "강민주 안에 숨겨져 있는 부드러움이야말로 원래 작가 양귀자에게 고유한 '따스한 연민'에 다름 아니기"에 이재현은 이 "알고 보면 부드러운 여자"에게 더욱 끌린다. 이와 같이 이재현은 이른바 납치자이며 터미네이터로 나서야 하는 테러리스트 강민주와 양귀자 모두에게 많은 호의를 갖고 있어서 독자들에게 "양귀자의 매혹적인 소설에 납치 감금당한 채 8월의 나머지 여름을 보내는 것이 최고의 피서법"이 될 것이라고 권유할 정도이다. 그리하여 9월이 오면 "누구든 먼저 희망의 포로가 되어 서로에게 희망을 감염"시키고 "연대의 포승줄로 서로를 묶자"는 가학과 피학의 이미지를 떠올리게 하는 기이한 주장을 농담처럼 던지고 있다.

『문학정신』에 실린 김영민의 글은 이재현의 글과 매우 대조적이다. "행복한 글쓰기, 불행한 글읽기"7)라는 제목에 나타나 있는 것처럼 그는 이 글을 읽으며 그 동안 그가 지녔던 "이 작가에 대한 기대의 상당 부분이 무너져 내리는 것을 감수해야 했다"고 한다. "여성주의 문학의 전통과 토대가 거의 없는 이 땅에서 『나는 소망한다 내게 금지된 것을』과 같은 작품을 시도한 양귀자의 의도는 높이 사야 한다"고 조심스럽게 말문을 연 그는 비록 이 작품이 한국 페미니즘 문학의 금지된 문을 열었다 할지라도 "이 작품이 열었다는 페미니즘 문학의 길이 그렇게 바람직한 방향으로만 향해" 있는지 묻고 있다. 결국 어떤 새 길을 텄건 "그릇된 방향의 길을 트

248-249쪽
7) 김영민, 『문학정신』, 서울: 열음사, 1992년 9월, 170-173쪽

는 것은 길을 내지 않은 것만 못할 수"도 있기 때문이다. "소설가는 작품집의 '머리말'로 말하는 것이 아니라 작품의 본문으로 말해야" 하는데 자신이 읽은 바에 의하면 "작품의 그 어디에도 작가가 머리말에서 밝힌 대로 '두 개의 성이 서로 대립하지 않고 조화롭게 각자의 몫을 동등하게 제시하며 살자'는 작가의 목소리가 들어 있지 않다"는 점에 주목한다. 김영민은 이 작품이 작가의 의도를 문학적으로 형상화하는 데 실패했다고 보고 그 이유는 "여성문제를 작품화하는 작가의 태도가 지나치게 안일하기 때문"이라고 분석하고 있다. 페미니즘 문학이라고 주장하는 이 작품이 보여 주는 것은 "여자들이 겪는 고통의 역사적인 두께와 구조적인 질서 속의 억압"이 아니라 "자본주의 사회의 남성중심 문화가 만들어 낸 손꼽히는 대표적 무용담의 유형"에 지나지 않는다는 것이다. 그렇기 때문에 그는 "재미는 있지만 감동이 없는" 글을 읽은 뒤 "바로 자리를 뜨지 못할" 허탈감을 느끼게 되었다고 했다.

전문적인 글읽기 작업을 하는 두 남성 비평가들의 이 작품에 대한 상반된 의견들은 흥미롭다. 이 두 비평가는 그들의 글을 통하여 같은 남성이면서도 페미니즘 문학을 대하는 진지함과 이해의 폭에서 뚜렷한 차이를 드러내 보이고 있다. 아울러 생물학적 성이 아니라 사회학적 성이 그 차이를 결정짓는 중요한 요인임을 다시 한번 확인케 한다.

4. 여성 독자들의 반응들

글읽기 작업도 글쓰기 작업과 마찬가지로 창조적 행위이다. 독자는 글에 나타나 있는 모든 문학적, 사회적 요소들을 통합하여 자신의 체험을 바탕으로 새로운 의미를 형성해 내는 창조자이다. 다만 글쓰기 작업이 상상력을 마음껏 활용할 수 있는 자유분방한 창조적 행위라면 글읽기 작업은 글의 영향을 받고 있다는 점에서 제한적이다. 이 제한적인 창조적 행위 중에서도 가장 주목할 만한 부분은 독자의 이미지 형성 과정이다. 독자는 글 읽는 과정에서 무의식적으로 특정한 이미지를 계속 형성해 간다. 글이 제공하는 기대와 독자가 살아온 경험이 서로 얽히는 과정에서 하나의 이미지가 형성되는 것이다. 그리고 이 이미지는 독자들마다 삶의 경험이 다른 만큼 개인마다 다양한 모습으로 구체화된다.[8] 그렇다면 『나는 소망한다 내게 금지된 것을』을 읽은 독자들은 이 글읽기 작업을 통하여 각기 어떠한 이미지를 형성하고 있는가?

마침 아침에 방영되는 KBS 주부 대상 텔레비전 프로[9]에서 작가를 초대하여 이 작품에 대한 토론을 하였다. 토론에 참여한 이들은 모두 작품을 읽은 여성들이었으며 작품을 읽고 감격하여 작가를 찾아온 대학원생에서부터 정신과 의사, 그리고 글을 쓰고 싶어 하는 일반 주부에 이르기까지 다양했다. 이 프로그램의 진행 과정을 간단히 요약해 보자.

먼저 베스트 셀러 작품이라는 진행자의 발언에 이어 작가가 자신의 작품을 다음과 같이 소개하였다. "자신에게 금지된 것을 향해서 정면 돌파하려는, 정면 도전하려는 한 놀라운 여자의 이야기"이고 부연하면 "그 놀라운 여자의 이름은 강민주, 나이는 27세이고 어릴 때 상처받은 경험이 있고 성인이 되어서 여성 억압에 대한 경험들을 겪어 보고 백숭하라는 인기 배우를 납치해서 서서히 서로 의식이 변화되고 죽어가는 슬프고도 아름다운 이야기"라고 요약하였다.

작가는 그 동안 써온 소설과 매우 다른 유형의 소설을 쓴 것에 대해 독자들의 질문을 받고 다음과 같이 답했다. 자신은 "책이 진열되기보다 읽히기를 바란다. 그래서 많은 것을 새롭게 배치하여 변화를 시도하며 일 년간 쓴 소설이 바로 이 소설인데 특히 주인공 강민주에게는 스스로 빨려 들어가서 자제하느라고 힘들 정도였다. 어떤 면에서 강민주라는 인물은 당돌하지 못한 작가 자신에게 없는, 소망에서 나온 인물이기도 하다. 또 이 소설은 자신이 여자로 태어나서 30여 년을 살면서 끊임없이 체험한 경험과 무관하지 않다"는 등의 내용이었다. "남자들은 여성문제를 자기 문제가 아니라고 생각하는 경향이 많은데 그러지 말고 함께 생각해 갔으면 좋겠다"고 작가는 나름대로 자신의 여성문제에 대한 의견을 말하기도 했다. 또한 이 소설을 읽고 여자들은 시원하다고 하는 반면 남자들은 서늘하고 섬찟하다는 반응을 보인다고도 전했다.

---

8) 독자반응비평 이론에 대해서는 이성호 교수(한양대 영문학)의 논문, 「영향과 수용의 상호 소통」, 『문학사상』, 1992년 3월호, 333-350쪽을 보기 바람.
9) KBS TV 『아침마당』 「양귀자와 함께」, 1992년 9월 4일 방영

이 소설에 대해 여기에 참석한 여성 독자들의 반응은 꽤 비슷했는데 그 중 하나는 당당하고 자기 주장이 강하고 무엇이든 할 수 있다고 생각하는 패기만만한 주인공의 모습에 매우 신이 났다는 점이었다. 마치 오토바이를 타고 빨려 들어가듯 주인공의 매력에 이끌렸다고 표현한 사람이 있었다. 또한 강민주가 여성 흡연에 대해 반박 기사를 쓴 것들을 읽으며 통쾌했다는 사람도 있었다. 통쾌함이 컸던 만큼 독자들은 끝마무리에 대해 불만이 많았다. 강민주가 더 살아서 빛이 되어 주어야 하는데 그렇지 못하고 죽어 버려서 유감이라는 것이었다. 독자 중에 글을 쓴다는 한 주부는 처음에는 강한 여자인 줄 알았는데 결과적으로 비련의 여주인공으로 만들어 버린 이유가 무엇인지 물었다. 응징을 하려면 계속 여성의 이지적인 면과 날카로운 면을 부각시켜 강하게 밀고 나가서 통쾌하게 펼쳐 줄 것이지 왜 정에 약한 여자로 만들어 버렸느냐는 것이었다.

이런 불만에 대해서 작가의 변은 확실했다. 계속 때려 줄 수는 없지 않느냐는 것이었다. 어차피 부드러운 것 앞에서는 강한 것이 무너지기 마련이라고 그는 대답했다. 자신은 남성의 억압까지를 풀어 주는 소설을 쓰고 싶다고 했으며, 무협지가 되면 안 되니까, 또 어차피 복수의 고리는 끊어야 되니까 결론이 '따뜻하게 내려졌다'는 것이다. 조수로 남자 깡패를 쓴 것에 대해서도 한 독자는 불만을 표현하였는데 아무래도 충직한 조수로는 남성만한 성이 있겠느냐고 작가는 아주 당연한 듯 대답했다. 한 '남성의 부드러움' 앞에 그렇게도 패기만만하던 주인공 강민주가 무너졌다는 것은 여자 조수를 쓰게 했으면 하는 독자의 주문을 이렇게 가볍게 처리하는 작가의 말과 어울려 일관성을 유지한다. 결국 작가는 강한 척하던 여자가 부드러운 남자 앞에 무너지는, 무협지가 아닌 '슬프고도 아름다운' 연애 소설을 쓴 셈인데 이렇게 되면 '엄정한 리얼리즘을 유보했다'는 작가의 말이나 '금지된 페미니즘의 문을 열었다' 따위의 광고 문안이 설 자리가 없어지고 만다. 그렇다면 여성 흡연을 옹호하는 논리적 반박문이나 매맞는 여성을 위한 전화를 받으면서 내비치는 강민주의 의견 정도가 이 책을 페미니즘 소설이라 불리우게 하는 근거란 말인가?

그 자리에 있었던 유일한 남자이자 진행자 중 한 사람이었던 남성은 결말이 그렇게나마 난 것을 다행스러워 했고, 책을 읽은 여성들이 실제로 남치 등을 실행할 생각이 들었는지에 대해 계속 궁금해 했다. 그리고 남자는 강한 것 같지만 약한 구석도 있어서 아주 강한 여성에게 납치되고 싶어 한다는 말도 했다. 반면에 토론에 초대된 정신과 의사(여자)는 자신은 이 책을 읽고 시원하기보다는 섬찟했다면서 강민주는 편집증적 환자의 전형적인 경우라는 진단(!)을 내렸다. 그는 작가가 편집증에 대해 어떻게 그렇게 잘 아는지 감탄을 하고 있었는데, 꼼꼼하면서 집착이 강하고 대인 관계에서 냉소적인 성격을 아주 잘 묘사했다는 것이다. 그 의사에게 이 소설은 어릴 때부터 매맞는 어머니를 보면서 복수심을 갖게 된, 또 한편으로는 "넌 초월자"라면서 하늘같이 떠받치는 어머니의 손에 자란 한 여자 편집광이 나이가 들어 부드러운 남자를 만나면서 자신을 뉘우치고 여성의 모습을 찾아가는 것으로 읽힌 듯했다. 텔레비전 좌담은 이 정도에서 끝났다. 다음은 소모임의 독자 비평을 통해 위에서 지적된 문제들을 좀더 구체적으로 살펴보자.

「또 하나의 문화」 직장인 소모임[10]에 참여하고 있는 사무직 여성들이 이 작품을 읽으면서 어떠한 이미지를 형성하게 되었는가 하는 질문은 곧 우리가 가장 열띤 토론을 벌인 소주제, "이 작품이 페미니즘 소설인가?"라는 것과도 밀접한 관련을 맺고 있다. 광고 선전 문구들로부터 '새로운 형태로 쓰여진 페미니즘 소설의 등장'이라는 느낌이 들었기 때문이다. 말만 하는 페미니스트를 냉소하며 이 세상의 모든 여성을 대신하여 '남자들과의 전쟁'을 홀로 치르고 있는 듯 그려져 있는 강민주는 페미니스트인가? 이 질문에 대한 우리의 대답은 부정적이었다.

먼저, 강민주의 여성문제 인식에 대해 알아보자. 강민주는 어머니를 구타하는 아버지에 대한 기억으로 남성에 대한 분노와 적개심을 어릴 때부터 품게 된 것밖에는 여성으로서 억압된 체험을 별로 갖지 않고 성장한다. 여성문제에 대한 필연성과 절실함이 부족한 상태에서 벌이는 강민주의 납치

---

10) 직장인 소모임은 1992년 1월부터 고졸 사무직 여성들을 중심으로 우리 주변의 문제들을 함께 토론하고 해결 방안을 모색해 보자는 인식에서 출발한 소집단 활동이다. 그 동안 우리는 책읽기와 영화보기 들을 통하여 직장 현장에서의 문제점과 삶의 여러 순간에 맞닥뜨리게 되는 문제들을 함께 생각하고 풀어나가기 위한 다양한 작업을 해왔다. 이 글도 바로 이러한 작업의 하나로 적극적이고도 자발적인 책읽기를 한 20대의 고졸과 대졸 사무직 여성 독자들의 토론을 바탕으로 쓰여졌다.

극은 공동체를 위한 공헌이나 여성해방을 위한 행동이라는 차원과는 거리가 멀다. 그는 "오직 자신에 대한 철저한 믿음"[11]만을 갖고 있으며 여성해방론은 "언제나 같은 담론의 반복 이외에 실천은 없고 탁상공론만으로 세상이 변한다고 믿고 있는"(202쪽) 것이다. 여성운동가를 이런 식으로 매도하는 문장은 곳곳에 나타나 있는데[12] 어쩌면 이런 부분은 여성운동에 참여하기를 꺼려하는 여성이나 반 페미니스트들에게 오히려 즐거움을 주는 부분일 것이다. 억압받은 자들의 편에 서 있다고 주장하고는 있지만 강민주는 그러한 억압받은 자들을 바라보는 따뜻한 시선을 지니지 못한, 자신의 삶 외에는 아무것도 고려하지 않는 매우 독선적인 인물로 그려져 있다. 적어도 우리 소모임에서는 그의 납치극이 여성을 위한 것이 아니라 자기 과시욕에서 비롯된 개인적인 모험에 지나지 않는다는 의견이 지배적이었다.

무엇보다도 이 소설이 페미니즘 소설로 읽힐 수 없음은 남성 중심의 지배 종속 논리를 그대로 답습하고 있는 강민주의 자기 모순 때문이다. 남녀 간의 불평등한 지배 종속 관계를 타파하기 위하여 자신이 나섰다고 주장하고 있지만 자신은 황남기를 지배함으로써 똑같은 형태의 지배 종속 구조를 재현하고 있다. 돈과 사랑을 교묘히 이용하여 황남기를 지배하는 방식에서 강민주는 남성 중심의 지배 논리를 그대로 반복하고 있는 것이다. 백승하에 대해서도 폭력과 부드러움을 반복적으로 사용하면서 남성 중심적 지배 방식을 그대로 펴고 있다.

강민주의 가치관이 혼란에 빠져 있음을 보여 주는 또 다른 부분은 모성에 대한 부분이다. 남성에 대한 적개심과 분노만을 갖고 있는 강민주에게 예기치 않게 다가온 부드러운 남성은 그를 무너뜨린다. 그런데 이러한 이

---

11) 양 귀자, 1992, 『나는 소망한다 내게 금지된 것을』, 서울: 도서출판 살림, 201쪽 (이하 본문의 인용은 이 책에 따른 것임)
12) 예를 들면, "사실 나는 세상에 이름 석자를 팔고 있는 모든 여류들을 싸잡아 경멸한다. 그녀들은 모두 직무 유기를 범하고 있다. 이 땅의 여자로서 당연히 해야 할 중요한 일 한 가지를 무시하고 있는 것이다"(22쪽), "여성지도자? 아니, 도대체 누가 그들에게 여성들의 지도를 맡겼다는 말인가. 우리를 지도해 달라고 그들에게 부탁한 적이 있던가. 나는 여성지도자라는 말이 하도 같잖아서 메모를 갈기갈기 찢어 버린다."(84쪽) 들이 있다.

성에 대한 사랑은 모성성과 혼동되고 있다. 그렇기 때문에 독자들은 강민주의 감정 변화에 공감을 느끼지 못하고 오히려 방관자적인 입장에서 그를 관찰하게 된다. 우리는 강민주와 작가 모두 이성애와 모성을 혼동하고 있다는 데 의견을 모았다. 강민주가 백승하의 아들을 그에게 데려다 주기 위해 납치하는 행동은 자신이 사랑하는 남성을 기쁘게 해주기 위한 행동이었지 타인에 대한 배려와 신뢰까지를 포용하는 모성에서 우러난 행동으로 보기는 힘들다. TV에서 본 영화제 수상식 장면에서 뜻밖에 등장한 그의 아들을 보고 눈물을 흘리는 백승하를 기쁘게 해주기 위한 행동일 뿐이다. 백승하의 아들을 납치하는 장면에서 아이를 묘사하는 강민주의 언어는 매우 감동적으로 표현되어 있다. 그러나 우리는 강민주의 이런 표현들을 작가가 '작가의 말'에서 밝힌 대로 "그 모든 것 위에 있는 모성"(15쪽)으로 보기에는 무리가 있다고 생각한다. 강민주의 이런 변화된 행동이 모성이 아닌 초기 단계의 배타적인 이성애에 근거하고 있다는 증거는 앞에서 보여 준 그의 행동에서 쉽게 찾을 수 있다. 백승하를 납치하고 얼마 되지 않아서 백승하가 아들의 생일을 알아보기 위하여 달력을 요구했을 때 강민주는 잔인해지고 싶은 충동을 느낀다. 그리고 그러한 그의 행동을 자신이 "여자라는 것을 이용하기 위한 수단이며 여자들의 마음 약함에 기대를 걸어 볼 작정"(133쪽)인 것으로 해석한다. 강민주가 백승하의 아들에 대해 갖게 되는 감정 역시 아버지의 얼굴을 쏙 빼어 닮은 아들의 모습에 백승하를 투영시킨 것이고 그래서 마음의 동요를 느끼게 된 것으로 독자들은 읽고 있었다.

추리소설로서의 치밀성에 관해서도 언급이 있었다. 강민주는 백승하를 납치의 대상으로 삼고 몇 년에 걸쳐 그에 관한 기사를 모두 스크랩해 왔고 황남기를 이용하여 충무로에서 그의 뒷조사를 했으면서도 백승하의 추잡스런 과거가 드러나기를 기다리고 있었다. 자신이 그렇게도 완벽하게 준비를 했다면 기자들이 백승하에 대해 알아낼 수 있을 정도의 과거는 강민주 자신이 진작에 알고 있었어야 한다고 생각한다. 이 에피소드는 의식이 냉철하고 지적인 인물로 강민주를 그리려 했지만 성공하지 못했음을 보여주는 부분이다.

백승하와 강민주가 함께하는 이오네스크의 연극 역시 토론의 주제로 떠올랐다. 강민주는 '남성의 사육, 길들이기'라는 표현을 계속 사용하고 있지만 이야기의 전개에서 독자가 받는 느낌은 오히려 그 반대이다. 강민주가 백승하를 길들이는 것이 아니라 연극 연습을 통하여 백승하가 강민주를 길들이고 있다는 느낌을 받게 된다. 현실에서는 강민주가 납치를 한 사람이고 백승하가 포로인데도, 극 속에서는 그들의 관계가 뒤바뀐다. 두 사람의 관계가 교수와 학생, 연출자와 연기자의 관계로 전환되면서 독자는 백승하가 점점 여유만만하게 변하고 강민주가 내심으로는 그에게 종속되기를 원하고 있는 듯한 느낌을 받는다. 강민주가 백승하를 납치한 명분이 그가 많은 여성들에게 남자에 대한 환상을 심어 준다는 것이었으나 아이러니컬하게도 이 연극 연습은 강민주 자신의 남자에 대한 환상을 키워 내는 온상의 역할을 하고 있다. 극의 끝 장면에서 교수로 분장한 백승하가 학생으로 분장한 강민주를 칼로 찔러 죽이는 장면을 본 독자들은 이미 이 작품이 비극으로 끝날 것임을 예측하게 된다. 이런 식의 남녀 관계에 우리는 식상할 대로 식상해 있다. 도대체 이게 뭐란 말인가? 기존 '여성소설'의 범주를 벗어났다는 이 소설이 진정한 유토피안 소설도 페미니즘 소설도 되지 못한 채 연애 소설이 되어 버린 점을 우리는 매우 아쉬워했다. 뛰어난 글쓰기 역량을 지닌 작가가 맺은 대단원이라고 보기에는 심한 배신감을 느낄 정도였다. 이 작품의 끝을 보면서 우리는 최근에 본 영화 「델마와 루이스」와 묘한 대조를 이루고 있음을 알았다. 30대의 두 여성 델마와 루이스가 가부장 사회에 대항하는 모습을 그리고 있는 영화 「델마와 루이스」도 두 주인공의 죽음으로 끝나고 있지만, 대단원을 절벽에서 비상하는 장면으로 처리함으로써 우리들에게 여운을 남긴다. 그들의 죽음은 가부장 사회에서의 패배를 뜻하는 것이 아니라 그들이 의지적으로 기꺼이 선택한 것이었으며, 따라서 그 죽음은 가부장 사회를 향해 온 몸을 내던져 항거하는 모습으로 읽힐 여운을 충분히 남겨 두고 있다. 그렇기 때문에 영화가 끝난 뒤에도 엄숙하고 숙연한 영상은 관객들의 가슴에 남아 있다. 그러나 강민주의 경우는 자신이 의지적으로 선택한 죽음이 아니라 황남기라는 남성에 의한 타살이었으며 이도 역시 질투의 결과일 뿐 작가가 바라듯 살신성인의 죽음으로 받아들일 독자는 아마 아무도 없을 것이다. 델마와 루이스 두 사람의 죽음이 처절하게 가부장 사회 속에서 투쟁해 온 필연적인 결과였다면, 강민주의 경우에는 절실한 노력 없이 뭔지 모를 부드러움만 강조하다가 사라져 버린 죽음이다. 그러므로 강민주의 죽음은 작가가 의도한 대로 "자신의 머리를 부딪쳐 종을 울리다 죽어간, 한 마리의 새 이야기처럼 우리들 가슴에 새겨지는"(14쪽) 그러한 것과는 거리가 멀다.

우리들은 이 작품이 페미니즘 소설처럼 보이는 '반 페미니즘 소설'이라고 결론지었다. 작가의 의도는 "낮은 포복을 혐오하고 높이 기립해서 사는 여자", "물살을 거스르며 하류에서 강의 상류로 나아가는 여자"(14쪽)를 그릴 생각이었더라도, 독자인 우리가 읽은 이야기는 당당하게 벌지 않은 돈에 기생해 사는 한 여자가 혼자서 잘난 척하다가 제풀에 주저앉은 동키호테 식의 이야기였다. 우리들 중에는 작가에 대해 반감을 갖는 독자도 있었는데 여성 전체를 위하여 나섰다고 하는 강민주가 다른 여성들에 대해서 쓸모없는 우월감만 느끼고 고통받는 여성들을 향한 애정은 전혀 없다는 점 때문이었다. 「인간 실현을 위한 여성문제 상담소」에서 보여 주는 그의 태도에도 나타나 있는 것처럼 여성문제를 수단으로 삼을 뿐이고, 여성운동가들에 대해 경멸하면서 자신이 여성과 진정한 연대를 이루어 내고자 하는 어떠한 노력도 하고 있지 않다는 것이다.

우리들은 이 소설이 이렇게 반 페미니즘적인 요소를 갖고 있는데도 대중매체에서 왜 그렇게 페미니즘 소설로 선전하고 있는가도 생각해 보았다. 상업주의에 관한 토론은 접어 두고라도 문단에서 인정받고 있는 작가가 페미니즘에 관해서 왜 이렇게밖에 쓰지 못했을까? 결국 우리는 일반 독자들의 페미니즘에 대한 인식이 바로 작가의 페미니즘 인식과 비슷한 수준에 있기 때문이라고 결론짓게 되었다. 그런 면에서 이 작품은 남성에 대한 적대감과 분노를 가진 사람이 곧 페미니스트라고 생각하는 기존의 통념을 확인하는 작업을 한 셈이고, 여성해방운동에 참여하지 않고 있는 많은 독자들에게 여성해방에 관한 단편적 호기심을 충족시키면서 동시에 여성해방운동을 한마디로 처리해 버림으로써 또 다른 만족을 주고 있는지도 모른다. 하여간 우리는 이 작품을 페미니즘 소설로 생각하고 읽는 많은 독자로 하여금 페미니즘에 대하여 부정적 인상을 갖게 하는 악영향을 누가 어떻게 책임질 수 있을지 염려스럽다.

이와 같이 여성 독자들의 반응은 아쉬움으로 가득 차 있다. 비록 대리만족을 느낄 수 있는 장면이 몇몇 있기는 했지만 전체적으로 동일시의 감정을 느끼기에는 매우 부족한 것이다. 특히 강민주의 죽음에 대하여 강한 불만을 표현하고 있는 것은 여성 독자들이 삶의 대안을 제시해 줄 수 있는 페미니즘 소설을 얼마나 기다리고 있는가를 반영하고 있다. 이 작품의 의의를 구태여 찾는다면 이 책이 몇 가지 구체적 장면에서 우리들의 느낌과 그에 대한 대안을 자세히 피력할 수 있는 계기를 제공해 주었다는 데서 찾을 수 있을 것이다.

5. 페미니스트 유토피언 소설을 기대하면서

이제 정리를 해보자. 이 소설이 재미있었는지에 대해서는 그렇다고 대답을 해야 할 것 같다. 우리는 모두 책 읽기를 시작한 뒤에 읽는 작업을 멈추기가 쉽지 않았다. 박진감 넘치는 짧은 문체가 독자의 사고 속도를 빠르게 진행시키는 효과를 가져오고, 독자에게 다음 장면에 대한 궁금증을 유발해 책장을 넘기는 속도도 다른 소설 작품에 비해 빠른 편이었다. 이야기 전개 방향에 따라 다음 장면에 일어날 경우의 수가 항상 여러 가지가 될 수 있는 빠른 구성 전개를 시도하여 흥미진진한 사건의 연속이라는 느낌도 받았다. 이렇게 독자를 붙잡아 둘 수 있는 요인은 소설 전편을 통하여 강력한 1인칭의 목소리로 현재형을 사용하고 있는 작가의 뛰어난 글쓰기 역량에 힘입은 바 크다. 강민주와 작가의 여성문제 의식을 드러내는 동시에 문학적 형상화의 과정을 축소하는 역할의 노트 작법을 도입한 것도, 많은 여성 독자들이 여성학에 대해 품고 있는 지적 허영심을 만족시키기 위해 설정한, 고도의 서비스 전략이라고 볼 수 있다. 또 5학년 말 담임 선생님이 우등생들에게 선물로 준 동화책 『괴도 루팡』과 『알프스의 소녀』가 우연적 필연으로 바뀐 것 같은 독자들의 어린 시절에 있었으면 좋았을 듯한 사건의 설정도 이에 한몫을 한다. 더욱 재미있는 점은 냉소적이고 이성적인 여성을 그리고 있는 작가의 목소리가 오히려 심리 분석에 가까울 정도로 세세하게 기술되어 있다는 점이다. 단계단계마다 주인공의 감정 변화 과정을 자세하게 기술하고 있어 독자의 읽는 흥미를 더하고 있다.

그러나 여성 독자들의 반응을 살펴보면 독자의 성향에 따라 매우 다르다는 것을 알 수 있다. 자신의 당당함과 패기를 감추어 두고 행동을 하지 못하는, 작가의 말을 빌린다면 자신처럼 당돌하지 못한 여성일수록 대리 만족감을 느낄 가능성은 높은 것 같다. 반면에 나름대로 당당하게 자기 주장을 펴면서 사는 여성들에게 이 소설은 첫머리에서 약간의 호기심을 불러일으키지만 나중에는 황당하고 매우 불만스럽게 읽힌다는 것을 알 수 있다. 그러나 모든 여자는 아무리 강한 척해도 "알고 보면 부드러운 여자"라는 식의 결말은 위의 두 종류의 독자 모두에게 실망을 안겨 주었다.

그런데 진지한 작가인 양귀자가 왜 이런 실망스러운 결론을 내릴 수밖에 없었을까? 나는 이 작가가 여성을 대표한 상징적 인물로서 설정된 강민주와 한 개인적 여성 인물로서 설정된 강민주를 구별하지 못하고 있지 않나 하는 의구심이 든다. 애초에 여성의 '대리자(?)'로서 강민주에게 부여된 상징 차원의 의미를 아무런 고민 없이 개인 차원의 문제로 환원해 버린 것을 보면 그러한 생각을 하게 된다. 아마조네스, 대모신 내지 여전사로서의 상징성을 가진 인물로 창조되었을 때 강민주는 이미 신화적 인물로서의 임무를 띠고 있는 것인데, 그 인물은 결국 양귀자 식의 리얼리즘 속에서 유산되고 만 것이다. 상징 차원에서 강민주를 탄생시켰다면 작가는 소설 첫머리에서 하려고 했듯이, 계속 가부장제에 충격을 주며 그 실태를 적나라하게 드러내는 일을 불사조처럼 해내는 상징적 인물로 강민주를 남겨 두어야 했다.

하여간 이 결말은 작가가 "싸우는 것이 아니라 남성과 함께 억압을 풀어 가는 소설을 쓰고 싶다"는 소망을 가지고 일시적이나마 남녀가 분리적일 수 없다고 느끼는 점을 감안한다면 우연이 아니다. 작가는 그저 남녀가 '사랑'의 이름으로 화해하며 살자는 조급한 결론을 내림으로써 가부장적 틀을 공고히 하는 데 기여하는 소설을 쓰고 여성문제를 단순하게 처리해 버릴 수 있는 가벼운 문제로 만들어 버린 동시에, 작가가 의도했든 의도하지 않았든 간에 지극히 보수적인 체제유지적 목소리를 복창하고 만 것이다. 최근에 신보수주의의 목소리가 높아지고 있는 가운데 페미니즘을 표방하는 소설이 이런 식으로 나오고 있는 것은 여성문제를 진지하게 풀어 가려는 우리들에게 걱정스러운 현상이 아닐 수 없다.

그러나 토론 없는 시대에 이런 논란을 일으켰다는 점에서는 일단 긍정적 평가가 내려져야 할 것이다. 재미있는 소설로 독자와 만나 보려는 작가의 끈질긴 노력이 이런 작품을 쓰게 했을 것이다. 그리고 이 소설로 인해 일고 있는 토론들을 통해 한 가지 분명해진 사실은, 이제 독자들은 억압당하는 여자를 주인공으로 하는 소설이 아니라 당당하게 사는 여자를 주인공으로 한 재미있는 소설을 읽고 싶어한다는 것이다. 최근 『여성신문』에 실린 기사에서 볼 수 있는 것처럼 "당한 만큼 복수하고 싶은 게 인간적인 모습"이므로 "증오와 분노를 행동으로 '보복'하는 또 하나의 여성상을 표현"한 이 소설이 특히 젊은 여성 독자들에게 환영을 받았다. 게다가 "남자가 이념적, 관념적 동물이라는 설정은 소설에서 많이 보아 왔지만 여성은 그렇지 못했다. 강민주처럼 완벽하게 관념 하나로 행동에 옮기는 여성상을 그렸다는 건 평가할 만하다"[13]고 한 독자의 반응은 그들이 무엇을 원하고 있는지를 단적으로 보여 준다. 이제 여성 독자들은 피해 의식에서 벗어나 새로운 세상을 만들어 가는 느낌을 책을 통해서 가져 보고 싶어한다. 여성들의 구심력이 될 수 있는 대모신, 상상력을 자극하는 새로운 여성상을 보고 싶어하는 것이다.

대모신이나 여장부에 대한 소설이 없는 것은 아니었다. 박경리의 『토지』에서부터 최영희의 『혼불』, 유안진의 『바람꽃은 시들지 않는다』에 이르기까지 강하다 못해 거의 초월적인 이미지는 이미 많은 소설 속에 형상화되어 왔다. 그러나 그들은 현대 젊은 세대 여성들이 동일시하기에는 너무 보수적이거나 한에 서린 비극적인 인물이었고, 미래를 열어 갈 현재적 의미보다는 향수를 불러일으키는 존재로 남겨졌었다. 이런 주인공들과는 좀 다른 색깔을 지니고 여성으로서 분명한 역사 의식을 가진 여주인공이 등장한 소설이 없지는 않았다. 박완서나 한림화의 소설에 등장하는 인물이 그러하다. 특히 한림화의 『한라산의 노을』에서는 자매간의 강한 연대 의식과 페미니스트 유토피안 전망이 나타나고 있는데, 이 소설은 아쉽게도 널리 읽히지 않고 있다. 아마도 이 소설이 제주도 토박이 말로 쓰여 있고 4.3이라는 거대한 역사적 사건의 의미를 밝혀 내려는 야심작이었던 만큼 일반 여성 독자들이 쉽게 접근하기 힘들었던 것으로 보인다. 사실상 4.3에 대한 역사적 해석은 너무나 무겁고 지식인 위주로 논쟁이 되어 온 주제였으며, 이 소설에 대한 비평도 그 방향에서만 주로 이루어졌던 만큼 소설이 별로 알려지

---

13) 『여성신문』, 1992년 9월 25일, 12쪽

지 못했던 것이 아닌가 생각된다. 여성을 위한, 여성에 의한, 여성의 소설이 나오기 위해서는 아직도 여러 방면에 걸친 실험 정신과 협력이 필요하다는 사실을 양귀자 소설을 계기로 다시 한번 확인하게 되었다.

나는 이 책을 계기로 멋있고 신나는 페미니스트 유토피언 소설들이 쏟아져 나오기를 기대한다. 시장도 넓고 진지한 독자들도 많다. 여성들의 당당함과 부드러운 힘을 유감없이 보여 주면서 새로운 사회로 그 힘이 이어지는 이야기를 우리는 듣고 싶다. 그러려면 먼저 여자면 모두 여성문제를 다룰 수 있는 능력이 있다는 식으로 여성문제를 안이한 태도로 가볍게 생각하는 여성비하 의식부터 버려야 할 것이다. 여성을 비하하는 의식을 가진 여성이 어떻게 여성문제를 풀어 갈 이야기를 쓸 수 있단 말인가? 집단적 상징과 구조의 문제를 순식간에 개인의 차원으로 환원해 버리는 작가에게서는 더더욱 그런 기대를 할 수 없다. 여성운동의 모토인 "개인적인 것은 정치적인 것이다"는 말의 의미를 새삼 깊이 새겨서, 구조적 변혁의 차원을 개인적 삶에서 구현해 내는 방법을 제대로 찾아가는 지혜로운 여성들이 창조적 글쓰기를 하는 작가가 되고 동시에 주체적 글읽기를 해내는 독자가 될 때 이 땅의 여성운동은 확실한 뿌리를 내리게 될 것이다.

문학의 현장

페미니즘과 여성시

김혜순*

나는 이 글을 통해 우리 나라 여성시의 여러 가지 특징적 요소들을 부각시키고자 한다. 여성 시인들의 시를 남성 시인과 구별해서 바라보려는 의도는 그 동안 여성 시인들의 시를 따로 보아 주는 시도가 부족했기 때문이 아니라 그들의 독특한 어법, 심리학적 기제, 상징 세계, 문체론적 특징, 여성의 육체로서 글쓰기, 여성들만의 고유한 이니시에이션 드라마, 입장 등을 갈라서 보아 주는 시도가 부족했기 때문이다. 물론 여성의 모성적, 표피적 경험, 여성해방적이고 선언적 언술에 대한 연구가 없지는 않았지만, 그것이 여성으로서의 이데올로기, 여성으로서의 내면적 경험, 여성으로서의 사회 · 문화 구성 원리(positionality)를 나누어 그것이 시에 투영된 모습(문학내적 문맥)을 옳게 봐 주지는 못했기 때문이다. 그 부분에서는 시가 소설보다 훨씬 취약했다고 느껴진다.

여성시와 남성시의 언어를 나누는 확고한 변별 기준은 없다. 시인은 본질적으로 남성이건 여성이건 자신이 속한, 자신에 대한 세계, 혹은 대상을 타자화하고 그것에 억압을 느끼는 존재이므로 더욱 그러하다. 그러기 때문에 우리 나라의 대표적 시인이라고 할 수 있는 김소월, 한용운의 시, 혹은

---

* 1955년에 경북 울진에서 만딸로 태어났는데, 전국을 떠돌며 학령기를 보내 범한국적인 의식을 갖게 되었다. 서울 예전 문예창작과에서 시를 강의하고, 남자 평론가들로부터 끊임없이 여성적 감성을 질타받는 시를 계속 생산하고 있다. 남편과 함께 딸 하나를 기르고 있다.

최근에 와서 이성복의 시들이 여성적 화자의 목소리를 내는 것도 그러한 이유이다. 그래서 나는 이 글에서 A. Kolodny의 말처럼 "자신의 독특한 독해와 독해 체계들이 결정적이거나 구조적으로 완결되어 있다고 주장하지 않고, 오직 작가로서의 여성(woman as author)을 인정하는 데 유용함과 기호로서의 여성(woman as sign)을 양심적으로 해독(decoding)하는 데 유용함을 주장"(Annette Kolodny, 페미니스트 연구, 6)하는 것을 목표로 삼을 뿐이다. 왜냐하면 시는 현실적인 리얼리티라기보다는 독자가 나누어 가진 반영(Laslett, *British Journal of Sociology*, 27)이기 때문이다.

우리 나라 젊은 여성들의 시는 매우 다양한 모습을 보인다. 지나간 시대 일부 여성 시인들의 감상적 제스처나 소극적 자세, 사랑 타령 혹은 남성적 세계 안에 편입된 행복한(?) 노래를 많이 벗어난 듯 보인다. 그것은 젊은 여성 시인들이 자신들의 정체성을 나름대로 만들어 가는 과정에 있다는 표시도 되겠고, 남성적 세계의 허위와 폭력성을 바라보기 시작했다는 말도 되겠다. 그와 아울러 남성적 세계와의 마찰을 견디기 힘들어 하면서 나름대로의 컨텍스트를 만들어 가고 있다는 말도 되겠다. 여기서 남성적 언어란 남자/여자의 언어가 아니라, 합리적/감정적, 진지함/어리석음, 사려깊음/임의적임(Jonathan Culler, *Deconstruction*)의 부당한 구분 속에서 개인적으로 불편할 수밖에 없는 외국어(Carolyn Burke, *Report from Paris*)와 같은 언어를 사용하는 여성 시인들을 불편하게 하는 모든 압제적 언어, 남근적 어원 발생학을 가진 언어, 여성 비하적 언어를 포함하는 언어를 일컫는다. 이러한 언어 구조에 대항하는 글쓰기란 새로운 언어를 창조한다기보다는 언어 구조의 껍질 벗기기 같은 해석적 진술이라는 표현 전략, 혹은 일상어체의 수용, 은유적 원리 안에서 프로페셔널한 언어 구사를 하는 남성 언어 앞에 환유적 언어 구사라는 아마추어적 대응, 모성 세계를 통한 언어의 새로운 덧칠, 그로테스크한 이미지를 통한 억압적 남성 세계의 극화, 여성적 통과 의례에 대한 제의적 대결, 자신의 육체를 해체하는 언어 구사 같은 전략을 모두 포함한다. 여기에서 페미니즘적 시각은 방법이라기보다는 전망이 될 것이다. 그것은 남성 언어를 어떻게 부수느냐 하는 도구라기보다는 남성 언어와 세계를 들여다보는 전망이 될 것이다. 물론 이런 생각은 여성시를 바라보는 나에게도 해당되는 생각이다. 그래서 나는 페미니스트 전망으로 시를 분석하는 도구를 페미니즘 영역 밖에서 존재하고 있던, 그리고 이미 적용된 문학적 방법론에서 끌어오려고 한다. 이렇게 하는 것은 다른 영역에서 발생된 방법론이 여성시에 적용됨으로써 그 방법론을 선택한 사고 체계를 변모시키기 때문이다.

1. 여성시의 문체 전략

1) 여성시의 문체에서 가장 두드러진 모습은 대화체의 사용이다. 대화체는 여성 시인들이 자신들의 언술을 상대방에게 전달하고 싶은 간절한 욕망에서 비롯된다. 이것은 마치『제인 에어』속에서 작가가 "독자여!"라고 부름으로써 독자를 소설 공간 안으로 불러들이는 것과 다르지 않은데, 시인은 자신의 여성적 언술이 독자들로부터 반응을 받도록, 다시 말하면 어떤 의미에선 공적 언술이 되도록 간절히 바라는 것이다. 또한 대화체는 관계를 희망하는 언술 구조이므로 여성 시인들이 자신들만의 세계 안에 갇혀 있기를 바라지 않는, 희망의 표현이라고 볼 수도 있다.

김승희의 문체 전략은 대화적 설의이다. 그는 모든 시에 질문하고 답하는 두 화자를 설정하는데, 겉으로 보기에 대개 시에서 질문하는 사람은 제삼자이고 답하는 사람은 시적 주체 자신이다. 그러나 문맥 속에서 살펴보면 질문은 대답을 말하기 위한 의도적 장치임이 드러난다. 즉, 그는 자신의 시에 대답만의 단조로움이 담기는 것을 피하기 위해 어린아이와 같은 질문자를 상정하고 끈질기게 답변을 요구하게끔 한다. 그의 질문은 독자와 자신을 향해 동시에 던져진다. 묻고 답하는 형식은, 단조로운 독백의 사적이고 개인적인 상황에서만 의미 있을 뿐인, 그래서 외적인 영향을 제거해 버릴 뿐인, 단조로운 원자적 자아개념(atomic self)의 함정을 벗어나기 위해 사용된다고 볼 수 있다. 그는 그 자신의 언술이 사적인 차원에 머무르지 않도록 하기 위해서 전략적으로 대화 구조를 빌렸다고 볼 수 있다.

배우 비슷하게
은막 비슷한 곳에서
너, 참, 무엇에 널 걸 거니? 응 말해 봐.

참, 무엇에든 널 걸어야 할 거 아냐?
―「떠도는 환유, 5」 중에서

의문형의 시행은 대화 구조 안에서 분열된 자아를 표상하면서 아울러 이질적인 것들을 하나의 언술 구조 안에 묶는 구실을 하기도 한다. 그는 "사랑도 눈물도 진짜가 아닌 것 같은" 그러나 그런 것 비슷한 것들이 "생 비슷한 것을 이루고" "죽음 비슷한 생"을 다시 꾸미는 것을 삶이라고 생각한다. 그런 삶은 진짜 삶이 아니다. 그렇다고 죽음도 아니다. 다 "비슷한 것"들일 뿐이다. 그래서 시인은 어느 것에도 자신을 걸 수 없다. 모든 대상은 본질이 아닌 인접한 현상일 뿐 즉, "떠도는 환유일 뿐"이다. 김승희의 대화체는 통합된 인식의 주체를 거부하고 자신을 관찰하는 또 하나의 시점을 설정함으로써 주체를 분열시킨다. "나는 내가 존재하지 않는 곳에서 생각하고, 나는 생각하지 않는 곳에서 존재한다"는 라깡의 명제로 그는 말하고 있는 듯하다. "엄마 비슷한 아내 비슷한 자식 비슷한 교수 비슷한 시인 비슷한" 것으로 자신을 이해할 뿐 자신은 어느 것도 아니다. 그래서 그는 제삼자에게 말을 걸 듯 자신에게 말을 건다. "무엇에 널 걸 거니?"라고.

김승희의 대화체는 남성적 세계 안에서 분열된, 여성적 자아 속의 존재들끼리 하는 대화를 통하여 자신의 정체성을 찾으려는 도구로 쓰이는 구조로 이해된다. 그는 제삼자에게 말을 걸 듯, 자신의 한 부분에게 말을 걸어 자신의 시적 언술 구조 안에서나마 시적 주체가 하나임을, 그러나 분열된 존재로서 합일을 갈망함을 드러낸다.

나의 존재가 잠깐 파르르 떨어요
지워진 자리에서 언제? 지금? 아니 천년 전에?
물빛 이슬처럼 자유롭고 순결한 규정되지 않는
윤곽이 다시 시작되는 것을, 눈물이 나요— 오 안녕
―「에우리디체, 또는 부재에 매혹당한 실존」 중에서

김정란의 시는 김승희 시와는 달리 구체적 현상의 지목보다는 관념적 진술을 하고 있지만 자신의 부재를 대화체의 문장으로 찾고 있는 점에서는 유사하다. 그는 자신의 삶 속에, 자신의 언어 속에 자신이 없다는 것을 안다. 그럼으로써 자신의 존재가 더욱 확실히 보인다고 그는 역설적으로 말한다.

여성 시인의 대화체 언술은 부재의 공간 안에서 자신의 존재를 찾아내려는 몸짓이다. 그들은 부재 안에서 분열된 존재를 향하여 말을 건다. 여성으로서의 자기 존재는 어디서 찾을 수 있겠냐고.

2) 여성시의 문체 중 고백체는 고전적인 방법이다. 최승자는 고백체를 자신의 방법으로 빌린다. 로젠탈이 실비아 플러스나 앤 섹스턴의 시를 고백적 진술로 본 가장 큰 이유는 둘 다 자살한 시인이라는 점, 여성의 일상적 경험이 녹아 있다는 점, 개인적 삽화가 많아 시인과 퍼스나를 구별하기 어렵다는 점 등이다. 그러나 푸꼬가 『성의 역사』에서 고백적 진술을 "억압받는 자의 행위 모델을 내면화한 글쓰기 유형"의 하나로 본 바와 같이, 이들은 그 경험이 녹아 있는 상황이나 서사적 계기성보다는 포괄적 이미지로 삶과 죽음의 문제를 교차시켜 삶의 문제를 더욱 투쟁적으로 나타내므로 단지 방법적으로 고백적 문체를 쓰고 있다고 봐야 옳을 것이다.

고백체는 하나의 진술 방법일 뿐 체험 그 자체는 아니다. 그러니까 고백체의 시에서 고백은 일차적 경험의 직접 진술일 수도 있지만 전혀 다르게 간접적 경험과 사고의 의식화된 노출이라고 볼 수도 있는 것이다. 그것은 소재 경험이기 이전에 사고 경험일 수도 있는 것이다.

   네가 쓰러지기 전에
   먼저 나를 차 주지 않겠니

   다시는 내가 이 세상에 기어나오지 못하도록
   모가지를 꿈틀거리며 기어나오지 못하도록
   네가 쓰러지기 전에
   먼저 나를 차 주지 않겠니,
   다정한 내 사랑 내 아가야.
   ―「너는 즐거웠니」 중에서

우리 나라에서 고백적 진술을 가장 먼저 쓴 사람은 김수영인데, 김수영보다 최승자의 시는 훨씬 고통스럽고, 역설적이다. 최승자의 시는 비명과 슬픔의 고백적인 자기 노출로 읽히긴 하지만, 그것은 다만 자아와 외부의 갈등 관계를 극적으로 표현하기 위한 방법으로 보아야 한다. 그의 시에서 상대방은 남성적 세계의 정점에 있는 인물, 혹은 힘이다. 그러므로 그의 시에 쓰인 자전적 고백체는 그 정점의 세력에 항의하는 절규이다.

3) 후기산업사회의 여성적 언술 구조는 은유 구조에 대항하는 환유 구조라는 생각을 가진 시인이 양선희이다. 세상을 총체적으로 바라보고 규명할 수 있다고 자부하는 은유 구조는 엉터리 예언자들이나 교조주의자들의 몫이지 시인의 몫이 아니라고 그는 생각하는 듯하다. 여성 시인에게는 총체적 억압의 문제가 남성적인 문제로 보일 수도 있다. 그래서 포스트모던한 전략이 여성적 문제와 관계 깊을 수밖에 없다고 생각할 수도 있다. 특히 모계적 관계는 환유적 관계로도 설명될 수 있는데, 남성들의 강력한 충동은 상징적인 본질을 갖는 고도의 문화적 발명을 가치 있는 것으로 유도한다. 즉, 남성들은 아버지와 그와 같은 이름을 가진 축소판, 유사성의 관계를 가치로 두지만 여성은 그 반대다(프로이드, 언어와 괴물). 여성 시인은 보잘것없고 잡스러운 자신의 일상을 이것저것 늘어놓고, 날마다 다른 얼굴을 바꾸어 달고 나타나는 억압의 실체 같은 것에 휘둘리면서 너스레나 떨 뿐 더할 일이 없다. 이럴 때 시의 언어는 선택되는 것이 아니라 배열된다. 시인은 대상과의 유사성을 찾으려는 노력보다는 시인 옆에서 시인과 함께 날마다 어리둥절해 하는 인접 대상이나 혼적을 배열할 뿐이다.

  1. 밥상을 차리고
  2. 뉴스를 속기하고
  3. 여편네 몰래 전화를 받아 주고
  4. 재산 목록을 만들고
  5. 지방신문과 연합통신과 중앙일간지를 스크랩하고
  (1, 3, 4는 정말, 내게 만약 걸게 있다면 그걸 걸고 맹세컨대 계약에 없는 일이다.)
  —「나의 가롯유다」중에서

더 이상 전체를 말할 수도 없고, 전체를 통찰할 수도 없다. 시인은 자신의 억압적 실체도 규명하지 못한 채 끝없이 무엇에 쓰일지 알 수도 없는 부스러기들을 채워 낼 뿐이다. 그래서 시는 자연히 소서사의 형태를 띤다. 하루치의 일기 같은, 아니면 한 순간의 사건 기록 같은 소서사들이 시의 내용을 이룬다. 더구나 양선희는 자신의 서사 구조에서 중간 통사의 단위인 낱말을 깨고, 그것을 다시 한 음절 한 음절 길게 늘임으로써 그의 내적 충동이 나타나기를 바란다. "삐삐삐삐삐삐삐삐삐삐삐삐삐이이이이이이이", "우울우울 고시시시이훅" 등으로. 이 또한 환유 구조로서 억압적인 실체에 도전하는 그의 표현 체계와 맞아떨어지는 형태 파괴적 진술이라고 볼 수 있을 것이다.

2. 여성적 이니시에이션과 제의적 대결

1) 죽음과 탄생이 피홀리는 곳
　어디로인지 떠나기 위하여 모든 인간들이 몸부림치는
　영원히 눈먼 항구
　알타미라 동굴처럼 거대한 사원의 폐허처럼
　굳어진 바다처럼 여인들은 누워 있다.
　새들의 고향은 거기.
　모래바람처럼 부는 여자들의 내부엔
　새들의 최초의 알을 까고 나온
　죽음의 잔해가 탄피처럼 가득 쌓여 있다.
　모든 것들이 태어나고 또 죽기 위해선
　그 폐허의 사원과 굳어진 바다를 거쳐야 한다.
　—최승자, 「여성에 관하여」 중에서

　여성의 육체를 죽음과 탄생의 출발점으로 표현한 그의 시는 그러한 여성의 내부를 무덤과 항구, 폐허, 죽은 바다로 표현하고 있다. 그렇지만 모든 탄생과 죽음은 일종의 어둠인 여자의 몸을 거쳐서 비로소 탄생된다. 이 죽음과 탄생이 거쳐간 폐허의 자리가 그의 시적 공간이 된다. 그 공간 안에선 죽음을 통해 삶이 탄생되며, 모든 인간이 떠나기 위하여 몸부림치고 있다.

그곳을 방문하는 길이 시인인 여성적 자아가 입문하는 과정이다. 그래서 그의 시에 등장하는 죽음은 몹시 은밀하고 고통스럽기는 하나 통과제의적이다. 그는 시 안에서 죽음을 다뤄 보기 위하여 죽음을 연습한다. "대낮에 서른세 알의 수면제를 먹는다"(「수면제」)는 말은 그가 죽음을 통하여 형태 이전의 세계로 가보고자 하는 노력인 것이다. 최승자는 자신의 시에서 능동적으로 제사처럼 죽음에 입문한다. 죽음은 또 하나의 삶과 탄생을 향한 반복의 첫걸음이 된다. 그러나 탄생은 여성 시인의 죽음을 거쳐야만 이룩되고 죽음만큼 고통스럽다. 그러나 그는 죽음 위에서 삶을 다시 '스스로' 시작한다. 죽음을 거쳐 탄생을 예비하는 모습은 여성시의 대표적 통과의례의 장치이다.

2) 김승희는 자신을 갇힌 존재로 생각한다. 그는 자신을 "가축원의 애완동물", "어항 속의 금붕어", "먹이사슬 속의 토끼", "괄호 속의 삶", "캄캄한 몸", "거미줄", "물을 받아 놓은 욕조" 속의 존재로 생각함으로써 자신이 현세적인 질서 안에 갇혀 있다고 생각한다. 그래서 그는 '안'의 삶을 벗어나는 대안적 행위를 시 안에서 행하게 되는데 그 첫번째가 상상계의 탐닉이고 두번째가 질주이다.

    강보에 싸여 있던 배냇저고리의
    영토 속으로 들어가 본다,.
    아무것도 가리지 못했던
    배꼽만한 옷,
    바람과 비누방울의 영혼들과
    짝을 이룬 포근포근한
    숨결,
    나에서 당신으로의 한이 없는
    따스한 향기,
    ―「유목을 위하여, 5」 중에서

김승희는 나날이 줄어들어서 국민학교 때 입었던 옷도 커져 버려 배냇저

고리의 영토 속으로 들어가니까 비로소 포근하고, 따스하다고 하는데, 그럴 수 있었던 이유는 누더기 같은 나를 버림으로써, 세상의 피억류자(욕망)를 버림으로써 그렇게 되었다고 말한다. 그러면서 그것은 "작게 아주 작게 환생하고 싶은 꿈" 때문이라고 스스로 해석한다. 그의 시에 무수히 많은 소재로 등장하는 달걀 이미지를 사용한 시들을 보면 달걀은 줄어듦의 극한체로 등장한다. 달걀은 라깡주의자들의 말처럼 성(gender)이 남성과 여성으로 분리되기 이전의 상태를 말한다. 그는 그 세계로 가고 싶어, 달걀에 하늘색을 칠하다가 아들에게 야단맞기도 하고(「하늘빛 달걀」), 언니의 멍든 얼굴 위에 달걀을 얹어 주고 문지르다가 그 따스해진 달걀이 깨지는 순간에 달걀이 오믈렛(달걀이 깨어져 오믈렛이 되듯, 아기는 거울 속의 자신의 모습을 알아보게 되는데 이것을 라깡은 리틀맨을 뜻하는 오믈렛이라고 했다)이 되는 것을 보면서, 그리고 거기서 언니와 자신이 머리를 쾅 부딪히는 순간 파란 병아리가 나오는 것을 보면서 그 행위 모두를 언니와 나의 "시작을 위한 난생설화"라고 이름붙였다. 그는 달걀 속 같은 상상계 속으로의 퇴행 행위만이 안의 세계를 시작할 수 있는 계기라고 생각하는데, 이것은 여성성이 침묵하기 이전 상태를 의미한다. 시인은 달걀이 깨어진 후 언니를 발견하고 새로운 자매애의 경험 속에서 '새로운 시작'을 나눈다. 그러므로 그의 상상계로의 탐닉은 여성성 회복의 전략이 된다. 그러니까 그는 상징계 안에서도 여성성이 확립되는 순간이 있다면 그 순간은 자매애의 발견 순간이라고 생각한다.

상상계의 탐닉 다음으로 김승희가 여성성 회복의 이미지로 선택한 것은 질주이다. 그는 토끼를 내세워 질주 이미지를 표상하는데 그의 시에서 토끼는 망각의 세월과 '안'을 뚫고 나갈 수 있을 듯한 모습으로 나타난다. 그의 토끼는 실비아 플리스의 「토끼와 덫」에서처럼 삶과 죽음, 탄생과 죽음이 하나인 토끼이다. 그러나 그는 토끼인 자신이 그의 집에서 기르는 개 '루키'처럼 목줄을 끊고 대문을 박차고 나가길 원한다(「집 나간 개에 관한 명상」). 동시에 RH마이너스 혈액은 없지만 그것이 필요한 병원으로 질주해 가길 원한다(「진주 기르기,1」). 그럼으로써 자신의 질주가 자신이 갇힌 '안'의 문을 열 수 있으리라 생각한다. 물론 그 안은 남성적 세계 안에 함몰된 일상적 삶의 진부한 공간이다. 김승희의 통과 의례는 상상계의 포근함으로 퇴행할 때,

그곳을 빠져 나와서도 여성적 자매애를 발견할 때, 그리고 일상적인 삶의 테두리를 박차고 나올 때에 이뤄지고, 그는 그 과정을 형상화한다.

3. 여성적 육체의 해체

1) 여성 시인들이 비생명적인 남성적 질서에 대항하는 또 하나의 방법은 자신의 육체를 스스로 절단하는 방법이다.

  우선 머리통을 떼내어
  선반 위에 올려 놓는다
  두 팔과 두 발을 벗어
  책상 위에 올려 놓고
  몸통을 떼내 의자에 앉힌다
  —최승자,「삼십삼년 동안 두번째로」중에서

  툭

  잘린 목이 떨어지는구나 검은 갈기를
  날리며 해의 銀絲 백발처럼 한데 섞여
  날리며 부릅뜬 눈 멀어져 가는구나

  오늘은 하지
  죽음이 가장 긴 날.
  —「夏至」중에서

최승자의 시에선 자신의 몸을 잘라 꽃병에 꽂아 놓는다든지(「그리하여 어느 날 사랑이여」), 선반과 책상 위에 올려 놓고 도망치려 한다든지 하는 행동이 자주 보인다. 그는 육체의 분리를 통해 죽음이라는 단절을 쳐부수려 한다. 그는 부서진 육체를 가지고 죽음의 위용을 조롱하고, 단절을 건너 뛰려 한다. 그 다음 그 빈 자리에 그는 구체적이고 확실한 삶, 곧 사랑을 제시하려고 한다. 그는 죽음을 두려워하면서도 그것에 대항한다. 대항함으로써 그것을 벗어나 자유로와지려고 한다. 그의 시에서 죽음은 남성적인 실체, 그 자체이다.

이상희 또한 죽음의 정체성에서 벗어나고자 신체를 절단하거나 스스로 사라짐으로써 상징적인 죽음을 비껴가고자 한다. 이러한 행동은 자기 변형의 과감한 행동으로 보여진다. 그의 시에서 빈번히 나타나는 두통과 잠적, 절단은 다른 행동이지만 사실 한 나무에서 자란 다른 가지이다. 「저녁 일곱시 이십분쯤」이라는 시에서 그는 앓는 머리를 옆구리에 끼고 회사를 나오고 있다. 「夏至」에선 생의 아가리 속으로 잘린 목이 떨어지고, 「목을 치면」에선 목을 쳐달라 애걸하고, 「새벽 산책」에선 호주머니 속에 죽어가는 얼굴과 숨겨진 머리칼이 들어 있다고 말한다. 그러나 그의 시에서도 절단이 절단만으로 끝나지 않는다. 절단은 역설적으로 죽음과 삶을 되도록 친밀하게 근접시킨다. 아픔의 끝없는 호소로 그는 그의 정체성을 흔들어 놓기도 한다. 위의 시구 다음에 이어지는 시구를 보면 육체의 절단이나 해체가 얼마나 희망적인지 알 수 있다. 「저녁 일곱시 이십분쯤」에 보면 화자의 옆구리에 끼인 머리는 투구처럼 다시 쓰일 전쟁을 기다린다. 「목을 치면」에서는 목을 치고 거기다 물을 채우면 키 큰 꽃 몇 송이쯤 꽂힐 거고 더구나 하얗게 질린 평화가 보일 거라고 토를 달고 있다. 「새벽 산책」에서는 죽은 얼굴, 식어가는 얼굴을 묻으러 가는 새벽은 길가의 창문이 켜켜로 얼어가지만 자신만은 따뜻하다고 설파한다. 즉, 절단된 머리는 절단됨으로써 새로운 싸움에의 준비, 생명, 평화, 안락 같은 것을 예비할 수 있다고 그는 믿고 있다.

여성 시인의 육체 절단과 소멸에의 의지는 표면적으로는 남성적인 세계로부터 도피하려는 의지를 나타내는 것처럼 보인다. 그러나 이 도피는 역설적으로 해체의 과정을 거쳐 새로운 형태의 삶을 허락한다. 그러므로 여성 시인들 시의 무시무시한 파괴 행위는 고통을 넘어, 일상적인 반복을 지나, 남성적 세계에 편입되려는 시인을 정화시키는 역할 또한 수행한다.

4. 모성성의 현현으로서의 글쓰기

1) 정화진의 시에서 중요한 모티브는 할머니라는 큰 아니마의 현현이다. 할

머니가 거느린 세계는 무속적이며 신화 원형적이고, 과거 지향적이나 시인의 미래를 감싸안고 있다.

> 근암댁이 대청마루에 새벽 안개 한 사발을 담아둔다
> 안개와 섞이며 사발 속에 익모초즙이 출렁이고
> 신열이 난다, 안방에서 앓는 아이
> 벼랑으로 내달리는 아이의 병을 긁어대는 근암댁
> 안개 한줌을 더 부벼 사발 속에 넣으며, 먹어야 한다 먹어야 한다 애야
> ―「나의 방은 익모초즙이 담긴 사발이다」 중에서

정화진의 시에서 할머니는 시적 화자의 병(폐렴, 말라리아 혹은 병명 미상의 병)을 고치기 위해 갖가지 무속을 행한다. 할머니는 고향의 한가운데에서 아흔 개의 옹기 항아리와 사발, 뚝배기, 놋대야, 가마솥, 쌀독, 채반, 반짇고리, 아궁이, 바가지, 누룩이 익는 독, 맨드라미 같은 둥글고 붉은 것들을 거느리고 화자의 시들어 가는 육체를 살려내려 하고 있다. 특히, "불씨를 다독이"고, "방을 뜨겁"게(「쌀과 누룩이 끓는 마당이 문득」)하고 "붉은 물이 지나간 뒤 할머니는 토담 아래 맨드라미 씨를 뿌린다"(「붉은 쥐」) 같은 표현은 죽음 후까지 이어지는 할머니의 손길, 숨겨진 끈질긴 생명의 연결고리를 내보이는 언술이다. 살려냄을 위해 할머니는 자라의 목 자르기, 익모초잎 달이기, 칼물 만들기, 개 모가지 자르기, 감자 썩히기 같은 일을 서슴치 않는다. 다시 말하면 할머니로 표상된 큰 아니마는 칼, 개, 자라 같은 남성적 표상들을 자르고, 물에 용해시키고, 거세하고 끓여 내어 시적 화자로 표상된 자손의 생명을 연장하려 한다. 더구나 모든 어머니들의 어머니인 그 큰 아니마는 무당과 같은 제의적 행동도 서슴치 않는데 "할머니가 아이를 위해 마당을 깨끗이 쓸고 난 후 마당 한가운데 땅을 긁어 십자표를 긋는다 노란 흙이 날린다 맞물린 십자표식 위에 정확하게 칼을 꽂아 바가지를 덮어 씌우는 할머니 말라리아의 가슴을 찍어 가르려 한다"(「칼이 확대된다」), "입술을 열고 붓던 자라의 피와 가느다란 영혼 하나를 할머니의 손을 나는 보았다"(「징거미 더듬이」) 같은 행위가 그것이다. 그러므로 정화진의 시에 등장하는 할머니는 시적 화자의 할머니이면서 또한 사제적 신유의

능력을 갖춘 대모신(大母神)이다.

그 품 안에서 앓는 아이는 따뜻하다. 시인은 어른이 되어서도 할머니가 풀어 놓은 이미지(할머니는 항상 물의 이미지를 동반하고 등장한다) 안에서 원초적인 아름다움의 세계에 젖어든다. 할머니가 피어 올리는 젖물처럼 부드럽고 따뜻하며 푸근하고 축축한 안개 속에서 아이는 치료된다. 물의 이미지는 아이의 무의식적 인생에 중대한 영향을 끊임없이 전해주는 '상상적 의학'의 영역이다.

> 가지런하게 수십 개의 송편이 놓여지기 시작하는 소반
> 대낮에 그것도 여자를 산도라지 캐던 여자를
> 여자를 습격해 그것도 내장을
> 소반 위에 송편, 속을 넣는 손과 손
> 겹겹 희고 잘디잔 지문 위로 손과 송편
> 그것도 내장을 파먹었더란다 그것은 점점 커지고 불어나
> ―「봄비는 늑대」 중에서

「봄비는 늑대」에서 여인들은 동그랗게 둘러앉아 조그맣고 동그란 송편을 빚고 있지만, 자신들의 이야기(전설과 대자연의 이미지)를 통해 더 큰 원을 빚는 것이 된다. 이러한 표현은 정화진의 시가 개인사적인 진술에서 여인들의 이야기를 진술하는 것으로 확대되는 구실을 한다. 그러나 여인은 안에 위치시키고, 그 밖에 내장을 파먹히는 세계가 있다고 말한다. 그는 밖의 세계는 남자들이 갈 세계라고 말한다. 어린아이인 시적 화자는 안의 세계, 여인들만의 원 안에 머물고 밖의 세계를 공포 속에서 느낀다. 그는 상상의 세계 안에서 상징의 세계로 나아가고자 하지 않고 빙빙 돈다. 상상계 안에서만 자유로운 여성, 밖의 세계로의 진입을 꺼려하는 여성, 대모신의 품 안에서만 자유로운 여성은 앞으로의 시 쓰기에 많은 억압을 받을 것이다. 기호적인 것(시인으로서의 언어, 여성으로서의 아방가르드: Julia Kristeva)이 아버지의 법 안에서 어떻게 질서를 부술지가 상상계의 세계 안에서 맴도는 시인의 앞으로의 과제이다. 그것이 대모신의 손길을 벗어난 시적 화자가 여성 정체성을 만들어 가는 과정이기 때문이다.

2) 최승자는 여자인 자신의 탄생을 "슬퍼하기 위하여" "이 세상에 태어났" 다라고 말한다. 왜냐하면 이 세계가 뭉뚱그려져서 그의 안에 들어 있고, 그는 그것을 끊임없이 생산하여야 하는 어머니로 태어났기 때문이라는 것이다. 그러므로 그의 아들들은 이 세계이다. 그러니 자연히 그의 남편은 이 세계를 창조한 자가 된다. 그런데 그의 남편은 시인과의 만남에서 항상 파괴적인 타자로 맞선다.

> 부슬부슬 녹이 슬고
> 허옇게 푸르둥둥하게
> 피어오르다 피어 박히고
> 사람들――나의 아들의 아들들
> 어린 개죽음들
> ......
> 그리하여 내 최초의 남편아 받아라
> 이 세계
> 이 거대한 핏덩어리를
> ―「혼수(昏睡)」 중에서

「혼수(昏睡)」에서 아들들은 어리디어린 채 죽어 있는 거대한 핏덩어리이다. 그들은 녹슬어 온 세상을 혼수상태에 빠지게 한다. 그러면 시인도 혼수상태에 빠지면서 잉태하고 분만하는 일을 계속한다. 왜냐하면 그의 몸은 세상을 받는 그릇이고 세상은 그를 통해 재생되기 때문이다. 그것을 계속하는 것만이 이 세상의 혼수를 건설한 자를 만날 수 있고, 그와 혼신의 힘을 다해 결전을 벌일 수 있기 때문이다.

그의 시에 보면 그의 남편은 거대한 손, 죽음, 남자, 니힐리스트, 미래 등의 이름을 갖고 있다. 그런데 한번도 그의 남편은 정상적으로 아름답고, 사랑스럽고, 귀여운 아기를 선사해 준 적이 없다. 그는 그에게 사산(死産)된 아기를, 녹슬은 세상을, 사막을, 아기는 어디 가고 양수만 질펀히 흐르는 세상을 선사했다. 그리하여 최승자 시의 문체는 표독스럽고, 서러운 울먹임, 청승맞은 손놀림, 자해의 제스처, 달래고 얼르다가 갑자기 꾸짖는 어조를 구사한다. 이러한 불행의 극단이 그가 그의 남편을 대하는 태도이고, 기다리는 자세이다. 그의 모든 시에서 억압 기제는 자연히 남성성으로 현현되고, 그는 그의 자식인 세상을 끌어안고 피투성이, 詩투성이로 외치고 있다. 이것이 그가 여성으로서 세상을 끌어안고 억압 기제에 대항하는 그의 시의 모습이고, 이 모습이야말로 진정한 의미에서 현대적 모성성이 비극적으로 현현하는 모습이다.

문학의 현장

19세기 영국 여성 작가들의 자전적 소설

서지문*

　19세기 영문학 하면 대개는 세기 초의 낭만시와 중엽의 소설 문학을 먼저 떠올리게 되는데, 19세기는 또한 영국에서 자서전 문학이 으뜸을 이루었던 시기이기도 하다. 19세기 초의 낭만시는, 잘 알려진 바와 같이 18세기적인 합리주의에 반발해서 일어난 감성의 존중과 감정적 깊이에 대한 탐구, 초자연적이고 신비적인 것에 대한 관심, 프랑스 혁명으로 절정을 이루었던 이상 사회 건설에 대한 열정, 그리고 인간, 특히 평범한 인간에 대한 사랑과 신념이 피워 낸 문학적 꽃이었다. 19세기 중엽에 기독교에 대한 회의가 확산되면서 윤리의 기반이 흔들리고, 사회는 다원화되면서 구성원들이 점차 익명화되어 가고 물질주의와 이기주의가 널리 퍼지는 속에서 올바르고 원만한 인간 관계와 사회 생활을 어떻게 이룩할 수 있는가에 대한 해답을 추구하고 모색할 필요에서 소설 문학은 그처럼 발달을 했다.

　19세기 영국이 매우 근엄하고 체면을 중요하게 여겼던 사회였는데 자신을 대중 앞에 드러내 보이는 자서전이 발달했다는 것은 얼핏 모순된 일처럼 느껴질 수 있다. 그러나 19세기가, '자아'라는 것이 타고나기보다는 형성된다는 것이 처음으로 인식되기 시작했던 시기이고, 건전한 시민과 정치적, 산업적, 사상적 엘리트를 길러 낼 필요성을 절실히 느꼈던 시대라는 점

---

* 딸 셋뿐인 집의 막내로 어머니가 어릴 때부터 사회활동을 하기를 원했다. 이화여대 영문과를 졸업 후 미국 뉴욕 주립대학에서 영문학 박사학위를 받았다. 현재 15년째 고려대에서 가르치고 있다. 고려대 전체에서 학점이 제일 짠 교수로 악명이 높다.

을 고려한다면 당연한 일이라고도 할 수 있을 것이다.

그래서 19세기 영국의 자서전은, 지은이들이 자신의 삶을 하나의 파란만 장한 생으로 묘사해 극적인 흥미를 독자에게 제공하는 것이 아니고, 하나의 본보기로서, 독자들이 자기들의 삶을 설계하고 자신의 자아를 완성하는 데 참고로 삼을 수 있도록 거의 다큐멘터리적인 객관성을 가지고 있다. 그러므로 19세기 영국인의 자서전에서 룻소의 『참회록』에 나오는 것 같은 그런 생생하고 흥미진진하다 못해 선정적이기까지 한 내면 의식과 사생활의 노출을 기대하는 것은 무리이다. 그러나 19세기 영국의 자서전들은 매우 절제된 표현 속에서도 내면의 깊은 감정적 소용돌이를 느낄 수 있게 하는 문학적 가치가 풍부한 작품들이다.

19세기 영국의 자서전 문학을 대표하는 존 스튜어드 밀의 *Autobiography* 나 존 헨리 뉴먼의 *Apologia Pro Vita Sua*[1]를 보면 생애의 가장 중요하고 가장 내면적인 사건들이 '고백적'이라기보다는 엄정할 정도로 객관적인 문체로, 거의 공적인 기록과 같이 제시되어 있다. 그러나 동시에 놀랍게도 이 자서전들은 지은이들이 자신의 생에 관한 어떤 부분이건 의도적으로 덮어두거나 감춘다는 느낌은 전혀 주지 않으며, 읽는 이들은 그들의 삶에 깊이 감정적으로 동참하고 그들의 고뇌에 동감하게 된다.

그 밖에 19세기를 대표하는 자서전이나 그와 비슷한 토머스 칼라일의 *Sartor Resartus*[2], 존 러스킨의 *Praeterita*[3], 에드먼드 거스의 *Father and Son*, 앤토니 트롤로우프의 *Autobiography*, 찰스 다아윈의 *Autobiography* 들은 모두가 그 시대에 사상적, 문화적, 사회적으로 중요한 역할을 했던 인물들의

---

1) "자신의 생에 대한 변명 Apology for His Life"의 뜻. 영국 국교회에서 가장 존경받던 사제이고 1830년대 큰 호응을 얻었던 국교회신앙 정화운동의 중심 인물이었던 존 헨리 뉴먼이 신앙의 갈등 끝에 1845년 카톨릭으로 개종한 뒤, 국교회 측에서 무수한 비난과 의심을 받았으나 변명을 하지 않고 있다가 20년 이상 지난 뒤에 발표한, 자신의 종교적 견해의 변화를 유년 시절부터 추적하는 신앙적 자서전이다.
2) "양복을 다시 지어입은 양복장이 Tailor Retailored"의 뜻. 칼라일이 종교적 회의에 몸부림치다가 자신의 독자적인 세계관과 종교관을 터득하게 된 것을, 몸에 맞지 않는 옷(전통적 기독교)을 벗어 버리고 자신의 성장한 몸(지성)에 맞는 새로운 옷을 지어 입은 것으로 비유했다.
3) "지난 일"의 뜻.

자서전으로서 시대의 고민이나 과제에 대한 독자적인 통찰력이나 해답을 터득한 산 본보기로서 자신들의 삶을 제시하고 있다. 대부분의 이들 자서전들은 존 스튜어드 밀이나 존 헨리 뉴먼의 자서전보다는 객관적이지 못하고, 또 삶의 완전한 기록이 아니고 선택적인 기록임을 전제로 하고 있다. 그러나 그 솔직함과 함께 대표성이, 20세기에 범람하고 있는 많은 자기 노출적 자서전과는 매우 다른 신선함과 진지함으로 우리에게 즐거움과 깨달음을 준다.

영국의 19세기가 자서전 문학이 으뜸을 이루었던 시기라고 말할 때, 우리는 그 시대의 자서전으로 우리의 뇌리에 얼핏 떠오르는 여성의 작품이 없다는 사실에 당황하게 된다. 그런데 사실은 남성의 자서전 문학이 그토록 발달할 수 있었던 바로 그 이유가 여성의 자서전이 나오지 못한 이유이기도 하다. 이 시대에 여성들이 감히 그렇게 공적으로 중요한 생애를 산 남성들과 어깨를 나란히 하여 자서전을 쓴다는 것은 보통 용기와 소신을 가지지 않고는 불가능하였을 것이다. 여성들 중에 자신의 자아 형성이 어떤 공적인 의미를 지니거나 시대적 귀감이 된다고 암묵적인 주장을 감히 할 만한 여성도 없었을 것이고, 더구나 옛부터 전해 온 여성 자서전 문학의 전통도 없었다.

유럽에서, 유럽 중에서도 특히 영국에서 19세기는 여성의 억압과 이상화가 최고에 이르렀던 시기이며, 이미 그리스 시대에 페리클레스가 여성에 대해 한 말—여성의 영광은 남의 입에 오르내리지 않는 것이다—이 가장 절대적인 권위를 지니던 시대였다. 따라서 공적인 생애를 살기보다 사적인 생활을 했던 여성들이 자기 삶의 기록을 만천하에 공개한다는 것은 자신을 'public woman'(이 말은 창녀를 일컫는 많은 우회적 표현 중의 하나였다)으로 만드는 것이나 다름없는 일로 생각되었을 것이다.[4]

그래서 이 시대에 자서전을 쓰려는 욕구는 자서전으로 나타나지 못하고 소설의 형태를 빌어서 표현된다. 자전적 소설을 쓰는 것이 자서전을 쓰는 것보다 여성들에게 더 적합했던 이유는 첫째, 자서전을 쓰는 사람이 대중

---

4) Valerie Sanders, 1989, *The Private Lives of Victorian Women*, New York and London: Harvest Wheatsheaf.에 자세히 논의가 되어 있다. 특히 제1장 참조.

들 앞에 자신을 적나라하게 드러내지 않아도 될 수 있다는 것이다. 많은 여성 작가들이 처음 자신의 신분을 숨기고 자신이 여성인 것까지 숨긴 채 남성의 필명을 쓰면서 등단을 했는데, 가명의 지은이가 쓴 자서전을 출판해 주는 출판사나 사서 읽는 독자는 없었을 것이다. 둘째로는 대부분 어떤 사건이 없는 매우 한정된 삶을 살았던 여성 작가들이, 허구 속에서 그들의 성격이나 소신이 좀더 뚜렷하고 극적으로 드러날 수 있는 상황을 자신의 대리자인 여주인공들에게 부여할 수 있고, 자신이 현실에서 차지하지 못했던 보상과 성취를 선사할 수 있다는 것이다.

어떤 이는 모든 소설이 자서전의 일종이라고 주장하고, 또 모든 자서전에는 허구의 요소가 들어 있으므로—아니면 적어도 자서전이란 선택적 기록이므로—근본적으로 소설과 자서전은 같은 것이라고 주장하기도 한다. 그러나 일반적인 독자들에게 자서전과 소설은 당연히 별개의 것이다. 19세기 영국의 자서전들이 지극히 객관적인 문체로 서술이 되어 있어서, 은밀한 내면적 감정 생활의 기록을 만나려면 소설을 읽어야 한다는 것은 하나의 아이러니가 아닐 수 없다. 그것은 남성이나 여성이나 모두 소설이라는 틀을 통해서 훨씬 자신을 자유롭게 표현할 수 있었다는 말이 된다. '자전적' 소설을 이야기할 때, 물론 여성의 소설들만이 자전적이었던 것은 아니고 남성 작가들의 작품에도 많은 자전적인 요소가 들어 있으며, 또 여성 작가의 작품 중에도 자전적 요소가 적거나 아주 희박한 작품이 많이 있다는 것을 유념해야 할 것이다.

19세기 영국은, 널리 알려진 바와 같이, 여성 작가의 진출이 찬란했고 여성 작가의 작품이 남성 작가의 작품과 당당히 동렬에 섰던 시대이다. 그러나 이 말은 여성이 작가가 되기가 쉬웠다는 말은 아니다. 신춘문예라든가 현상소설 공모라든가 하는 정규 등단의 길이 있었던 것도 아니고, 출판사들이 여성 작가의 작품에 대해서는 전혀 개방적이지 않았던 시대에, 여성 작가들은 등단을 하기 위해서 자신이 여성임을 감추어야 하는 경우도 많았고, 등단을 한 뒤에도 남의 호기심의 대상이 되는 사회적 불이익을 감수해야 했다.[5] 그런데도 그만큼 많은, 우수한 여성 작가가 나왔다는 말은 물론

---

5) Elaine Showalter, 1977, *A Literature of Their Own*, Princeton New Jersey: Princeton

문학이 19세기에 여성에게 열려진 매우 드문 생계의 수단이었다는 증거가 되기도 하지만, 그만큼 여성의 자기 표현에 대한 욕구가 필사적이고 거부할 수 없는 것이었다는 말도 된다.

영국 문학에서 19세기 초를 대표하는 여성 작가는 제인 오스틴(Jane Austen, 1775-1817)이다. 한가한 시골 목사의 딸로 태어나서 역사적 사건의 소용돌이에서 멀리 떨어져 '사건'이라고는 가족과 이웃의 결혼, 출산, 질병 같은 것밖에는 없는 소규모의 사회에서 살면서 41세에 죽을 때까지 미혼이었던 이 규수 작가의 작품들은 모두 '결혼'을 주제로 하고 있다. 그 사회에서 개인 운명의 가장 중요한 변수이고 개인의 성격과 인품과 지성과 양식의 시험대이며 돌이킬 수 없는 선택이 달려 있는 결혼이야말로 지성이 뛰어났고 관찰력이 예리했던 이 작가에게 당연히 제일 큰 관심사였을 것이다. 오스틴 작품의 여주인공들은 대부분 작가 자신처럼 지성이 뛰어나지만 그 사회에서는 비교적 낮은 부모의 지위와 빈약한 경제력 때문에 결혼시장에서 매우 불리한 위치에 있다. 그 여성들이 어떻게 이상적인 남성을 만나 그 남성들에게 자신의 고유한 가치를 인식시킴으로써 이상적인 결혼을 하여, 사회적으로 신분상승을 이룰 뿐 아니라 감정적으로 만족스럽고 사회를 위해서도 공헌하는 삶을 살 수 있는가가 오스틴 작품의 주제이다.

『오만과 편견 Pride and Prejudice』이나 『분별과 감수성 Sense and Sensibility』 같은 초기의 작품들에서는 여주인공의 성공과 행복을 방해하는 것이 주로 여주인공 자신의 결함—정신적 미숙함이나 자기 과신 같은—이지만, 후기 소설에 가면 사회와 가족, 친척 모두가 여주인공의 행복을 의도적으로 또는 뜻하지 않게 방해를 한다. 그리고 초기 소설에서 여주인공들의 상대인 남자 주인공이 지혜와 소신과 인격의 집합체적인 존재들로서 스승이나 아버지처럼 여주인공들을 식견 부족과 자기 과신에서 이끌어내 주는 데 반해서, 맨 마지막 작품인 『설득 Persuasion』에서는 전적으로 여주인공 스스로의 노력으로 그녀의 행복을 가로막는 사람들의 손아귀에서 벗어나야 하고 원숙한 지혜를 터득하지 못한 남주인공의 자각을 유도해서 자신의 가

University Press.을 보면 19세기의 많은 여성 작가들이 각기 등단하기까지 거쳐야 했던 힘난한 경로에 대해 자세히 소개가 되어 있다. 특히 1장부터 3장 참조.

치를 보게 해야 한다. 즉, 오스틴이 인생과 결혼과 이성에 대해 걸었던 초기의 높은 기대가 나이를 먹으면서 무너지고 상당히 비관적으로 되었다는 것을 입증하는 것이다.

샬롯트 브론테(Charlotte Bronte, 1816-55)의 작품 중에 자기의 두 동생들을 두 명의 여주인공의 모델로 삼았던 작품인 『셜리 Shirley』를 제외한 나머지 세 권은 모두 자기의 분신을 여주인공 또는 남주인공으로 하고 있는 자전적인 소설이다. 샬롯트 브론테는 비교적 잘 알려진 바와 같이 황폐하고 바람 센 요크셔 지방에서 편협한 고집장이 목사의 딸로 태어나 생애의 대부분을 그 곳에서 고독하게 살았다. 일찌기 어머니를 여읜 6남매는 그 고독한 황무지에서 아주 어렸을 때부터 소설을 창작해 서로 돌려 보는 것으로 성장의 양식을 삼았다. 가난해서 가정 교사를 둘 수도 없고 일반 학교에도 갈 수 없었기 때문에 『제인 에어』에 나오는 것 같은 자선 기숙학교에 보내졌는데, 위의 두 딸이 거기서 병을 얻어 죽어서 셋째였던 샬롯트가 맏이가 되었다. 장성한 뒤에 남동생과 두 여동생 에밀리와 앤도 요절했기 때문에 결국 샬롯트는 아버지의 노후를 보살펴야 했고, 영원히 요크셔를 떠날 수 없었다.

샬롯트의 삶은 이처럼 외적으로는 지극히 한정된, 사건이 없는 것이었다. 그의 삶에서 '사건'이랄 수 있는 것은 생계를 해결하기 위해 동네 아이들을 가르치는 학교를 열 계획으로 불어를 배우기 위해 벨기에 유학을 갔다가 그 곳 학교 교장의 남편인 에지에 교수에 대한 사모의 정을 안고 귀국한 것, 그리고 온 가족의 기대가 걸려 있던 재주꾼 남동생 브랜웰이 타락을 해서 알콜 중독자가 되어 사망을 하고 그 충격으로 두 여동생 에밀리와 앤도 일 이 년 사이에 잇달아 사망했던 것뿐이다. 그 밖에는 런던이나 이웃 동네로 책 출판 관계나 친지 방문을 위해 잠시 나들이를 했을 뿐, 괴팍한 아버지를 보살피며 요크셔에 묻혀 살았다.

『제인 에어 Jane Eyre』는 널리 알려진 바와 같이 제인이라는 천애의 고아가 자신의 정직성 하나만으로 음험한 세상과 대결하다가 결국 행복을 쟁취하는 이야기이다. 과부인 외숙모에게 얹혀 사는 천덕꾸러기였던 제인은 외사촌의 횡포와 폭력에 대항을 하다가 자선 기숙학교로 쫓겨간다. 냉혹하고 인색한 기숙학교의 생활을 견디며 성장한 뒤 쏜휠드장(莊)이라는 비밀이 많은 이상한 저택에 가정 교사로 가게 된다. 그 곳에서 그 장원의 주인인 로체스터라는 중년 남자와 사랑에 빠지게 되고, 속물적인 상류층 여인들에게 염증을 느낀 로체스터도 제인을 열렬히 사랑하게 된다. 로체스터가 정식으로 청혼을 하여 제인의 오랜 고독과 고통은 행복으로 보상을 받게 된 듯하였는데, 그에게는 전에 서인도제도에서 결혼을 한 정신 이상의 아내가 있음이 밝혀져 결혼은 깨어진다. 제인은 자신과 함께 외국으로 도피해서 같이 살자는 로체스터의 필사적인 간청을 뿌리치고 도망치다시피 그의 저택을 빠져 나온다. 그 뒤 거지나 다름없는 몰골로 정처 없이 방황하다가 어느 집 앞에 기절하여 쓰러진 것을 어떤 목사와 그의 누이들이 구조를 해주어 소생을 하고, 영적인 야심이 많은 그 목사의 희망에 따라 시골에서 학생들을 가르치는 일을 한다. 인도로 선교사로 떠나려는 그 목사의 청혼 때문에 고민을 하다가 어느 날 환청처럼 로체스터가 자기의 이름을 부르는 소리를 듣고 그 길로 로체스터를 찾아간다. 정신병자 아내의 방화로 그의 집은 불타 없어지고 그 정신병자를 구하려다가 한 팔을 잃고 시력도 잃었으나, 이제 홀아비가 되어 결혼을 할 수 있게 된 로체스터와 결혼한 제인은 그의 눈과 팔이 되고 그의 모든 것이 되어 더할 수 없이 밀착된 행복한 결혼 생활을 한다.

　이 이야기는 물론 사실적인 샬롯트 브론테의 삶의 기록은 아니다. 그러나 비유적인 의미에서는 사실적 자서전 이상으로 샬롯트 브론테 자신의 소신과 정열, 그리고 그의 세상에 대한 생각과 그의 소망과 염원을 진실되게 담고 있다. 제인 에어라는 여인─체구는 작고 인물도 지극히 보잘것없고 돈도 없고 일가친척도 아무것도 없는, 세상을 살아갈 자본이라고는 오히려 세상을 사는 데 방해가 될 뿐인 확고한 도덕성과 정직성뿐인 여인─이야말로 샬롯트 브론테의 마음 속에 깊이 새겨진 자신의 참모습이라 아니할 수 없을 것이다. 이 여인이 그 강직성 때문에 겪는 수많은 고난은 샬롯트 브론테 자신이 의식의 깊은 곳에서 겪었던 것이고, 이 여인이 그 많은 역경과 도덕적인 시험을 다 거치고 얻게 되는 행복은 샬롯트 브론테가 생명을 던져 얻고 싶었던 그런 행복이다.

　『제인 에어』와 우열을 겨루는 브론테의 작품 『빌렛 *Villette*』도 역시 자전적인 작품이다. 이 작품의 주인공 루씨 스노우도 제인 에어와 마찬가지로 세상을 살아갈 아무런 자본이 없는 여인이다. 이 여인은 게다가 제인의 단호함마저 지니지 못하고, 삶과 정면으로 맞서는 것을 피하는 성격의 여성이다. 그래서 자신의 처지를 조금이라도 낫게 할 수 있는 기회를 잡지 못하고 늘 소극적으로 자신의 존재를 감추기만 한다. 이 여인은 결국 남의 행복에 들러리를 서고, 마지막에 어렵게 얻은 애인을 풍랑으로 잃게 되어 일생을 고독하게 살아야 한다. 그러나 아주 괴팍스럽고 여성을 보는 눈이 까다롭기 짝이 없으나 그 속에는 천사와 같이 섬세하고 인정 있는 마음을 지닌 포올이라는 남성—샬롯트가 그에 대한 연모로 거의 죽음에까지 이르렀던 에지에 교수와 몹시 비슷한 남성—의 사랑과 아낌을 받은 기억을 평생 간직하고 살 수 있는 아주 작은, 그러나 그녀에게는 더없이 소중한 행운을 차지하게 된다.

샬롯트의 동생 에밀리 브론테(Emily Bronte, 1818-48)의 유일한 작품 『폭풍의 언덕 Wuthering Heights』을 자전적인 작품이라고 보기에는 좀 무리가 있다. 물론 이 작품의 여주인공 캐시의 아무도 다스릴 수 없는 강한 성격은 에밀리의 성격과 상당히 비슷한 것이다. 그러나 에밀리는 이 작품의 주인공 캐시와 히스클리프처럼 세상의 인습이나 사소한 예절 따위는 경멸하고 무시했지만 세상의 도덕률이나 인간적인 정리마저 완전히 무시하지는 않았다. 어쨌든 이 작품을 읽으면서 우리가 느끼게 되는 것은, '사회'에 구속될 수밖에 없는 나약한 인간의 모습이 아니고 사회의 모든 인습과 제도를 지푸라기같이 무력하게 만드는, 인간의 내부에서 솟아나오는 거대한 원초적인 힘의 위력이다. 이 황무지와 같이 절대적인 파괴력을 가진 인간의 무시무시한 에너지가 인간의 나약함에 좌절감을 느낀 많은 독자들을 매혹시켰고, 이 힘의 강력하고도 설득력 있는 제시는 신체는 허약했으나 정신력은 무섭게 강했으며 세상에 대해서는 조금도 동경이나 미련을 갖지 않았던 진정한 황무지의 딸 에밀리 브론테만이 해낼 수 있었던 것으로 많은 독자들이 느끼고 있다.

조지 엘리엇 George Eliot (본명은 매리 앤 에반스 Mary Ann Evans, 1819-1880) 또한 매우 자전적인 성향이 강한 작가이다. 샬롯트 브론테보다 훨씬 다양한 경험을 했고 성취도가 높은 삶을 살았지만, 그가 어린 시절에 채우지 못했던 애정에 대한 갈구와 여성으로서 겪은 제약, 그리고 남다른 영적이고 지적인 욕망 때문에 겪은 많은 갈등이 그의 가장 자전적인 작품 『플로스 강가의 물방앗간 The Mill on the Floss』의 원동력이 되었다. 작가로서 조지 엘리엇은 샬롯트 브론테보다 훨씬 사회 의식이 강하고 소재도 다양하고 작품의 크기나 시대, 사회적인 배경이 광범위하지만 그에게도 역시 작품 활동은 상당 부분이 자기 치유의 행위였다고 할 수 있다.

엘리엇이 어린 시절의 경험을 상세하게 옮겨 놓은 작품이 『플로스 강가의 물방앗간』이다. 이 작품의 여주인공 매기는 맨 처음 여섯 살의 소녀로 등장하는데 감수성이 강하고 상상의 세계에 몰입되기 쉬운 성격으로서 지극히 현실적이고 자기 주장이 강한 오빠와 매우 강한 대조를 이룬다. 매기는 오빠 톰을 헌신적으로 사랑하며 오빠에게 꼭 같은 사랑을 받기를 갈망하지만, 오빠 톰은 매기를 기분이 내키면 귀여워해 주고 그녀가 자기의 명령을 잊어버리거나 했을 때는 벌을 주면서 지배자로서 종속자에게 베푸는 선심 같은 사랑밖에는 주지 않는다.

어린 나이에 글도 읽을 줄 알고 많은 책을 읽어서 때로 어른들도 모르는 지식을 갖고 있는 영리한 딸을 아버지는 매우 자랑스러워하고 귀여워해서 매기는 그것에 큰 긍지를 느낀다. 그러나 매기가 자기보다 더 영리한 것에 대한 불안감을 표시하는 톰의 말에 대해 아버지가 "여자아이들은 얄팍한 영리함이 많다"는 말로 톰을 안심시키는 것을 듣고, 매기는 자기의 자랑이 사실은 여자의 열등함의 증거의 하나라고 생각하게 되어 깊은 충격을 받게 된다.

읽기와 쓰기, 그리고 라틴어 학습 같은 학교에서 배우는 모든 공부에 대해 정작 학생인 톰보다 어깨너머로 배운 매기가 훨씬 진도가 빠르지만 부모는 딸인 매기를 학교에 보낼 생각은 꿈에도 하지 않는다. 그뿐 아니라 어머니는 매기가 집안 살림살이나 바느질 같은 것에는 전혀 관심이 없고, 늘 책이나 공상에 파묻혀 있고 현실의 일에 대해서는 무관심한 것을 근심스러워하고 불만으로 여긴다.

아버지가 소송에 실패를 해서 집이 망하게 되자 공부에는 열등생이었던 톰은 곧 삼촌의 회사에 취직을 해서 가족의 생계를 책임지고, 얼마 안 있어

소규모의 투자를 시작해서 마침내는 남의 손에 넘어갔던 물방앗간을 다시 사들일 수 있게 될 정도로 현실적 수완을 발휘한다. 그러나 매기는 자기의 감정을 사무적으로 처리하지 못해서 원수의 아들인 필립과 가족 몰래 만나게 되고, 영적(靈的)으로 위대한 삶을 살고 싶은 욕망과 현실의 답답한 삶과의 괴리에서 오는 불만에 몸부림치게 된다.

결국 현실적이고 타산적이지 못한 매기는 감정에 이끌려 사촌 동생 루씨의 애인인 스티븐과 단 둘이 보트를 타는 것에 동의를 하게 된다. 보트를 표류시킨 스티븐의 계략에 말려 그날 밤 집에 돌아오지 못하게 되지만, 미남이고 명문 자제인 스티븐의 열렬한 구혼을 뿌리치고 다음날 혼자 집으로 돌아온다. 집에 도착하니 오빠 톰은 가문의 명예를 더럽혔다며 매기에게 설명이나 변명을 할 수 있는 기회를 전혀 주지 않고 그를 내쫓고 만다. 집에서도 쫓겨난 매기에게는 그를 '타락한 여인'으로 보는 동네 사람들의 모멸의 시선이 꽂힐 뿐이다. 그때 플로스 강에 홍수가 나고, 매기는 자기를 매정하게 내쫓은 오빠 톰을 구하려다 남매가 함께 익사하고 만다.

이 작품은 조지 엘리엇 자신의 오빠 아이잭과의 가슴 아픈 관계의 역사를 그리고 있다. 시골 목수의 딸로 태어났으나 당대 최고의 문인, 사상가들과 같은 위치에서 교류를 하고 첨단 사상을 대표하는 『웨스트민스터』지의 편집장이 되기까지 했던 조지 엘리엇이 끝까지 시골에 남았던 보수적인 오빠와 겪었을 감정적 갈등은 능히 상상할 수 있는 것이다. 조지 엘리엇이 결코 불륜이라고 볼 수 없는, 다만 법적인 인가를 받을 수 없었을 뿐인 조지 류이스와의 동거 생활을 시작했을 때 오빠는 절연을 선언하고 류이스가 사망하기까지 20년 동안을 동생과 교류를 끊고 살았다. 류이스가 사망한 뒤 60세의 조지 엘리엇이 몇십 년 연하의 존 크로스와 결혼했을 때 오빠가 보낸 축하 편지에 대한 조지 엘리엇의 기쁨과 감사에 넘친 회답은 오늘날 엘리엇을 연구하는 사람들에게는 차라리 민망스러운 것이다.

많은 평자들이 조지 엘리엇의 대표작으로 평가하는 『미들마아치 Middlemarch』의 여주인공 도로테아는 영적인 의미에서만 조지 엘리엇의 분신이라고 볼 수 있다. 무언가 숭고한 일에 일생을 바치기를 열망하는 도로테아는 그러나 숭고한 것만을 찾다가 눈앞의 현실은 보지 못한다. 도로테아는 노학자 카소본을 위대한 학자로서 존경을 하고 그의 저술을 돕기 위해 일생을 기꺼이 바치려 하나, 도로테아의 현실적인 동생 쎄실리아는 그를 국을 먹을 때 듣기 불쾌한 소리를 내는 입맛 떨어지는 노인네로 볼 뿐이다. 결국 카소본과 결혼한 도로테아는 자신의 영적인 포부 때문에 카소본을 실제와는 터무니없이 다른 사람으로 보았고, 카소본이 편협하고 위선적인 노인일 뿐이라는 것을 깨닫는다. 그 뒤에도 도로테아의 관대하고 정의로운 성품에서 우러난 행동은 여러 가지 오해를 사지만 그는 천부적인 위엄과 넉넉한 재력 때문에 자신의 품위를 잃지 않을 수 있었다.

제인 오스틴이 그 시대의 사회 구성 원칙과 윤리를 근본적으로 받아들이면서 그 테두리 안에서 여성에게 허용되었던 최선의 품격과 행복을 성취하는 길을 여러 가지로 탐색해 보았던 반면에, 샬롯트 브론테는 여성에게, 그것도 외롭고 혜택받지 못한 여성들에게 가해졌던 많은 불평등과 비인간적인 비정함에 대해 자신의 여주인공들을 통해 항거했다. 현실에서 큰 불행을 별로 겪지 않았던 제인 오스틴은 자신의 대리자인 여주인공들에게 대개는 성숙에 필요한 시련 끝에 완전한 행복을 차지하도록 했다. 그러나 슬픔과 고독이 생의 조건이었던 샬롯트 브론테는 자신의 여주인공들에게 결함이 많은 행복을, 아니면 의지할 수 있는 위안만을 지닌 고독을 주었다. 하지만 이 불완전한 행복 또는 고독을 제인 에어나 루씨 스노우는 제인 오스틴의 여주인공들이 가진 최상의 완전한 행복과도 바꾸지 않았을 것이다. 그들은 행복이나 행복을 추억하는 대가가 얼마나 엄청난 것인지를 잘 알고 있었고, 또한 시골 귀족적인 안온한 행복은 그들의 몸에 전혀 어울리지 않는 옷이라는 사실을 너무도 잘 알았으므로.

조지 엘리엇은 여러 사회적 모순과 인간 관계의 여러 문제에 대해 깊이 있는 작품을 많이 썼는데, 그의 자전적인 소설들을 통해서는 예외적으로 뛰어난 여성에게 그들의 자질을 발전시키고 능력을 발휘할 수 있는 기회가 주어져야 한다는 것을, 아니면 적어도 그들을 보통 사람들의 조잡한 척도로 재어서 그들의 숨통을 막지는 말아야 한다는 것을 역설했다. 어렸을 때부터 남다른 지성과 지적, 영적인 세계에 대한 탐구심을 가졌으나 그것은 여자답지 못한 일로, 또 여자란 탐구를 해보아야 피상적인 지식밖에는 이를 수 없는 것으로 생각하는 어른들 때문에 그의 상심과 좌절은 극심했을 것이다. 그리고 그가 나중에 조지 헨리 류이스와 어떤 합법적인 부부보다도 완벽한 감정적, 지적, 인간적 결합을 했을 때, 단지 그것이 법적으로 등록되지 못한 결혼이라고 해서 퍼부어졌던 세상의 편견과 멸시는 그의 피를 끓어오르게 했을 것이다. 그래서 그는 자신의 분신인 매기 털리버와 도로테아로 하여금 세상의 인습을 거슬러 오해를 받고 (매기의 경우에는) 핍박을 받도록, 그렇지만 거기에 굴하지 않고 대항하도록 했다.

이상이 19세기 영국의 4대 여성 작가인 제인 오스틴, 샬롯트 브론테, 에밀리 브론테, 조지 엘리엇의 자전적인 작품의 개관이다. 19세기에도 자서전을 쓴 여성들이 있기는 했고[6] 플로렌스 나이팅게일은 자서전은 아니지만 여성에게 주어진 제약에 대해 항거하는 『카싼드라 Cassandra』[7] 같은 강력한 글을 썼다. 그러나 가장 내밀하고 극적인 의식 속의 삶에 대한 기록은 오히려 소설에 들어 있다고 할 수 있다.

물론 19세기 영국에서는 여성 작가들만이 자서전적인 소설을 썼던 것은 아니다. 19세기 초에 워어즈워스는 자전적인 장시 『서곡 The Prelude』을 썼고, 빅토리아 조의 양대 소설가였던 댁커리와 딕킨즈의 작품에는 거의 모든 작품에 자전적인 요소가 들어 있다고 해도 틀리지 않다. 딕킨즈 어린 시절의 뼈아픈 경험—부모가 자기를 구두염색 공장에 보내어 노동을 시켰던 일—은 딕킨즈가 많은 애처로운 어린이 주인공들을 만들어 내게 했고, 특히 『데이빗드 커퍼필드 David Copperfield』는 어린 시절의 딕킨즈와 같이 애처롭고 마음이 여린 어린아이가 본 세상을 나타내고 있다.

사뮤엘 버틀러의 『육신의 길 The Way of All Flesh』(1903년 출판)은 너무나 노골적으로 자전적인 작품이어서 작가가 생전에 발표하지 않고 유언으로 사후에 발표를 하도록 했다. 그것은 빅토리아 조의 "가정의 신화"와 어

---

6) 위의 주4의 책 제5장 참조.
7) Cassandra는 Troy의 공주로서 예언의 능력을 가져 Troy의 멸망을 예언하고 그리스군이 남긴 목마를 성안에 들이지 말라고 경고했으나, 욕심에 눈이 어두운 Troy인들이 목마를 성안에 들여 놓아 Troy는 함락되고 말았다. Nightingale은 Cassandra라는 제목의 글에서 19세기 영국 사회가 여성들로 하여금 무위 도식을 하는 무용지물로 만드는 데 대해 격렬한 항의를 했고, 중상류층 여성들의 처지를 그들의 진실한 절규를 아무도 아랑곳하지 않는 예언자의 처지에 비유했다.

른들의 위선에 대한 더없이 통렬한 공박이고, 어른들의 이기심과 횡포 때문에 왜곡되고 좌절하고 마는 어린이의 곤경을 그렸다. 이들 남성 작가들의 자전적인 소설들도 감동적이고 절실하지만, 여성 작가들의 자전적 소설들만큼 인간의 가장 깊은 내면의 고뇌와 기도를 담고 있다는 느낌을 우리에게 주지는 않는다. 위의 네 사람을 비롯한 많은 여성 작가들은, 자신의 존재의 가장 간절한 감정과 신념과 열망에 대해서는 벙어리이어야 했던 수많은 19세기 영국 여성들의 한을 대변해 주었고 대리적 충족을 선사했다.

문학의 현장

앨리스 워커의 「보랏빛」을 통해 본 상징과 서간체 형식

박소연*

1. 흑인 여성 문학과 우머니스트(womanist)로서의 앨리스 워커

오랜 세월 동안 흑인 여성들의 존재와 경험, 문화는 가려지고 왜곡되어 왔는데, 특히 문학 전통에서 흑인 여성들은 그 존재와 가치를 거의 인정받지 못하였다. 그 예로 미국에서 1920-30년대에 출판된 대부분의 문선집들이 흑인 여성들의 작품들을 전혀 수록하지 않고 있는데, 이러한 사실은 문학 작품을 평가하고 선정하는 권한이 주로 백인 남성에게 있었다는 사실과 무관하지 않다.[1]

근래 사회 운동이 활발해지면서 그 동안 사회에서 소외되었던 흑인, 여성, 소수 민족의 역사와 문화에 대한 관심이 증가하고, 이들을 제외해 온 기존의 문학사가 부당하다는 인식이 생겨나면서 문학 작품을 다시 보고, 다시 해석하며, 문학의 평가 기준을 재정립하려는 움직임이 활발하게 일어나고 있다. 앨리스 워커와 같은 흑인 여성 문학가들이 세계적 작가로 부상하고 흑인 여성 비평 미학을 정립하려는 움직임이 바바라 스미스의 「흑인

---

* 1967년 서울에서 두 자매 중의 맏딸로 태어났다. 연세대 영문과 대학원을 졸업하고, 시간강사를 하다가 지금은 미국에서 공부를 계속하고 있다.
1) Mary Helen Washington, 1990, "The Darkened Eye Restored", *Reading Black, Reading Feminist: A Critical Anthology*, ed. Henry Louis Gates Jr.,New York: Meridian Book, p.32.

여성 비평을 향하여(Toward a Black Feminist Criticism)」를 시초로 하여 활발히 일어나고 있다. 흑인 여성 비평가들은 흑인 여성 페미니스트(feminist)의 작품이 흑인 문학의 맥락에서 평가되는 경우에는 '성'이라는 측면이 무시되고, 백인 여성들의 맥락에서 평가되는 경우에는 '인종'이라는 측면이 무시되어 왔으므로, 흑인 여성이 흑인 남성과 백인 여성으로부터 모두 소외되었다는 사실에 주목한다.[2]

아직 흑인 여성 비평 이론이 체계화된 것은 아니지만, 대부분의 흑인 여성 비평가들은 흑인 여성 작가들의 작품이 독특한 문학 전통을 형성하여 왔다는 사실과 이 작가들의 작품이 흑인 여성들의 경험에 근거한다는 사실에는 동의하고 있다. 워싱톤은 흑인 여성 작가들의 작품이 흑인 여성들의 경험을 묘사하며, 흑인 여성들이 이 서술을 읽으면서 스스로에게 자부심을 느끼고, 흑인 여성들간의 시공을 초월한 자매애를 느끼게 되어 자신들의 존재와 성장에 핵심적인 역할을 하는 점들을 흑인 여성 문학의 특징으로 지적한다.[3]

이러한 흑인 여성 작품 중 가장 대표적 작품이 바로 1983년에 출간된 『컬러퍼플 The Color Purple』이다. 이 책의 작가인 앨리스 워커(Alice Walker)는 흑인 여성 작가로는 최초로 퓰리처상과 전미도서상을 받았다.

그는 많은 글에서 자신을 페미니스트가 아닌 우머니스트라고 자처하는데, 그는 'Womanis Prose'라는 부제가 붙은 그의 산문집 In Search of Our Mother's Gardens에서 우머니스트를 다음과 같이 정의한다.

첫째, 우머니스트는 흑인 페미니스트, 또는 유색 인종의 페미니스트를 의미한다. '소녀답다(girlish)'가 변덕스럽고, 책임감 없고, 경박한 것을 의미하는 데 비해 '여성답다(womanish)'는 과감하고, 용기 있고, 난폭하고, 고집 센 행위를 의미한다. 우머니스트는 일반적으로 개인에게 '좋다'고 여겨지는 것보다 더 많이 더 깊이 알기를 원한다. 또한 우머니스트는 책임감이 강하고 심각하다. 둘째, 우머니스트는 다른 여성을 성적으로 그리고/또는 성

---

2) Barbara Smith, 1985, "Toward a Black Feminist Criticism", *Feminist Criticism and Social Change*, ed. Judith Newtdon and Debodrah Rosenfelt, Methuen: New York, p.23.
3) Washington, p.35.

에 관계없이 사랑한다. 여성의 문화와 정서적 융통성(눈물을 웃음의 자연적 대칭으로 존중한다), 여성의 힘을 이해하고 중시한다. 때때로 남성도 성적으로 그리고/또는 성에 관계없이 사랑하며, 남녀 모든 인간의 생존과 전체성에 몰두한다. 일시적인 때를 제외하면 분리주의자가 아니라 보편주의자이다. 이러한 우머니스트와 기존의 페미니스트의 차이는 자줏빛과 라벤더(엷은 자줏빛)의 차이와 같다.[4] 곧 워커가 자신을 우머니스트라고 강조하는 것은 지금까지 남성과 백인 여성들에게 간과되었던 흑인 여성들의 해방에 온 힘을 쏟기 위해서라고 볼 수 있다.

워커는 억압받는 흑인 내부에서 또다시 성에 따른 권력 관계가 존재함에 분노하여 흑인 사회 안에서의 성차별, 성폭력의 문제를 폭로하고 극복하려고 노력하였다. 그는 인종적, 성적 폭력을 극복할 수 있는 대안으로 흑인 여성들의 창조력, 자매애, 그리고 사랑과 용서, 화해의 실천을 제시하였고 지금까지 부정적 요소로만 작용하던 흑인 여성의 정체성을 회복시켜 그 가치와 잠재력을 통해 남성도 포함한 인간 모두를 구원하는 세계를 그려왔다.[5]

『컬러 퍼플』은 스티븐 스필버그가 영화로 만들어 영국 아카데미 작품상과 미 영화감독 협회상을 수상함으로써 많은 이들에게 알려지게 되었고, 높은 예술적 평가를 받기도 하였다. 스필버그는 환상과 모험 세계를 주로 다루었기 때문에 영화 작가로서 진지한 평가를 못 받아 왔으므로 자신의 작가적 역량과 작품의 완성도를 시험하기 위해 이 작품을 영화로 만들었다고 할 수 있다. 그런데 스티븐 스필버그는 흥행에 관심을 두는 작가이며, 자신이 가진 백인 남성의 시각을 전적으로 탈피할 수 없기 때문에, 문학 작품으로서의 『컬러 퍼플』을 원작의 의도대로 영화화하지는 못하였다. 모리 하이트(Molly Hite)는 "Romance, Marginality and Matrilineage"라는 글에서 스필버그가 워커의 작품을 영화화하면서 워커가 애써 없애려고 했던 가부장적 권위를 회복시키고 있다며 스티븐 스필버그를 비판했다.

이 글에서는 소설로서의 『컬러 퍼플』에 초점을 맞추어 인종적·성적 억

---

4) Alice Walker, 1984, *In Search of Our Mother's Garden: Womanist Prose*, London: The Womens Press, p.xi-xii.
5) Molly Hite, "Romance, Marginality and Matrilineage", *Reading Black, Reading Feminist*, ed. Gates Henry Louis Jr, pp.440-441.

압을 주인공이 어떠한 방법으로 극복하고 승화시켜 나가는지를 살펴볼 것이다. 그리고 이러한 주제를 전개하면서 워커가 흑인과 여성의 전통인 흑인 영어와 서간문을 적극적으로 수용한다는 사실을 주목해 보려고 한다.

2. 매장된 자아

워커는 흑인 여성들의 비참한 고통, 그리고 이들의 성장과 변화를 통한 궁극적인 승리에 작품의 초점을 맞추어 왔다.

> 나는 나와 같은 흑인들의 정신적인 전체성, 생존이라는 과제에 몰두하여 있다. 그러나 그 이상으로 나는 흑인 여성들의 억압, 광기, 성실 그리고 승리를 탐구하는 데 전념한다.[6]

그런데 이러한 흑인 여성의 고통과 억압이 『컬러 퍼플』에서는 크게 두 차원, 즉 여성과 몸, 특히 성적 학대와 폭력 그리고 자아 표현의 수단인 언어와 의사 소통에 대한 남성의 억압과 폭력이라는 두 가지 양상으로 표현된다.[7]

우선 『컬러 퍼플』에서 씰리를 포함한 흑인 여성들은 남성들에게 강간과 근친강간이라는 비참한 성적 폭력을 당한다. 거듭되는 성적 폭력, 구타와 학대를 당하면서 씰리는 이성과의 성관계에 부정적 이미지를 갖게 되며, 이러한 관계에서 전혀 기쁨을 느끼지 못한다. 남성이 여성을 인격과 감정을 갖춘 동등한 주체로서가 아닌 하나의 사물 내지 객체로서만 인정하므로, 정신과 육체가 합일되고 사랑을 전제로 한 전인적인 성관계가 이루어지지 못하기 때문이다.

둘째, 흑인 여성들이 겪는 아픔과 고통은 자아 표현의 수단인 언어와 의사 소통에 대한 남성의 억압과 폭력이라는 양상으로 나타난다. 『컬러 퍼플』

---

6) Bettye J. Parker-Smith, "Alice Walker's Women: In Search of Some Peace of Mind", *Black Women Writers(1950-1980)*, p.479에서 재인용.

7) 심정순, 「주체적 자아의 완성: 『보랏빛』과 『여인무사』에서 여주인공의 경우」, 『외국문학』 제17호(1988, 겨울), 68쪽.

은 자신의 의붓딸을 강간한 알폰소가 "너 하느님 말고는 절대로 누구한테도 얘기하면 안돼. 엄마가 들었다가는 죽고 말거야"⁸⁾ "시끄럽게 소리내지 말고 (shut up) 어서 이런 데 익숙해지는 게 좋을 거야"(p.7)라고 씰리에게 침묵을 강요하는 데서 시작한다. 강력한 권위와 힘의 상징인 아버지에게 말을 금지당한 뒤 씰리는 두 명이나 되는 아기를 낳으면서도 신을 제외한 그 누구에게도 자신의 고통을 털어놓지 못한다. 또한 남편인 알버트도 네티가 자신의 추근거림을 거부했다는 이유로 네티와 씰리의 편지 왕래를 30년간이나 금지시킨다. 이 작품은 처음부터 끝까지 신에게 보내는 그리고 동생에게 보내는 편지 형식으로 되어 있다.

"여성을 침묵시키기 Silencing of the female"의 주제는 많은 여성 작가들과 여성주의 비평가들의 관심을 모아 왔는데,⁹⁾ 가장 대표적인 것으로 오비드의 「플로크네와 필로멜라 신화」를 들 수 있다.¹⁰⁾ 이 신화에서 필로멜라는 언니인 프로크네의 남편 테레우스 왕에 의해 강간을 당하는데, 그는 필로멜라를 침묵시키기 위해 혀를 자른다. 그러나 그는 이 사건의 내용을 수를 놓아 프로크네에게 알린다. 프로크네는 필로멜라의 복수를 하기 위해 자신과 테레우스의 아들인 이티스를 죽여 테레우스에게 먹이고, 테레우스가 두 자매를 죽이려 하자 필로멜라는 나이팅게일로, 프로크네는 제비로 변해 날아간다. 이 신화에서 필로멜라는 자신의 이야기를 흰 천에 자줏빛으로 수 놓는다. 곧 침묵을 강요당한 필로멜라는 '퍼플(자줏빛)'을 이용해 침묵을 극복하려고 노력하는데, 이것이 워커의 작품 제목인 『컬러 퍼플』에도 영향을 주었다고 여겨진다.¹¹⁾

작품의 후반부에 '자줏빛'에 대한 직접적인 언급이 나오는데, 슈그가 인

---

8) 앨리스 워커, 1986, 『칼라 퍼플(보랏빛)』, 안정효 역, 서울: 문경출판사, 7쪽. 앞으로의 『칼라 퍼플』의 인용은 모두 이 책에 의하며, 쪽수를 괄호 안의 숫자로 나타냄.
9) Jane Marcus, 1987, "Still Practice, A Wrested Alphabet: Toward a Feminist Aesthetic " Feminist Issues in Literary Scholarship, ed. Shari Benstock,Bloomington: Indiana Univ. Press, p.79.
10) Ovid, 1960, Metamorphoses, New York: A Mentor Book, pp.175-183.
11) King-Kok, Cheung, 1988, "Don't Tell:Imposed Silences in The Color Puple and The Woman Warrior", PMLA, 103, No.2, p.173.

종과 성으로부터 자유롭고, 세속적 기쁨까지 사랑하는 새로운 신에 대해 이야기하면서, "내 생각엔 어느 들판에서 하늘이 자줏빛인데도 그걸 못 본 체한다면 하느님이 핏대가 날 거 같아요"(235쪽)라고 말한다. 따라서 소설의 제목으로 쓰인 『칼라 퍼플』은 "가장 특이하고 세속적(현세적)인 것에 대한 신의 사랑"을 상징한다고 파이퍼는 제목의 의미를 설명한다.[12]

이야기 내용으로 들어가 보자. 거듭되는 폭력, 성적 학대, 침묵의 강요를 씰리는 자신의 존재를 부정하고 사물화함으로써 견뎌 나가려 한다. 곧 작품의 전반부의 씰리의 의식은 '무자아'의 상태라고 볼 수 있다. 미처 성숙하기도 전에 충격적인 폭력을 당하자 씰리는 자신을 가치 저하시키고 비인간화한다.

그러나 자신에게 가해지는 억압을 자아를 부정하며 참아내려 하는 가운데서도 씰리는 잠재적인 자아 표현의 형태인 글쓰기를 시작한다. 계속적인 고통을 당하면서도 누구와도 그 고통을 나눌 수 없으므로 씰리는 스스로의 정신적 괴로움을 극복하고 외로움과 고통을 달래기 위해 신에게 글을 쓰기 시작한다. 그리고 네티가 씰리의 결혼 생활을 "마치 언니가 무덤 속에 파묻히는 걸 보는 것 같아"(30쪽) 하고 이야기하자, "죽은 것만도 못하지. 차라리 죽었다면 일을 하지 않아도 될테니까. 하지만 걱정 마, 걱정 마. 하느님이라는 단어의 철자만 알고 있더라도 내 곁에는 누군가 있는 셈이니까.(It's worse than that, I think. If I was buried, I wouldn't have to work. But I just say. Never mine, never mine, long as I can spell G-o-d, I got somebody along.)(p.30)이라고 대답한다. 여기서 'spell'이란 단어는 바로 말의 놀라운 치유력을 암시한다고 볼 수 있다.[13] 씰리는 거듭되는 침묵의 강요 속에서 말을 하고 싶은 강력한 욕구를 느끼고 글쓰기를 시작한다. 죽음보다 더 가혹한 현실 속에서 살아 남고 고통을 해소하기 위해 글을 쓴다는 의미에서, 글쓰기는 씰리의 필사적인 생존 행위이자 자신을 표현하는 방편이다. 영화 속에서 알버트와 헤어지면서 씰리가 네티에게 편지를 꼭 쓰라고 하자, 네티는 "죽지

---

12) Elizabeth Fifer, 1985,"The Dialect & Letters of the Color Purple", *Contemporary American Women Writers: Narrative Strategies*, ed. Catherine Rainwater and William J.Scheick, Lexington: Up of Kentucky, p.163.
13) King-Kok, Cheung, p.165.

않으면 꼭 쓸께"라며 죽음 밖의 어떤 것도 자기가 글을 쓰는 것을 막을 수 없다고 이야기한다. 그리고 네티는 이후의 편지에서 씰리에게 글을 쓸 때에만 삶을 계속할 힘을 얻는다며 글쓰기의 위력을 이야기한다.

이처럼 『컬러 퍼플』에서 글쓰기는 의사 소통이 단절된 씰리와 네티 모두에게 위안이 되고 필사적인 생존의 수단이 되며, 그들의 삶을 변화시키는 도구가 된다.[14] 처음에는 생존과 항의의 수단이었던 글쓰기가 후에는 씰리의 의식을 성숙시키고, 내면의 성숙을 반영하고 변화시키는 매체가 되어 씰리가 신에게 보내는, 다시 말해서 아무도 읽지 않는 편지였으나 글쓰기를 시작했다는 것은 남성적 권위에 대한 씰리 나름의 대담한 저항 행위였던 것이다.[15]

3. 침묵에서 벗어남

씰리의 고통은 의붓 아버지에게 강간을 당하면서 시작되었고, 그는 자신의 육체를 버려지고 망쳐진 것으로 느끼며, 이성과의 관계에서 전혀 기쁨을 느끼지 못한다. 따라서 씰리가 변화한다는 것은 지금까지 부정하였던 자신의 육체의 가치와 자연스러운 육체의 기쁨을 발견하는 것을 의미한다. 작품 속에서 한 여성이 씰리에게 잊고 있었던 육체의 가치를 깨닫게 하며, 억압적이고 강제적인 성관계가 아닌 따뜻하고 상호적이며 평등한 성적 기쁨이 가능함을 일깨워 줌으로써 씰리에게 자아에 눈뜨게 한다. 이는 또한 자기 표현의 욕망으로 이어지는데, 우리는 여기서 여성이 자기 표현을 시작하는 것은 남성적 권력과 억압에 도전하는 것임을 알게 된다. 씰리는 지금까지 자아를 부정하였으므로 외부 세계를 사랑하지 못하였으나, 이제 자신을 사랑하기 시작하면서 자신의 주변인들—특히 고통받은 흑인 여성들—에게까지 사랑을 확대하게 된다.

메리 헬렌 워싱턴은 흑인 여성 작품의 특징 중의 하나가 여성들간에 형성되는 강력한 유대, 곧 자매애라고 지적한다. 그들의 작품 속에서 다른 여

---

14) Ibid.
15) Fifer, p.155.

성이나 남성과의 유대 없이 홀로 성공하는 주인공은 거의 없으며, 자매애는 주인공이 자신을 발견하고, 성장하는 데 가장 핵심적인 역할을 한다.[16] 앨리스 워커의 작품에도 탁월한 한 흑인 여성의 존재보다는 여성들간의 관계, 자매애가 중요시되고, 이러한 의미에서 그의 작품은 종종 "여성 중심적 글(woman-centered text)"이라고 한다. 19세기부터 훌륭한 여성 작가들이 있었지만, 조지 엘리엇이나 제인 오스틴의 경우 여성들간의 관계나 유대보다는 두드러진 한 여성의 갈등, 고뇌, 삶을 주로 그렸고, 여성들보다는 남성들과의 관계에서 이들의 고통을 위안받고 희망을 얻어 가는 모습을 그렸는데 이 점을 고려한다면, 워커의 이 같은 특성은 주목할 만하다.

특히 『컬러 퍼플』에서는 소피아, 슈그, 네티, 메리 아그네스 등, 많은 개성 있는 여성들이 등장하고 이러한 여성들이 맺는 다양한 방식의 유대가 그려져 있다. 그리고 이런 자매애를 통해서 여성들은 현저하게 변화해 간다.

우선 소피아는 초기의 씰리와는 대조적으로 강인하고 용감하고 자립적이며 비전통적이다. 그는 자기가 원하는 삶의 방식을 고집하고, 자기에게 가해지는 인종적 억압에 저항하는데 이러한 소피아는 물화되어 굳어져 있는 씰리의 의식을 처음으로 일깨우기 시작한다. 그리고 소피아가 인종 차별에 저항한 관계로 감옥에서 고통받는 동안 씰리는 그를 지성으로 돌보고 대신 메리 아그네스와 오뎃사가 소피아의 아이들을 돌보는 등 소피아와 그의 주변 여성들간에 자매애가 형성된다.

그러나 무엇보다도 씰리에게 가장 큰 변화를 주로 새로운 세계와 언어의 가능성을 열어준 여성은 슈그이다. 슈그는 소피아와 더불어 여성의 수동성을 거부하고 가부장제에 도전하는 또 다른 유형의 자유의 화신이다. 그는 비전통적이고, 자유분망하게, 또 뚜렷한 자기의 주관대로 살아간다. 슈그의 입이 발톱으로 차 있다는 묘사에서도 알 수 있듯이 슈그는 직설적이며 저항적이어서 자신의 삶을 제한하는 고정관념과 규범을 '제기랄', '빌어먹을(damn, shit, goddam)'과 같은 거친 말로 끊임없이 저항하는데, 이 역시 씰리의 의식을 점차로 변화시킨다. 슈그는 씰리가 자신을 간호하는

---

16) Washington, p.35.
17) King-Kok Cheung, p.168

동안 영감을 얻어 만든 노래에 「미스 쎌리의 노래」란 이름을 붙임으로써 세상에서 최초로 쎌리의 이름을 불러준다. 가부장제 사회에서 여성은 자신의 이름을 잊은 채로 또는 잊도록 강요당한 채로 살아가므로 이름을 되찾는다는 것은 묻어 두었던 자신의 정체성을 되찾음을 의미한다.[18] 이처럼 슈그는 쎌리에게 육체의 가치와 자기애를 일깨워 주고, 심리적, 경제적으로 독립해야 할 필요성을 깨우쳐 주며, 쎌리의 증오심을 창조 본능으로 격상시키고, 쎌리의 고통을 함께 나눔으로써 쎌리가 변화하는 데 힘이 되어 준다.

슈그 못지않게 쎌리의 동생 네티도 쎌리의 변화에 큰 영향을 준 여성이다. 쎌리가 무지하고 현실적이고 비교적 단순한 데 비해, 네티는 이상주의적이고 지적이면서 종교적이다. 쎌리가 흑인 방언을 사용하는 데 비해 네티는 전통적인 표준 영어를 사용하는 등 이 두 자매는 매우 대조적이지만, 이들은 30년간이나 떨어져 있으면서도 끈끈한 자매애로 이어져 서로의 삶에 힘과 위안이 된다. 특히 워커는 네티의 편지를 통해 쎌리가 겪는 성적 억압과 고통을 올링카 족의 여성들의 고통과 같이 놓음으로써 작품의 주제를 반복하고, 작품의 범위를 확대시킨다. 네티가 살아 있다는 사실을 깨닫고 하느님이 아닌 인간 네티에게 편지를 쓰기 시작하면서, 쎌리의 편지는 보다 인간적이고 따뜻하고 풍부해진다. 신에게 편지를 쓸 때에는 반응을 기대 않고 일방적으로 자신의 이야기만을 하였으나, 구체적, 인간을 대상으로 하면서 글쓰기는 쓰는 이의 자아를 확대하고 재생산하는 효과를 갖게 된 것이다.

하포의 애인인 메리 아그네스도 『컬러 퍼플』에서 강렬한 자매애를 발휘하는 인물로 등장한다. 메리는 하포의 부인인 소피아와 싸우다 심하게 맞은 적도 있으나, 소피아가 백인 시장에게 저항하다 구속되자, 소피아를 구하기 위해 자신의 큰아버지인 백인 간수를 찾아간다. 백인 간수는 조카인 메리 아그네스를 강간한 후 소피아를 풀어주는데 이것은 남성의 억압을 받는 여성들이 이에 저항하다 치르는 고난과 희생의 극적인 예를 보여 준 경우이다.

---

18) Ibid., p.173.

이처럼 『컬러 퍼플』의 여성들은 강렬한 자매애를 형성하는데, 이러한 자매와 유대는 소피아와 슈그, 씰리가 함께 만드는 '자매들의 선택'이란 이름의 조각 이불로 상징화 된다. 워커의 작품 속의 여성들의 관계가 처음부터 이러한 자매애로 이어진 것은 아니었다. The Third Life of Grange Copeland (1970)에는 여성들간에 원인이 설명되지 않는 증오와 질투심이 그려져 있고, You can't Keep a Good Woman Down(1981)에는 사랑과 증오의 이중적 감정이 여성들간에 존재했는데, The Color Purple(1982)에 와서는 여성들간에 자매애, 우정이 중심이 되고 있는 것이다. 스미스는 이를 워커의 의식이 우머니스트, 페미니스트로서의 다양한 삶의 경험을 통해 성장한 것으로 해석하고 있다.[19]

4. 서간체와 흑인 영어

워커는 이러한 주제를 전개시켜 나감에 있어서 지금까지 주변적이고 일상적이고 열등한 비예술의 영역이라고 여겨졌던 흑인과 여성의 전통을 최대한 활용하고 있다. 그는 근친강간, 동성애, 강간 같은 비전통적인 주제를 다루기 위해 형식에 있어서도 편지글, 일기, 흑인 방언과 같은 비전통적 형식을 수용한다. 곧 그는 흑인의 전통인 흑인 방언과 여성적 전통으로 여겨졌던 일기와 서간문을 탁월하게 사용함으로써 흑인 영어와 서간문을 비예술의 영역에서 예술의 영역으로 끌어들이고 있다.[20]

일반적으로 서간체는 남성적 글쓰기라기보다는 여성적 글쓰기로 여겨졌고 남성주의 문학 전통에서 주변적 장르를 이루어 왔다.[21] 여성들은 공적인 글쓰기에 참여할 기회가 없었던 만큼 서간체라는 사적인 글쓰기를 통해 자신을 표현하고 남들과 의사 소통을 해왔던 것이다. 서간체는 여성들의 일상적 삶과 그러한 삶에 대한 자각과 인식을 전달하는 주된 수단이었고, 일관성 있게 엮어 나가기 어려운 여성의 단편적 삶을 엮어 주는 역할을 하므

---

19) Smith, pp.484-485.
20) Deborah.E.Mcdowell,""The Changing Same": Generational Connections and Black Women Novelists", *New Literary History*, Vol.18,(Winter 1987), p.295.
21) Mills, p.69.

로 워커가 자주 쓰는 표현을 인용하자면 "조각이불의 형식"이라고 할 수 있다.[22]

그런데 이러한 서간문은 2인칭 단수로 쓰여진다는 점에서 모든 문학 형식 중 가장 친밀한 형식이므로, 워커가 강조하는 사적인 역사의 주제를 전달하는 데 대단히 효과적이다. 또한 이 편지가 신을 제외한다면 자기들 사이에서만 왕래되므로 한 집단 내 성원간의 신뢰와 사랑을 두텁게 하는 역할도 한다.[23] 그리고 서간체는 자아 표현을 강조하는 형식이므로 자아가 성숙해 가는 과정이 서간체를 통해 잘 전달되며, 동시에 씰리의 자아가 성장해 감에 따라 편지글의 양상도 변화하는 것에서 『컬러 퍼플』의 주제와 형식이 상호작용하는 것을 알 수 있다.

사뮤엘 리챠드슨의 『파멜라』의 형식을 이야기할 때도 언급되듯이 서간체에서는 사건이 발생되는 즉시 보고되므로 독자는 현장감을 느낄 수 있고, 주인공의 심리와 감정에 더 많이 공감하게 된다. 특히 『컬러 퍼플』의 서간체는 주인공이 사건들을 시간 순서대로 나열하는 전통적 서간체의 구조를 취하지 않고, 설화자도 사건이 발생하는 그 순간순간에 독자와 함께—미래를 모르는 채로—있게 되므로, 독자는 씰리와 더욱 가깝게 만나게 되는 것이다. 워커는 문학 작품이 완성되고 고정되고 고전적인 '결과물'이라기보다는 스토리가 발생하는 즉시 그대로 전달하는 '과정'이어야 한다는 생각을 가지고 있었는데,[24] 『컬러 퍼플』에서 친밀하고 비전통적인 '서간체'의 형식을 사용함으로써 자신의 그러한 생각을 잘 드러낼 수 있었다.

한편 워커는 흑인 영어를 『컬러 퍼플』의 주된 형식으로 사용하고 있다. 19세기부터 보통 흑인들이 사용하는 영어, 곧 흑인 방언은 백인 영어를 사용하는 사회에 의해 무시되고 경멸받아 왔다. 흑인이 사회에서 억눌림을 당하는 계층이었으므로 그들이 사용하는 언어도 하층이라는 언어의 이데올로기, 곧 언어의 계급 구조를 반영하는 것이다.[25]

그런데 워커는 이러한 편견을 완전히 뒤집어 교육받지 못한 흑인 영어의

---

22) Christian, p.469.
23) Mills, p.69.
24) Christian, p.468.
25) Mcdowell, p.285.

아름다움과 실용성을 보여 주었다. 아름답고 시적이고 문학적 언어가 될 수 있음을 『컬러 퍼플』에서 명확히 증명해 준 것이다.[26] 흑인 방언의 특징은 우선 대화체 중심이며 친밀감을 강조하는 것이다.[27] 화법은 구어에 전적으로 근거하므로 문어와 구어의 구별이 없고, 실제로 대화에서 쓰이는 말들이 여과되지 않고 그대로 글로 쓰여지므로, 글을 읽을 때에도 대화를 듣는 듯한 느낌이 강하게 든다. 또한 토속적인 흑인 영어는 문장이 짧고 간결하며 표준 영어의 자의식적인 특징인 구두점이나 생략부호, 돈호법 등을 사용하지 않으므로 표준 영어보다 훨씬 단순하고 직접적이고 소박한 느낌을 준다. 곧 'teeth'를 'teefs'로 'we'를 'us'로 주인공들이 발음하므로 이야기가 소박하고 천진난만하게 느껴지며, 쎌리의 동성애도 그가 사용하는 유아적인 단어들(tities, thing, pussy 따위) 때문에 더욱 자연스럽고 효과적으로 표현된다.[28]

워커는 흑인 영어를 그대로 사용함으로써 흑인 여성들인 그의 작품 속 인물들의 성격이나 상황을 다른 어떤 언어보다 생생히 전달한다. 예를 들어 쎌리가 자신의 이야기를 자신의 언어로 전달하므로 우리는 쎌리의 변신을 더 강렬하고 생생하게 느낄 수 있다. 이러한 『컬러 퍼플』에서의 토속적인 흑인 영어 사용에 대해 엘리쟈벳 파이퍼는 "무식하나 인간적이고, 어렵지만 정확하다"고 표현하고 있다.[29] 저자는 변화된 쎌리로 하여금 사회에서 "우스꽝스럽고 열등하다"고 받아들여지는 흑인 방언에 많은 자부심을 느끼게 한다. 쎌리의 바지 만들기를 돕는 제린과 달린은 고상하고 우아해지기 위해 보통의 흑인 영어는 교정되어야 한다는 사회의 믿음을 그대로 대변하고 있는 인물들이므로, 쎌리의 말을 촌스럽다고 생각하여 쎌리가 "we" 대신 "us"를 쓰는 습관을 고쳐주려고 한다.

달린은 나에게 대화법도 가르쳐 준단다. 그는 us라는 말투를 쓰면 나쁘다고 그랬어. 그러면 시골티가 그대로 드러난다고 말야. "대부분의 사람들이 we라고

---

26) Mills, pp.70-71.
27) Ibid., p.70.
28) Fifers, pp.160-161.
29) Ibid., p.158.

말하는 대목에서 당신은 us라고 하잖아요." 그가 말했어. "그런 말투로 얘기하면 사람들은 당신을 무식하다고 생각해요. 흑인들은 당신을 촌사람이라고 생각하고 백인들은 비웃어요."(257쪽)

그러나 썰리는 이러한 외적 압력에 더 이상 마음을 쓰지 않는다. "그게 무슨 상관예요? 나는 행복해요"라고 말하며, 자기에게 이상하고 부자연스럽게 느껴지는 방법으로 말하는 것이 오히려 바보 같은 짓이라고 생각한다.

내가 보기에는 바보들만이 자기의 생각에 잘 안 어울리는 그런 말투를 써가며 얘기를 하고 싶어하는 것 같아.(258쪽)

썰리의 흑인 영어는 바로 그의 것이므로, 그에게는 다른 어떤 언어보다도 적절하고 소중하다. 이렇게 썰리가 자부심을 가지고 흑인 영어를 사용하게 되는 것은 그가 진정 해방된 인간으로 당당히 서게 됨을 시사한다.

5. 형식과 주제의 조화

지금까지 여성과 흑인의 영역이었기 때문에 주변적이고 사소하며 열등한 것으로만 간주되었던 서간체와 흑인 영어를 탁월하게 이용함으로써 워커는 문단의 지배적 흐름인 백인 남성의 영어에 흡수되지 않고 스스로의 특수한 목소리를 계발하는 데 성공했다. 또한 그는 자신들을 억압하던 흑인과 여성이란 요소를 역으로 자신들을 해방시키고 자유롭게 하는 데 이용하였다. 더 나아가 워커는 『컬러 퍼플』에서 흑인 여성의 정체성 회복과 창조력의 발견이라는 우머니스트적 주제를 편지글과 흑인 영어라는 우머니스트적 형식을 통해 표현함으로써 형식과 주제의 절묘한 조화를 이루어 낸다. 그리하여 워커는 모든 것을 중심과 주변으로 분리시키는 이분법을 극복하고, 지금까지 주변적이고 비본질적인 것으로 여겨졌던 것의 위치를 새롭게 보여준 것이다.

이렇게 워커는 지금까지 흑인 여성들이 인정받지 못했던 미국의 문학 전통에 충격을 주고, 흑인 여성을 자부심을 가진 인간으로 문학 속에 되살려

내고 있다. 자신들에게 부정적으로만 작용하던 '흑인과 여성'이라는 사실을 역으로 이용해 여성적 글쓰기에 성공한 앨리스 워커의 글쓰기는 역시 약소 민족 여성이라는 이중적 소외를 겪고 있는 우리의 여성들에게 언어에 대해, 그리고 글쓰기에 대해 진지하게 성찰해 볼 계기를 마련해 주고 있다.

청비(靑飛), 「떠 있는 대화」, 1992.

콩트

나는 곡비*인가?
눈물로 말하기

김영숙**

나이 탓일까? 요즈음 그것이 좀 뜸해졌다. 마지막 것이 언제 있었는지 기억이 감감하다. 나는 늘 그것이 오는 것을 예감할 수 있었다. 무언가 아랫배가 더부룩하고, 아침에 먹은 김치의 신맛이 꾸역꾸역 목구멍으로 밀려 올라오고, 세상이 나만 빼놓고 너무나 잘 돌아가는 것 같아 속이 뒤틀리고, 거리의 표정이 너무 밝아 신경이 거슬린다. 이러다가 아무한테나 감정이 폭발하지는 않을지 은근슬쩍 걱정까지 들 때 그것은 나를 찾아온다.

사실 난 결혼이라는 걸 하기 전까지만 해도 내가 이렇게 잘 우는 여자일 줄은 정말 몰랐다. 아니 오히려 난 여자의 눈물 어쩌구 하는 말만 들어도 온몸이 스멀거리곤 했다. 난 내가 상당히 이지적이고 강인한 사람인 줄 알았다. 남들도 그렇게 생각했다. 아니, 남들은 아직도 그렇게 생각하고 있다, 한 사람만 빼놓고는. 그 한 사람은 내 남편이다. 그는 내 눈물에 질렸다고 한다. 자기는 내 감정적 횡포의 피해자라고 한다. 연애할 때만 알았어도 그만뒀을 텐데 내가 아주 간교해 빠져서 그땐 눈물 한 방울 안 보이다가 결혼하자마자부터 걸핏하면 눈물부터 쏟아 놓는다는 거다. 그래서 자기를 아

---

* 편집자주 : 지난 날, 장례 때 행렬 앞에서 곡을 하며 가던 여자 종.
** 많은 형제 가운데 맏딸로 태어나 항상 집안일을 보살폈고 감성에 무딘 어머니를 도와야 했다. 동생들과는 달리 예민한 성격이었으므로 약간의 피해의식을 가지고 살았다. 결혼한 남편은 막내 아들이다.

주 나쁜 놈처럼 만든다는 거다.
 걸핏하면이라니? 나는 울음을 그치려다가도 이 말을 들으면 갑자기 더 설움이 폭발하곤 한다. 그는 실수를 한 거다. 나는 걸핏하면 우는, 눈물을 무기로 삼는 그런 여자가 아니다. 나의 울음은 남에게서 나를 지키기 위하여 사용하는 무기가 아니라, 삶의 고단한 짐이 나를 휘청거리게 만들 때 내 뱃속 깊은 데서부터 솟아올라 나를 버텨 주는 지팡이 같은 그 무엇이다.
 만약에 내가 울음으로 나를 지켜 내지 못했다면 난 지금과는 굉장히 다른 사람이 되어 있음에 틀림없다, 상당히 이지적으로 보이는 얼굴에 깡마른 몸매를 지닌. 하긴 그랬으면 지금처럼 뚱뚱하다는 구박은 벗어날 수 있었겠지. 그렇지만 아마도 사흘에 피죽 한 그릇도 못 얻어먹은, 시들어 빠진 오이 같은 몰골일 거야, 분명히.
 지금도 난 또렷하게 되살려 낼 수 있다, 나의 첫 울음을. 이십이년 전 결혼한 지 한 달도 안된 어느 저녁의 일을. 나는 그때 직장과 가사의 틈바구니에서 케이오우 직전에 몰려 있었다. 신혼의 꿀맛이라고? 꿀맛 같은 소리하고 있네. 하루 종일 이리 뛰고 저리 뛰다가 돌아오면 어느새 연탄불은 꺼져 있었다. 우리 방에는 부엌이 달려 있지 않았기 때문에 밥을 하려면 주인집 부엌을 같이 써야 했다. 난 되도록 굶고 살았으면 싶었지만 남편은 절대로 먹어야 하는 사람이었다. 그럼 시키지 그랬느냐고? 육이오 때 굶어 죽은 사람 많았다니까 왜 라면이라도 먹지 바보같이 굶느냐는 소리하고 똑같네. 그때만 해도 호랑이 담배 먹던 시절이라, 남자가 부엌에 그것도 남하고 같이 쓰는 부엌에 들어간다는 건 상상도 못할 일이었다. 나는 그 불편한 홈웨어라는 걸로 갈아입고 석유곤로 그을음으로 얼굴이 새카매진 채 저녁을 차렸다. "아유, 새댁이 엽엽하기도 하지, 저러니 신랑이 얼마나 귀여워 해줄까" 하는 주인집 아주머니의 부러움 어린 치사를 들으며…….
 동그란 아크릴 밥상을 들고 주인집 대청마루를 가로질러 우리 방으로 오면 남편은 신문을 보고 있다가, "왜 이렇게 오래 걸렸어, 배고파 죽을뻔 했잖아" 군시렁거리면서 상을 받았다. 그날은 오랜만에 갈치를 구웠다. 수저를 들던 남편은 이날따라 "숭늉은?" 하며 물부터 찾았다. 부엌에 갔더니 아직 누룽지가 다 일어나지 않았다. 주걱질을 해서 겨우 숭늉을 만들어 방으로 돌아왔다. "자, 여기 숭늉 있어" 하며 앉는 순간, 갈치 접시가 눈에 들어

왔다. 아니, 이럴 수가! 네 토막이나 되는 갈치가 몽땅 뼈로 변해 버린 것이 아닌가. "아주 싱싱하고 맛있는데, 더 없어?" 순간 나도 모르게 뜨거운 물이 눈에서 솟아 나오더니 엉엉엉 하는 소리가 목구멍에서 터져 나오기 시작했다. "왜 그래, 왜 그래?" 그는 돌발적인 사태에 어쩔 줄 몰라, 계속 왜 그러느냐는 말만 되풀이했다.

이제 갈치 따위는 내 안중에 없었다. 지난 한 달 동안의 고달픔이 실타래처럼 풀려 나오면서 서러움이 북받쳐 올라왔다. '이게 뭔가, 이게 뭔가? 이런 걸 행복이라고 하고 이런 걸 인생이라고 하나, 고작 이런 걸?' 더 이상 아무 생각도 나지 않았다. 그냥 끝도 없이 울음이 치받쳐 올라왔다. 아! 난 어린 시절에 무수히 보아 왔던 촌 아낙들의 울음을 떠올렸다. 머리는 헝클어지고 등에 갓난아기를 매단 채 땅바닥에 퍼질러 앉아 땅을 치며 통곡하던 여인들을. 한낮의 태양은 뜨겁게 타오르고 말리는 사람도 하나 없이 하루 종일 꺽꺽 쉰 소리를 토해 내던 그들. 그들은 아마도 남편의 전사 통지를 받았으리라. 기억의 저편으로 숨어 버린 그 모습들이 새삼스레 눈앞에 펼쳐지면서 나는 이제 그들과 함께 울기 시작했다. 나는 곡비인가?

남편은 나를 달래느라 필사적이었다. 그는 무엇보다 주인집에 신경이 쓰이는 모양이었다. 나도 그게 걸리기는 마찬가지였다. 그러나 참으로 이상하게도 내 머리와 울음은 별개였다. 울음소리를 죽이려고 이빨을 앙다물어도 울음은 마치 독립된 생명체처럼 이빨 사이를 뚫고 빠져 나갔다.

울음이 울음을 낳았다. 울음은 곡을 띠기 시작했다. 아니면 울음은 이미 처음부터 곡이었을까? 남편은 이제 완전히 낭패한 얼굴로 멀찌기 떨어져 앉아서 담배를 뻑뻑 빨고 있었다. 얼마나 시간이 흘렀는지 모르겠다. 내 속에서 울음이 잦아들어가는 것을 느꼈다. 목구멍에서 꺽꺽거리는 소리가 났다. 그리고 끝났다.

무엇인가 나를 억눌러 왔던 것이 나를 떠나 버린 것 같았다. 머리 속이 맑았다. 약간 나른하면서도 붕 뜨는 기분이었다. 나는 남편을 보았다. "왜 그랬어?" 그는 아주 조심스럽게 물었다. "응, 갈치 땜에" 난 혼연스레 대답했다. 그리곤 아구아구 밥을 퍼먹기 시작했다. 갈치가 없어도 밥은 꿀맛이었다.

사람들은 나를 다른 나로 본다. 내가 고달프다고 말하면 사람들은 너도 고달플 때가 다 있냐는 식으로 받아들인다. 가끔 뭐하러 사는지 모르겠다고 말하면 너 같은 사람이 그런 말 하면 나는 당장 죽으라는 소리냐 뭐냐 하면서 화들을 낸다. 그리곤 다들 나한테서 위로받기만을 원한다. 그들은 말한다. "넌 원래 낙천적이잖아. 넌 원래 마음이 넓잖아. 넌 원래 몸이 튼튼하잖아. 넌 원래 일에 겁을 안 내잖아. 넌 원래 물욕이 없잖아……. 넌 원래…… 그렇잖아……. 넌 맏딸이잖아. 넌 큰언니잖아. 넌…… 넌……잖아……."

"네가 이해해야지", "당신이 이해해야지", "엄마가 이해해야죠". 그런데 원래의 나는 그럴 만한 그릇이 못된다. 원래의 나는 사람들이 생각하는 나와는 백팔십 도 다르다. 그렇지만 나는 사람들이 생각하는 나를 연기한다. 원래의 나로 돌아갔을 때 그들이 나를 떠나갈지도 모른다는 두려움 때문이었을까, 탈을 쓰고 살다 보면 삶의 버거움조차 남의 일같이 느껴지기 때문일까?

울음은 아마도 그 탈을 벗어 던지고 싶은 욕망을 더 이상 견뎌내기 힘들 때마다 나를 찾아오는 것 같다. 그리고 그것은 사소한 핑계를 기다리고 있다가 아주 엉뚱한 때 찾아온다. 늦게 귀가한 남편의 손에서 일식집 봉투를 보고 "야, 생선 초밥이구나" 하고 낚아챘는데 그 속에는 성냥갑만 가득 차 있었을 때, 일요일 아침 늦은 아침밥 준비에 조바심을 치면서 아이들한테 무 한 개만 사오라고 부탁했는데도 아무도 선뜻 대답하지 않을 때, 같이 앉아서 일요명화를 보고 있다가 느닷없이 남편이 "당신 살 좀 빼야겠다"고 말할 때, 늘상 겪는 상황들인데도 어느 순간 눈에서 더운 물이 쑥 빠지고 나는 울기 시작한다.

지난 섣달 그믐날도 그랬다. 하루 종일 큰집에서 차례 음식을 준비하는 날이다. 저녁 일곱 시쯤 됐는데 둘째한테서 전화가 왔다. "아버지가 손님들을 모시고 왔는데 엄마보고 빨리 오라셔요." 전화를 바꾸라고 하니 고주망태가 된 남편이 왈 "오라면 당장 달려올 것이지 웬 말이 그리 많아" 하며 끊어 버린다. 괘씸해서 안 가고 버티려 했더니 큰동서가 빨리 가보라고 한다. 집은 왁자지껄했다. 모두들 거나하게 취했지만 남편은 완전히 간 상태였다. 앉아서 꾸벅꾸벅 졸다가 깨다가 하면서도 계속 술을 권하고 마셔댔다. 손님들은 나한테 미안하다는 인사를 되풀이하더니 이내 자리를 떴다.

배웅을 하고 들어오니 남편은 이미 곯아떨어져 있었다. 난 사실 그때까지만 해도 별로 화가 나지 않았다. 어디 한두 번 겪는 일이라야 말이지. 그랬는데, 아마 난 작년의 울음치를 다 채우지 못했었나 보다. 둘째한테 미안한 김에 내딴에는 위로를 한답시고, "니네 아빠는 아무튼……" 하며 말문을 여는 순간, 녀석이 이렇게 되받아치는 것이었다. "아버지 흉보지 마세요."
"아니, 내가 뭐랬니? 난 그냥……." "아버지 흉보는 것 듣기 싫어요." 울음이 터졌다. 이 세상에서 나처럼 서러운 사람이 또 있을까 싶었다. 나만 바보 같았다. 나만 외도토리 신세였다. 구성진 가락에 맞추어 사설이 흘러나왔다. "그래, 다 내 잘못이다, 내가 나쁜 년이야. 아이고, 남편 복 없는 년이 자식 복을 바랄까? 옛말 그른 데 없다더니……." 아이는 놀라서 "어머니, 미안해요, 잘못했어요"를 연발하며 어쩔 줄 몰라 했다. 그러다가 포기를 한 듯 자기 방으로 들어가 버렸다.
나는 엉망진창으로 어질러진 거실 바닥에 앉아 울었다. 울음은 꼬리가 있어서 쉽사리 끊어지지 않는다. 그건 마치 파도 같다. 머리 꼭대기에서부터 새끼 발가락 끝까지 피가 흐르는 곳이면 어디까지든 울음은 파도를 일으킨다. 한 해가 간다. 속절도 없이 또 한 해가 가고 있다. 바로 어제 아침에 둘째가 대학에 합격했는데 이 엄마라는 여자는 곡비처럼 울고 있다. 낙천주의자로 불리우는 이 여자가 섣달 그믐날 밤에 혼자 앉아 울고 있다.
그래, 산다는 게 이런 거지. 울음이 잦아들자 나는 기운차게 거실을 정리하기 시작했다. 그리고 코를 고는 남편의 옆에 누웠다. 잠이 달콤하게 찾아왔다. 설날 아침, 내 눈은 퉁퉁 부어서 떠지지가 않았다. 남편은 깜짝 놀라 "아니, 눈이 왜 그래, 무슨 일 있었어?" "응, 어젯밤에 심심해서 좀 울었어."

콩트

약 먹는 여자
아파버림으로 말하기

하운*

터질 듯 터질 듯 늘 할말 많아도
폐부를 쑤시는 칼끝 같은 말 한마디
끝내 나오지 못하고
혓바닥 안으로만 안으로만 빨려 들어가
목구멍이 불붙는 굴헝이 되네
—양정자의 「아내의 늪」 중에서

김씨 부인의 발걸음은 집이 가까우면 가까울수록 점점 무거워지고 느려졌다. 아파트의 엘리베이터가 눈에 보이자 이제 가슴이 두방망이 치기 시작한다. 1층, 2층……엘리베이터가 올라가면서 호흡까지 숫제 빨라지는 듯했다.
이제 드디어 현관이다. 숨을 길게 들이마시고 초인종을 누르는 손이 떨린다.
"누구요?"
퉁명스러운 목소리가 들렸다.
"예. 저예요."
기어들어 가는 자기 목소리가 처량했다.
"무슨 낯짝으로 기어들어왔노? 내 이 집에 한발짝도 못 들어오게 할끼라. 내 말을 허푸 들었노?"

---
* 30대 초반의 주부, 문학 수업을 하고 있다.

"어머니, 잘못했어요."
"네가 잘못한 게 뭐 있나. 우리같이 못사는 집에 와서 부잣집 각시가 고생만 안 했나. 아예 그 따위 소리 듣기 싫으니 이 길로 다시 짐 싸고 나가거라."
 김씨 부인은 얼굴과 눈이 뜨뜻해지는 것을 느꼈다. 자기도 모르게 눈물부터 나오기 시작했다. 미처 신발도 못 벗고 듣는 불호령이다. 신을 벗고 들어가야 할지 말아야 할지 몰라 망설이면서 시어머니의 눈치를 살피자니 어깨가 빳빳해지는 것 같았다.
 시누이가 얼른 뛰어 나와 편을 드는 것인지 싸움을 붙이자는 것인지 시어머니의 몸을 끌고 거실 소파에 앉힌다.
 "언니, 들어와. 할말 있으면 해."
 김씨 부인은 거실 바닥에 무릎을 꿇고 앉는다. 무슨 말을 해야 하는 것인가. 어제 내가 무슨 잘못을 했던가. 정신은 아득해지고 멍해지는 것이 현실감이 나지 않았다. 이게 꿈이라면 좋겠다. 내가 겪는 이 미친 놀음이 다 헛된 꿈이라면…….
 "너, 왜 일하는 사람에게 나 몰래 돈 더 얹어 주노?"
 그래, 바로 그것 때문이었지. 직장에 다니는 동안 파출부가 와서 살림 좀 돕게 하자고 할 때 시어머니는 하루에 돈 5천원이면 되지 않느냐고 했다. 그건 요즘 시세의 삼분의 일도 안되는 돈이었다. 시어머니의 굳어진 생각에는 걸레질 몇 번 하고 세탁기 돌리는 데 하루에 돈 2만원을 줘야 한다는 것이 이해가 가지 않는 것이다. 날마다 직장에서 돌아와 피곤한 몸을 끌고 집안일을 하다가 결국 아는 아줌마라고 속이고 돈을 조금 준다고 해서 얻은 파출부였다. 그런데 그 파출부가 이웃집 아줌마에게 자기가 받는 월급 액수를 들통내 버린 바람에 시어머니의 귀에까지 들어가 버린 것이다.
 "네 방만 깨끗이 닦고 네 빨래는 더 잘하라고 그랬나? 이 시에미는 개똥같이 여기라고 날 속였나?"
 "그게 아니라, 어머니……."
 "무슨 할말이 있다고 대가리를 쳐들고 주둥아리를 놀리나? 그래 네 친정에서 돈 받아다가 파출부 쓰는 거나? 내 그 따위 꼴은 눈 퍼렇게 뜨고 못 보겠다. 네가 돈을 벌면 얼마나 번다고 하루에 2만원씩 주면 뭐 남나? 여자가 살림을 그런 식으로 해서 뭐 할꺼나?"
 대가리와 주둥아리라는 말에 목구멍에 뭔가 치받쳐 오르는 듯 가슴께가 답답해 왔다. 하기야 부부의 월급을 합쳐 시어머니에게 생활비로 드리고 남편과 자기 책값 빼면 남는 것이 없기는 했다. 게다가 시어머니가 계시는 것을 기화로 시누이에 시동생 식구들, 삼촌에 고모까지 제집같이 드나들기 때문에 하다못해 쌀이고 비누고 휴지고 헤프지 않은 것이 없었다. 파출부는 사실 어거지로 두는 것이라고도 할 수 있었다. 그렇다고 다시 집에 주저앉을 수는 없었다. 올해 곧 전임강사 자리가 떨어질지도 모르는데······. 이제껏 들인 노력이 아까와서라도, 또 서슬 퍼런 시어머니와 하루 종일 마주치고 살아야 할 일도 싫어 김씨 부인은 무리를 해서라도 대학에 계속 나가고 있는 중이었다. 친정에서 쥐어주는 돈이 그래서 큰 도움이 된 것도 사실이었다. 그러나 자존심 강한 시어머니에게 자신이 친정으로부터 도움받는다고 말할 수는 없었다.
 "난 네가 월급을 얼마나 받는지 월급 봉투 구경 한 번 안 해봤지만 말이다. 여자가 애시당초 밖에 나가 다니는 게 싫다. 니가 밖에 나가서 돈 안 벌면 우리집 식구들이 굶나?"
 "여자가 잘나면 얼마나 잘났나? 나도 너 못지 않게 배울 만큼 배웠다. 너희 친정이 돈 있으면 얼마나 있나? 우리도 친정이 너희 못지않게 잘살았다. 나는 친정에서 돈 갖고 들어와서 시동생 사업 밑천 대주고 시누 결혼시키고 할 것 다했다. 그래도 입 한 번 뻥긋 안하고 시부모 지성으로 모셨다. 너는 어째 그라노? 바깥에서 일한다고 해도 여자가 할 일은 따로 있는기라. 남편 공대 잘하고 시부모 잘 받들고 형제 우애 있게 살고······."
 시어머니의 말은 끝도 없이 계속되었다. 무슨 일만 있으면 김씨 부인의 학벌과 잘사는 친정이 들먹여진다. 반복되는 시어머니의 말소리를 아무 소리 안하고 들으며 고개를 숙여 바닥을 보고 있으려니 어깨가 아리면서 목이 무겁다.
 시어머니는 무엇 때문에 며느리를 꾸중하고 있는지 이제는 잊어버린 것처럼 반복적으로 "여자란······"을 되풀이하고 있다.
 두 시간쯤 계속되었을까? 지겨워진 시누이가 방으로 들어가 있다가 나왔다.

"엄마, 이젠 그만해. 오늘 이서방이 이쪽으로 나 데리러 온대. 밥 먹고 고스톱하자. 기분 풀어."

맙소사! 또 고스톱이라니. 시누이와 시누이의 남편, 시어머니와 김씨 부인의 남편이 벌이는 고스톱 판은 새벽까지 계속되기 마련이고 보나마나 밤참 심부름에 밤늦게까지 떠들어대서 잠을 못 잘게 뻔했다. 내일 세미나 준비는 어떻게 하나? 김씨 부인은 가슴이 내려앉는 것 같았다.

"언니, 그러지 말고 가서 밥해. 거기 그러고 앉아 있으면 뭘해?"

시누이의 말에 억지로 일어나 부엌으로 간 김씨 부인은 부엌 꼴에 기가 막힌다. 파출부를 내보내고 나니 설겆이 통에 점심 먹은 그릇이 널부러져 있고 가스레인지 위에는 음식 찌꺼기가 그대로였다.

"어머니, 저녁 뭘 할까요?"

"네 알아서 해라. 언제는 나한테 물어 보고 했냐."

시어머니는 여전히 퉁명스럽다. 냉장고 문을 열어 보니 점심 때 먹던 김치가 뚜껑도 안 덮인 채 들어앉아 김치 냄새가 역하다. 왜 반찬 뚜껑을 덮지 않을까? 깔끔하고 풍족한 친정의 냉장고와 달리 흘린 음식이 여기저기 묻어 있는 시댁의 냉장고는 비참할 정도로 황폐했다.

다시 초인종이 울린다. 누군가? 남편인가?

"어머니, 저 왔어요."

"왜 집에 들어오노? 마누라 건사 하나 제대로 못하고 네가 대학교 교수면 뭐하냐?"

남편이었다. 같은 과 커플로 만나 연애 시절에는 그지없이 다감한 남편이었다. 군대를 갔다 온 바람에 자기보다 늦어져 이제 시간강사를 시작한 터이지만 남편은 집에서 깍듯이 교수 대접을 받았고 자기는 어디 바람나서 놀러 다니는 여자 취급을 당해 왔다.

"어머니, 아직도 집사람이 정신을 못차리고 있습니까?"

"부엌에 있다."

"이리 와 봐."

남편은 덜컥 소리부터 지른다. 다시 가슴이 두방망이 친다. 지난 번처럼, 지난 번처럼 내게 손찌검을 한다면, 같이 안 사는 거다. 끝장인 거다. 겨우 최후의 마지노 선은 맞지 않고 사는 것이었다. 정신적으로는 이미 모욕받을 만큼 받았음에도 말이다. 사형장에 끌려가는 사형수같이 김씨 부인의 발걸음은 무겁기만 하다.
"빨리 무릎 꿇어. 너 또 잘난 척할래? 일류 대학 나왔으면 다야!"
김씨 부인은 이를 악문다. 눈물이 쏟아져 나올 것 같아서이다. 악을 쓰고 싶어서였다. 내가 잘난 척한 게 뭐 있단 말이냐? 파출부에게 시세대로 돈 준 게 그렇게도 잘못한 거냐? 똑같은 일류 대학인데 왜 자기의 학벌은 무슨 커다란 낙인인 양 매번 오명으로 들먹여지며 남편은 공부하느라 수고한 게 되는가. 또 시어머니는 아들 뒷바라지 하느라 고생한 것이고 친정 어머니는 매번 죄인처럼 고개를 숙이고 있어야 하는 건지 이해가 가지 않았다.
어정쩡하게 서 있으려니 남편이 어깨를 찍어 누르며 꿇어앉힌다. 시누이와 시어머니는 재미있는 구경이나 난 듯 쳐다보고 있다.
"이제 다시 파출부 소리 입 밖에 꺼내만 봐라. 친정 잘산다고 시집와서까지 그 식으로 할 순 없어."
남편은 못을 박는다. 그렇지 않아도 뻣뻣하던 어깨가 남편에게 세게 잡히고 나니 고추가루를 뿌린 것처럼 얼얼했다.
"가서 밥이나 해."
남편과 시어머니의 번갈아가며 계속되는 며느리 성토가 한 시간 가까이 계속되더니 결국 밥 하라는 것으로 마지막이 장식된다. '내가 너희들 밥이냐?' 욱하는 소리가 목구멍까지 올라왔지만 참았다, 이혼당하지 않기 위해. '그 잘난 교수 부인 소리가 그렇게 놓치기 싫으냐?' 그는 자기 자신에게 비웃음과 경멸을 흘렸다. '비겁하고 치사하게……'
시누이 남편과 시동생까지 오는 바람에 세 번에 걸쳐 밥상을 차리고 설 것이를 끝내고 나니 9시가 넘었다.
고스톱 할 시간이다. 넓은 안방 놔두고 그들은 꼭 거실에서 노름판을 벌이며 시끄럽고 뻔뻔스럽게 굴었다. 몇 시간 전의 불유쾌했던 사건은 다 잊어버린 듯 웃음소리들이 높았다. 남편은 내게 누군가? 내가 이렇게 비탄에 잠겨 있는데 혼자 저렇게 재미있을 수 있는가? 개새끼, 병신, 잡놈, 갖은 찬란한 낱말들이 머리 속을 맴돌았지만 차마 입에 올릴 수는 없었다. 머리가 심하게 아파왔다.
김씨 부인은 자기 방에서 논문을 펴 들고 집중하려 하지만 잘난 식구들의 떠드는 소리와 함께 흐르는 눈물이 아무것도 못하게 방해하고 있었다.
차라리 이 밤이 지나면 다시 깨어나지 않고 죽어 있으면 좋을텐데.
울다 지쳐 얼핏 선잠이 들려고 하는데 자기를 부르는 소리에 화들짝 놀랐다.
"어이! 국 좀 끓여. 속이 쓰리니 얼큰하게."
남편의 목소리다. 새벽 세 시가 다 되어가는데. 이젠 그만들 좀 하지……. 일어나려니 갑자기 어지러우면서 머리가 터질 것처럼 아프다. 삭신이 다 쑤시는 듯하기도 하다. 하루 종일 강의 준비하랴, 논문 준비하랴, 정신이 없었는데다가 집에 들어와서도 제대로 쉬지를 못했더니 몸이 천근이다.
눈을 비비고 부엌에 들어가 냄비에 물을 앉혔다. 무슨 국을 끓이나. 다시 냉장고 문을 연 순간 냉동실에 있던 언 고기 덩어리가 갑자기 떨어져 김씨 부인의 머리통을 냅다 갈겼다. 부엌 바닥에 털퍽 주저앉으면서 김씨 부인은 머리를 쥐고 흐느끼기 시작했다.
고기 떨어지는 소리를 듣고 남편과 시어머니가 뛰어왔다. 머리를 부여잡고 울고 있는 그를 보고 그들은 무슨 일이냐고 짐짓 놀라는 척했다. 음식에 머리를 맞았다고 했더니 "조심스럽지 못하게 여자가……" 하는 시어머니의 혀 차는 소리가 들렸다. 남편은 "매형도 있는데 창피하게……"라고 한마디 하곤 부엌을 휑하니 나가 버린다.
그날 이후, 김씨 부인의 머리는 오후가 지나 집으로 올 때쯤 되면 터질 것처럼 아프다. 눈알도 빠지는 것 같고. 어깨도 내려앉는다. 설것이와 빨래, 다림질이나 청소를 끝내고 자리에 누우면 허리가 끊어질 것처럼 아파 뜨거운 핫백으로 찜질을 해야 잠이 들 정도였다. 파출부를 못 쓰니 군식구가 들끓는 집안일은 엉망이었고 자리에 누울 때면 돼지 우리에 드러눕는 기분이 들 때가 일쑤였다.
대식구의 반찬 심부름을 들락거리면서 해야 하느라 밥 먹는 것이 편하지 않아 항상 속은 답답하고 더부룩했다. 조금만 기름기 있는 음식을 먹어도 속이 느글거리고 토할 것 같다가 설사를 해대기도 했다.
오늘도 퇴근 길에 두통약과 진통제를 사서 소화제를 섞어 먹은 김씨 부인의 발걸음은 집이 가까와지면 가까와질수록 무거워지고 가슴은 점점 심하게 두방망이 친다.

콩트

서른아홉 살의 아침
전화로 말하기

박혜자*

잘 다녀오세요, 일찍 와야 돼요, 술 먹지 말구요. 여보세요? 응, 명자구나. 응, 지금 막 나가는 참이야. 누가 아니래니, 허구한 날 출근하기가 이렇게 힘이 들어서야 차라리 내가 출근하는 게 낫겠다. 그래, 태현 아빠는 벌써 나갔겠지? 한 시간 전에 나갔다고? 그래, 그랬을 거야, 워낙 부지런하시잖니. 이 사람? 또 술이지 뭐. 정말 못 말릴 작자야, 어쩌면 그렇게 일년 내내 술독에 빠져 지내는지. 응? 남의 남편이라고 그렇게 봐줄 필요 없어. 일 때문이라는 말, 꼭 십오 년째 듣는다. 망우리에 가봐라, 핑계 없는 무덤 있나? 다 핑계야 핑계. 김우중은 술 안 먹고도 돈만 잘 벌더라. 그 동안 술 퍼 마신 돈 나한테 몽땅 갖다 줬어 봐라, 아마 현대아파트 두 채는 사 놨을 거다. 건강? 몰라, 나도 이젠 지쳤어. 막말로 자기 간이지 내 간이냐? 해장국 안 끓여 났다고 난리더라. 뭐 이젠 남편이 죽거나 말거나 관심도 없다냐? 아니, 그럼 자긴 마누라한테 관심이 너무 많아서 그렇게 퍼 마신다대? 뭐 오늘은 일찍 들어온다고 하더라만, 언제는 뭐 늦게 오겠다고 한 적 있냐?

그래, 어제 잘했니? 더워서 어쨌니? 복중에 제사 지내는 것도 팔자다 팔자야. 많이 차렸어? 더운데 대충대충하지 않고 뭘 그렇게 많이 차렸어? 얘, 니네 큰시누 왔디? 응, 왔구나, 웬일이니? 그래 그러니까 속으로 나만 곯을 필요 없다니까, 받을 땐 받아야 하는 거야. 시집온 지 한두 해도 아니고 언

* 직장 생활을 하다가 출산을 계기로 집안에 들어앉아 전업주부로 10여 년을 보냈다. 적극적인 성격인데도 평범한 가정주부 노릇을 잘하고 있다.

제까지 죽어 지내야 한대? 저는 자식 아니니? 오지도 않으면서 맨날 감 놔라 배 놔라……. 뭐? 빈—손으로 왔다고? 지 아버지 제사에, 그것도 몇십 년 만에 오면서? 아예 철판을 깔았구나, 아무튼 경우 없이 달려드는 사람한테는 못 당한다니까. 그럴 땐 또 출가외인이라니까, 시집 쪽이란 게 무슨 큰 감투라고.
너 커피 마셨니? 아니 난 아직 못 마셨지, 그 작자가 이제 나갔는데 언제 마실 시간이 있었겠냐? 애들한테 창피하지도 않나 봐. 아버지라고 허구한 날 술타령에 지각이니, 애들 얼굴도 못 보는 날이 많아요. 그런데도 애들이 지 아버지 얼굴 안 잊어버리는 거 보면 이상하다니까. 얘, 너 또 허리 아프구나. 왜 안 아프겠니, 낫다 싶으면 꼭 일이 생기니. 좀 누워라 누워, 누워서 전화 받으라니까. 응, 이제 막 끓기 시작해, 잠깐만, 커피 좀 탈게…….
응, 이제 됐어. 에이! 설탕이 좀 많았구나. 매일 마시는 것도 간을 못 맞추니, 이 손에 밥 얻어먹는 사람도 불쌍하지. 그래, 그건 네 신랑보다 낫다, 우리 신랑이야 먹는 거 하나는 끝내 주잖아. 싱거워도 맛있다 짜도 맛있다, 마누라가 해주는 건 죄다 맛있다는 사람이니까. 얘, 별걸 다 부러워 하네, 니 신랑 그거 말고 나쁜 점 있으면 한번 다 대봐라, 가진 사람이 더한다니까. 이 남자야 지가 돈을 잘 버나, 마누라한테 잘해 주는 게 있나, 반찬타령 했다간 아예 굶길 게 뻔하잖아. 지 밥 지가 먹으면서 점수 따는 거지 뭐. 니네 신랑 같은 남편이라면, 나 같으면 요리 학원을 다녀서라도 먹고 싶다는 것 다 해주겠다. 뭐? 얘 그럼 더 잘됐지 뭘 그러니? 짠지고, 장아찌고, 저 먹고 싶은 게 제일이지. 돈 안들고 좋겠다, 남보기가 뭐 어때서? 촌스러워 보인단 말이지? 얘, 관둬라, 관둬, 왕년에 촌놈 아닌 사람 있으면 나와 보라고 그래. 뭐라고? 경숙이? …… 그래서, 응, 건방을 떨더란 말이지. 언제라고, 너 걔 만난다는 말 없었잖아? 지가 왔디? 잠깐만, 서울 세탁 지나간다. 응, 바지에 뭘 또 쏟았나 봐. 하나라도 예쁜 구석이 있어야 데리고 살지. 여보세요! 서울 세탁, 세탁!…….
이번엔 또 왜 맞았대? 응, 그래서…… 응, 그래서……. 웃기고 있네, 아니, 애는 여자 혼자 낳는대? 공부 못하는 게 왜 엄마 탓이야, 딸은 아버지 닮는다던데. 오십 등? 너무했구나, 국민학교 땐 잘했다며? 응, 그래, 그래, 걔가 오죽했니. 구정에서 짜아했잖아, 밤낮 선생들 불러다 먹이고. 국민학교 성적은 엄마 성적이라니까. 걔한텐 미안하지만 깨소금이다. 얘, 미안하지만이라고 했잖아, 싱크대에다? 머리를? 그래서? 눈까지? 야, 해도 너무하는구나, 어떻게 그럴 수가 있는 거지? 애들도 봤다고, 점입가경이구나. 맨날 그런 꼴 보면서 자란 아이들이 어떻게 공부를 잘하겠냐, 안 그러니? 이번엔 정말 나온대? 난 못 믿겠어. 지난 번에도 그랬잖아, 괜히 너하고 나만 우습게 됐었잖아. 복덕방에 쫓아다닌다 하면서……. 너 또 그 짓 하지 마. 난 절대로 안 끼어들 거야. 이번엔 세 카라트쯤 해주겠지 뭐, 지난 번에 한 카라트였다며? 야, 우리 그때 얼마나 황당했냐고? 경숙이 그 기집애 해해거리는 꼴이라니, 걘 그거 팔자야 팔자. 걔가 돈 없는 애 우습게 보는 거 봐. 걘 맞고 살아도 돈 많은 게 낫지, 바구니에 가득찬 행복 어쩌고 저쩌고 하는 건 딱 질색이잖아. 얘, 막말로 눈탱이 한번 얻어터지고 삼천만 원이면 괜찮은 장사잖아, 깔깔깔…….
동훈이? 잘했더라, 6등이야. 아니, 반에서. 그만하면 잘한 거지 뭐, 지 아빠도 되게 좋아하던데. 국민학교에선 별볼일 없었잖아, 몇 등인지도 몰랐으니까. 애가 워낙 무디니까 견뎌낸 거 같아. 요샌 학교 가는 게 재미있나 봐, 다행이지 뭐니. 태현이는 아직 4학년인데 무슨 걱정이니? 아서라, 아서. 괜히 경숙이 짝 나지 말고 내비 둬유…….
건너오라고? 참자 참아, 조금 있으면 동윤이 올 시간이야. 열두 시 좀 지나니까 오더라고. 그 녀석이 빨리 커야지. 오전오후반만 없어도 살겠어, 도대체 세금은 그렇게 긁어 가면서 학교 좀 제때제때 지으면 어디가 덧나냐? 여자들을 꼼짝 못하게 만드니, 원! 응, 그래, 네 말이 맞아, 그 놈의 도시락. 오늘? 맨날 그렇지 뭐, 소세지하고 감자 졸여 줬어, 넌? 그렇지, 제사 지냈으니까 반찬 걱정 안해도 되네. 앞으로 십 년은 도시락 싸야잖아. 넌 나보다 이 년 빨리 끝나겠네, 좋겠다. 도시락 땡 하자 인생 종치는 거 아닌지 몰라. 명자야, 야구르트 아줌마 왔나 봐. 아줌마, 왜? 우리집에서 반상회래요? 벌써? 얼마 안된 거 같은데. 와, 세월 빠르네. 그래요, 그럼 스무 개, 아니, 한 서른 개 주세요. 돈은 나중에 드릴께. 응? 잘가요.
응. 귀찮지만 할수없지 뭐, 니넨, 응, 마당에서 계속하는 거야? 위층에 그 여자 아직 사니? 정말 대단한 여자야, 자기 집에선 죽어도 안된다는 거였잖아. 요새야 괜찮지만 나중에 추워지면 어떡허냐? 하여튼 가지가지라니까.

우리 동 6호 집 여자 말이야. 그래, 그 다라시*없는 여자, 어쩐지 끈적끈적 하잖아. 응, 지난 번에 정자가 우리 동에 들렸다가, 뭐 우리 십 층에 미술하는 여자가 있대나, 걘 그 방면에 도사잖아. 그 여자한테 자기 막내 딸이 그림 배운댄다, 다섯 살짜리 말이야. 걔 데리고 왔다가 입구에서 그 여자를 만났나 봐, 기절하고 우리집에 쫓아온 거 있지. 에이아이디 아파트에서 유명했대. 밤마다 알몸으로 베란다에 나와서 사람 살려 달라고 소리질렀던 여자래. 그 남편이 변태래나 봐, 채찍으로 팬대. 우리보다 일고여덟 살쯤 아래지 아마. 그런데 그 여자가 있지, 나 지난 번에 죽는 줄 알았어, 문을 열어 놓는 게 아니었는데. 그래, 알았어, 그 다음부턴 닫고 살아. 좁아 터진 집에서 문까지 닫고 살려니까 정말 죽겠다, 그 여자 왜 노상 애 안고 복도에서 어슬렁거리잖아. 청소를 하고 있다가 기분이 이상해서 현관쪽을 봤더니 아 그 여자가 날 보고 씩 웃더니 들어오는 거야. 그러더니 날 보고 하는 말이 아줌마는 아저씨가 어떻게 해주는 게 제일 좋네. 아닌 밤중에 홍두깨도 유분수지, 난 정말 처음엔 무슨 말인지 감이 안 잡히더라니까. 그래 무얼 말이냐고 물을 수밖에. 그랬더니 이 여자 좀 봐, 자긴 입으로 해주는 게 제일 좋은데 아줌마는 어떠냐는 거야, 정말 놀랄 노 짜 아니니? 알아들었지 뭐. 그럴 땐 어떻게 해야 하는 거니. 응, 그 애기 말고 또 하나 있어. 세 살쯤 됐는데, 응, 아들이야, 그런데 걔도 좀 이상한 거 같아. 응, 굉장히 파괴적이야, 공격적이라고 해야 하나, 아무튼 이상한데 남의 자전거 이제까지 수도 없이 빵꾸 낸 거 있지, 괴상한 집이야. 그럼, 둘 다 대학 나왔대더라, 얘는 대학이 무슨 소용이니? 우린 뭐 대학 안 나와서 밤낮 솥뚜껑 운전이나 하냐? 그래 누가 아니래니. 왕년에 금송아지 없던 집안 있냐, 옛날 얘기하면 뭐하냐, 다 우리가 못난 탓이지.

  요새 빨래 잘 안 마르더라. 응, 습도가 너무 높은 거 같아. 무슨 날씨가 이런지 모르겠어. 넌 워낙 바지런하잖아, 니네 걸레가 우리 행주보다 깨끗하던데 뭘! 그래, 알았다. 남이 칭찬하면 좀 곧이곧대로 받아라. 살림 잘한다는 말도 흉이니? 난 죽었다 깨도 살림 잘한단 말은 못 들을 거야. 요전날도 너 봤지? 우리 시어머니 오셨을 때 말이야. 어머니 오신다고 내가 얼마나 열심히 치웠니? 너도 놀랄 정도로 싹 정리했잖아. 그래, 지난 수요일

* 단정치 못하다는 뜻의 일본 말

말이야. 내가 너무 속상해서 말 안했어. 칭찬은 무슨 칭찬, 우리집에만 오시면 정신이 없으시단다. 그렇다니까, 그날은 뭐 다를 줄 알았니? 우리 시어머니 십팔 번 있잖아. 죽으면 썩어질 손 아껴서 뭐하노? 하는 말. 그래, 생각하면 끔찍한 소린데, 그것도 한 십오 년 계속 들으니까 아무렇지도 않아. 어떨 땐 갑자기 내 손이 다시 보인다. 맞는 말이잖아. 죽으면 다 썩어 없어지잖아. 그런데 이 손으로 밤낮 설거지나 하고 빨래나 하다가 죽어야 하느냐고. 고스톱? 너도 싫어하잖아. 전에는 가끔 형제들 모인 자리에서 쳤는데 그것도 적성이 있나 봐, 돈을 따도 별로이고 잃어도 별로더라고. 그러니 허리만 아픈 거 있지? 우리 둘째 동서는 밤낮 허리 아파서 일 못한다면서 고스톱 칠 때는 밤도 새더라. 그래, 응 여전하지 뭐. 이젠 기대도 안 해. 결국 다 생긴대로 사는 거 같애. 좋은 며느리 착한 며느리 소리 들으려고 암만 애써 봤자 뭐하니? 하면 할수록 더 욕만 먹는 거 같애, 그렇잖아. 그래, 넌 차라리 외며느리니까 속 편한 줄 알아라. 마음 약한 사람이 뒤집어쓰는 거지 별수 있니. 시아버지 산소 이번에 또 오십만 원 들었잖아, 큰집하고 우리하고 반반씩. 몰라, 이 남자 그럴 땐 효자잖아. 가불하더라. 돈 애기 시키지 마, 나 열 오르니까. 그래, 내가 바보야, 바보. 우리 엄마가 날 그렇게 키운 걸 난들 어떻게 하니?

 엄마가 또 편찮으셔? 그래서? 속상하겠구나. 니네 올케도 아무튼 알아줘야 해. 그 정도면 국보적 존재인 거 아니니? 오빠도 똑같은 사람이지, 아니 귀국을 했으면 지네 집부터 들러야 하는 거 아니니? 어떻게 마누라 하나 휘어잡지를 못하고 여적지 끌려 다닐까. 그래서, 응, 아예 올 필요 없다고 하셨대? 그랬더니? 그냥 가겠대? 와, 정말 끝내 주는 한 쌍이구나, 부럽다, 부러워. 나도 한번 흉내라도 내봤으면 좋겠다. 그래, 인간 관계라는 게 다 상대적인 거니까. 니네 엄마도 어디 보통 엄마래야 말이지, 사람을 편하게 못하시잖아. 애, 그래도 넌 봐드려야지. 너까지 그럼 니네 엄마 졸도하실걸 아마? 그래, 잘했다. 그러니까 엄마한테는 딸이 있어야 한다는데 난 어떡하니. 큰일이지? 아들만 셋 있으니. 그래, 너만 믿는다. 니네집 방 하나는 내 이름으로 등기해 놓는 거다. 우리 엄마? 응, 신나게 노셨대나 어쨌대나, 낙천가이시잖아. 관두자, 내 입에서 또 무슨 말이 나올지 모르니까. 응, 아무튼 우리 시어머니하고는 극과 극이야. 그래, 맞아, 밀가루 반죽 같으면 둘을 합쳐서 반으로 나누면 정말 이상적일 거야. 그래, 왜 밤낮 엄마 이야기로 돌아가지? 오늘 뭐 할꺼니? 정말? 너 정말 커트할 거야? 웬일이니? 드디어 심경에 변화가 생기셨다는 말씀이신데, 그래, 사연이 무엇이온지 궁금하기 짝이 없나이다. 아니, 잠깐, 우리 막내 온다, 저 앞에. 응, 저 녀석은 왜 저렇게 축 처졌는지 모르겠어, 귀염은 혼자 독차지하는데 말이야, 키만 껑충해 갖고는. 이제 들어온다. 그래, 어머니 병원에 갔다가 전화해 줘. 안부 전해 드리고. 응, 끊어.

홍미선, 「네가 되고 싶은 것은?」 중 일부분,
흰 와이셔츠에 흑백 사진 이미지, 100×70×25cm, 1992.

콩트

술래잡기

정진*

우리 마음 속엔 술래처럼 꽁꽁 숨어 있는 꿈이 있습니다. 그 꿈은 '끼'라고도 하고 '불씨'라고도 합니다. 그러나 모름지기 꿈이란 세상에서 가장 고약한 술래인 법이어서, 사람들은 찾고 찾다가 이내 쉽게 지쳐 버립니다. 꿈을 찾지 못해도 숨을 쉬는 데는 지장이 없기 때문에 꿈은 어릴 때의 숨바꼭질처럼 잊혀지기도 합니다.
　어느 날, 「주부 공부방」을 통해 우연히 만난 네 사람의 주부가 있습니다. 그들은 '꿈'이 없는 삶에 대해 이야기를 나누다가 깨닫게 되었습니다. "꿈 없이도 열심히 살았지만 그 삶은 '살아지는 것'이었지 '사는 것'은 아니었노라고. 그래서 그들은 함께 '꿈'이라는 술래를 찾아 나서게 되었습니다. 그들은 시장에 가면 어제보다 100원이 오른 호박 1개에도 가슴이 철렁하는 평범한 주부이지만, 용감하게 '글쓰기 모임'을 시작했습니다. 자신들이 가진 한계를 극복하고 생명력을 드러낼 수 있는 가장 정직한 표현 수단이 '글'이라고 생각했기 때문입니다. 쉽게 흔들리지 않는 관습과 사회 구조 속에서, 가사 노동과 육아라는 철저히 개인적인 영역에 갇혀 진정한 말벗조차 구하기 힘든 주부들이 만난다면 무엇을 이야기하고 무엇을 나눌 수 있을까요? 다 커서 만난 사람들이, 그것도 여자 셋이 만나면 접시가 깨진다는

---

* 출판사를 다니다가 결혼 후 전업주부가 됐다. 「또 하나의 문화 주부 공부방」을 통해서 마음이 맞는 동료들과 만났다.

데 한 명 더 포함한 네 여자들이 무엇을 할 수 있을까 하는 의문들을 갖고 출발했지만 지금은 그런 의문을 가졌던 기억조차 깜깜합니다. 이 자리를 빌어, 그들 중에서 막내인 제가 네 여자들의 이야기를 여기에 담아 볼까 합니다.

언니들께

세상에서 가장 불행한 사람은 잊혀진 사람이라는 말이 있지요. 저는 주부가 된 다음 아기를 키우면서 정말 많이 외로웠어요. 직장 생활에 너무 많은 의미를 부여했었던지 나의 알맹이를 남겨 놓고 나왔다고 후회할 만큼, 꿈에서도 책 만들며 일하는 꿈을 꾸었으니까요. 어느덧 일터에서 제 존재는 잊혀진 채 어째서 가사 노동과 육아는 저 혼자 밀폐된 공간에서 해야만 하는지……. 정말 쓸쓸했습니다. 그러다가 우연히 신문에서 「주부 공부방」에 대한 기사를 읽었어요. 그렇잖아도 8개월된 아기만 들여다보고 있으려니 제 자신의 연령도 8개월짜리처럼 변해 가고 있다고 느낄 때였어요. 아기처럼 울고, 먹고, 싸고, 아기처럼 남편에게 의존하고……. 그래서 "무슨 극성이냐"고 야단치는 친정 어머니한테 억지로 아기를 맡기고 공부방에 나오게 되었답니다.

처음엔 소연 언니를 보고 얼마나 놀랐는지 몰라요. 배가 남산에 뜬 보름달만 해서 오늘, 내일 하는 사람이 팽팽한 긴장감 넘치는 모습으로 앉아 있으면서, 논리정연하게 말하니까요. 그러나 소연 언니한테 진심으로 감탄한 것은 그뿐만 아니었어요. 언제 아기를 낳을지 모르는 사람이 「주부 공부방」 후속모임을 만들자고 제일 먼저 주장했고, 우리가 공부할 책들을 선정하고 프로그램을 짠 것도 언니잖아요. 우리는 처음엔 언니의 의지에 압도되어 엄마닭을 따르는 병아리들처럼 따라갔어요. 물론 그 후엔 그렇지 않고 스스로 나아갔지만. 특히 언니가 보여 준 강인한 의지와 함께, 언니가 가진 지식과 경험을 기꺼이 나눠 주고 도와주고 그 넓은 마음을 뒤에서 우린 얼마나 고마워했는지 몰라요.

언니 덕분에 전 '자립'이라는 것도 생각해 보게 되었어요. 차남이어서 우는 소리 안하는 남편 때문에 시댁에서 장남에 비해 차별대우 받는다고 내가 섭섭해 하자, 언니는 그 특유의 쨍쨍한 목소리로 말했지요.
"정진 씨는 아직 미성숙한 거 같아요. 분가를 하고 성인이 된 사람이 부모로부터 당연히 자립해야 되는 거 아니예요?"
그때 전 정말 부끄러웠어요.
그리고 숙제를 꼬박꼬박 해와서 또 저를 부끄럽게 했던 혜경 언니한테도 감사드리고 싶어요. 처음엔 언니를 보고, '왜 처녀가 「주부 공부방」에 나왔지?' 했답니다. 알고 보니 서른이 넘은 새댁이었건만. 늘 '귀여운 여인'이란 영화에 나오는 줄리아 로버츠처럼 예쁘고, 멋쟁이고 통 말이 없어서 언니를 제대로 알지 못했어요. 그러다가 언니의 참모습을 보게 된 것은, 소연 언니가 아기를 낳고 산후 조리로 한 달 동안 빠졌을 때였어요. 우리 모임을 압도하다시피 이끌어 가던 소연 언니가 잠시 동안 빠지게 되자 저는 어쩐지 시들해졌어요. 그리고 '우리끼리 뭘 할 수 있을까?' 하고 자신이 없어졌답니다. 그런데 우리 중에 제일 말이 없던 혜경 언니의 목소리가 갑자기 높아지면서 봇물 터지듯이 말이 터져 나온 것이 바로 그때였어요.
"소연 씨가 빠졌다고 우리 모임이 침체되고 제대로 공부하지 않는다면 소연 씨가 얼마나 실망하겠어요? 그리고 남편들을 비롯해 남들은 어떻게 생각하겠어요? '여자들 하는 게 뭐 그렇고그렇지' 할 거예요. 그렇다면 우리가 왜 「주부 공부방」에 나가서 '사회 주부'니 '자매애'니 하는 말을 배웠을까요? 아무 필요 없었던 말인가요?"
결국 우리는 단 두 사람이 공부하더라도 애초의 계획대로 '좋은 책읽기'와 '글쓰기'를 진행해 나갔으니, 오늘 우리가 버틸 수 있었던 것은 혜경 언니의 절규에 가까운 목청 덕분이예요. 한 번도 결석하지 않고, 숙제 빠뜨리지 않고, 게다가 아직 아기가 없어 시간이 많다며 제과점 샌드위치보다 더 맛있고 영양 많은 샌드위치를 만들어 오던 혜경 언니의 예쁜 정성은 잊을 수가 없네요. 6살 때부터 피아노를 쳐서 지금까지 치고 있는 혜경 언니가 '글쓰기'의 매력에 푹 빠져서 좀더 많이 글에 대한 공부를 해보고 싶다고 하니 언니의 예술적 능력은 더욱 확대될 것이 틀림없어요.
그리고 제가 제일 부러웠던 양득 언니!
양득 언니는 처음엔 깍쟁이처럼 보였어요. 우리 중에 결혼한 지 가장 오래 되었고 아기도 둘이나 낳아서 그런지 언니는 우리를 위에서 밑으로 내려다보는 것 같았고 인색해 보였지요. 그런데 그것은 엄청난 오해였어요. 양득 언니는 퍼내도 퍼내도 끝없이 솟아오르는 샘물 같은 마음의 소유자였지요. 언니가 그 큰 양계장을 운영하는 집안에서 홀로 되신 지 오랜 시아버지를 모시고, 시집 안 간 시누이와 함께 살면서, 두 아이에게 짜증 한 번 안 부리고 사는 비결은 언니가 20년 넘게 다니는 교회 덕분인가요? 언니의 넉넉한 마음 씀씀이 앞에서 제 살림 솜씨와 모성애조차 주눅이 든답니다. 양득 언니네 형부가 왜 그렇게 아내에게 매일 책을 사다 주고 아내가 밤새워 글을 쓰면 옆에서 도와주고 싶어하는지 알 것 같아요. 말이 아니라 행동으로 존경받게 만드는 언니의 생활 자세 때문이겠지요. 양득 언니가 제 아기에게 물려준 옷들과 육아 상식은 정말 친언니처럼 고마웠어요. 그리고 언니네 집에서 먹은 호박잎쌈과 부추전의 맛은 지금도 군침이 돌아요.

　양득 언니, 우리가 공부하던 때의 그 북새통을 기억하시죠? 언니네 아들(5살)이 과자를 뻐라처럼 뿌리고 다니고, 언니네 딸(3살)은 물을 엎지르고 거기다가 제 아들(8개월)은 응가를 해서 구수한 거름 냄새를 풍기고······. 소연 언니네 딸(1개월)은 조각잠을 자서 끊임없이 엄마를 찾고······. 그런 와중에 아기를 업고서도 우린 독서 토론을 했지요. 아이들도 서로 반기며 잘 놀았어요. 특히 제 아기는 집에서 엄마와 단둘이 있을 때보다 훨씬 많이 소리내어 웃고, 저지레도 더 많이 했지요. 누가 우리들의 모습을 그때 보았다면 '으악' 했겠지만. 우린 우리가 만나는 금요일 아침부터 가슴이 설레이는데 누가 말리겠어요! 아무도 못 말리는 언니들, 제가 언니들을 만난 것은 신의 은총이고 제 성장의 윤활유랍니다.

　어쩐지 결혼하고 나서 만난 친구들은 꼭지점을 찾기 어렵고, 만나면 '저금통장에 액수가 얼마인가', '주식값이 오른다고 하더라', '집값이 내린다'와 같은 재산 증식에 관한 화제나, '시댁 식구 흉보기 또는 자랑하기' 말고는 공통된 화제를 찾기 어렵더군요. 친구들은 이제 예전처럼 정신적으로 성장해 가는 것에 관심이 없는 것 같아요. 물질로 환원되지 않는 무형의 것들은 비현실적이라고, 제가 언니들과 공부하는 것조차 정력의 낭비라고 하더군요. 남편과 아기 때문에 울고 웃는 것만 친구들과 통하는 꼭지점이지 나머지는 다 모서리였어요. 언니들을 만나지 못했다면 여자의 우정에 대해 저는 비판적이었을 거예요. 그리고 외로워서 병이 났을지도 몰라요.

사랑하는 언니들!

서로가 서로에게 힘이 될 수 있기를 진심으로 바라고 있어요. 그리고 시장에서 물건값 깎던 매서운 솜씨로 각자의 한계를 지적할 수 있었기에 우리가 이렇게 가까워졌다고 생각해요. 앞으로 생산과 창조의 능력을 가진 여성답게 용감하게 꿈을 찾기로 해요. 그래서 그 불씨를 찾아 불을 지펴서 우리 온 생애를 환하게 만들고, 그 밝기가 하도 넉넉해서 온 세상까지 밝혀 주었으면 합니다.
　술래야 꽁꽁 숨어라.
　우리가 새벽에도 눈을 뜨고 온갖 사물과 사람 소리에 귀기울이며 너를 찾으러 간다.

콩트

내숭 열녀비

김효선*

어느 때라고 딱 꼬집어 말할 수 없었던 때에 내숭의 계율을 아주 잘 지킨 여자가 있었습니다. 여자는 어려서부터 어른들의 칭찬을 독차지하고 자랐습니다. 여자는 누구의 말에도 눈을 지긋이 내리고 살포시 미소지으며 "예, 그래요"하고 말을 띄워 올렸습니다. 여자는 나라에서 주는 온갖 예의범절상, 선행상을 휩쓸었습니다.

여자가 자라 혼인할 나이가 되자 여자의 어머니는 자신 있게 딸을 혼인시장에 내놓았습니다. 여자를 만난 남자들은 모두 여자를 탐냈지만 여자의 어머니가 내놓은 조건에 맞지 않았습니다. 어느날 나라에서 최고 명문가로 알려진 집안에서 청혼이 들어왔습니다. 그 집안의 여자들은 대대로 나라에서 세워 주는 내숭 열녀비를 받은 뼈대 있는 집안이었습니다. 여자는 내숭 열녀집안 자제와 교제를 시작했습니다.

여자는 남자가 술을 권할 때면 "술 못해요" 하고 고개를 한들한들 가로저으며 말했습니다. 남자가 그래도 한 잔만 하라고 술을 따라 주면 정말 내키지 않는 수줍은 목소리로 "조금만 주세요. 입술만 적실 정도로요" 하고 말했습니다. 여자는 술 같은 것은 한번도 입에 대본 적이 없는 순진한 여자만이 보일 수 있는 그런 어색한 태도로 겨우 반 잔을 받아 딱 한번 입만

---

* 2남1녀 중 기운데딸이다. 이대 사회학과를 나오고 이대 대학원에서 여성학을 전공했다. 지금 『여성신문』에서 일하고 있다.

대고는 제사를 지냈습니다. 이런 날이면 여자는 남자와 헤어져 집에 돌아가는 길에 포장마차에 들렀습니다. "아줌마, 소주 두 병하고 꼼장어 한 접시" 하고 큰소리로 주문해 순식간에 해치우곤 했습니다.

여자는 집에서는 쥐덫에 걸려 썩어가고 있는 쥐의 시체도 잘 치웠지만 남자를 만났을 때는 모기 한 마리도 잡을 수 없는 여자가 되었습니다. 여자는 새끼 손톱만한 바퀴벌레 한 마리만 나타나도 "엄마! 무서워요!" 하고 겁에 질린 작고 날카로운 목소리를 내고 두 손으로 얼굴을 가리며 남자의 품에 파고들었습니다. 그러면 남자는 냅킨으로 바퀴벌레를 잡아죽이고는 "안심해, 이젠 괜찮아. 내가 있잖아!" 하고 말했습니다. 여자는 남자가 이런 말을 할 수 있을 때 자기를 더 좋아하게 된다는 걸 알고 있었습니다.

여자의 취미는 비디오를 보는 것이었습니다. 여자가 좋아하는 비디오는 폭력물이었습니다. 「영웅본색 1,2,3」,「첩혈쌍웅」에서부터 「터미네이터」, 「다이하드」,「유니버설 솔져」에 이르기까지 여자는 폭력 영화의 계보를 주루룩 꿰고 있었습니다. 여자는 주인공이 악당을 쳐죽이거나 악당의 본거지를 때려부수는 장면이 나올 때마다 희열을 느끼며 탄성을 올렸습니다. "죽여라, 죽여. 아예 뿌리뽑아 버리라구. 날려 버려."

여자는 또 웃기는 영화도 즐겼습니다. 「총알 탄 사나이」, 「못 말리는 비행사」 같은 비디오를 보며 발을 구르고 땅을 치며 낄낄 웃어 제꼈습니다. 여자의 웃음소리가 얼마나 컸던지 옆집에서는 고3 수험생에 방해가 되니 12시 이후에는 좀 자제해 달라고 항의를 해왔습니다. 그러나 여자는 남자와 영화를 볼 때는 칼 한 자루만 나와도, 총을 든 경찰 한 명만 나와도 "어마, 무서워요. 이런 잔인한 영화는 싫어요" 하고 말할 줄 알았습니다. 남자가 감명 깊은 영화가 무엇이었냐고 물으면 여자는 「반 고호」나 「차이코프스키」, 「슈베르트의 아베마리아」 같은 예술가의 생애를 그린 영화를 말했습니다. 여자가 너무 지루해서 도저히 끝까지 볼 수 없었던 영화 제목을 말하면 남자는 흡족한 웃음으로 여자를 바라보았습니다.

남자는 연약해 보이는 이 여자는 내가 없으면 죽을지도 모른다고 생각하게 되었습니다. 남자가 시험삼아 늦은 밤 호텔에서 "쉬고 가자"고 했을 때도 여자는 "결혼할 때까지는 안되요" 하며 손을 뿌리치고 뛰어갔습니다. 이런 날이면 여자는 집에 가서 「나인 하프 위크」 같은 비디오를 돌렸습니다.

여자의 모든 것은 남자의 가문에 상세히 보고됐습니다. 내숭 열녀가는 여자를 받아들이기로 결정했습니다. 결혼식이 치러졌습니다. 여자는 전방하향 15도를 응시하며 기쁜듯이 슬프고 슬픈듯이 기쁜 여배우 장미희의 표정을 지으며 결혼식을 치르었습니다. 신혼여행을 떠나면서 엄마를 향해 촉촉한 눈빛을 보내며 진주 같은 눈물 서너 방울을 남기는 것도 잊지 않았습니다. 여자가 살림을 시작하게 될 때 여자의 엄마는 작은 손거울 하나를 여자의 손에 쥐어 주었습니다. 어머니는 "내숭의 계율을 따르기란 참으로 어렵나니, 도저히 견디기 어려운 순간이 올 때는 이 거울을 보며 마음의 이야기를 해라" 하고 여자에게 일러 주었습니다. 여자는 과연 능수능란했습니다.

술을 좋아하는 남편 친구들이 심야 영업이 금지되자 3차를 여자의 신혼집에서 벌이기가 일쑤였지만 여자는 인상 한번 쓰지 않고 포근한 웃음으로 손님을 반기고 정성껏 술상을 차렸습니다. 술자리가 끝날 때까지 여자는 술상 조금 떨어진 곳에 다소곳이 앉아 시중을 들었습니다.

"벌써 가시려구요? 뭐 불편하신 거라도 있으셨나요? 더 있다 가세요" 하고 여자가 말하면 남편의 친구는 못 이기는 척하며 새 술병을 땄습니다. 새 술병 뚜껑이 열리는 소리가 들리면 여자는 화장실로 가서 주머니에 든 손거울을 꺼내 말했습니다.

"야, 이 한심한 작자들아! 니넨 마누라도 없냐? 우린 신혼이다, 신혼!" 마음 속에 든 쓰레기를 버린 여자는 다시 자리로 돌아와 다소곳한 자세로 앉아 술시중을 들었습니다.

여자의 시누이와 시어머니는 여자의 신혼집을 연락도 없이 하루에도 몇 번씩 불쑥불쑥 들이닥쳤습니다. 여자는 간이 떨어질 만큼 놀라고 있는대로 신경질이 나지만 항상 웃으며, "어서 오세요. 아가씨, 그 동안 왜 그렇게 뜸했어요?", "어서 오세요, 어머니. 오늘은 꼭 주무시고 가셔야 해요" 하곤 말했습니다.

여자는 손거울에게 말했습니다. "어쩜 저렇게 뻔뻔스럽지? 하여간, '시'자 붙은 인간들이란 별수없다니까, 전화는 뒀다 뭣에 쓴담. 계란 한 줄이라도 사 들고 오면 또 몰라." 남편도 없는 여자의 신혼집에 시동생이 친구들을 끌고 들어와 난장판을 치며 놀다 갔을 때에도 여자는 손거울을 꺼내 원통하고 절통하다며 욕을 퍼부었지만 남편 앞에서는 다르게 말했습니다.

"오늘 도련님이 친구들하고 왔는데 너무 갑작스러워서 대접이 소홀했어요. 정말 정말 속상해요. 당신께 죄송스러워요" 하며 근심스러운 표정을 지어 보였습니다. 남편은 이 여자는 밀알로 살아가기 위해 태어난 인간이라고 생각하게 됐습니다. 여자에게 보통 사람들에게 들어 있는 감정이나 욕심, 자만심 같은 것은 없다고 생각했습니다.

남편은 첫번째 결혼 기념일 날 여자에게 루비 반지를 사주려고 모아 두었던 돈을 내놓았습니다. 여자는 감동한 얼굴로 눈물지으며 "고마워요, 여보. 나를 이렇게 생각해 주시다니요. 하지만 전 늘 끼고 다닐 수 있는 14금 반지면 족해요. 남은 돈으로 아버님 겨울 양복을 맞춰 드리세요."

남편이 양복 티켓을 가지고 와 아버님께 드리고 오던 날 밤. 여자는 또 손거울을 꺼냈습니다. "어휴, 분해. 지가 나 해준 게 뭐 있다구! 순금도 아니고 14금이 반지냐! 문둥이 같으니라구, 양복해 주랜다고 진짜 해줘? 비—잉신."

그러는 새 여자에게는 문중의 찬사가 쏟아졌습니다. 문중 사람들은 열녀비 하나 더 늘겠다고 좋아했습니다. 여자는 이래도 "네", 저래도 "네" 거역하는 법이 없었습니다. 여자는 이걸 달라 해도 웃음, 저걸 내노라 해도 웃음, 찡그리는 법이 없었습니다. 여자는 똑같은 얘길 백 번을 물어도 백 번을 공손하게 설명했습니다.

여자는 손거울을 보며 얘기하는 시간이 길어졌습니다. 여자가 손거울에게 "이건 감옥이구나, 나는 왜 화내면 안되지? 다시 시작하면 안될까?" 하고 의논하기 시작했을 때 여자는 이미 만삭이었습니다. 여자는 다시 내숭의 계율에 철저해지기로 했습니다. 여자는 오직 내숭 열녀 반열에 오르는 걸 목표로 순종의 언어와 쌍욕의 언어, 부덕의 논리와 이기심의 논리, 미소의 세계와 짜증의 세계를 부지런히 넘나들며 한 알의 밀알이 되고자 했습니다.

마침내 진통이 시작됐습니다. 무시무시한 고통이 여자의 몸을 짓눌러오자 여자는 죽을지도 모른다는 공포를 느꼈습니다. 여자는 느낀 대로 말하고 싶은 욕구를 생전 처음 느꼈습니다. 이 고통을 가져온 남자를 마구 욕하고 싶어졌습니다.

"아~악! 이 xx야! 니놈 때문에 내가 죽는다. 이놈아!" 느낀 대로 말하려면 이렇게 소리질러야 했습니다. 그러나 여자의 언어는 오랫동안 내숭의 계율을 실천해 오는 사이에 파블로프의 개처럼 느낌과는 정반대로 표현하는 습관이 몸에 배어 버렸습니다. 아무리 공포와 분노의 느낌을 소리내어 말하려 해도 여자는 "으으으윽~음, 여보, 옆에 있어줘요. 내 손을 잡아줘요" 하고 말할 뿐이었습니다.

출산 진통의 고통에다 말하고 싶은 것을 말할 수 없는 고통까지 겹쳐 여자는 아이가 태어나는 순간 죽어 버렸습니다. 여자의 죽음을 지켜보던 나이 많은 의사와 간호사들은 갑작스런 여자의 사인을 밝히지 못한 채 가족들에게 말했습니다. "지금까지 본 임산부 중에서 가장 참을성 있고 교양 있는 임산부였다"고.

그런데 신생아실에 옮겨진 여자의 아이가 이상한 소리로 울어댔습니다. 다른 아이들은 "응애~, 응애~" 하고 우는데 여자의 아이는 서태지의 랩 같기도 하고 욕 같기도 하고 상여곡 같기도 한 괴상한 곡조를 달고 하루 종일 울어대고 있었습니다.

지금도 울어대고 있습니다.

콩트

찬밥에도 칼로리가 있다

이연경[*]

'요즘 젊은 것들은 무서운 게 없어서……' 하고 시부모님 세대는 한탄을 하지만, 사실은 무서운 게 많고 배운 것과 실천하는 것이 달라서 우왕좌왕하는 어느 젊은 여성의 고초당초보다 매운 시집살이 이야기.

추석 전날이었다. 늦잠의 달콤한 늪에서 헤어나지 못하는 남편을 억지로 깨워 일으키고 장난감에 사로잡힌 아기에게도 외출복을 입혔다. 남편은 시댁에 가서 제사를 모시니까 양복을 번듯하게 입고 장모가 선물해 준 넥타이핀을 근사하게 꽂았다. 아기도 꼬까옷을 입고 예쁜 모자까지 썼다. 그런데 나는 낡은 청바지와 물빠진 티셔츠를 꺼내 입었다. 시댁에 '오직 일하러' 가는 사람에게 외출복은 알맞지 않기 때문이다. 서둘러서 버스를 타도 두 번을 갈아타고 가다 보니 도착한 시간은 오전 11시였다. 아직 신혼이고 승용차를 굴리는 시동생 내외가 30분쯤 먼저 와 있었다. 시어머니가 뚱한 얼굴로 우리를 맞이했다.
'왜 이제 오나……' 하는 표정이었다.
"에유. 아무리 바빠 죽겠어도 내 손주는 한번 안아 줘야지" 하고 아기를 덥썩 안아 주는 것으로 인사말을 대신한다.

---

[*] 딸 넷 중의 맏딸로 결혼 후 전업주부가 됐다. 돌 지난 아이를 기르며 문학 수업을 하고 있다.

들어서자마자 부엌으로 들어가서 내가 할 일을 챙기기 시작한다. 아기를 업고 와서 이마에 밴 땀을 미처 닦을 여유도 없이.
"올케, 튀김 부치지."
부시시 잠이 덜 깬, 혼자되어 아이들을 데리고 친정에서 사는 손위 큰시누이가 대뜸 인사말 대신 아는 척하는 말이다.
"네!" 하고 얼른 프라이팬을 들고 나선다. 신문지를 깔고 새우와 오징어부터 튀긴다. 물기가 남았던지 프라이팬에서 뜨거운 기름이 분수처럼 퐁퐁 솟는다. 손가락에 뜨거운 물집이 세 개쯤 맺혔을 무렵 손아래 시누이가 슬그머니 나타난다.
"새언니 오셨어요?"
"예, 아가씨!"
시댁에 온 지 2시간만에 처음 듣는 인사말이다.
"맛살이 있어야겠는데 선주는 다리가 아프다카고……."
시어머니가 아가씨(선주)를 바라본 다음 나를 곁눈으로 바라본다. 시어머니의 속눈썹이 무척 길다는 것을 새삼 느낀다.
"제가 다녀올께요."
아기를 들쳐 업고 대문을 나선다. 시장에 가는 길은 만만치 않은 오르막길과 가파른 내리막길을 지나 지루한 골목을 두 번쯤 거쳐야 한다. '다리가 아프면 다니기 힘든 길이기는 해. 그런데 어머니는 장보는 일을 한 번이나 두 번으로 끝내지 않으시는 까닭이 뭘까?' 항상 드는 의문이자 시어머니에 대한 유일한 미스테리다. 아무래도 시장 다니시는 것이 재미있으신 걸까. 과장 없이 말해도 명절이나 제사 때 시어머니는 시장에 8번쯤 가는 것으로 안다. 왜 고기와 두부와 숙주나물과 제사음식 재료를 일일이 따로따로 사와야 하는지 도통 모르겠다. 그런다고 값을 깎아 주는 것 같진 않은데…….
시장에 가서 맛살 하나 사 가지고 오려니 손도 허전하고 등허리가 축축하다. 시댁에 돌아오자마자 과일을 씻기 시작했다. 이미 점심 시간이 지났지만 아무도 밥 먹을 생각이 없는가 보다. 남편은 오자마자 베개도 괴지 않고 잠만 쿨쿨 잔다. 노상에서 쓰러져 자는 행려병자처럼. 베개를 꺼내고 이불을 덮어 주었다. 시동생은 잠이 오지 않는다며 심심하다고 시누이와 볼링을 치러 나갔다.

오후 3시쯤 남편이 낮잠에서 깨어나 "어머니 배고픈데……" 한다. 그제야 어머니는 "국수나 삶아 먹지" 한다. 내 배꼽시계는 고장이 나서 배가 하나도 고프지 않다. 그래서 붕어 모이만큼 먹었다. 그리고서 시아버지가 들어오실 때까지 정신없이 일했다. 때때로 칭얼거리는 아기에게 젖병을 물리긴 했지만 미처 여유가 없어 기저귀를 자주 갈아주지 못했더니 나중에 엉덩이에 작은 땀띠가 나 있었다. 시아버지가 오셔서 저녁상을 차리고, 식구들이 다 먹은 다음 찌개도 없이 밥만 달랑 놓인 밥상에서 의무적으로 밥을 먹었다.

'내일은 밥 먹을 시간도 없을텐데……' 하면서 억지로 한 공기를 비웠다. 제사 준비가 늦는다고 시어머니는 계속 발을 동동 구르고, 동서와 나는 서로의 안부조차 한마디도 나누지 못한 채 소처럼 묵묵히 일했다. 남자들은 먹든지, 자든지, TV만 보았다. 동서와 나는 새벽 2시에 잠을 청할 수 있었다. 그러나 공기가 바뀐 까닭인지 밤새도록 아기가 칭얼거려서 토끼잠을 잤다.

추석날 아침 일찍부터 제기를 다시 닦고, 조기를 굽고, 상을 차렸다. 두 시누이는 질편하게 늦잠을 잤고, 남자들은 여전히 꿈나라에서 해롱거렸다. 시어머니의 지시 아래 동서와 나는 비교적 일찍 상차림을 끝냈지만, 시동생의 늦잠이 너무 길어 여느 때보다 제사가 늦어졌다. 또 시누이 남편의 제사를 준비하는 바람에 시누이 남편의 제사상은 시누이가 아닌 두 며느리가 차렸고 마찬가지로 깨끗이 치웠다. 머리가 어질어질하고 휘청해서 고구마 튀김과 약과를 몇 개 집어먹는 것으로 늦은 아침을 때웠다. 시계가 12시를 땡땡 울리자 친정에 인사갈 생각이 났다. 친정 쪽은 큰집에서 제사를 모시는데, 팔순이 넘어 기억력이 오락가락하긴 해도 불편하신 다리로 증손자를 안아 보고 싶어하는 할아버지가 기다리신다. 더구나 아들이 없는 친정 부모님은 딸들을 다 출가시킨 까닭에, 단둘이 어찌 보면 오붓하고 어찌 보면 퍽도 쓸쓸하게 추석을 보내신다. 지금 이 시간쯤은 어머니 역시 검버섯이 핀 손으로 설거지를 하시겠지. 마치 나처럼. 늙으나 젊으나 며느리는 누구라도 그러하듯이. 불현듯이 할아버지가, 부모님이 굉장히 보고 싶어진다.

남편은 아까처럼 다리를 쭉 뻗고, 시아버지와 함께 안방에서 대각선으로 자고 있다. 시어머니는 음식 솜씨를 자랑하느라 음식을 싸 들고 이웃집에 마실을 갔다. 막내 시누이는 놀러 나가고 큰시누이는 산소에 갔다. 김제에서 올라온 작은시누이는 시댁에서 빠져나올 핑계를 찾아 자꾸자꾸 전화를 건다.
"올케들은 언제 갈 거냐"고, "올케 보러 간다"고.
동서와 나는 시누이들이 어질러 놓은 방들과 마루를 쓸고 닦는다. 걸레 6개를 빨고 나니 핑그르르 어지럽고 주저앉고 싶다. 잠자는 남편을 깨우고 말했다.
"몸이 안 좋아서 좀 일찍 가서 쉬고 싶어. 그리고 친정에도 인사하러 가야 되겠고."
남편은 고개를 끄덕이며 "어머니 오시면 가지 뭐" 하고 마지못해 대꾸한 다음 또 눈을 붙인다. 금방 오신다던 어머니는 오후 1시가 넘어 나타났다. 며느리를 보자마자,
"왜 점심 안 먹고 가니?" 하고 언성을 높인다. 동서와 나는 쏜살같이 점심상을 준비했다. 남편이 어느새 양복을 입고 나타나서 가자고 한다.
"점심 준비해 드리고……"
내가 시무룩한 얼굴로 모기만하게 대답하자 남편의 눈썹이 휙 곤두선다.
"가자고 할 때는 언제고……"
그러더니 먼저 횡하니 나가 버린다. 동서가 어서 가라고 등을 떠민다.
"그럼 내일 올래?"
시어머니가 아쉽게, 못내 아쉽게 남편을 바라본다. 손에 식기용 세제가 뚝뚝 떨어지는 채로, 나는 엉겁결에 아기를 안고 남편을 따라 나섰다.
남편은 볼이 잔뜩 부어 성큼성큼 걸어간다. 빨리 가고 싶어한 죄로 나는 아기를 안고 뒤뚱뒤뚱 쫓아간다. 시어머니의 잔뜩 못마땅해 하는 눈초리에 뒤통수가 따가운 채로.
버스 정류장에 서서 만원버스를 몇 대 일부러 놓쳐 보내다가, 이렇게 굳은 모습으로 큰집으로 가서는 안되겠다는 생각이 들었다.
"잠깐 찻집에서 얘기 좀 하고 가."
"무슨 얘기?"
"싫으면 그냥 가고……"
어느새 칭얼대던 아기는 곤히 잠들어 있어, 잠든 아기를 안고 가까운 레

스토랑에 들어갔다. 남편은 여전히 고슴도치처럼 뻣뻣하게 화가 나 있다.
"일찍 가자고 해서 화났어?"
"아니야."
빤히 보이는 거짓말을 하는 남편이 스무살은 더 어려 보인다. 귀여운 열살, 그래서 개의치 않고 내 변명을 늘어놓는다.
"몸이 안 좋아서 얼굴이 자꾸 어두워지더라구. 할아버지도 뵙고 싶구. 김제 형님은 며칠 계신다니까 다시 시댁에 찾아뵐 수 있잖아."
"어머니가 섭섭해 하시잖아. 저녁 먹고 늦게까지 놀다 가기 바라시는데……"
"김제 형님은 친정에 다니러 오는데 나는 친정도 없는 사람인가?"
남편은 머쓱해서 그만 아무 말도 하지 않는다. 이렇게 치사하게 다투면서 친정에 가고 싶지 않다고 생각되자 맥이 탁 풀린다. 결국 집으로 돌아오면서 부글부글 끓는 냄비처럼 들썩들썩 화가 났다.
집에 와서 큰집에 전화를 걸어 "죄송하지만 아파서 못 가겠다"고 할아버지께 말씀드렸다.
"그렇게 아프노? 쯧쯧" 하고 할아버지가 근심하시자, 괜히 거짓말을 잘못 골랐다는 후회가 들었다.
"여보세요, 연경이니?"
어머니가 전화를 바꿔 받았다.
"엄마, 미안해요. 너무 피곤하고 옷도 초라해서……(전혀 빈말은 아니다)."
"그래 일하느라 수고했다. 일이 서투른 사람은 2배로 피곤하지."
"엄마도 힘들었죠?"
"이제 오십이 넘으니 예전 같지 않다. 너희 시어머니도 퍽 힘드실 거야."
"내일쯤 갈께요."
"오지 않아도 좋으니 푹 쉬어라."
어머니는 섭섭할텐데도 그런 기색이 없이 자꾸 쉬라고만 당부한다. 나보다도 어머니가 불쌍하고 힘들 거라는 느낌이 든다. 그러나 이 느낌이 어머니의 힘든 일을 덜어드릴 수는 없다는 무력감, 내 어머니에겐 며느리가 없다는 이상한 아픔 같은 것으로 변해 온몸을 휘감는다. 눈물이 핑 돈다.
"이연경 씨 힘들었죠?"

갑자기 남편이 미안한지 상냥하게 존칭까지 쓰면서 어깨를 감싸 안는다.
"미안해. 내가 약하고 바보같이 굴어서. 차라리 직장 다닐 때가 더 건강하고 씩씩했던 것 같애."
"아니, 사실은 내가 미안해. 나도 누나가 있고 여동생이 있으면서…… 모르는 바가 아닌데 이기적이었어."
남편의 말에 마음이 약해진다.
"시댁 식구들 다 좋으신 분들이야. 그리고 어머니, 고생 많이 하신 것도 늘 들어서 잘 알구. 그런데, 시댁에 가면 난 일하러 온 사람에다 찬밥 같애. 누룽지도 못 되는 찬밥……"
갑자기 눈물이 후둑후둑 소나기처럼 떨어진다.
"자기가 왜 찬밥이야?"
"그냥 그런 생각이 드는 걸 쫓아낼 수가 없네. 그래서 내 자신이 한없이 비참해지고, 싫어지고……"
"자기, 밥도 못 먹고 일하는 거, 나는 좋은 줄 알아? 그래서 자꾸 잠이나 자는 거야, 보기 싫어서. 그렇다고 어머니보고 다하라고 할 순 없고."
"잠 많이 자줘서 고맙네."
나는 어이가 없어 웃어 버렸다.
"난 다음에 시어머니가 되면, 내 시집살이 고생 많고 서러웠던 거 며느리한테 자랑하지 않을 거야. '눈에는 눈'으로 대응하지 않을 거야. 내가 사랑받고 좋았던 거만 자랑할 거야. 그리고 며느리 밥 굶기지 않을 거고, 뜨거운 밥으로 만들어 줄 거야. 친정에도 내가 먼저 빨리 가라고 말할 거야."
"그래, 그럼 우리 아들도 즐겁고 편할 거야."
남편도 뜻밖에 맞장구를 친다.
"사실 찬밥도 칼로리는 있다구. 찬밥 먹어도 살찌잖아."
내 말에 남편은 껄껄 웃음을 터뜨린다.
"찬밥의 자존심은 뜨거운 밥보다 더 뜨겁다?" 하면서 계속 웃어댄다.
어느새 눈물이 마른 내 얼굴을 어루만지면서 생각한다. 눈물을 닦는 데는 손수건보다 웃으면서 시간을 흘려보내는 편이 더 적격이라고. 그리고 내가 시어머니에게 가장 멋지게 복수하는 길은 며느리를 따뜻한 밥으로 대우하는 길이라고, 그것은 동시에 내 아들을 즐겁고 편안하게 해주는 길이 된다고 남편도 말하지 않았던가. '눈에는 눈'이 아닌 '찬밥에는 뜨거운 밥'으로 대응하리라.
"짠바, 짠바"
어느새 잠이 깬 아기가 오뚜기처럼 동그랗게 앉아서 나를 '찬밥'이라고 부르는 듯하다.

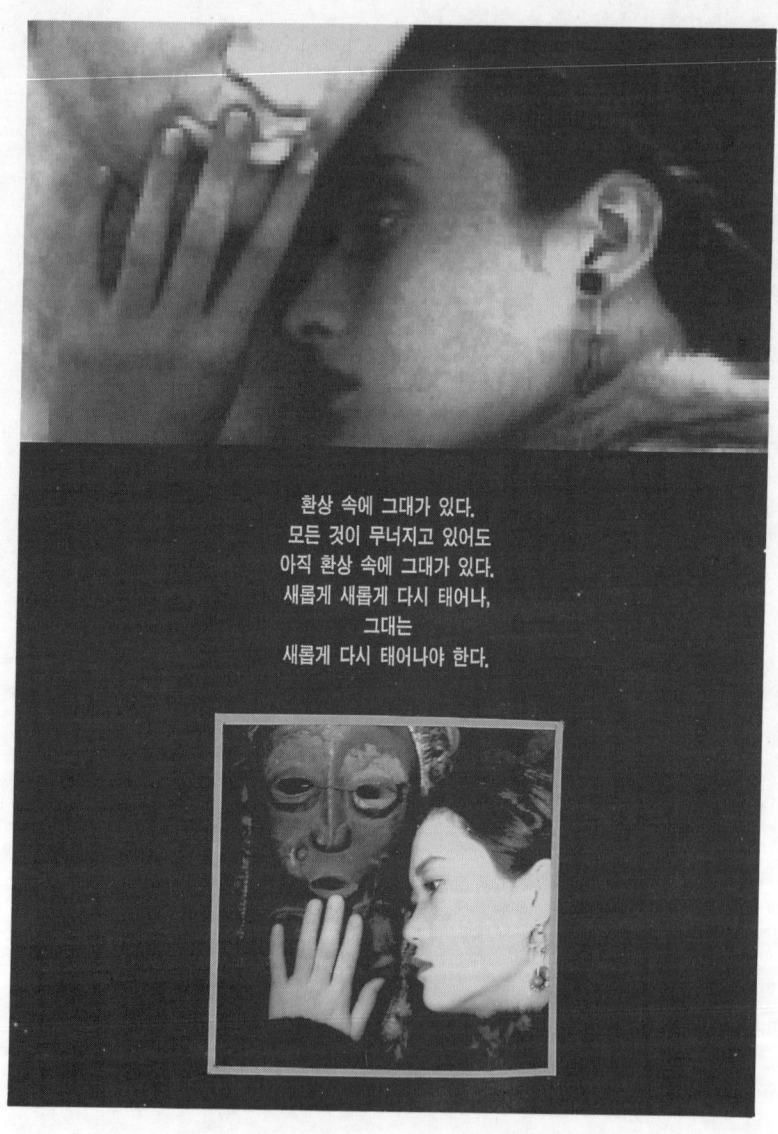

조경숙, 「연출된 육체—압구정동」, 1992.

적응과 성장

환자를 돌보듯이 나를 돌보며 글쓰기

이나미*

처음 내가 책을 써보라는 권유를 받았을 때 느꼈던 망설임과 당황스러움이 기억난다. 나 같은 평범한 젊은 여자가 책을 내다니. 그게 과연 가능한 일일까 하는 자신감의 결여, 또 솔직하게 이야기하면 비난받거나 우스갯감이 되지 않을까 하는 피해망상적인 태도는 어찌 보면 이제껏 뭐든지 '나는 못해. 나는 무능해. 그러니까 조용히 있어야 해' 하고 길들여진 다른 여성들의 모습과도 통할 것 같다. 그런 망설임을 밀어낸 것은 아마도 억울하게 취급받아 왔던 이 땅의 여자 노릇에 대한 뿌리깊은 분노와 엉뚱하게 잘난 척하는 못난 남자들에 대한 경멸 때문일지도 모르겠다.

그리 깊이가 있는 책도 혹은 어떤 이론서도 아닌 단순한 수필집이었지만 사실은 누구보다도 당당하게 여성적인 사고를 하고 여성적인 글을 쓰고 싶었다.——여기서 여성적이란 남자들이 말하는 복종적이고 감상주의적이고 유혹적인 여성과는 거리가 멀다. 그 성과야 대단치 않았지만, 적어도 나 자신에게는 일종의 자기 치료가 되었다. 개인적으로 그 동안 억눌러 온 꿈과 감추었던 욕망들이 터져 나온 계기가 되었다는 점, 긍정적이든 부정적이든 간에 자신의 변화를 스스로 지켜 볼 수 있다는 점은 뜻하지 않았던 좋은

---

* 2남2녀 중 맏딸로 태어나 맏며느리로 결혼했다. 서울대 대학원 박사과정을 마치고 정신과 전문의가 됐다. 을지병원과 용인정신병원에서 신경정신과 과장을 지내고 현재 이나미 신경정신과 원장으로 일하고 있다.

즐거움이었다. 그 글쓰기 경험에 대해 잠시 생각해 보려고 한다.
 직업이 정신과 의사이다 보니 직장에 나가면 주로 환자들의 고민거리를 들어주는 입장이다. 대개는 괴로운 일, 병적인 일이기 때문에 아무리 내가 환자들을 사랑하려 애쓴다 해도 여러 번 반복해서 듣다 보면 지치게 마련이다. 집에 돌아가도 엄마의 사랑을 기다렸던 아이들의 말을 들어주고 관심을 쏟아야 하는 동시에 나 대신 아이들을 돌보아 주었던 시부모에 대해서도 배려해야 한다. 그러다 보면 때론 내 안의 에너지가 메말라 만성정신분열증 환자처럼 텅 비어 황량해진 상태가 된 듯한 느낌에 쉽게 빠지기도 한다. 그러면서도 사람들을 만나거나 돌아다니는 일을 번거롭게 여겼던 사람이라 병원과 집만을 쳇바퀴 돌듯 오가는 생활을 고집스레 계속해 온 편이다.
 시집가기 전에는 친정 부모나 동생들과 격의 없이 대화함으로써 자신의 그런 자폐적인 성벽이 그리 문제될 것이 없었는데 친정을 떠나고 나니 그게 아니었다. 무슨 말을 해도 용서가 되는 피붙이들의 너그러움을 다른 사람들에게 처음부터 기대한다는 것은 어려운 일이었다. 게다가 조그만 일로도 자신의 닫힌 세계로 숨는 버릇을 버리지 못하고 혼자 있는 시간을 즐겨 하는 편이라, 남과의 마찰로부터 받은 상처를 두고두고 간직하는 나쁜 버릇까지 있었다. 그런 식으로 쌓인 감정의 앙금들은 무의식 깊은 곳에서 부패해 질척한 배설물을 뿜어내어 정신 세계를 조금씩 오염시켰고, 난데없이 의식의 수면으로 올라올 때면 흉물스런 모습으로 변해 상황을 힘들게 만들었다.
 그러다 보니 나도 모르게 사이비 허무주의에 빠져 조금씩 매사에 의욕이 없고 사는게 시들했던 것 같다. 그런 마음의 뒤편에는 내가 품고 있던 소망들——이왕 의사가 된 바에는 남에게 뒤떨어지지 않게 잘해 보자는 욕심, 또 정신의학에 대한 공부를 열심히 온몸을 바쳐 해보고자 하는 희망들——을 아이들과 가족에 대한 죄의식 때문에 지워버리면서 느끼게 된 좌절감이 버티고 있는 것 같기도 했다.
 남들이 보면 웃을 일일지도 모르겠지만 난 패배자의 심정으로 그저 최소한의 의무감으로 살고, 아이들이나 남편에게서 내 희망을 찾아야 할 것이라고 스스로를 세뇌해 갔다. 직장은 그저 돈이나 벌어 오게 되는 공간이고 집은 끝도 없이 가사노동을 요구하는 일터에 지나지 않는다고 생각했던 적도 있었다. 그러던 중, 우연한 기회에 한 출판사로부터 수필집을 준비해 보라는 제의를 받게 되었다.
 처음엔 남에게 자신의 생각을 남김없이 보여 준다는 것은 어설프게 유치한 자기 현시욕이나 드러내 보이는 실수를 하게 될 거라는 자의식 때문에 글쓰기를 망설였다. 그래서 사실은 그저 심리학에 대한 정보만을 피상적으로 다루고 속내 이야기는 쓰지 않으려고 마음먹기도 했다. 그건 쓸데없이 구설수에 오르거나 다치지 않으려는 생각 때문이기도 했다.
 그런데 글을 쓰다 보니 잡지사 사람들의 세련된 유도 작전에 넘어간 건지 그만 자신을 너무 낱낱이 드러내 버리게 되었다. 더 정직하게 얘기하자면, 책을 쓰는 도중에 그만 내 글이 남들에게 읽힐 거라는 사실을 깜박 잊어버리고 마치 일기를 쓰는 듯한 기분에 빠져 버렸다고도 할 수 있다.
 설거지를 하며, 걸레질을 하면서, 출퇴근 버스에서, 무슨 글을 쓸까 공상하는 기분은 나에게 전혀 예상치 못한 기쁨을 주었다. 컴퓨터 앞에 혼자 있는 시간에 나는 누구로부터 명령받지 않았고, 어떤 생각도 강요받지 않았다. 평소에 혹시 공격받고 비난받을까 봐 마음 속에 꽁꽁 숨겨 놓았던 생각들을 내 기분대로 나타낼 수 있었다.
 그런 식으로 내 안에 감추었던 말들을 바깥으로 쏟아 붓고 나니 나도 모르게 그 동안 주눅들었던 마음과 패배감이 당당함으로 바뀌기 시작하는 것을 느꼈다. 나 스스로도 미처 예상치 못했던 수확이었다. 그렇게 해서 내 우울증은 조금씩 치료되었던 것 같다. 전보다 더 가족들에게 친절해지고 자주 웃을 수 있는 내 자신을 발견하고 깜짝 놀라기도 했으니 말이다.
 나같이 주위 사람들의 도움을 비교적 많이 받고 그래도 자유로운 편의 직업을 갖고 있는 사람들도 이 땅에서 무난한 여자로서 생존하려면 겪어야 될 어려움이 적지 않다는 것은 서로 말하지 않아도 아는 사실일 게다.
 벙어리 삼년, 귀머거리 삼년, 장님 삼년식의 시집살이를 성인식으로 거치면서 겉다르고 속다른 생존 방법을 익혀야 한다든가, 직장에서는 그림자같이 조용히 시키는 일이나 하는 존재로서 살아가는 동안, 우리 여자들은 나름대로 말해 보고 싶은 욕구, 나름의 사고 방식을 갖고 싶어하는 가장 기본적인 소망을 서서히 죽여 가는 게 아닌가?
 게다가 그런 여성들이 남자 문화의 전유물인 활자를 자기 것으로 뒤틀리지 않게 갖는다는 건 보통 어려운 일이 아니었다. '말'은 일회적이고 사적인 것이 대부분이라 시간이 지나면 잊혀질 수도 있지만 '글'은 영구히 남아 공식화되는 것이기 때문에 더욱 억압받기 쉽기 때문이다. 굳이 이조 시대의 '세초'같이 여자의 글을 몽땅 없애버리는 전통이나, 이조의 시인 허난설헌이 죽기 전에 방안 가득한 자신의 유작들을 태워 버리라고 했던 일화를 들지 않아도 이해가 될 것이다. 듣기만 하고 복종만 하는 일종의 노예 근성을 강요받아 왔기 때문에 당당하게 자신의 의견을 말할 수 없었을 뿐 아니라 능동적이고 정직한 글쓰기는 낯설고 거북했던 것이다.

또, 여성들이 이 땅에서 이제껏 살아왔던 방식으로서는 건강한 글쓰기의 전제가 되는 폭넓은 사회 의식을 갖기 어렵다. 그저 자기 가족 자기 몸뚱어리나 사랑하면 성공적인 여자의 삶이라고 생각하도록 강요받았기에, 쓸데 없이 어두운 면이나 불만스러운 면은 입에 올리지 않는게 예의다. 그러다 보니 여자들의 입에 오르내릴 수 있는 것은 겨우 자연이나 계절에 대한 감상 같은 말이나 실속 없는 관념들의 나열이 될 수밖에 없다. 그래서 여자들이 쓰는 수필은 보통 '행복한 신변잡기' 혹은 '사랑타령'이 되거나 자의식만이 과잉되어 사회적 역사적 인식이 결여되어 있는 '사소설'이란 비난을 받는다.

이제껏 적지 않은 '여류 문인'이나 '여류 명사'들의 글을 읽으면서 내가 항상 답답하다고 느낀 점이 바로 그런 식의 사회적 문제에 대한 눈감음이었다. 나는 그런 식으로 여자들의 문제를 고립시키고 탈사회화하는 글들이 싫어 완전하고 전문적인 이론 체계는 비록 갖고 있지 못하지만, 여러 사람들이 읽기 쉽게 풀어 쓰면서 나를 비롯한 여성의 삶을 제대로 인식해 보고 그 대안에 대해서도 여러 사람과 같이 고민하고 싶었다. 또 한편으로는 비생산적인 감상은 없애려 애쓰는 동시에, 인간에게 소중한 정서에 대해서도 무시하지 않으려는 태도를 잃지 않으려고 했다. 안타깝게도 그 성과는 대단하지 않았지만 말이다.

나를 비롯해서 지식인층 여성들은 배우지 못하고 세련되지 못한 아주머니들의 거의 원시적이라고 할 만한 감정의 표출에 대해 일종의 혐오감이나 경멸감을 갖게 되는 함정에 빠지기 쉽다. 내게도 한때 아주 슬픈 소설이나 영화를 봐도 울거나 감동하지 않았던 미숙한 '이성적(?)' 시기가 있었다. 아무데서나 질질 짜고, 서글프게 우는 것은 무식한 아녀자들이나 하는 짓거리이지 논리적이고 합리적인 사고를 하는 현대적인 교육을 받은 사람이라면 그 따위 시시한 일 갖고 눈물을 보여서는 안될 것이라는 생각에서였다. 나는 선택받고 교육받은 여자니 그런 평범한 여자들과는 다르다면서 이기적이고 잘난 체하는 남자들과 나를 동일시하고 싶은 마음이 숨어 있었을지도 모른다. 세월이 지나면서, 가부장적인 이 땅에서 불행하지 않은 여자로 살아 남기 위해 상처받는 한편 스스로를 치료해 가면서 그런 내 어설픈 엘리트 의식이 깨지게 된 것은 퍽 다행한 일이라고 생각한다.

아주머니들이 유치한 영화를 보고 왜 우는지, 시시한 연속극을 보면서 왜 감동하는지, 말을 안 해도 이해하게 되는 기분은 이젠 내게 몹시 소중한 것이 되었다. 그러한 공감의 능력은 내 자신이 여성이며 다른 여성들과 비슷한 체험을 공유하고 있어 그 영혼의 악보가 비슷하기 때문이리라.

나는 지금 그러한 연대감과 일체감을 깊이 사랑하고 있다. 그 속에서 살아나갈 힘을 얻으며 자신이 여성으로 씩씩하게 살고 있는 것에 대해 점점 자랑스럽게 생각하게 되었다. 아마도 다른 여자들과의 그러한 감성적인 동지애가 내 글쓰기를 더욱 솔직하게 하지 않았나 싶기도 하다.

책을 쓰면서 얻게 된 또 다른 기쁨은 여자의 입으로도 성(性)에 대해 대담하게 말하면서 동시에 품위를 지킬 수 있다는 가능성을 찾아 나갔다는 것이다. 나는 여자와 남자간의 뒤틀린 관계를 풀려면 근본 원인 중의 하나인 성적인 문제를 대담하게 정면에서 다루어야 된다고 생각한다. 성적인 억압을 문제로 여기는 것은 봉건적 감성을 심하게 건드리거나, 선정적 상업주의에 편승한다는 식으로 이해되는 경우가 아직 많다. 그래서 여성의 성적 억압에 대한 글쓰기를 점잖은 지면에서는 아예 할 수 없게 만들어 오기도 했었다. 그러다 보니 '성적인 문제'들은 감히 번듯한 가문에서 자란 정상적인 여자가 입에 담아서는 안되는 수치스러운 이야기이고 그런 글들은 싸구려 주간지나 포르노 잡지에서나 다루어야 된다는 믿음들이 적지 않이 퍼지기도 했었다.

여자들이 성에 대한 대화를 공식적으로는 감히 할 수 없는 것과는 대조적으로, 남자들은 열심히 여성을 대상화하는 글들을 써 왔다. 그만큼 성에 대한 기술(記述)을 남자들이 독점해 오면서 알게 모르게 우리 여성은 스스로의 육체에서 소외되어 왔다. 남자들의 시각, 그것도 왜곡된 남성우월주의의 편향적 시각으로 본 여성의 성은 대상화되고 객체화 또는 물화(物化)되어 인간인 여성 자신으로부터 분리되어 비본질적이며 주변적인 것이 되어 버렸다.

성적인 주제는 여자들이 공식석상이나 지면에서 주체적으로 다루어서는 안된다는 묵시적 약속은 여자의 성은 더러운 것이기 때문에 사회적으로 드러나서는 안된다는 생각으로까지 번진다. 그러니 말 못하고 가만히 있는 여자들은 남자들의 성적 잘못까지 뒤집어쓰게 될 수밖에 없다.

예를 들어 강간을 당했거나 인신매매를 당한 여자들의 경우 그들의 성적 경험은 '더러운 것'이기 때문에 실제 피해 당사자인데도 자신의 고통을 사회적으로 문제화할 수 없다. 게다가 폭력을 행사한 것은 분명 남자인데도 여자는 남자를 유혹하고 타락시킨 원인인 양 매도당하기도 한다. 이런 모순은 단순히 개인적인 차원에서는 풀리지 않는 사회적 사건인데도, 여성들의 입을 막음으로써 모순 해결에 꼭 필요한 전제가 되는 자연스러운 의사소통이 불가능한 상황이기 때문에 개선의 여지는 찾아지기 어렵다.

나는 그런 분위기가 싫어서 정신과 의사인 동시에 여자로서 내가 느끼는 성에 대한 문제도 대담하게 다루고 싶었다. 물론 한정된 지면과 모자라는 학식 때문에 입만 떼다 말았지만 말이다. 성적인 선입관과 고정관념들로부터 해방되어야 된다고 믿는 사람으로서 나름대로 독특한 이론적 근거를 제시하고 싶은 생각이 의욕만 앞서지 쉽게 형상화하지 못했다는 점이 안타깝다.

요즘 나는 생리적인 조건들 때문에 여자들이 겪어야 하는 정신적인 갈등에 대해 공부하고 있다. 즉 월경전 긴장증후군(Pre-menstrational Tension Syndrome), 산후 정신병(Post-partum Psychosis), 폐경기 증후군(Menopausal syndrome), 강간 등의 외상 후 신경증(Post-traumatic Syndrome) 등이 그것이다. 또, 역사나 소설들 속에서 여자들이 어떻게 기록되고 있는지에 대해서도 정신의학을 하는 사람의 눈으로 다시 한번 정리해 보고 싶다. 그러나 언제 그럴 시간이 충분히 날까?

글쓰기는 이렇게 내 삶에 생기를 불어넣어 주지만 동시에 많은 새로운 어려움을 주고 있다. 우선 글쓰기를 하면서 나는 스스로를 몹시 혹사해야 한다. 의사일을 하면서 주부로서의 역할을 게을리하지 않고, 더불어 글쓰기까지 한다는 것은 어찌 보면 내 능력 밖의 과욕을 부리는 것이다. 이런 넋두리를 하는 것은 푸념하려는 것이 아니라 여성들이 자아를 찾아 나가기 위해 극복해야 할 만만찮은 걸림돌인 '수퍼 우먼 콤플렉스'에 대해 생각해 보고 싶어서이다.

나는 '집안일'은 남자들의 고상한 '바깥일' 못지않게 중요하고 가치 있는 것이라고 생각한다. 청소나 빨래, 밥짓기 등은 남녀를 불문하고 제 몫은 제가 해야 한다는 것이 내 숨어 있는 믿음이다(우리 나라에서는 어찌 보면 아주 당연한 그런 생각까지 숨기고 살아야 다치지 않고 생존해 나갈 수 있다).

다행인지 불행인지 사실 일부 성공한 똑똑한 여자들은 실제 그런 일들에서 해방되어 있다. 파출부들이나 친정 어머니들이 그 귀찮은 일들을 모두 맡아 준다. 사실 그래야 바깥일을 제대로 할 수 있다. 운이 좋은, 또는 자기 관리를 잘하여 결혼을 않거나, 아이를 낳지 않거나 준비된 때 아기를 낳는 소수의 그들에게 가정은 남자들에게서처럼 좋은 쉼터가 될 수가 있다. 그리고 그들은 집안일과 바깥일을 한꺼번에 하며 살 수밖에 없는 여자들에게 '수퍼 우먼 콤플렉스'에 걸렸다고 말한다.

다행히 남편은 내 글을 읽고 나서 예전보다 훨씬 내 일을 많이 도와주긴 하지만 나는 그것이 문제를 근본적으로 해결하는 게 아니라고 생각한다. 여자들이 집안일에서 해방되는 것은 어느 한 개인의 집안 싸움이나 그 자신의 힘으로만 해결될 성질이 아니라고 본다. 공적인 일을 사적인 술자리에서 해결하려는 우리 나라의 직장 문화에서 남자들에게 직장에서 곧장 들어와 아이 보고 집안일 하라는 것은 어쩌면 그 남자에게 사회적인 고립을 강요하며 자신의 성공 욕망에 대한 포기를 일방적으로 요구하는 것과 같을 수 있기 때문이다.

그래서 나는 일부 사회주의 국가에서처럼 육아나 가사 노동 일부를 정부나 공공기관에서 될 수 있으면 많이 담당해 줬으면 바랄 때가 한두 번이 아니다. 지금처럼 육아 문제를 여성들만 담당하게 강요한다면 일손이 달려 야단인데다가, 맞벌이를 해야 겨우 살 수 있는 부부들이 많아 출산율은 점점 떨어지게 될 것이다. 결국 얼마 안 가 노동 생산 인구가 부족해 전체적인 국민 총생산도 줄어들 것이다. 지금 당장 눈에 보이지 않지만 모자 보건이나 탁아 시설 문제는 국가 생산의 근본이 되는 중요한 일인데도 이제껏 의 고루한 생각, 즉 아이는 엄마가 온전히 맡아 키워야 한다는 고정관념이 그런 과감한 투자를 방해하고 있는 것이 안타깝다.

물론 여자들도 끼리끼리 집단을 만들어 서로 품앗이를 하면서 살 수 있으면 하고 바라기도 한다. 정부에서 하는 일의 수준을 잘 알기에 더욱 우리 힘으로 해결해야겠다는 생각을 한다. 예를 들어 집에서 할 일이 없어 권태로워하는 여자들은 한 푼이라도 벌어야 하는 여자들의 아이들을 돌보며 인생의 보람을 느껴 보는 것도 좋을 것이고, 직장 구하기 어렵다고 한탄만 할 것이 아니라 놀이방이나 공부방을 차려 돈도 벌고 다른 일하는 여자들의 일손도 좀 덜어 주면 좋을 것 같다. 그런데 그게 왜 그리 안될까?

책을 쓰면서 나는 내 성격에 대해 새롭게 고민을 하게 되었다. 구체적으로 말하면, '왜곡된 성문화에서 해방됨이 여러 분야의 사람들과 더불어 이루어져야 한다는 당위를 어떻게 현실화할 수 있느냐' 하는 과제를 안게 되면서 협동에 대해 고민하게 되었다.

원래 타고난 성격이 사교적이지 못한데다가 어미로서 아이들에 대한 죄의식 때문에 사회적인 모임이라고는 전혀 참여를 못하고 있는 나같이 폐쇄적인 사람에게 다른 여성들과의 활발한 연대 활동은 어려운 일이 아닐 수 없다. 나의 계층적인 한계와 자폐적 성벽이 건강하게 극복되려면 더 다양한 사람들과의 활발한 만남이 필요할 것으로 보는데, 내 게으름과 부족한 체력이 얼마만큼 감당해 나갈 수 있을지 모르겠다.

책 한 권을 낸 후, 엉뚱하게 이런저런 원고 청탁에 바쁘게 되어 버렸다. 쓴 글들이 모이면 모일수록 내 정신 세계의 빈곤과 부박함이 너무나 적나라하게 드러나게 되어 글쓰기가 두렵기까지 하다. 너무 한군데에 생각이 고여 있어 부패하게 되는 것도 위험한 일이지만, 철없이 헤프게 써버려 그 자원이 고갈되어 버린다면 더욱 볼상사납게 될 것이다. 그런 함정에 빠져들지 않기 위해서라도 더 근면하게 살아야 한다는 죄의식과 강박증으로 어떻게 보면 전보다 더 고달프기까지 하다. 내가 생각하고 내가 느끼는 것을 글로 남길 수 있다는 행운은 사실 자신에게 과분한 일인 줄 너무 잘 알고 있어 요즘엔 매사가 더욱 조심스럽다.

"전 참을 수가 없어요. 하지만 전, 불만을 가져서는
안돼요. 저는 더 이상 말을 할 수 없어요."
―「투구에 걸린 목」 중에서

공동창작

투구에 걸린 목

연극 소모임

김보은 김진관 사건을 연극화하면서 :
이 연극은 이 사건 자체에 대한 기본적인 지식을 일러주기 위해 만든 연극이 아닙니다. 우리는 이미 신문이나 잡지, 그리고 텔레비전을 통해 이 사건이 어떻게 진행되었고, 왜 그리 되었는지에 대해서 많은 정보를 주입받았습니다. 그리고 이미 일차 공판은 끝났습니다. 우리가 이 연극을 이런 시점에 무대에 올리기로 한 것은 이 사건이 사람들을 일시에 흥분시키는 톱기사거리로 전락하거나, 피고들이 치르게 될 형량에 관심을 집중시켜 법정 문제로만 단순화하는 위험을 우려해서입니다.
  이 사건은 실로 심각한 정치적 의미를 지니는 사건입니다. 이 사건은 한 성도착자와 그의 폭력 앞에 굴복한 비굴한 모성과 사랑을 위해 목숨을 버리려 한, 이 시대에 찾아보기 드문 한 청년의 순애보로 이루진 한 불행한 가족의 이야기가 아닙니다. 이 사건은 우리 주변에서 지금도 갖가지 형태로 저질러지고 있는 폭력, 횡포한 권력의 행사가 빚어낸 필연적인 표현이며 결과입니다. 이는 곧 구조적인 문제이며, 곳곳에 편재해 있는 폭력이 빙산의 일각으로 드러난 사건일 뿐입니다.
  우리는 이 사건의 전모를 주시하면서 이 사건에 숨겨져 있는 가부장제 사회의 모순을 여실히 볼 수 있었습니다. 횡포한 권력이 가정이라는 고립된 공간 안에서, 또 성(sexuality)이라는 은밀한 영역에서 어떻게 여성과 연소자를 학대하고 죽여가고 있는지, 더 나아가 전 사회와 폭력자 자신까지도 끔찍하게 비인간화하고 마는지를 우리는 이 사건에서 분명히 볼 수 있었습니다. 이 사회는 이런 폭력에 둔감한 사회입니다. 아니 이 폭력을 오히려 조장하는 사회입니다. 이 사회는 이 사건에서도 볼 수 있듯이 그런 폭력자를 묵인하고 그에게 합법적, 비합법적 권력을 부여하고도 아무런 문제 없이 굴러가는 그런 사회입니다.

이 사회가 사람이 사는 최소한의 공간이 되게 하기 위해서는 이제까지 숨겨져 온 이 폭력의 공간과 그것이 행사되어 온 기제를 드러내는 작업이 이루어져야 할 것입니다. 이 작업을 위해 감정적 흥분은 아무런 도움이 되지 못합니다. 우리는 이러한 폭력을 묘사하는 언어를 갖고 있지 못하기 때문에 자칫 흥분하다가 제풀에 꺾여 버릴 가능성이 많습니다. 우리 연극 소모임 동인들은 언어화되지 못한 현상에 대한 논의를 풀어가는 데 예술을 통한 작업이 효과적이라고 생각해 왔으며, 이 연극 역시 그러한 인식에서 만들어졌습니다. 이 사건을 어떻게 읽어내고 '언어화'해야 할지에 대해 우리는 많은 토론을 했습니다. 그리고 그 끝에 나온 작품이 바로 이 짧은 연극입니다. 상징성이 강하며 그런 만큼 동상이몽의 여지가 많습니다. 아직은 미숙한 부분이 많지만 이 연극이 「김보은, 김진관 사건」을 어떤 선상에서, 어떤 언어로 풀어내야 할지 다시 한번 생각하게 되는 계기가 되었으면 합니다.

이미 「단지 그대가 여자라는 이유만으로」이라든가 「피고인」, 「립스틱」 등의 영화는 인간 사회 폭력의 새로운 단면을 영상화하여 고발함으로써 새로운 의식화의 장을 열어 왔습니다. 은폐된 폭력의 세계를 꿰뚫어 보는 통찰력을 기르는 이러한 작업은 제도적 개선 작업과 동시에 줄기차게 이루어져야 할 작업인 것입니다. 폭력과 권력에 대한 새로운 언설의 장이 트여야 합니다. 이것은 여성운동의 단계를 높여 가는 데 필수적인 작업일 것입니다.

사회운동을 해본 적이 있는 사람들은 이미 다 알고 있습니다. 법정사건은 그 사건 자체로 매우 중요하지만 동시에 광범위한 의식 변화를 이루어 낼 수 있는 합법적이고 전략적인 공간입니다. 증인과 피고들의 진술만이 아니라 검사의 논리, 변호사의 논리도 우리들이 지켜보고 분석해야 할 중요한 언술 행위이며 급진적으로 새롭게 정치언어화되어야 할 부분입니다. 이 사건을 계기로 인류사상 가장 오랫동안 자행되어 온 횡포한 권력의 성격을 해부해 내고, 그에 대해 더욱 근원적인 치유의 방법을 모색해 가는 창조적 작업이 우리 사회에서 다양하고 활발하게 이루어지기를 바랍니다.

등장 인물 :
    J
    기사
    아버지
    어머니
    코러스 8명

의상과 분장 :
    아버지와 코러스 8명은 모두 금색으로 된 여러 가지 모양의 투구를 쓰고 있다. 그 중 아버지의 투구와 코러스 6을 포함한 몇몇 투구가 아주 높고, 코러스 7을 비롯한 몇몇은 투구가 낮다. 기사의 투구는 보통 것과 조금은 다르게 생겨서 자세히 보아야 투구임을 느낄 수 있다. 아버지는 정장에 넥타이를 매고 있으며, J는 집에서 입는 소박한 원피스를 입고 있고, 어머니는 행주치마를 두르고 있다. 코러스들은 모두 까만 복장에 까맣고 반들반들거리는 비닐로 온몸을 감싸고 있고, 얼굴 전체를 하얀 분으로 칠하고 눈 주위는 까맣게 칠해서 기괴한 분위기를 연출한다.

조명 장치 :
    무대 중앙에 전체 조명
    무대 왼쪽과 오른쪽에 부분 조명 하나씩
    무대 뒤쪽에서 단 위로 향해 있는 약한 조명들 여섯 개

세트 :
    무대 뒤쪽에 코러스가 일렬로 설 수 있는 30센티미터 정도 되는 단.
    J가 묶일 틀. 가로 1미터, 세로 2미터 정도 되는 직사각형 모양이며 그 가운데 부분은 여자 스타킹들을 늘여 붙이고 군데군데를 꿰매서 연결한다. 틀의 가장자리 부분은 빨갛고 반짝이는 비닐로 감싼다.

장면 1

(무대) 중앙의 단 위에 일렬로 차렷 자세로 투구를 쓴 8명의 사람들이 서 있다. 앞에는 아버지, 어머니, 딸(J)이 의자에 삼각형 모양으로 앉아 있다. 앞의 세 사람 중에서는 아버지만 투구를 쓰고 있다.

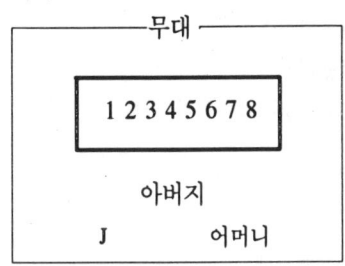

(조명) 모든 조명 켜진다.

다음에 나오는 대사들을 하는 사람 이외에는 모두 경직된 자세로 있어야 하며, 자신의 대사를 할 때에만 지문을 따라하며 말하고 곧 자신의 자리로 돌아온다.

2 : (앞으로 걸어나가 자신의 투구를 두 손으로 만지고 다리를 굽혔다 일어서면서) 내게 있어서 가장 소중한 것은 이 투구입니다.
7 : (팔짱을 낀 채 앞으로 한 걸음 내딛었다가 되돌아오면서) 내가 가진 것 가운데서 결코 내어 줄 수 없는 것은 나의 투구입니다.
3 : (앞으로 한 걸음 나가 '버리겠습니다'를 할 때 팔을 바깥쪽으로 뿌리치면서) 난 나의 투구 때문이라면 가족도 버리겠습니다.
8 : (요염한 자세로 걸어나와 옆에 있는 건장한 남자의 어깨에 팔을 올려놓으며) 나는 이 투구를 얻기 위해 내 인생 전부를 바쳤고 이제 이것을 쓰고 있는 이상 두려운 것이 없습니다.
1 : (투구를 두 손으로 들어올리면서) 오~ 영원하라, 나의 투구여!

(조명) 희미해진다.

8명이 아버지, J, 어머니 사이로 흩어져서 각기 자세를 잡고 선다. 등장 인물 모두 고개를 숙이고 있다.

(조명) 켜진다.

3, 4, 5, 6, 7 : (고개를 든다)
3 : 자네 지난밤 어땠나?
4 : 나 왜 이러지. 요즘 계속해서 잘 안돼.
3 : 의사한텐 가 봤나?
5 : 아니, 그게 의사한테 간다고 해결될 문제야?
3 : 그럼?
5 : 백사 한 마리면 귀찮게 의사 보러 가지 않아도 자네, 20대로 돌아갈 수 있을 걸. 백사가 의사 보러 가는 것보다야 백 배 낫지.
6 : 백사? 백사보다는 사슴 피가 최고야.
4 : 사슴 피? 사슴 피를 어떻게 먹나~
6 : 아니, 왜 못 먹어. 요즘 사슴 농장이 얼마나 많은데. 더 좋은 건 사냥을 하면서 먹는 거야. 공기총으로 잡아 가지고 즉석에서 빨아먹으면 죽여 준다니까. 난 그것 때문에 일주일이나 계속해댔어. 나중엔 마누라가 코피를 다 흘리더라구.
3, 4, 5 : (일제히) 일주일? 야~~
7 : 근데, 그렇게 사냥을 하러 다녀두 괜찮아? 원래 법으로 금지되어 있는 거 아니야?
6 : 법이 문제야? 내 투구가 어떤 건데. 모두가 내 투구만 보면 껌벅 죽는다구. 아 참, 자네 투구는 좀 문제가 있겠군.
7 : 야, 무슨 소리야? 그래도 통할 땐 통한다구. 너만 끗발 있는 줄 알아.
3 : (사이) 근데 말이야 (소근거리듯이) 사실, 백사나 사슴 피보다 더 좋은 게 있다며?
6 : 그거 말이야?
4, 5, 7 : 뭔데?
3 : 있잖아? 태---반.

4, 5, 7 : 뭐? 태반?
6 : 그것도 사람 꺼.

(조명) 꺼진다.

장면 2

8명이 다시 무대 단 위에 일렬로 선다.

(조명) 켜진다.

(효과음) 북소리

8명 : (모두 다리를 어깨보다 조금 넓은 간격으로 벌리고 무릎을 조금 굽히고 서 있다)
(일제히) J양은 9살 때 아버지를 여의고 남편을 맞았습니다. J양이 9살 때 어머니는 남편을 여의고 왕의 시녀가 되었습니다.

(효과음) 북소리

(조명) 왼쪽과 오른쪽의 부분 조명만 켠다.

8명 : (모두 차렷 자세로 돌아간다)
어머니, 아버지, J: (동시에 고개를 든다)
어머니: 난 사내 아이를 갖고 싶어.
J : 옛날 옛날, 왕자님이 공주를 구해냈습니다.
어머니: 사내 아이야! 모두가 다 기뻐할 거야. 이젠 난 내 몫을 한 거야.
J : 옛날 옛날, 공주가 왕자님에 의해 구출되었습니다.
어머니: 남편한테 맞는다는 거는 물론 기분 상하는 일이지만, 사람 사는 게 이런 경우도 있는 거겠지요. 속으로 표현을 안하고 있는 거보다야 낫

지 않겠어요.
J : 옛날 옛날, 공주가 왕자님 도움으로 '탈출'했습니다.
어머니: 여자가 맞고 사는 거야 특별한 일도 아니구 남편이 딴살림 차린 것도 아닌데 참구 살아야지.
J : 옛날 옛날, 왕자님이 공주와 결혼했습니다.
어머니: 그래, 가정은 소중한 거야. 여자가 혼자 산다는 게 얼마나 힘든 건데. 게다가 자식이라도 딸려 있으면 그 설움이 말로 다 못한다구. 여자에겐 가정이 가장 소중한 거야.
J : 옛날 옛날 공주는 왕자님이랑 '행복하게' 살았습니다.

(조명) 꺼진다.

장면 3

8명, 단 위에서 기괴한 느낌이 나도록 모두 제각기 자세를 잡고 있다.
J는 고개를 숙이고 있다.

(조명) 켜진다.

아버지: 야! (어머니, 움찔한다) 어디 갔었어!
아버지: (사이) 야! 네 머리 왜 이렇게 길어? 화냥년 같다. 좀 자를 수 없니?
어머니: (수건으로 머리를 가린다)
아버지: 누가 뭘 쓰래? 자르랬지. (사이) 오늘은 몸이 너무 쑤셔.
어머니: ……
아버지: (크게) 어깨!
어머니: (후다닥 달려와서 아버지의 어깨를 주무른다)
아버지: 허리!
어머니: (허겁지겁 허리를 주무른다)
8명: (모두 각기 몸짓을 하되, 억양이 있게 소리를 모아 명령한다) 무릎! 어깨! 허리! 팔! 어깨! 무릎! 어깨! (어머니, 정신없이 시키는 대로 주무른다)

아버지: (갑자기 좀 쉬었다가 어투가 누그러지며) 발~. (어머니. 발을 주무른다)
8명: (엎드려서 하라고 아우성을 친다)
아버지: (사이) 엎! 드! 려! 서! 해!
어머니: (바닥에 완전히 엎드려서 발을 주무른다)
8명: (잠시 후 다시) 어깨! 허리! 어깨! 발! 어깨! 발! (어머니 정신없이 따라한다)
아버지: 다리~.
어머니: (허겁지겁 다리를 주무른다)
아버지: (사이. 화가 난듯) 거! 기! 말! 구! 허! 벅! 지! 말! 야!
어머니: (허겁지겁 허벅지를 주무른다)
아버지: (갑자기 누그러진 어투로) 몇 번을 말해야 알아 듣겠나. 응?
　　　　(기분이 좋다는 듯 고개를 뒤로 젖히고 있다가 미소를 지으며)
　　　　이제 됐어. 암, 됐어. 아무래도 난 그대를 사랑해. 그대도 알지?

　　(효과음) 전화벨 소리

아버지: 여보세요. (전화를 받고는 갑자기 능력 있는 공무원답게, 상사에게 자신감 있는 목소리로, 그러면서 굽신대는 어투로 바뀌며 : 이때 8명도 모두 갑자기 아주 경직된 차렷 자세로 돌아간다) 아, 네, 안녕하십니까? 아, 네, 그 일 말이군요. 네 그 서류 내용을 좀 바꿔 놓으라고요? 네, 네, 알겠습니다. 네, 안녕히 계십시오. (전화 끊고는 다시 건다. 이번에는 부하 직원에게 하는 전화. 몸이 풀리고 목소리도 거드름을 좀 피운다. 8명도 몸을 풀고는 으쓱댄다) 아 김군인가? 그래, 그래. 그때 그 일 말이지. 잘 알아서 처리해 줘. 음 알겠지? 그럼 잘 있게. (전화 끊는다)
어머니: (아버지의 뒤쪽으로 가서 고개 숙인 채 서 있는다)
아버지: (사이. 갑자기 고개를 돌리며 신경질적으로) 뭐하는 거야!
　　　　(미소를 지으며 다시 관객 쪽을 향해) 혹시, 내 투구를 훔쳐서 달아나려는 것은 아니었겠지? …… 암, 네가 감히 어떻게……. 너도 내 투구 덕에 살고 있는데.
어머니: (끄덕인다)

아버지: 아까 말했잖아! 너 그거 좀 벗을 수 없어?
어머니: (두 손을 가슴에 얹고 흠칫 물러선다)
아버지: 머리에 쓴 거 말야. 꼴에 흉내를 내! 지가 그런다고 뭐 나아질 것 같아!…… 냉큼 벗어!
어머니: (수건을 벗는다)
아버지: 아~ 그것도 보기 싫군. 써!
어머니: (수건을 쓴다)
아버지: 벗어!
8명: 써! 벗어! 써! 벗어!…… (어머니 시키는 대로 한다)
아버지: (사이) 가서 J 불러와. 그리고, 너는 가서 머리 짜르구 와.
어머니: (꼼짝 않는다)
8명: 불! 러! 오! 라! 그! 랬! 잖! 아!
어머니: (후다닥 무대에서 뛰어나간다)

(조명) 꺼진다.

장면 4

(무대) 형틀이 무대 가운데에 등장. J가 형틀 뒤에 서 있고, 아버지는 일어서 있고, 어머니는 J가 형틀에 묶이는 것을 도와준다. 8명은 모두 뒤돌아서 있다.

(조명) 켜진다.

어머니는 형틀에 J가 묶이는 것을 도와주고, 기다란 붕대를 J의 허리에 묶어 주고는 퇴장한다.

아버지: (처음엔 자상한 느낌이다가 대사가 점점 고조되면서 강하게) J야, 거기 있었니? J야, 요즘은 내 머리가 온통 너에 대한 생각으로 '넘치고' 있다. 난 너랑 스키도 타러 갈 거구, 너랑 골프도 치고, 여행도 다닐 거야. 생각 좀 해봐. 내가 너랑 스키 리프트에 앉아, 쥐새끼들만해진 사

람들을 보면서 낄낄거리는 걸 말이야. 얼마나 즐겁겠니? 난 네가 원하는 것은 무엇이든지 해줄 거야. 난 네가 가자는 데는 어디든지 같이 갈 거다. 난 네가 세계 일주를 하고 싶다고 해도 시켜줄 거야. 난 너랑 세상 끝까지도 같이 갈 거야. 너에겐 나 같은 사람이 있다는 게 정말 행복일 거다. 그렇지?
J: (아무런 감정 없이) 네.
아버지: (더욱 흥분되어) 난 너를 어느 누구도 손대지 못하게 할 거야……. 만약 손대는 놈이 있다면 그놈은 죽은 목숨이야. 난 그놈을 죽일 거다. 난 죽이고 말 거야. 죽여 버리겠어…… (갑자기 유들유들해지면서) 죽일 거야. 죽여 줄께. 죽여 준다니까~~ (유혹하듯이) 이리 와~ 내가 죽여 줄께. (J에게 다가간다) 죽여 준다니까. (사이) 자, 우리 시작할까?
아버지: (고개를 휘저으며 목을 풀고는 만족스러운 미소를 짓는다) (J에게) 발을 벌려.
J : (발을 벌린다)
아버지: 더!

8명의 코러스 뒤돌아선 채로 음흉하고 자극적인 목소리로 길게 '더~~'를 두번 함께 한다.

(조명) 흐려진다.

J : (발을 더 벌린다)
아버지: (의자에서 일어나서 J의 뒤로 간다. 그리고는 그녀의 몸에 붕대를 감기 시작한다) (붕대를 감으면서 반복) 내가 널 사랑하는 거 알지.
J : (고통스럽게) 네.
아버지: (계속 감으면서) 내가 널 사랑하는 거 알지.
J : (더욱 고통스럽게) 네.
아버지: (계속 감으면서) 내가 널 사랑하는 거 알지.
J : (더욱 고통스럽게) 네.
아버지: (계속 감으면서) 내가 널 사랑하는 거 알지.

(조명) 꺼진다.

형틀을 무대에서 치운다.

장면 5

(무대) 8명 중 나머지는 퇴장하고, 8명 중 둘(S1, S2)이 단 위에서 내려와, 아버지에게 다가가 양쪽에 앉아 있다.

(조명) 켜진다.

S1: 아버지! 제 투구는 언제 더 높아지나요?
아버지: 더 많은 싸움과 더 많은 여자.
S2: 아버지! 저도 빨리 투구를 갖고 싶어요.
아버지: 꽉 잡아. 절대로 놓지 마. 피를 짜내듯이 꽉 잡아.
아버지: 사내가 가는 길은 끊이지 않는 결심. 일단 손을 들면 상대를 쓰러뜨려야 하는 것. 여자는 부러지지 않게 죄어야 하는 법.
S1, S2: (주먹을 한번씩 쥐어 보고는 양쪽으로 퇴장한다)

(조명) 다시 꺼졌다가 J쪽을 향해서만 부분 조명을 하면 아버지는 고개를 숙이고 있다.

J: (독백) 속도 비었어요. 그물이 쳐졌어요. 털을 다 밀었어요. 모든 것이 노랗게 반들반들해요. 머리 속은 비었어요. 머리 속도 다 밀어 버렸어요. 비린내가 나요. 비린내가 나요. 칼을 느껴요. 칼이 내 속을 후비고 들어와요. 비린내가 나요……. 난 그의 투구 속에서 더운 숨을 쉬고 있어요. 답답해요. 투구 속엔 창이 없어요. 깜깜해요. 투구는 너무 무거워요. 나를 납작하게 해요. 나를 구겨 버려요.
(노래를 아무렇게나 흥얼거린다)
내 손을 잡아주는 사람이 있어요. 나에겐 유일한 희망이예요. 그가 내게 무엇인가를 해줄 수 있을 것 같아요. 그는 모든 것을 다 할 수 있는 사람이니까요. 그리고, 그는 나의 가족이 아니예요. 나의 가족 밖에 있어요.

아버지: (나지막한 목소리로) J야~~.

J : (소스라치며 일어선다. 손톱을 반복적으로 깨물며 걸어 다닌다)
기다란 목이 있어요. 난 평생 그 목 속의 오물을 걸렀어요. (말이 빨라진다) 머리를 한번도 들어본 적이 없어요……. 목에서는 늘 날 부르는 소리가 들려요. 소리가 오물에 걸려서 이상한 소리를 내요. 날 부르고 있어요. 날 부르고 있어요.

기사 오른쪽에서 등장

(조명) 오른쪽 켜진다.

기사: 아! 거기 계셨군요. (아버지 앞에서의 대사의 느낌과 조금은 비슷하게) 요즘은 내 머리가 온통 당신에 대한 생각으로 '넘치고' 있어요. 자 보세요. 난 당신에게 할말을 이렇게 적어 왔어요. 자아…… 보세요…… (J는 당황해한다). 당신이 보지 않으시겠다면 내가 읽을께요. (목소리를 고른 후) 영원히 끝나지 않을 사랑의 정념으로, 돌아서지 않을 굳은 결심으로, 나는 당신에게 구애합니다. 나는 당신의 모든 갈망과 필요를 나의 생애 전부를 바쳐 채워 드릴 것입니다. 하늘의 별과 달도 나에게는 그다지 멀지 않습니다.
난 매일밤 꿈을 꿉니다. 꿈에서 당신과 함께 저 별에 단 둘이 서 있습니다. 당신은 나의 품에 안기어 아주 멀리, 자그마해진 지구를 바라보며 웃음짓습니다.
아! 아무리 커다란 바위도 나에게는 그다지 무겁지 않습니다. 당신은 나에게 사랑의 경련을 안겨 주었습니다. 나는 당신을 만나고 난 뒤, 당신의 애틋함과 외로움이 나의 온 가슴을 점령해 버린 것을 알았습니다.

J: 제발 그만!

당신은 아무것도 내게 줄 수 없어요.
난 아무것도 받을 수 없어요.
기사: (사이) (낮은 목소리로) 난 모든 것을 다 줄 수 있어요. 난 모든 것을 다 해드릴 수 있어요. …… (무거운 목소리로) 당신을 위해서라면 당신의 아버지도 죽일 수 있어요. 죽, 일, 수, 있, 어, 요.
(J는 기사를 망연하게 쳐다본다. 그리고는 귀를 막는다.) (점점 대사가 흥분되며) 내가 죽일 께요. 내가 죽여 드릴께요. 내가 그를 당신의 삶으로부터 없애 버릴께요. 내가 죽일 거예요. 난 죽일 거예요. 난! (나지막이 결의에 찬 듯이) …… 죽…일…거…야.

(조명) 꺼진다.

장면 6

(무대) J 혼자 무대에 남아 있다.

(조명) 켜진다.

8명이 4명씩 나뉘어서 무대 양쪽에서 음악에 맞추어 일렬로 들어온다. 음악은 느리고 장엄한 것을 쓴다. J의 양옆에 도착하면 J를 사이에 끼고 이열 종대로 관객 쪽을 향하여 서 있는다.

J : 왜들 이러시죠.
8명: 네가 알고 있어.
J : 왜들 이러시냐니까요?
8명: 넌 이미 알고 있어.
J : …… (두 사람이 J의 팔을 양쪽에서 낀다)
8명: 넌 '이미' 알고 있어.
J : 저를 잡아가시는 건가요?
8명: ……

J : 저를 어디로 데려가는 거죠?
8명: 넌 '이미' 알고 있어.
J : (포기한 듯 고개를 숙인다)

다시 음악이 나오고 8명은 J를 에워싼 채 무대 한쪽으로 음악에 맞추어 퇴장한다.

(조명) 꺼진다.

장면 7

(무대) 8명은 재판관이 되어 무대 뒤 단 위에 올라가 자유롭게 기괴한 자세들을 잡고 있다. 어머니는 서기처럼 노트에 기록을 하고 있다. J는 가운데 의자에 정면을 보고 앉아 있다.

(8명) 자신이 얘기할 차례에선 앞으로 조금 나와 진지한 표정으로. 8명의 각 대사 중간중간에 감탄사, 대사의 일부분의 반복, '더', '올려' 등의 소음을 낸다. 어수선하고 장난스러운 분위기를 유지하면서도 정확히 대사가 전달되도록 한다. (돌아가면서 한 사람씩)

6 : 피고는 사람을 죽였다.
5 : 피고는 아버지를 살해하였다.
1 : 피고는 피살자의 내연의 처였다.
8 : 피고는 피살자의 명예를 훼손시켰다.
7 : 피고는 피살자 이외의 남자와 통정하였다.
4 : 피고는 피살자가 성도착증이라는 허위 사실을 유포하였다.
3 : 피고는 남편을 죽였다.
2 : 피고는 어머니를 과부로 만들었다.
6 : 피고는 어머니의 명예조차도 훼손하였다.
5 : 피고는 피고의 가족의 생계를 위태롭게 했다.
1 : 피고는 아버지와 근친상간을 하였다.

8 : 피고는 근친상간을 빙자해서 간음을 저질렀다.
7 : 피고는 피살자의 가정을 파괴하였다.
4 : 피고는 국민에게 봉사하는 공무원을 시해하였다.
3 : 피고는 불법 무기를 휴대, 사용하였다.
2 : 피고는 공무원을 살해함으로써 공무집행을 방해하였다.
1 : 피고는 공무원을 살해함으로써 국가의 안녕을 위협하였다.
(다 같이) "따라서 피고는"
(다시 돌아가면서 좀 빠르게)
6 : 존속살해죄
5 : 간통죄
1 : 명예훼손죄
8 : 풍기문란죄
7 : 허위사실유포죄
3 : 살인죄
4 : 간음죄
2 : 공무집행방해죄
6 : 불법무기소지죄
5 : 국가전복기도죄
1 : 내란죄.
　(다 같이) 에 근거하여 본 법정은 피고에게 '사형'을 언도한다.

　8명 환호하면서 모두 퇴장. J 혼자 남는다. 조명 어두워지고 J를 부분 조명한다.

J : 사람들은 제 이야기를 하기를 꺼려해요. 제가 너무 지저분하거나 야하다고 생각해요. 사람들은 제가 근친상간을 했다는 사실 때문에 저를 잊으려 해요. (사이) 하지만, 제가 불만이 있는 건 아니예요.
　사람들은 제가 남자랑 자면서 즐거웠을 거라고 얘기해요. 왜 내가 뛰쳐나오지 못했느냐고 내게 묻곤 해요. 왜 내가 경찰에 알리지 않았느냐고 궁금해 해요. (사이) 하지만, 제가 불만이 있는 건 아니예요.
　어머니도 저에게 참으라고 이야기했어요. 동생도 저에게 참으라고 이야기했어요……. 나도 나 자신에게 참으라고 이야기했어요. (사이) 하지만, 제가 불만이 있는 건 아니예요.
저는 차라리 제가 잊혀졌으면 좋겠어요. 모든 사람이 저에 대해 이야기 하는 것이 들려요. 사람들이 저의 모든 과거를 알고 있어요. 저의 이름을 알고 있어요. 저의 얼굴을 알고 있어요. 제가 그와 어디에 갔었는지 알고 있어요. 저의 얼굴을 알고 있어요. 저의 병력을 알고 있어요. 제가 그와 어디에 갔었는지 알고 있어요. 제가 무엇을 했는지 알고 있어요. (사이) 하지만, 제가 불만이 있는 건 아니예요.
전 참을 수가 없어요. 하지만 전, 불만을 가져서는 안돼요. 저는 더 이상 말을 할 수 없어요. (반복하면서 조명 어두워진다) 말을 할 수 없어요. 말을 할 수 없어요. 말을 할 수 없어요. 말을 할 수 없어요.

이야기를 하고 싶다.
부스럭거리고 싶다.
얽매이고 싶지 않다.
노래를 부르고 싶다.
자루에서 벗어나고 싶다. 연극 팜플렛의 그림과 글

공동창작

소리, 자루, 그리고 춤 — 발성 연습

연극 소모임

저희들은 이번 연극에서, 일상에서 들리는 수많은 소음과 작은 이야기들을 증폭하고 과장하는 가운데 다양한 의미들을 발견할 수 있었습니다. 비록 좀 혼란스럽게 들리실지라도, 이것이 곧 저희들이 바라보고 경험하는 세상의 단편들임을 염두에 두셨으면 합니다.

등장 인물 :
상실자, 살풀이, 도착증, 여행자, 광신자, 입동동, 엿가락, 그리고 펑크

의상과 분장 :
무대 위에 검은 복장의 일곱 명이 자루 속에 몸을 반쯤 넣고 있다. 왼쪽 구석에는 펑크가 기괴한 차림으로 의자에 앉아 있다. 그의 머리는 여러 색으로 물들여져 있으며 복장은 동서양이 혼합되어 있다.

조명 장치 :
무대 전체 조명.
펑크의 머리 위에 부분 조명.
사이키 조명(춤출 때 사용).

세트 :
   특별한 세트는 없다.

연기 :
   한 사람이 얘기할 때는 펑크를 제외하고 모든 사람이 집단적으로 반응을 보인다.

하나

상실자 : 국민학교 1학년 때의 어느 하루. 나와 누나와 형, 이렇게 삼남매는 가방을 들고 문을 나선다. 강남으로 이사온 지 2년이나 되었는데 학교는 강북이다. 모두 빠알간 브리샤 승용차에 올랐다.
   '때르르르' 1학년 수업이 끝났다. 오늘도 나는 짝하고만 얘기했다. 언제나 그랬듯이 수업 시간엔 열중쉬어 자세. 그것뿐이었다. 오늘도. 나는 가방을 메고 누나를 기다리러 2학년 교실로 간다.
   누나와 함께 다시 형을 기다린 후에 모두가 수업이 끝났을 때에는, 또 다시 브리샤 승용차가 교문 앞에 서 있다. 집에 도착하니 거진 어두워졌다. 학교에서 나누어준 프린트를 풀고 나니 TV에서 만화를 한다. 만화가 끝나고 재미없는 몸짓들. 그리고는 (엿가락 : '어린이 여러분, 이제 잠자리에 들 시간입니다. 일찍 자고 일찍 일어나는……')의 소리가 나올 즈음이면 나는 소파에서 이미 잠들어 있다.

살풀이 : 누가 낳아 달래. 낳아 놓고 말이 많아! 꺄악! 아욱! 몰라. 몰라. 부모면 다야! 지가 나한테 해준 게 뭐 있어. 일찍 들어오라, 말라, 말이 많아. 지는 뭐 안 늦어!

도착증 : 아름다운 처녀여, 차가운 입술이 하는 말을
        나는 결코 믿지 않는다오.
        그렇게 커다란 검은 눈,
        그런 눈에는 정절은 들어 있지 않다오.

여행자 : 뭐야 뭐? 여행을 가고 싶다구? 왜 떠나가? 탈피하고 싶어. 여길

떠나면 어디로? 유럽……그래 유럽이야. 와! 그래 가는 거야.

　아! 상쾌해……. 스위스의 공기는 정말 깨끗해. 서울이라는 곳은 정신이 없어. 저 하얀 몽블랑 산에서 내려올 때의 기분은 날아갈 것만 같아! 하늘의 구름은 솜사탕이 아닐까! 산장의 벽난로에서는 장작들이 이글이글 타오르고 그 앞에서 치즈를 구워 먹는 맛은! 짭!!

광신자 : 하나님 아버지, 오늘은 제가 전도를 나가게 됩니다. 불쌍한 어린 양들이 마음의 문을 열고 당신의 진리의 말씀을 깨우칠 수 있도록 도와주시길 간절히 소망하나이다. 그들을 궁휼히 여기시와 광명으로 이끌어 주시옵소서. 주 예수님의 이름으로 감사하며 기도드립니다. (모두) 아멘

입동동 : 독서요? 글쎄……뭐 남들 하는 만큼이라면 읽어 봤죠. 고전이라면 뭐 앙드레 지드의 『좁은 문』이든가, 까뮈의 『이방인』, 대충 이런 거겠죠? 사람들이 "교양"이라고 말하는 것들……그치만 그런 걸 읽는다고 뭐가 어떻게 되나요? 흔히 책에서 얻는다는 게, 기껏해야 노인네들 잔소리, 아니면 겉만 번지르르하고 속은 텅 빈 말장난 같은 거 아닙니까? 저는요, 차라리 그 시간에 잠이나 자든가, 친구들하고 얘기나 하는 게 낫다고 생각해요. 진실한 건 그런 고리타분한 책 같은 데 있는 게 아니라, 오히려 일상적인 데에서 찾을 수 있지 않겠어요?

엿가락 : 아휴, 졸려. 지금 몇 시지?

둘

상실자 : 전학온 지도 1년이 넘었다. 이제 학교가 가까와져서 걸어서도 다닐 수 있다. 그러나 달라진 것은 너무나 적은 부분들. 여전히 이름과 생김새는 다르지만 친구 하나. 달라진 것이라곤 집에 오면 대낮이라는 것. 언제나 그랬듯이 '이야기 한국사'를 펼쳐 보다 잠이 든다.

　5학년이 되니까 남자애들도 여자애들 못지않게 큼직큼직해진 애들이 눈에 띈다. 걔네들은 여자애들 괴롭히는 게 일이다. 아~ 왜 쟤네는 저럴까?

살풀이 : 그래 혹시 모르지. '의료 사고'란 것도 있잖아? 병원에서 애가 바

꾸는 거 말이야. 그럼 나한테두 구제받을 가능성이 생기잖아? 아니야. 난 너무 많이 닮았어. 우리 핏줄들하구.

도착증 : 나는 그녀의 두 눈을 손으로 가리고
입술에 입을 맞춘다.
이제 그녀는 나를 가만히 두지 않는다.
그녀는 나에게 그 이유를 묻는다.

여행자 : 스위스도 이젠 지겨워……. 여기저기 허연 눈과 허연 나무들뿐! 난 빠리로 가야 해……. 청회색의 빠리! 난 원래 낭만적이거든……. 아름다움을 추구하는 예술인의 도시……빠리로 가야 해.
아! 빠리는 모든 것이 좋아……. 여기는 지금 샹제리제 거리의 노천 까페야……. 한 남자가 다가오는군. 내~참 짧은 불어 실력으로, 뭐라고 하는지……? (도착증: Bon soir? Que est-ce que c'est?) 오잉? 자기가 레이몽이래나! 빈 자리가 없어 옆에 앉겠다는군. 어쩌란 말이야!? 앉으시죠.

광신자 : 안녕하세요. 전 학부 3년생인데 잠깐 앉아 이야기 좀 할 수 있을까요? 네 고맙습니다. 저…… 혹시 교회에 다니시나요? 하나님이나 예수님이 실제로 있다고 생각하시나요? 편한 대로 말씀하세요. 네. 네…… 물론 생각은 다 다르겠죠. 하지만 이것 하나, 그분은 실제로 계십니다.

입동동 : 겨울 바다에 가 봤느냐구요? 네, 가 보긴 했어요. 겨울 바다라…… 부서지는 파도, 낚싯배 하나, 한산한 모래사장에 그녀와 나와 단둘이……. 대충 이런 거죠? 누구는 아주 낭만적이라고 할지도 모르죠. 하지만 그런 낭만이란 게……몇백 원짜리 사진 하나에서 볼 수 있는 것 말고 뭐가 있나요? 감상이란 건 정말 쓰잘 데 없는 거라구요. 저는요, 그런 공식적인 감상에 얽매이고 싶지도 않을 뿐더러, 그런 건 제게 어울리지 않는 사치라고 생각해요.

엿가락 : 여보세요? 응, 나야……. 응, 그냥……. 그래, 그래. 아니, 맞다 맞아……뭐? 잘 안 들려?…… 그래, 그래……응. 잘 있어. (응성거림)

펑크 : 바라보기 위해 물러나기 위해 물러나기 위해 바라보기 위해
착각하기 위해 깨닫기 위해 깨닫기 위해 착각하기 위해
살리기 위해 죽이기 위해 죽이기 위해 살리기 위해

셋

상실자 : 학교가 웬지 으스스하다. 깡패학교라고 소문난 중학교다. 앞으로 3
년간을 이곳으로 다녀야 하다니……어깨가 움츠러든다.
 짝이 반성문을 쓴다. 빨간책을 보고 본드 냄새를 맡았대나? 무언가
굉장히 나쁜 짓을 했나 보다.
 여전히 달라진 건 없다. 난 컴퓨터를 함께 하는 친구 하나. 공부를 함
께 하는 친구 하나.
살풀이 : 재수 없어. 지가 잘나면 얼마나 잘났어? 나도 알아. 누가 모른대?
근데 뭘. 내비둬. 이러다 죽을 꺼야. 신경 끊어.
도착증 : 나비가 꽃 주변을 날아들듯이,
 그리고 부드러운 꽃받침에서
 꿀을 빨아들이듯이,
 내 영혼은 그녀의 장미 입술을
 끊임없이 날아 돌고 있습니다.
여행자 : 근데 레이몽이라고 했나? 레이몽……바바리가 너무 잘 어울려. 에
펠탑을 본 적이 있냐구? 지금 보고 있잖아! 올라가 보자구……? 그럼,
당연히 같이 올라가 보자구. 에펠탑에서 이 남자를 보니 뷰투어킬의
존 테일러 같은데. 그래두……서울의 정훈이가 보고 싶군……. 차들이
정말 많아, 서울이랑 똑같애. 집에나 갈까?
광신자 : 천국과 지옥에 대해 생각해 보시지 않았나요? 그러면 우리가 죽으
면 어떻게 될 것 같습니까? 그게 아니죠……천국과 지옥은 엄연히 있
습니다. 지옥의 활활 타는 '유황불'을 생각지 않으십니까? 그 끔찍한
광경, 그 영원한 고통……. 예수님 그분을 믿으면 당신은 그 엄청난 괴
로움에서 해방될 수 있습니다.
입동동 : 도박을 좋아하느냐구요? 네, 친구들하고 가끔 즐기죠. 도박……도
박. 참 어감이 좋지 않습니까? 특히 그 마지막 판단의 순간, 그야말로
사느냐, 죽느냐, 그것이 문제죠. 바로 그 짜릿한 맛에 도박을 하는 거
아니겠어요? 이기고 지는 건 중요하지 않아요. 중요한 건 바로 내 선택
이죠. 그건 해보지 않은 사람은 절대 알 수 없는, 도박만이 가질 수 있

는 매력이예요. 인생이란 게 어차피 한 판의 도박이 아닌가요? 안 그래요? (시선을 돌리며)
엿가락 : 지겨워……그리고, 머리가 터질 지경이야.

(음악)

넷

상실자 : 남들은 주변의 명문고들 말고 왜 하필 새로 생긴 고등학교에 걸렸냐고 한탄한다. 하지만 나는 좋다. 남녀 공학이니까. 이젠 중학교 때처럼 하루에 한번씩은 깨진 유리창을 보지 않아도 될 것이었다.
　공부를 열심히 해야 된다는 압력이 서서히 느껴지기 시작한다. 지금은 성적이 형편없이 떨어져 가고 있다. 하지만, '내가 일단 공부 시작하면 정말 잘할 거다.'
　아휴! 쉽지 않은 일이군, 역시. 1학년 2학기 중반에 와서부터 나는 쉬는 시간, 점심 시간에도 공부를 해대었다. 수업 시간보다도 쉬는 시간에 공부가 더 잘 되는 이유는 무얼까? 주변에서 반 애들이 마구 떠들어댄다. 얍! 드디어 3번 문제를 풀었다.
살풀이 : 넌 왜 이렇게 노는 것만 좋아하냐? 실속 좀 차려. 실속 좀. 영어 학원 다닐 꺼야, 안 다닐 꺼야? 일찍일찍 다녀.
도착중 : 이제는 나는 입맞춤이 어떤 것인지
　　넘쳐흐를 정도로 많이 알고 있다.
　　그래서 나는 가벼운 마음으로 입을 맞춘다.
　　믿음도 없이 넘쳐흐르게 많은 입맞춤을.
여행자 : 아니지……내가 왜 여길 왔는데……? 난 전의 그 지긋지긋한 생활의 일점도 가지고 있고 싶진 않아. 내가 이 나이 되도록 집에 일찍 와라, 밥은 꼭 집에서 먹어야 한다, 걔는 내 맘에 안든다……. 그래! 그래! 맞는 말이지. 다 맞아……. 하지만 꼭 그런 식으로 딱딱 가로막아야 하냐구……. 그럼 도대체 어디로 가란 말이야! 그럴 때 난 내 존재

의 참을 수 없는 무거움을 느낀다구. 그래서 내가 여기까지 오게 됐잖
아. 어쨌든 빠리는 서울이랑 너무 비슷해서 싫어.
광신자 : 주 예수님을 영접하십시오. 어리석은 죄인들이여, 이 세상의 종말
이 멀지 않았습니다. 1992년에 예수님은 재림하십니다. 회개하십시오.
오 할렐루야……!
입동동 : 존경하는 사람이 있느냐구요? 존경? 그건 참 우스운 거죠. 링컨?
간디? 그 사람들의 무엇을 존경하죠? 하긴 그 사람들은 좀 유명하긴
하지요. 그치만 그건 단지 우리와 약간 다르다는 것뿐이예요. 아니, 사
람들이야 다 다른 거 아닌가요? 똑같은 사람이 어디 있어요? 누구에게
나 다 좋은 점 나쁜 점이 있는 거잖아요? 그 사람들은 나쁜 짓 한 번
도 안하고 살았겠어요? 중요한 건, 남들을 존경하는 게 아니라 오히려
자기 자신에 대한 믿음이라고 생각해요. 제멋에 사는 거죠.
엿가락 : 뭐 할 것 없나? 심심해…….
펑크 : 밝힘도 가림도 다름도 같음도 바깥도 속도
자기도 타인도 꿈도 모순도 지킬까 부술까

다섯

상실자 : 1학년 때 열심히 해봐야 성적이 안 올랐다. 그런데 2학년 올라와
서 첫 시험에 1등이랜다. 엥? 이게 어떻게 된 일이지?
　집에 와서 그애의 그림을 그렸다. 2절지 도화지에 말이다. 정말 닮았
다. 그애에 관해서 자세히 알고 싶지 않다. 그렇게 되면 나의 환상이
깨어질 것이기 때문이다. 환상이 깨어지면, 나는 무엇에게서 이 힘든
공부를 해 나갈 수 있는 힘을 얻을 수 있지?
　교단에 올라가고 싶다. 그런데 시상식 때마다 비가 내린다. 미뤄지거
나 실내에서 해 버린다. 교단에 올라가고 싶다. 성적은 내가 얼마나 그
애를 좋아하느냐의 척도다.
살풀이 : 전철 칸에서 여자 더듬는 놈들은 다 손모가지를 짤라 버려야 돼.
도착중 : 하얀 어깨, 사랑스런 젖가슴!

내 심장은 놀람으로 떨린다.
이제 그녀들은 웃으면서 침대에 몸을 던지고
담요로 몸을 감싼다.

여행자 : 여기가 어디냐구? 정열의 나라 스페인! 우루사를 먹어야 살아남을 수 있다나? 여긴 여자들이 너무 멋있어. 전부 다들 카르멘같이 생겼어. 으~ 쪽 팔려서 고개를 못 들겠네……. 근데 누가 계속 쫓아와……앗! 레이몽이잖아? 그놈 떼어낼려구 빠리서 날아왔는데……. 바르셀로나행 비행기 표를 고게 본 것 같드라고……. 동양적인 분위기에 뿅 간다나. 난 코쟁이는 사귈 맘 읎는디……. 어떻게 떼어내지? 한국 남자나 프랑스 남자나, 잘생기건 못났건 왜 이렇게 질기지?

광신자 : 불교, 우상, 미신, 절대로 안돼! 아직도 그런 걸 믿는단 말입니까? 신은 하나님 그분 한 분뿐입니다. 오 하나님 아버지시여, 이 불쌍한 죄인들을 구해 주소서.

입동동 : 사랑을 해 봤냐구요? 네 해봤어요. 사랑이란 거야 뭐 대충 여자하고 만나서 수다나 떨다가 서로 맘에 들면 여관 가고……대충 그런 거 아닙니까? 네? 아니라구요? 사랑이란 무엇보다도 지순하고 온유하며 아름다운 인간의 감정의 결정체라구요? 쯧쯧……그렇게 뜬구름만 잡다가 뭘하겠다는 거예요? 그럼 신하고 사랑하지 그래요? 그런 건 어디에도 없어요. 우리가 볼 수 있는 사랑이란 단순히 섹스에 덮어 씌운 포장지 정도일 뿐이예요. 그런 거 골치 아프게 생각해 봤자, 골치만 아프죠.

엿가락 : 내일은 뭐 할까?

자루들이 부스럭거린다.

펑크 : '이다' '아니다'
　　　이다는 아니다 이다는 아니다 없이는 아니다
　　　아니다는 이다 없이는 아니다
　　　나는 아니다 너는 이다
　　　나는 너이다 없이는 아니다

여섯

상실자 : 대학에 온 지도 2년이나 되었다.
　　　난 이제 더 이상 나를 견딜 수 없다. 사람들만 보면 움츠러드는 나를 참을 수 없다. 나는 속이 좁다. 나는 열등감에 사로잡혀 있다. 나는 아무도 사랑하지 못한다. 다만 나는 숭배만을 할 수 있다. 아악~
　　　휴~ 다행이야. 다음 주에 시험이니까. 시험이 되면 내가 어떻게 되는 줄 알아? 막 힘이 펄펄 솟는다구. 그리고는 모든 고민들을 잊어버리지. 뭐? 그거 좋은 거 아니냐구? 그래. 그럴지도 모르지. 이번 학기도 4.0을 넘을 수 있을까?
살풀이 : 난 날 사랑할 수 없어. 난 내가 너무 징그러워. 난 뿔이 달렸어. 가시두 돋아났구, 그걸루 사람들을 막 찔러. 더 끔직한 게 뭔 줄 알아? 나한테선 악취가 나.
도착중 : 나는 낮 동안에는 불쌍한 유령이랍니다,
　　　내 삶은 밤에 깨어나지요.
　　　밤이 되면 난 내 아름다운 여인을 꿈꿉니다.
　　　그녀는 내 곁에 앉아 웃지요.
여행자 : 역시 모든 길은 로마로 통한댔어. 난 놀랄 수밖에 없어. 로마는 환상적이야! 저 아름다운 트래비 분수……. 난 다시 올 수 있겠군(10원을 꺼내어 던진다). 이 계단은 오드리 헵번이 걸어 내려가던 계단……. 걸어 보니 확실히 느낌이 달라. 장미를 사라는군. 으악 5천원! 그래 한 송이 사지. 이그 사기꾼들……. 이태리 놈들이 한국 사람이랑 비슷하다구? 그래 놀긴 좋아 하더라. 날도둑놈에 남의 물건은 다 지껜 줄 알구. 이태리는 좋지만 이 시실리안들은 신물 나……. 어멋! 내 지갑! 꺅, 내 돈!
광신자 : 오! 주여…….
　　　1992년 10월 휴~~~~~~거~~~~~~
　　　1992년 10월 휴~~~~~~거~~~~~~
　　　1992년 10월 휴~~~~~~거~~~~~~
입동동 : 그럼 왜 사느냐구요? 글쎄요? 어쩌다 태어났고, 죽는 건 고통스러우니까 그냥 사는 거겠죠. 아니 아니, 왜 살다니? 그럼 당신은 왜 살

아? 왜 살다니, 당신 나한테 욕하는 거야? 당신은 살면 얼마나 산다고 그래? 어차피 누구나 사는 동안 신나게 놀다 죽을 때 되면 죽는거지 뭐. 뭐요? 그렇게 살아서 뭐하냐구? 지금 당신 나한테 설교하는 거야? 하긴 뭘해? 당신은 뭘 하기 위해서 살아? 그것 참 골치 아픈 인생이네. 그게 어쨌든 간에 나는 살아 있잖아? 난 살아 있어! 살아 있다구!
엿가락 : 막연한 분주함. 떠나고 싶은 생각들. 급히 사그러져 버리는 자잘한 기쁨들. 불길한 꿈에 시달리면서도 깨지 못하는 잠. 무책임한 불안함들. 그냥 설레이고, 막연하게 기다리고, 그리고 실망하고……. 가슴이 답답해. 노래를 하고 싶어.

조명 어두워지고 사이키, 음악 깔리면서 자루들 부스럭거리기 시작. 결국 하나 둘씩 자루를 벗고 나온다. 춤.

바바라 크루거, 「무제(우리는 움직이지 말라는 명령을 받아 왔었다)」, 183×122cm, 1982.

다시 읽는 글

버지니아 울프의 「자기만의 방」

한정아*

시작하는 글

나는 버지니아 울프를 읽습니다. 놀라운 일이군요. 그는 내가 태어나기도 전에 죽었는데 어떻게 나는 그와 만난 적이 있는 듯 느끼고 있을까요? 내 할머니보다 일찍 태어난 여자. 여성주의자이면서 자신은 여자임을 잊고 산 그의 마음을 나는 지금 읽습니다.

이제 우리가 읽는 책은 이미애가 1990년에 옮기고 도서출판 예문에서 출간한 판입니다. 말을 좀 고쳤습니다. 시대가 바뀌면 말도 많이 바뀌니까요.

울프는 1882년에 태어났고, 지적인 분위기의 가정에서 글쓰는 것을 장려하는 부모 아래서 자랐습니다. 정규교육 과정을 거치지 않고, 아니, 정규교육 과정을 거치지 않았기에 더욱 풍성한 문학 교육을 받으면서 자라서—비록 자신은 오빠처럼 캠브릿지 대학에 다니지 못한 것에 대해 항상 불만스러워 했지만—자연스럽게 뛰어난 작가가 된 여성이라 할 수 있겠지요. 그는 젊은 시절에 런던 시내 주택가에서 출판인인 남편과 화가인 언니와 평론가인 형부, 경제학자 케인즈, 작가 포스터와 스트레이치 등 많은 지성인들과 모여 살았는데 이들이 바로 당대의 인습을 거부하고 자유로운 생활과

---

* 자유기고가, 네 명의 아이 중에 셋째로 태어나 집안에서 어릴 때부터 남녀평등 의식을 키워 왔다.

독창적인 지적 활동으로 주목을 받은 「블룸즈베리 그룹」입니다.[1]

울프는 아홉 살 때부터 가족신문을 편집하고 작품을 쓸 정도로 글과는 친숙한 삶을 살아 왔습니다. 자신이 가장 존경하고 사랑해 마지않던 어머니가 돌아가신 열세 살 때부터 정신분열증적 증세를 보여 왔다지요. 하여간 범상한 사람은 아니었던 것 같습니다. 서른한 살에 본격적인 작품『출범』을 탈고했고 그 이후 거의 매년 중요한 저작들을 세상에 내놓습니다. 울프가 서른 살에 결혼한 이들 부부는 새로운 문화 비평과 출판 활동을 벌여 온 동지로서 죽을 때까지 서로 매우 가까왔다 하지요. 1940년, 유럽에 다시 전쟁이 일기 시작하자 이들은 전쟁이 악화될 경우 같이 자살을 하기로 결정하고 버지니아의 동생에게서 치사량의 모르핀을 얻어 두기도 했다는 에피소드는 흥미로운 부분입니다. 그들의 삶과 죽음에 대한 생각을 알게 하는 단서이기도 하고요. 하여간 다음해 울프는 환청이 시작되고 집중하기 어렵게 되기 시작한다면서 혼자 자살합니다. 그의 나이 예순하나가 되던 1941년 태연하게 집 근처 강에 몸을 던짐으로써 그는 자신이 태어난 영국 땅을 떠납니다.[2]

그의 죽음을 놓고 비극적이니 불운이니 하고들 말하지만 저는 그렇게 생각지 않습니다. 아래의 글에서도 느낄 수 있듯이 그는 아주 자신만만하게 온전한 삶을 살다 간 드물게 행복한 여성이었다는 생각을 합니다. 죽음에 대해서도 그렇지요. 평론가 롤랭은 "헤아릴 수 없는 평안함을 주지만 가까스로 납득될 뿐인 죽음이라는 휴식의 원리를 한번 그 자체가 가진 순수함, 산뜻함만을 위해 되돌려줄 것"이라는 말로 그의 죽음을 요약합니다. 평범하지 않은 삶은 곧 '비극적'이고 '불운한' 삶이라고 구태여 고집하고 싶

---

1) 버지니아 울프의 삶에 대해서는 서지문, 1992, 「버지니아 울프의 문학적 연대기」 『외국문학』 여름호, 306-323쪽 참고할 것.
2) 평론가 도미니크 롤랭은 버지니아 울프의 『제이콥의 방』에 대한 평론에서 "살려는 욕망과 그 반대편에 감추어진 죽음의 유혹이라는 이중적 흐름을 그렇게 확실한 의식을 가지고 결합할 수 있었던 작가를 나는 본 일이 없다"(330쪽)고 쓰고 있다. 울프에게 인생에서 가장 큰 숙제 중 하나는 "평온하게 안심하고 죽음과 사귀는 것"이었다는 것이며, 우리는 울프의 삶을 이해하기 위해서는 그의 죽음을 대하는 태도 역시 이해해야 할 것이다. 『외국문학』 1992 여름호.

으시다면 할말은 없습니다만, 그의 글에서도 엿볼 수 있듯이 그는 살아가면서 자기가 하고 싶은 일을 하였고, 하고 싶은 말을 하였으며, 그래서 드물게도 원혼을 남기지 않고 자신의 의지대로 지구라는 땅을 떠난 여자 중에 하나라는 생각을 나는 합니다.

이 책은 여성의 가난과 글쓰기에 대한 책입니다. 그는 17세기 귀족 신분의 여성 작가로부터 우리가 잘 알고 있는 샬롯트 브론테나 제인 오스틴과 같은 근대 작가에 이르기까지 '자기'이기를 포기하지 않았던 여성 문인들의 글쓰기 행로를 추적하면서 여성과 창작 활동의 상관 관계에 대해 이야기하고 있습니다. 앞으로 작가가 될 후배 여성들이 역사 속에서 자기를 제대로 찾아가고 표현해 내는 데 도움을 주기 위해서이지요. 주제는 크게 세 가지로 나눌 수 있는데 하나는 문학사에서 제외되거나 아예 글을 쓸 수 없었던 불행한 여성들, 울프의 표현을 빌면 '셰익스피어의 누이들'에 관한 것입니다. 여성이 창조적이고자 하는 것을 적극 억압하는 조건에 대한 이야기이기도 하지요. 두번째는 글을 쓰려는 여자가 확보해야 할 조건, '자기만의 방'에 대한 이야기이고 세번째는 기존의 문체와 문학사를 뒤엎는 새로운 독서 공간, 그리고 글쓰기 공간을 만들어 내는 것에 대해 말합니다. 이 책의 제목은 『자기만의 방』, 저자가 마흔일곱 살 때(1929년) 캠브릿지 대학 안에 있는 두 개의 여자대학에서 한 강연을 한데 묶은 것입니다.

1. 초기의 소설 쓰는 여자들 : 16세기에서 19세기까지

이 책에서 울프는 셰익스피어에게 그에 못지않는 재능을 가진 누이가 있었다면 어떻게 되었을지 상상해 보라면서 화두를 던집니다. 그녀의 쥬디스라는 이름은 역사에 길이 남은 시인 명부에 올라 있을까요? 아니겠지요. 강한 호기심과 끊임없이 솟아나는 창조적 에너지를 주체하기 힘들어 하던 그는 분명히 숨막히는 시골집을 도망쳐 나와서 자유로운 공간을 찾아 나섰을 것이고, 마침내 쥬디스는 런던에 도착했을 것이라고 울프는 말합니다. 그는 배우가 되거나 극작가가 되겠다고 런던에서 영향력 있는 작가나 무대감독을 만나려 애를 썼을 것이나 그에게 돌아오는 것은 비웃음과 조롱이었을 것입니다. 그러는 과정에서 쥬디스는 서서히 절망해 가지요. 이럴 때는 예외 없이 친절한 남자가 나타나지 않습니까? 재능을 꽃피울 수 있도록 밀어 주겠다는 어느 신사―무대감독일 수도 있고 극작가일 수도 있고 배우일 수도 있는―를 만났을 것이고 그에 의해 임신을 하게 됩니다. 결국 모든 게 엉망으로 뒤엉켜서 어느 겨울 밤 쥬디스는 스스로 목숨을 끊고 말았다는 것입니다. 멜로드라마처럼만 들립니까? 과연 그럴까요? 하여간 젊어서 죽었고 슬프게도 글 한 줄 쓰지 못하고 이 땅을 하직한 그녀는 지금 런던 동물원 버스 정류장 교차로 어딘가에 묻혀 있을 거라는군요 (본문 77쪽).

"슬프게도! 펜을 드는 여성은
주제넘은 동물로 간주되어
어떤 미덕으로도 그 결함은 보충되지 못한다.
우리가 우리의 성과 방식을 착각하고 있다고?
교양, 유행, 사교춤, 옷치장, 카드놀이
이것이 바로 여자가 추구해야 할 소양이라고?
쓰고 읽고 생각하고 탐구하는 것은
우리의 아름다움을 흐리게 하고 시간을 낭비케 하며
전성기에 있는 남성적 정복사업을 방해한다고?
지루하고 굴욕적인 집안살림이
우리의 최고 기술이자 존재 이유라고?
끊임없이 주장하고 있는 자는 누구"(96쪽)

1661년에 태어난 레이디 윈칠시어의 시입니다.

"여성은 박쥐나 올빼미같이 장님으로 살고 짐승들처럼 노동하며 벌레같이 죽는다……"(99쪽)

동시대인인 마가레트 공작 부인이 쓴 구절이랍니다.
영국에서 17세기에 글을 쓴 여성들은 모두 귀족 신분이었다고 합니다. 그들은 '여자'인 주제에 감히 '끄적거리는 데에 참을 수 없는 욕망'을 가진 죄로 놀림을 받았다지요. '블루 스타킹'이라는 조소 어린 별명으로 불리

왔다고 합니다. '글쓰는 여자' 뒤에는 늘 수상스러운 공론이 따랐고, 그런 어려운 상황에서 글을 쓸 수밖에 없었던 여성들은 결국 자신들이 처한 상황에 분개하면서 우울증 환자가 되거나 반미치광이가 되었다는군요. 그들의 능력은 열악한 조건 아래에서 "잡초들로 무성하고 가시나무들로 뒤덮일 수밖에 없었다"고 울프는 표현하고 있습니다.

글쓰는 여자에 대한 뒷공론은 남자들만 하는 것은 아니었습니다. 많은 여자들도 적극적으로 그 대열에 끼어서 '글쓰는 여자'를 비방했지요. 공작부인의 책에 대해 언급한, 도로시 오스본이라는 여성이 약혼자에게 보낸 편지를 읽어 봅시다.

"그 불쌍한 여자는 분명 정신이 나갔나 봐요. 그렇지 않다면 책을 쓰려고, 그것도 운문으로 쓸 생각을 감히 했겠어요? 설령 두 주일 동안 잠을 못 잤다 하더라도 나는 그렇게 되지는 않을텐데요."(100쪽)

'양식이 있고 정숙한' 도로시는 그래서 '아무것'도 쓰지 않았다고 합니다. 아버지 병상 곁에서, 또는 남자들이 대화를 나누는 동안 난롯가에서 그들을 방해하지 않고 쓸 수 있는 편지글이나 썼다나요? 그런데 흥미롭게도 도로시라는 이 글재주 있는 여자는 그저 편지나 썼는데 그 편지들이 후에 조카들에 의해 출간되어 그만 그녀 역시 책을 쓴 '좀 어떻게 된' 여자가 되어버리고 말았지요.

울프는 18세기말경에 영국의 여성사에 커다란 변화가 일어났음을 지적합니다. 자신이 역사를 다시 쓴다면 십자군 전쟁이나 장미 전쟁보다 더 중요하게 다룰 사건이라는군요. 그것은 바로 중산층 여성들이 글을 쓰기 시작한 것이랍니다. 시골 저택에서 한가롭게 살던 귀족들만이 아니라 일반 여성들이 다투어 글쓰기를 시작했다는 것입니다.

그러나 19세기까지도 상황은 크게 달라지지 않았다고 울프는 말합니다.

"16세기 런던에서 자유로운 생활을 한다는 것은 시인이나 극작가인 여성에게는 극도의 긴장과 갈등을 의미했을 것이고 그 때문에 그녀는 당연히 죽을 수밖에 없었을 것입니다. 만일 살아 남았더라도 그녀가 쓴 것은 팽팽한 긴장과 병적인 상상력 속에 쓰여졌기에 비틀거리는 불구의 모습으로 남아 있을 겁니다. 그리고 그녀의 작품은 의심할 바 없이 서명도 없이 출간되었겠지요……. 그것은 19세기까지도 여성에게 익명이기를 요구한 가부장제 사회의 유산이지요. 커러 벨(샬롯트 브론테의 필명, 남자의 이름), 조지 엘리엇, 죠르쥬 상드, 이들은 모두 남성의 이름을 사용함으로써 자신을 베일로 가리려 애썼습니다."(80쪽)

이것은 비단 문학에만 국한된 상황이 아니었습니다. 다른 창조적 영역 모두에 해당되는 것이었지요.
"선생, 여자가 작곡하는 것은 뒷다리로 걸어 다니는 개와 마찬가지로 보입니다. 그것은 잘되지도 않겠지만 어쨌든 그런 일이 벌어진다는 사실이 놀라울 뿐입니다." 1928년에 음악을 작곡하려는 여성에 대해 권위 있는 남성음악가가 언급한 말이라는군요.(86쪽) 창조적이고자 하는 여성들을 심히 위축시켜 온 그 분위기가 그리 낯설게 느껴지지 않습니다.
물론 남성 문학인들도 그 시대에는 살기 힘들었다고 합니다. 자기 표현의 몸짓은 그만큼 힘든 것이었으니까요. 그러나 그런 가운데서도 남녀 차이는 매우 분명했습니다. 울프는 그 점을 다음과 같이 지적해 냅니다. "키이츠와 플로베르와 그 밖의 천재적인 남성들이 견디기 몹시 힘들어 했던 세상의 무관심이 그녀에게는 무관심 정도가 아니라 적대감이었습니다. 세상은 남자들에게 말했듯이 '네가 원한다면 써라. 내게는 아무 상관도 없으니까' 하고 말하지 않습니다. 세상은 너털웃음을 터뜨리며 '글을 쓴다고? 네가 글을 쓰는 것이 무슨 소용이란 말이냐?' 하고 말하지요."(83쪽) 여성해방에 대한 남성들의 저항의 역사는 여성해방 그 자체의 역사보다 더 흥미롭다는 울프의 빈정거림이 마음에 와 닿는군요.

"19세기에도 여성은 예술가로서 고무되지 못했음이 명백합니다. 그는 여전히 냉대받고 조롱을 당하며 끝없는 설교와 훈계를 들었습니다. 그녀의 마음은 이런 비난에 항의하고 저런 설교에 저항하느라고 지나치게 긴장되고 위축되어 있었을 겁니다."(86쪽)

정치에 관심을 가진 소수의 여성들 역시 심한 위축 상태에 있었다고 합니다. 레이디 베스버로우라는 이름의 한 격정적 '여성 정치인'이 어느 세력있는 남성 정치가에게 보낸 편지를 읽어 봅시다. "······정치에 대한 격렬한 열정을 가지고 있는 저 자신이지만 저는 어떤 여성도 자기 견해를 제시하는 선을 넘어서 심각한 사안들에 간섭하고 참견할 권리가 없다는 당신의 견해에 전적으로 동의합니다."(87쪽)

극도로 눈치를 살필 수밖에 없었기에 레이디 베스버로우는 이런 식으로 자신이 기존의 정치계에 위협적 존재가 될 의사가 없음을 천명합니다. 그리고는 큰 방해를 받지 않을 수 있는 영역을 찾아서 거기에만 몰두했었다고 합니다. 대처 수상은 이 여성의 정신을 현대적 상황에서 살려낸 인물일 거라는 생각이 언뜻 스쳐 지나갑니다. 하여간 기업계건, 예술계건, 학계건 예외 없이 나타나는 현상이 아닌가요?

2. 자기만의 방과 연간 오백 파운드의 고정 수입

18, 9세기에 본격적으로 진행된 산업자본주의화로 인해 중산시민 계급이 생겨났고 문학은 시민사회를 만들어 가는 주요 매개물로 등장합니다. 근대적 도덕성과 개인성을 추구하는 도시인 중산층 시민문화는 인간의 심리 내면으로 깊이 침투할 수 있는 '소설'이라는 문학 형태를 탄생시켰지요. 남성만이 아니라 여성 작가들도 속출하였답니다.[3] 대부분이 갑자기 과부가 되어서 스스로 생계를 꾸려 가야 하거나 하는 급박한 사정에서 온갖 흥미 위주의 글을 써야 했다지요. 여자들도 남자들처럼 글을 써서 생계를 유지하고 돈을 벌 수 있게 된 것이지요. 창의적이고 자기 표현의 욕구가 강한 여성에게 글쓰는 일이 하나의 유력한 직업으로 부상을 한 것입니다.

부지런히 글을 쓴 이들은 대부분 이름없이 죽어갔습니다. 그러나 이름없이 죽어간 이들 선두 주자들이 없었다면 『제인 에어』나 『오만과 편견』, 그

---

3) 영국의 당시 상황과 여성 문인에 대한 자세한 논문으로 서지문의 「영문학에 있어서의 페미니즘의 흐름」(1987, 또 하나의 문화 동인지 3호 『여성해방문학』 평민사)을 참고할 것.

리고 『폭풍의 언덕』과 같은 명작은 나올 수 없었을 것이라고 울프는 말하고 있습니다.[4] 선배 여성 작가들의 노고를 인정하고 여성의 글쓰기 역사를 중시하는 면에서 울프의 여성주의적 지향성을 읽습니다. 여기서 울프는 여성 작가들이 처한 조건, 특히 물질적인 곤경에 대해 강조를 하고 있습니다. 우선 여성이 작가가 되기 위해서는 자유롭게 자신의 생각을 펼쳐 나갈 수 있는 「자기만의 방」과 연간 '오백 파운드'의 고정수입이 있어야 한다는 점에 주목하라고 일러주지요.

"나이팅게일이 격렬하게 불만을 토로했듯이—'여성은 자기만의 것이라 부를 수 있는 시간을 삼십 분도 갖지 못한다'—여성은 항상 방해만 받았지요. 그곳에서 시나 희곡을 쓰는 것보다는 산문이나 픽션을 쓰는 것이 더 쉬웠을 겁니다. 집중력이 덜 요구되니까요."(106쪽)

제인 오스틴은 자기 생애 마지막 날까지 방해받는 상황에서 글을 썼다고 그의 조카가 회상록에 쓰고 있다고 합니다.

"어떻게 그녀가 이 모든 것을 이루어낼 수 있었는지는 놀라운 일이다. 왜냐하면 그녀에게는 서재가 없었다. 그녀의 대부분 작품은 온갖 종류의 일상적인 방해를 받으며 공동의 방에서 쓰여졌으며 그녀는 자신이 하고 있는 일이 남에게 알려지지 않도록 극히 조심했다."(106쪽)

제인 오스틴은 자신이 글을 쓰고 있다는 사실을 드러내지 않으려고 손님이 오면 원고를 덮어 놓곤 했다고 합니다. 만일 제인 오스틴이 방문객들로부터 원고를 숨길 필요가 없었다면 『오만과 편견』이 더 훌륭한 작품이 되었을까요? 이 문제를 한번 생각해 보자고 울프는 권합니다.

다행히 제인 오스틴의 작품에서는 그런 흔적을 찾을 수 없다고 울프는 말합니다. 그전 세대의 글에서 읽혀지는 증오나 쓰라림, 두려움이 그녀의

---

4) 제인 오스틴, 샬롯 브론테, 조지 엘리엇 등 유명한 영국 여성 작가에 관해서 역시 위의 주에 쓴 서지문(1987)의 글을 참고할 것.

글에는 나타나 있지 않다는 것이지요. 이런 점에서 울프의 글 읽기는 편협하거나 교조적이지 않음을 또한 알게 됩니다. 울프는 오스틴이 한번도 버스를 타고 런던 시내를 다닌 적이 없고 식당에서 혼자 점심을 사먹은 적도 없었지만, 제인은 자신의 경험을 한정시키는 조건에 대해 불만을 가지기보다 주어진 상황 아래서 뛰어난 작품을 썼다고 평합니다. 당시 상황에서 여성이 받을 수 있는 문학적 훈련은 성격 관찰과 감정 분석의 차원에서 이루어지는 것임을 울프는 알아냅니다. 공동의 방에 뒤엉켜 살면서 얻게 된 통찰력이 오스틴의 창작적 감수성의 바탕이 되었다는 것이지요. 사람들의 일상적 삶이 그녀에게 많은 인상을 남겼고, 눈앞에서 펼쳐지는 갖가지 형태의 인간관계가 항상 작품의 소재로 그녀에 의해 되살려질 수 있었다는 것이지요. 제인 오스틴의 경우는 자신의 상황과 재능이 서로 잘 부합된 경우라고 울프는 결론을 내립니다.

나는 박완서의 작품을 읽으면서 비슷한 생각을 한 적이 있습니다. 일찍 혼자 되었던, 그래서 자기만의 방을 가질 가능성이 많았을 박경리와는 좀 달리 읽히는 작품이지요. 자기만의 방이 없어도 좋은 소설을 썼던 제인 오스틴처럼 박완서도 공동의 방에 머물면서 얻게 된 감수성으로 증오나 쓰라림, 그리고 경직됨이 드러나지 않는 글을 써 오고 있다는 생각을 했습니다.

그러나 모든 여성 작가가 오스틴이나 박완서처럼 현명하고 적응력 있는 성향의 소유자는 아닙니다. 샬롯트 브론테는 제인 오스틴과 같은 시대를 살았지만 집에만 머물기에는 너무나 활기찬 정신을 가졌다고 울프는 말합니다. 샬롯트 브론테에게 여행을 자유롭게 할 수 있었다면 어떤 일이 일어났을지 상상해 보라고 합니다. 만일 그녀가 그 당시 분주한 세계의 도시들, 활기로 가득 찬 여러 곳을 실제로 다니면서 경험을 할 수 있었더라면, 그리고 자기와 같은 부류의 친구들과 만날 수 있었더라면 어떤 일이 벌어졌을지 묻고 있습니다. 잉글랜드 중부의 어느 외딴 목사관에서 홀로 들판을 쳐다보기만 하기보다 더 많은 교제와 여행을 할 수 있었다면 그녀의 재능은 얼마나 큰 덕을 입었을지 상상을 해보라는 것이지요 (110-111쪽).

19세기 이후 많은 여성 작가들이 등장하였고 그들이 가진 작가로서의 자기 인식은 약간씩 달랐다고 울프는 말합니다. 자신을 '단지 여자'일 뿐이라고 생각하고 글을 쓴 작가가 있는가 하면 자신도 '남자만큼 훌륭하다'고 목소리를 높인 작가도 있었다고 합니다. 각자 자신의 기질이 명하는 대로 유순하고 소심하게 비껴 나가는 이도 있었고, 분개 어린 역설로 사회적 압력과 비판에 대처하고 반항해 간 이도 있었던 것입니다. 이들의 작품은 영양분을 한껏 섭취하지 않아 설익은 것이 대부분이었겠지요. 울프의 표현을 빌면 "홈집이 있는 과수원의 작은 사과들" 같은 이 작품들은 지금 런던의 고서점에 산재해 있다는군요. 여성 작가의 작품이 가진 홈집은 다른 사람들의 의견에 굴종해 자신의 가치를 변경시킨 홈집이라고 울프는 말하고 있습니다. 엄격한 가부장제 사회에서 여성이 자신이 본 그대로의 사물을 왜곡시키지 않고 그려 낸다는 것은 대단한 재능과 용기와 성실성을 요구하는 일임을 울프는 지적하고 있습니다.

울프는 제인 오스틴과 에밀리 브론테가 그 용기 있는 일을 해냈다고 쓰고 있는데, 그것은 그들이 당시 현학가들의 끊임없는 충고——이렇게 써라, 저렇게 생각하라——를 완전히 무시할 수 있었기 때문이라고 말하고 있습니다. 선심을 쓰는 척, 위로하는 척하면서 수시로 권력을 휘두르는 목소리들, 아버지 같은 목소리로 때로는 애인 같은 목소리로 때로는 양심적인 가정교사나 후원자 같은 목소리로, 글을 쓰려는 여자를 결코 홀로 내버려 두지 않는 그 무수한 소리에 귀를 기울이지 않았기 때문이라고 합니다. 이들이 홈집을 가지지 않은 것은 '남자'처럼 쓰지 않고 '여자'가 쓰듯 썼기 때문이라는 것이지요(116- 117쪽).

3. 근대적 주체, 남성적 글쓰기

울프는 여기서 남성들에 대해서, 특히 그들이 그 동안 외쳐 온 계몽주의적 언행에 대해 말하고 있습니다. 1930년대에 그는 이미 근대의 몰락을 보고 있었습니다. 그 동안 서구의 남성들이 해온 제국주의적 지배, '유일하고 총체적인 자아'로 군림하며 주변의 모든 사람들을 대변해 왔던, 그래서 다수를 끊임없이 타자화시켜 온 문명을 날카롭게 비판하고 있습니다. 울프의 '근대적 주체'에 대한 비판은 가히 천재적입니다. 여성이기에 내다볼 수 있는 혜안이랄까요? 한 남성 소설가 A씨의 글을 읽으면서 중얼거리는 울프의 말을 길지만 인용해 보겠습니다.

"남성의 글을 다시 읽는 것은 정말 즐거웠습니다. 여성들의 글을 읽은 후에 읽어 본 남성의 글은 아주 직선적이고 대단히 솔직하게 느껴졌어요. 그것은 마음의 자유와 생활에서의 자유분방함, 자기 자신에 대한 대단한 자신감을 말하는 것입니다. 한번도 방해받거나 저지된 적이 없으며, 태어날 때부터 내키는 대로 어느 방향이건 뻗어 나갈 수 있는 완전한 권리를 누려 온 자유로운 마음, 영양분이 풍부하게 공급되었고 훌륭한 교육을 받아 온 이 마음을 읽으면서 나는 물질적인 풍요를 느꼈습니다. 이 모든 것은 경탄스러웠지요.

그러나 한두 장을 읽고 나니 어떤 그림자가 책 위에 드리워지는 것을 느꼈습니다. 그것은 곧고 검은 막대로 'I(나)'처럼 생긴 글자 모양의 그림자였어요. 나는 그 그림자 뒤를 보려고 이쪽 저쪽으로 몸을 비켜 보았지만 그 이면의 그림이 나무 한 그루인지 어떤 여자가 걸어오는 것인지 잘 알 수 없었어요. 다시 보아도 계속 'I'라는 글자가 나를 맞이했습니다. 결국 나는 'I'에 싫증이 나기 시작했습니다. 이 'I'가 가장 존경할 만한 'I'이고 정직하고 논리적이며 몇 세기 동안의 훌륭한 교육과 영양 공급을 받아 품위 있게 영글은 어떤 것임을 부정하는 것은 아닙니다. 나는 그 'I'를 존경하고 경탄합니다.

그러나 곤혹스러운 것은 그 'I'라는 글자의 그림자 속에서는 모든 것이 안개처럼 없어진다는 것입니다. 그건 나무일까요? 아니, 그건 여자이군요.

그러나……피비——이 소설의 주인공 여자——가 해변을 가로질러 오는 것을 지켜보며 나는 그녀의 몸에 뼈가 하나도 없다고 생각했습니다. 그때 앨런—남자 주인공—이 일어났고 즉시 앨런의 그림자가 피비를 지워 버렸습니다. 왜냐하면 앨런은 자기의 견해가 있었고 피비는 그의 견해의 홍수 속에 잠겨버렸기 때문입니다. 나는 앨런이 정열을 가지고 있다고 생각했지요. 여기서 위기가 다가오고 있다고 느끼면서 페이지를 매우 빨리 넘겼습니다. 사실이 그러했지요. 그것은 한낮의 해변에서 일어난 일이었습니다. 그 일은 대단히 공공연히, 대단히 정열적으로 일어났지요. 그 이상 외설적인 장면은 없었을 겁니다.

그러나 ……나는 '그러나'를 너무 자주 썼군요. 계속해서 '그러나'라고 말할 수는 없는 일이지요. 하여튼 이 문장을 끝내야 한다고 나는 스스로를 꾸짖었습니다. '그러나—나는 지루해졌다!'라고 그것을 끝낼까요? 그러나 내가 왜 지루해졌을까요? 부분적으로는, 'I'라는 글자의 지배력과 거대한 너도밤나무 같은 그 글자가 그늘 아래 드리워 놓은 황폐함 때문이겠지요. 그곳에서는 아무것도

자랄 수 없을 테니까요."(156 -157쪽)

울프는 계속해서 암시를 던집니다.

"대낮처럼 정직하고 태양처럼 논리적이므로 그가 할 수 있는 일은 한 가지밖에 없습니다. 단도직입적으로 말하자면 그는 그 일을 자꾸자꾸 반복합니다. 그리고 그 일은 어쩐지 지루해 보입니다. 셰익스피어의 외설은 우리의 마음 속에 수천 가지 다른 것들을 뿌리째 뒤흔들어 놓기 때문에 결코 지루하지 않습니다. 그러나 셰익스피어는 그 일을 재미삼아 합니다. 그러나 A씨는 고의로 그 일을 합니다. 그는 항의로 그 일을 하는 것이지요. 그는 자신의 우월함을 주장함으로써 다른 성의 평등에 대항하는 것이지요. 그러므로 그는 방해받고 억제되고 자의식적입니다. …… 마음의 두 측면에 관한 이 이론이 유효하다면 근대에 들어와 남성성이 자의식적인 것이 되었다고 결론지을 수 있겠습니다. 다시 말해 현대의 남성은 자기 두뇌의 남성적인 면만으로 글을 쓴다는 것입니다. ……나는 비평가 B씨의 책을 읽으며 생각했지요. 그 논평은 상당히 재능 있고 날카로우며 박식했지요. 그러나 문제는 비평가의 감정이 그 이상 전달되지 않는다는 점이었습니다. 그의 마음은 소리와는 달리 한 방에서 다른 방으로 옮겨 가지 못하고 각각의 방에 단절되어 있는 듯이 보였지요. 그리하여 B씨의 문장 하나를 마음에 떠올릴 때 그것은 바닥으로 쿵 떨어져서—죽어버립니다."(158-159쪽)

울프는 대부분의 남성들의 책은 암시력이 결핍되어 있다고 말하고 있습니다. 그리고 암시력이 결핍된 책은 그것이 마음의 표면에는 세게 부딪칠 수 있을지 몰라도 내면을 꿰뚫을 수는 없다고 합니다. 여성이 아무리 노력한다 해도 대부분의 작품에서 영원한 생명의 샘을 발견할 수 없는 이유는 이러한 작품들이 남성의 가치를 찬미하고 그 가치를 강요하며 그 세계를 묘사할 뿐 아니라 그 책에 스며든 감정이 여성에게는 이해할 수 없는 것이 많기 때문이라고 합니다. "등을 돌린 키플링 시인의 장교들, 씨를 뿌리는 사람들, 혼자 자신의 일을 하는 남자들, 그리고 깃발"—이런 것은 순전히 남자들의 유흥일 뿐이며 여성들은 남자들만의 유흥을 엿보다가 들킨 것처럼 될 뿐이라고 말하고 있습니다.(160쪽)

여자들은 그런 짓을 아예 흉내내지 말라고 울프는 말합니다. 대신 자기 자신이 되는 일에 열중하라고 말하고 있습니다.

"여성들을 대상으로 한 연설에서 결론이란, 여러분도 동의하시겠지만, 특별히 그들을 고귀하게 고양시키는 무엇인가를 가지고 있어야겠지요. 나는 여러분에게 더욱 높고, 더욱 정신적인 임무를 기억하라고 탄원해야 할 것입니다. 또 얼마나 많은 것이 여러분에게 달려 있으며 여러분이 미래에 어떤 영향력을 발휘할 수 있는지 상기시켜 드려야 하겠지요. 그러나 이런 식의 권고는 남성의 몫으로 남겨 두겠습니다. 그들은 내가 구사할 수 있는 것보다 훨씬 유창한 웅변으로 그것을 표현할 것이고 실제로 그렇게 해왔으니까요. 나의 마음 속을 샅샅이 뒤져 보아도 나는 남성의 동료라든가 남성과 대등한 사람이 되고자 하는 감정을 찾을 수 없고 더 높은 목적을 위해 세상에 영향을 주고자 하는 생각도 없습니다. 나는 그저 다른 무엇이 아니라 자기 자신이 되는 것이 훨씬 중요한 일이라고 간결하게, 그리고 평범하게 말하고 싶을 뿐입니다."(171-172쪽)

여성은 자기 자신이 되기만 하면 창작을 하지 않을 수밖에 없게 되는 것이지요.

"이때 여성의 창조력은 남성의 창조력과는 전적으로 다르지요. 여성의 창조력은 몇 세기에 걸쳐 가장 고통스러운 수양에 의해 얻어진 것이고 그것을 대신할 만한 것이 없으므로, 그 창조력이 좌절되거나 소모된다면 천만 번 유감스러운 일일 것이라고 결론지어야 합니다. 여성이 남성과 같은 글을 쓰거나 남성과 같은 생활을 하거나 남성과 같이 보인다면 그것도 천만 번 유감스런 일이지요." (137쪽)

울프의 양성성 논의는 이런 맥락에서 제기된 것입니다. 자, 이제 왜 "누가 버지니아 울프를 두려워 하랴?" 라는 제목의 작품이 나온지를 이해하겠지요?

4. 여자로 글쓰기

울프가 높이 평가하는 여성 문학의 개척자들인 조지 엘리엇, 샬롯트 브론테, 에밀리 브론테와 제인 오스틴, 그리고 울프 자신이 아이를 가진 적이 없다는 사실을 생각해 보고 싶군요. 제대로 창작을 해내는 것과 아이를 갖는 것과는 어떤 상관 관계가 있을까요? 지금 우리 사회에서 글쓰고 싶어하는 여성들은 어떻습니까? 대학을 졸업하자마자 결혼을 하고 결혼을 하고는 얼마 안되어 아이를 낳습니다. 이 '재능 있는' 여학생들은 한창 창조적일 30대 나이에 직장과 가정 사이를 오가며 정신없이 지낸다고 합니다. 이들은 "왜 이렇게 살아야 하지요?"라고 한결같이 반문을 하면서 계속 그렇게 지내고 있습니다. 그들이 자신의 조건을 통제하지 못했기 때문에 글을 쓸 자격이 없다구요? 글을 잘 쓰지 못할 것이라는 공포감에서 결혼도 해버리고 아이를 가진 것이 아니냐구요? 그럴 수도 있을 테지요. 그런데 그 공포는 어디서 오는 것이지요? "네가 글을 쓴다고? 네까짓 게?", "넌 어차피 훌륭한 재목은 아니야, 애나 잘 길러라"라고 사방에서 수군대는 소리가 들리지 않습니까?

그런 가운데서도 울프는 여성들에게 무조건 쓰라고 명합니다.

"나는 여러분에게 아무리 사소하거나 아무리 광범위한 주제라도 망설이지 말고 어떤 종류의 책이라도 쓰라고 권할 것입니다. 무슨 수를 써서라도 여행하고 빈둥거리며 세계의 미래와 과거를 사색하고 책들을 보고 공상에 잠기며 길거리를 배회하고 사고의 낚시줄을 어떤 흐름 속에 깊이 담글 수 있기에 충분한 돈을 여러분 스스로 소유하게 되기 바랍니다. 왜냐하면 나는 여러분을 픽션에만 한정시키는 것이 결코 아니니까요. 여러분이 나를—그리고 나와 같은 사람이 수천 명이나 있지요—즐겁게 해주고 싶다면 여러분은 여행과 모험에 관한 책, 연구서와 학술서, 역사와 전기, 비평과 철학, 과학에 대한 책들을 쓸 것입니다."
(169쪽)

개인이 아닌 역사 속의 여성으로 쓰라는 것입니다.

"나는 글 한 줄 쓰지 못하고 코끼리 동물원 밖 교차로에 묻힌 시인, 셰익스피어의 누이가 아직도 살아 있다고 믿고 있습니다. 그녀는 여러분 속에 그리고 내속에 또 오늘 밤 설거지를 하고 아이들을 잠재우느라 이곳에 오지 못한 많은 여성들 속에 살아 있습니다. 그녀는 살아 있지요. 위대한 시인들은 죽지 않으니까요. 그들은 계속 현존하는 존재들입니다. 그들은 우리 속으로 걸어 들어와 육체를 갖게 될 기회를 필요로 할 뿐입니다. 이제 여러분의 힘으로 이런 기회를 그녀에게 줄 수 있게 되고 있습니다. 우리가 앞으로 백 년 정도 살게 되고—우리가 개인으로서 살아가는 각각의 짧은 인생이 아니라 진정한 생활이라 할 수 있는 공동의 삶을 이야기하고 있습니다—우리들 각자가 연간 오백 파운드와 자기만의 방을 가진다면, 그리고 우리가 스스로 생각하는 것을 정확하게 표현할 수 있는 용기와 자유를 가지게 된다면, 우리가 공동의 거첫방을 넘어서 더 넓은 세상을 보게 된다면, 우리가 밀턴의 무서운 악귀를 넘어서서 볼 수 있다면, 매달릴 팔이 없으며 우리는 혼자서 나아가야 하고 남자와 여자의 세계만이 아니라 더 큰 리얼리티의 세계에 우리가 관련을 맺고 있다는 사실을 인식한다면, 그때에 그 죽은 시인은 스스로 내던졌던 육체를 다시 갖게 될 것입니다."(175-176쪽)

소리없이 죽어간 무수한 시인들의 삶에서 생명을 끌어내듯이, 여성 작가는, 진지하게 준비만 한다면, 자기 자신이기를 원하기만 한다면, 자신의 몸 속에 시인을 모시게 될 것임을 울프는 신탁을 내리듯 말하고 있습니다. 자기 자신이 될 조건을 마련하기 위해 애를 쓰면서 글을 쓰라고 그는 명하고 있습니다.

그리하여 인간을 억압하는 지식의 틀, 언어의 틀을 바꾸어 가라고 말합니다. 다중적 주체에 대해서, 고정되지 않고 변화하는 주체에 대해서, 그리고 즐거움으로 쓰는 글쓰기에 대해서 그는 말하고 있습니다. 가부장적 사회에서는 남성들이 전쟁에 관한 것을 즐겨 쓰듯이 주제에서부터 여성의 글쓰기는 차이가 난다고 말합니다. 그리고 문체에서도 남녀의 차이는 나타날 수밖에 없다고 강조합니다.

울프는, 산문에 탁월한 재능을 가지고 있는 샬롯트 브론테는 서투른 도구를 움켜쥐고 있다가 비틀거리면서 쓰러졌고 조지 엘리엇 역시 큰 실수를 저질렀다고 평가하고 있습니다. 조지 엘리엇의 창조적 충동은 역사나 전기를 쓸 때 넘쳐흐를 수 있는 것이었다고 하며 또 에밀리 브론테는 시극에 적합한 마음을 가졌다는 것이지요. 그러나 '자기만의 방'이 없는 상황에서 그들은 모두 그나마 자기의 방 없이도 쓸 수 있는 소설을 쓸 수밖에 없었다고 울프는 말하고 있습니다(106-107쪽).

여성적 글쓰기의 전통이 없음에서 오는 적절한 도구의 부재는 여성의 글쓰기에 막대한 영향을 미쳤던 것입니다. 기존의 소설적 문장이 여성에게 적합하지 않은 것과 마찬가지로 서사시나 시극의 형식 또한 여성에게 적합하리라고 생각할 이유는 없다고 울프는 말합니다. 그는 후배 여성 작가들에게 장르까지도 대대적으로 바꾸어 갈 것을 부탁하고 있습니다(119-120쪽).

울프는 확실히 여유 있는 싸움을 하고 있었습니다. "증오와 원한으로 고통받고 분열되지 말라, 모든 장애물을 다 태우고 눈부시게 작열하는 작가가 되라"(95쪽)고 그는 말하고 있습니다. 울프는 후배들에게 남성의 문체를 따라가지 말 것을 간곡히 권합니다.

"남성의 마음의 무게와 속도, 보폭은 여성과 너무 다르기 때문에 여성은 실속 있는 어떤 것을 그들로부터 성공적으로 따올 수 없습니다. 너무 멀리 떨어져 있으므로 모방해 터득할 수 없는 것이지요. 아마 그녀가 펜을 종이에 대자마자 발견하게 될 첫번째 사실은 그녀가 사용할 수 있는 공통의 문장이 없다는 것입니다."(118쪽)

여기서 미래의 여성 글쓰기와 관련해서 그녀는 몸으로 글쓰기를 주창합니다.

"책은 어떻게든 육체에 적응해야 합니다. 그래서 여성의 책은 남성의 책보다 더욱 짧고 더욱 응집되어야 하며 지속적이고 방해받지 않는 장시간의 독서를 요구하지 않게끔 꾸며져야 한다고 모험적으로 말할 수 있을 것입니다."(121쪽)

가부장적 사회에서는 여성에게 항상 방해가 있을 테지요. 그러한 방해를 받지 않는 조건을 만들어 가는 것도 중요하지만, 동시에 그런 방해 속에서도 쓸 수 있고 읽을 수 있어야 한다는 점을 울프는 지적합니다. 이것은 혁명적인 발언입니다. 여성들이 여자로, 그리고 몸으로 글을 쓰기 시작할 때는 틀림없이 기존의 문학적 형식을 넘어서는 새로운 형체를 만들어 낼 것입니다. [5]

"여자가 방으로 들어갑니다.—그러나 그녀가 방으로 들어갈 때 어떤 일이 일어나는지를 그녀가 말할 수 있으려면 지금 우리가 가진 말과 그 의미들은 확장되어야 하고 모든 단어들은 날개를 달고 급히 날아올라 사생아로 태어나야 할 겁니다."(137쪽)

울프는 따뜻하면서도 단호한 어조로 지금도 말하고 있습니다.

마치는 글

최근 우리 나라 「여성문화예술기획」에서 『자기만의 방』을 번안한 연극이 인기를 끌면서 공연되었었지요. 어느 여성학과 학생의 말대로 이 연극은 여자로 하여금 글을 쓰지 못하게 만드는 '여성의 가난'과 실제로 물질적으로 빈곤한 '가난한 여성'의 문제를 정리하지 않은 채 섞어 놓아 혼란을 야기하지만 하여간 울프 당신의 말이 이 땅에서 큰 메아리를 일으키기 시작

---

5) 울프 자신이 46세에 출판한 소설 『올란도』에서 문체의 차이를 보여 주고 있다고 한다. 이 소설은 그가 장난스럽게 시작한 소설이라고 하는데 소설의 젊은 남자 주인공을 여자로 변하게 하면서 문체의 전환을 확실하게 보여 주고 있다는 것이다. 프랑수아즈 드프로몽이 그의 글 「여성다움에 관한 생각」에서 이렇게 밝히고 있는데, 남자로 나오는 첫번째 장이 얼음으로 덮인 '빙하'의 반짝이는 표면처럼 펼쳐진다면 여성적 문체가 나오는 장에서는 구두점으로 표현되던 불투명함이 없어지고 다르게 숨쉬기 시작한다는 것이다. 마침표로 분리된 짧은 문장을 자주 사용하면서 조밀하고 치밀하게 써내려 가다가 인물이 여성으로 구체화되면서는 일인칭 단수로, 수많은 쉼표와 설명 부호, 말없음표들이 등장하면서 문체가 밝아지고 가벼워진다고 한다. 이를 드프로몽은 "얼어붙은 수면처럼 움직이지 않거나 위험하게 넘쳐흐르던 물이 평상시의 유동성이나 파도의 규칙적인 출렁임을 다시 찾는다"는 식으로 표현하고 있다. (외국문학 1992 여름호, 334쪽)

한 것을 느낄 수 있었습니다. 당신의 팬이 많아지고 있다는 것이며 그만큼 앞으로는 좋은 글을 쓸 사람도 많아질 것임을 암시하는 것이겠지요. 당신에게 고맙다는 말을, 그리고 사랑한다는 말을 하고 싶군요. 안녕히!

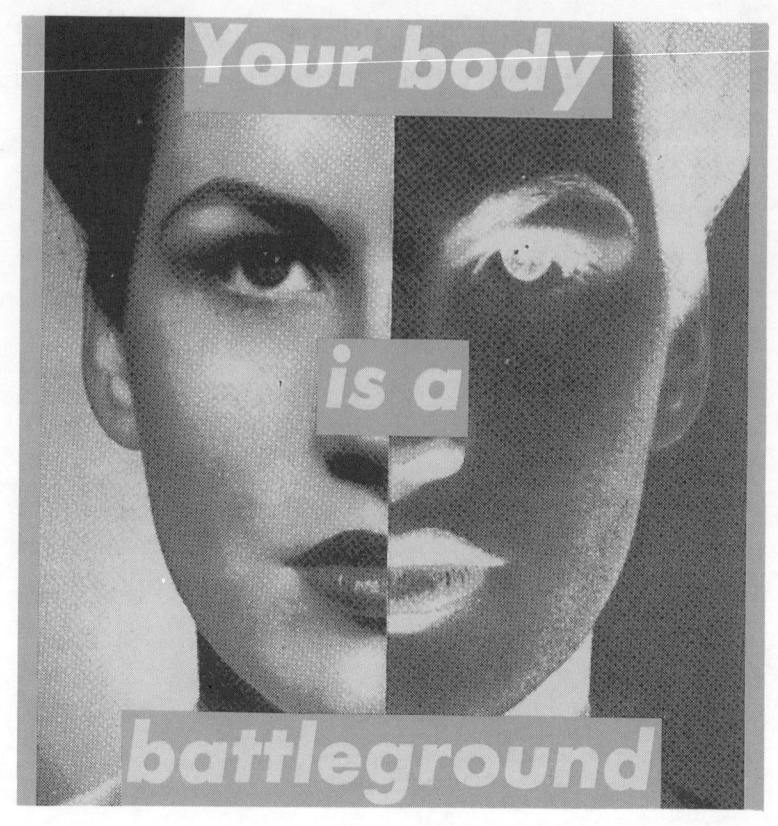

바바라 크루거, 「무제(너의 육체는 싸움터다)」, 1987.

다시 읽는 글

함께 읽고 새로 써본 씩쑤의 「메두사의 웃음」

박일형*

엘렌느 씩쑤(Hélène Cixous)는 1938년에 알제리아에서 태어났다. 그의 박사학위 논문은 *L'Exile de James Joyce ou L'art du remplacement*(1968)이며, *The exile of James Joyce of the Art of Replacement* (New York: David Lewis, 1972)로 번역되어 영어권에 소개되었다. 씩쑤는 까뜨린느 끌레몽(Catherine Clément)과 *Féminin Futur* (미래의 여성)을 편집했으며, 잡지 *Poetique*의 편집자이기도 하다. 스무 가지의 책과 논문, 소설, 희곡 등을 발표했다. 현재 빈센느에 있는 파리 제7대학에서 가르치고 있으며, 이 곳에서 여성성 이론을 개발하기 위한 이론팀을 구성하여 많은 작업을 해오고 있다.

1970년대 프랑스 문단과 언론에서 여성의 글쓰기 écriture feminine라는 주제가 중심적인 위치를 차지할 수 있었던 것은 거의 씩쑤 덕분이다. 씩쑤는 특히 1975년과 77년 사이에 집중적으로 여성, 여성성, 페미니즘, 글쓰기의 주제에 관한 글을 발표했다. 1975년에 저서 *La Jeune Née* (새롭게 태어난 여성)이 끌레몽과 공저로 출판되었고, 그 중의 일부가 영역되어 "Sorties(출구들)"로 *New French Feminisms*(Brighton: Harvester, 1980: pp.90-98)에 수록되었다. 그리고 같은 해 "Le Rire de la Méduse(메두사의 웃음)"을 발표하였고, 이것은 76년에 "The laugh of Medusa(*Signs*, 1, Summer, pp.875-99)"로 영어권에 소개되었다. 1976년에는, "Le Sexe ou la tête?(성기인가 머리인가?)"를 발표하였고, 1981년

---

* 1967년에 태어나 영문학을 전공한 사람으로서 여자로 세례받은 남자.

에 "Castration or decapitation?(*Signs*, 7, Spring, pp.41-55)"로 영역되었다. 1977년에는, Anie Leclerc과 Medeleine Gagnon과 공저로 *La Venue á l'écriture*(글쓰기의 도래)를 발표하였다.

아래에서 '여자의 글쓰기'에 대한 전형적인 성명서 격인 그의 글 「메두사의 웃음」을 읽어 보고 이어서 씩쑤를 나름대로 재해석하여 쓴 나의 글 「남자의 자궁」을 싣는다. 「메두사의 웃음」은 고미라 씨가 1975년 *L'Ard*지에 실린 "Le rire de la Meduse"(pp. 39-54)를 옮긴 것인데 책 편집상 발췌하여 싣는다. 전문을 읽고 싶은 사람은 위에 인용한 불어판이나, 영어로는 1976년 *Signs* 여름호를 참고하기 바란다.

「메두사의 웃음」

여성은 여성에 대하여 써야 하며, 글쓰기로 가야 한다. 여성은 자신의 몸으로부터 소외되어 왔던 것처럼 글쓰기로부터도 배제당했다.

우리의 시대에는 남성적인 과거로부터 여성적인 새로움이 나오고 있다. 나의 글은 두 가지 측면과 두 가지 목적을 갖는다. 분해하는 것, 파괴하는 것, 그리고 예상할 수 없는 것을 예상하는 것, 계획하는 것.

나는 이것을 여자로서, 여자들을 향하여 쓴다. 그러나, 어떤 보편적이고 전형적인 여자가 존재하진 않는다. 개별적인 구성은 무한히 풍부하기 때문이다. 여성의 상상력과 환상의 흐름은 믿을 수 없을 만큼 무한하다.

언젠가 나는 어떤 여자가 자신만의 세계에 대해 알려 주었던 것에 놀란 적이 있다. 육체의 기능과 성감에 대한 탐구였는데, 매우 풍부하고 창조적인 그러한 작업은 자위행위와 관련해서는 특히 그러했고 그것은 기쁨의 단계마다 진정한 미학적 활동이었다.

나는 이 여자가 이러한 독특한 왕국에 대해 쓸 수 있기를 바랐다. 다른 여자들이 자신도 그러하다는 것을 주장할 수 있도록. 나 역시 그러한 것을 느낀 적이 있는데 나는 아무 말도 하지 않고 아무것도 내색하지 않았다. 나는 부끄러웠고 내가 미쳤다고 생각하며 두려워했다. 자신의 충동과 자신의 힘을 느끼면서 질겁하지 않는 여자가 어디 있겠는가.

왜 글쓰지 않는가? 글쓰기는 당신을 위한 것이다. 당신은 당신을 위해 있다. 당신의 몸은 당신의 것이니 당신의 몸을 가져라. 당신은 몰래 조금씩 썼다. 마치 몰래 자위행위를 하는 것에 대해 스스로 자책했듯이 자신이 쓰는 것을 나쁜 것이 되게 하였다. 그러나 써라, 아무도, 어떤 남자도 당신이 쓰는 것을 막지 못하게 하라.

나는 여성을 쓴다. 여성은 여성이 써야 한다. 이제 여성은 영원으로부터, 무로부터 되돌아온다. 남성이 그토록 잊게 만들려 했던 여성 자신들의 유년기로부터 되돌아온다.

보라, 무의식은 견고하기 때문에 그들은 계속해서 여기에 도착한다. 그들은 세뇌당했던 좁은 방안에서 원을 그리며 방황했지만, 그들이 말을 하기 시작한 순간, 그들은 자신의 이름을 알게 되고 자신의 영토가 검다는 것을 알게 된다. 아프리카 때문에 당신은 검은 것이다. 검은 것은 위험하다. 아무것도 보이지 않는다. 그러나 움직이지 말아라. 우리는 어둠에 대한 이 공포를 내면화하였다.

남성들은 여성에 대해 가장 큰 범죄를 저질렀다. 여자로 하여금 여자를 증오하게 만들었다. 이제는 OLD WOMEM으로부터 NEW WOMEN을 해방시킬 때가 되었다. 여태까지 여성성을 새겨 넣는 그 어떤 글도 없다. 여성 작가의 수는 항상 너무 적었다. 글쓰기는 리비도적이고, 문화적인 조직에 의해 이끌려져 왔다. 그것은 여성 억압이 영속화된 공간이다. 글쓰기는 성적 대립의 기호들이 과장되고, 여성에게는 결코 말할 차례가 주어지지 않는, 그런 장소이다. 이러한 것은 글쓰기가 전복적인 사고를 가능케 하는 발판 역할을 할 수 있다는 점을 생각하면 더욱 용서할 수 없는 일이다.

글쓰기의 역사는 이성의 역사였고 그것은 스스로 만족해 하는 남근 중심주의의 역사였다. 예외를 제외하고, 끊임없이 동일한 '진리'를 되풀이 말하는 거대한 기계 속에서 불량품들은 있어 왔고, 전통에 이질적인 요소를 가져온 시인들도 있었다. 사람을 사랑할 줄 알고 진압에 저항하는 여성을 생각하는 이들이 있었다.

그러나, 소설가들이 아니라 단지 시인들만 있었다. 왜냐하면 시적 예술은 무의식 속에서 힘을 얻고 무의식은 억압된 자들이 생존하는 장소이기 때문이다.

반란을 일으키는 이러한 새로운 글쓰기는 다음의 두 차원에서 요구되는 변화들을 일으킬 수 있을 것이다.

ㄱ) 개별적으로: 스스로에 대해 글을 쓰면서 여성은 그 동안 압수당했던 몸으로 되돌아올 것이다. 너 자신을 써라. 너의 몸의 소리가 들려야 한다. 그때에 무의식의 엄청난 자원이 솟아날 것이다. 글쓰기라는 행위를 통해서 그 동안 묶여 왔던 채로 있었던 여성 자신의 재산, 기쁨, 육체적인 영토 등을 되돌려 받을 것이다. 여성은 매번 모든 것에 대해 유죄였다. 욕망을 가졌다는 것에 대해, 욕망을 가지지 못한 것에 대해, 불감증이라는 이유로, 너무 들떠 있다는 이유로, 너무 모성적이고, 모성적이지 못하다고, 아이가 있다고, 아이가 없다고.

ㄴ) 글쓰기는 여성에 의한 빠롤(Parole)의 쟁취를 표시한다. 그 동안 여성의 억압 위에 구성되어 온 역사 가운데 당당히 등장하는 것이다. 이제는 여성이 문자 언어와 구술 언어에 자신의 목소리를 낼 때가 되었다. 침묵이라는 상징적 자리에서 벗어나기 위해 여성으로부터 여성을 향하여 글쓰기를 함으로써 남근 지배적인 담론에 도전하고 스스로를 주장할 수 있게 되었다.

회의장에서 말하는 여자를 들어 보라, 그는 '말한다'기보다는 공중을 향하여 떨리는 자신의 몸을 내던진다고 할 수 있다. 그는 자신을 풀어놓고 비상한다. 모든 것이 그의 목소리로 흘러들어 간다. 연설의 논리는 그의 육체를 통해 진실됨을 내보인다.

일반 남성에게서 나타나는 구술 연설의 논리와 텍스트의 논리 사이의 단절이 없다. 몸의 가장 작은 일부분인 입술과 가면만 참여시키는 그런 연설이 없다.

여성적 글쓰기, 여성적 빠롤(Parole) 속에는 우리를 살짝 스쳐온 것, 깊숙이 우리에게 영향을 계속 미치는 최초의 음악, 모든 여성이 보존시키고 있는 그 노래가 끊임없이 울리고 있다. 왜 이와 같은 목소리에 대한 특권적인 관계가 가능한가? 어떤 여자도 남자만큼 욕구를 억압하는 방어벽을 쌓아 올리지 않기 때문이다. 남자처럼 쾌락으로부터 용의주도하게 멀어지지는 않기 때문이다. 비록 남근적 신비화가 관계를 오염시켰을지라도, 여성은 어

356

머니로부터 결코 멀리 떨어져 있지 않다. 여성 속에는 항상 어머니의 모유가 남아 있다. 여성은 흰 잉크로 글을 쓴다.

여성들을 위한 여성: 여성 속에는 항상 타자, 특히 다른 여성을 낳을 수 있는 힘이 있다. 그 스스로가 자신의 어머니이면서 자신의 아이이고 딸이면서 자매이다. 그 속에는 잠재적으로 준비된 샘이 있고, 타자를 위한 장소가 있다. '어머니'도 하나의 은유다. 그의 최선의 부분이 다른 여성에 의해 그에게 주어지면, 그는 스스로를 사랑할 수 있고, 자신 속에 태어난 육체를 사랑으로 되돌려 줄 수 있다. 어린 시절과의 관계도 어머니와의 관계도 단절되지 않는다. 고치고, 먹이고, 분리에 저항하는 단절되지 않는 힘이 있다. 미국 여성들은 우리에게 상기시킨다. "우리들은 모두 레즈비언들이다." 여성들을 비하시키지 말라, 그들이 너에게 행한 대로 너희에게 행하지 말라.

엄청난 여성의 충동적 구조 때문에, 그는 말할 기회를 포착하면 모든 남성적 체계를 직접, 간접으로 변화시킨다. 그의 리비도는 사람들이 생각하고 싶어하는 정도보다 훨씬 더 극단적인 정치사회적 변화를 가져올 것이다.

우리는 새로운 역사 시대에 살고 있다. 아니, 서로서로 교차하는 여러 역사들의 시대가 되려 한다. 여성 속에는 모든 여성들의 역사가 모아진다. 투쟁가로서 그는 모든 종류의 해방과 한 몸이 된다.

여성적 글쓰기의 실천은 어떻게 규정할 수 없다. 이 실천은 결코 이론화할 수 없을 것이기 때문이다.

1) 항상 남성에게 유리하게 행해진 성적 대립은 글쓰기까지도 그러한 법칙을 따르도록 하지만 이런 대립은 역사적·문화적 한계일 뿐이다.

2) 대부분의 독자, 비평가, 작가들 모두가 여성적 글쓰기/남성적 글쓰기의 구분을 인정하지 않는 것은 뭘 잘 몰라서이다. 사람들은 종종 성적인 차이를 배제하면서 다음과 같은 이야기를 한다. 모든 글쓰기는 여성적이다. 또는 글쓰기 행위는 남성적인 자위행위와 같다. 또는 글쓰기란 양성적, 즉 중성적이다.

여기서 말하는 융화된 양성성에 대해 나는 '다른 양성성'을 대비시키고자 한다. 차이를 무화시키지 않는, 자기 속에 있는 두 개의 성을 개별적으로 찾아내는 것으로 나타나는 양성성이 그것이다. 여기에서 여성은 득을 본다. 어떤 의미에서 여성은 양성적이다. 이와 반대로 남근을 우선시하는 남성들은 '여자가 되는 것을 두려워하는' 별로 유쾌하지 못한 운명에 처하게 된다.

'검은 대륙'은 검지도 않고 탐험할 수 없는 것도 아니다. 아직 탐험되지 못한 것은 너무 검어서 탐험될 수 없다고 믿게 했기 때문이다. 결핍을 기리는 기념비가 있는 하얀 대륙이 우리에게 흥미로운 것이라고 믿게 하려 했기 때문이다. 그리고, 우리는 그렇게 믿었던 것이다. 우리는 두 개의 끔찍한 신화 사이에 고정되어 버렸다. 메두사와 심연 사이에.

남근 이성중심주의가 거세라는 도그마의 낡은 틀을 재생산하는 가운데 그들은 아무것도 변화시킨 게 없다. 그들은 자신의 욕망을 현실인 양 이론화했을 뿐이다.

그런데, 그들의 두려움은 혹시 여성이 거세된 게 아니라는 사실, 인어(왜냐하면 인어들은 남자들이었다)들의 말을 듣지 않기만 한다면 역사의 의미가 달라질 수 있다는 사실에 있는 것이 아닌가? 메두사를 정면으로 바라보기만 하면 알 수 있다. 그것은 죽을 수 있는 것이 아니라 오히려 아름답게 웃고 있다.

남성들이 재현할 수 없는 것이 두 가지가 있다 한다. 죽음과 여성. 그들은 여성성이 죽음과 연결됨을 필요로 한다. 그들은 두려워서 발기한다. 그들은 우리를 두려워할 필요를 느끼는 것이다.

우리는 우리 자신의 몸으로부터 돌아섰다. 멍청한 부끄러움으로 우리의 몸을 외면하도록 배웠다. 속임수를 당한 것이다. "나는 너에게 너의 육체를 줄 테니까 너는 나에게 나의 육체를 달라." 그러나, 여성들에게 육체를 주는 남자들은 누구인가? 왜 이토록 텍스트가 없는가? 자신의 몸을 되찾은 여성은 아직 너무도 적다.

여성들은 사회적인 성공에 초대받은 남성보다 훨씬 더 육체적이다. 더 육체적이므로 글쓰기를 더 많이 해왔다. 오랫 동안 그는 억압에 대해 육체로 대답해 왔다. 말을 하기 전에 입 속에서 혀를 일곱 번씩 일만 번을 굴린 여자는 이로 인해 죽어버렸던가 아니면 다른 이들보다 자기의 혀를 더 잘 알던가이다.

언어가 남자의 언어이며 그들의 문법이라는 이유로 인해, 언어 속에 불가항력적인 적수가 숨어 있다고 두려워할 필요는 없다. 우리가 그들의 것이 아닌 만큼, 그들의 것이 아닌 언어라는 장소를 그들에게 내맡길 필요는 없다.

만일 여성이 항상 남성의 담론 속에 기능해 왔다면 이제는 그가 그 안을 폭파시키고 포착하여 자신의 것으로 만들 때가 되었다.

그들의 개념과 도구들을, 그들의 자리를 점유하자는 문제가 아니다. 그것을 내면화하거나 조작하기 위해 점유하자는 것이 아니라, 단번에 튀어 날기 Valor ('날다'와 '훔치다'의 뜻이 있다) 위해서이다.

난다는 것, 그것은 여성의 몸짓이다, 언어 속에서 날고, 그것을 날도록 하는 것, 어느 여성이 날지 / 훔치지 않겠는가? 사회성을 혼란시킬 몸짓을 느끼고 꿈꾸지 않는 여성이, 실천하지 않는 여성이 어디 있겠는가?

여성의 텍스트는 전복적이지 않을 수 없다. 그것이 쓰여지는 남성적인 껍질을 들어올리는 폭발적인 방법으로 전복한다. 갇혀 있는 자들은 가두는 자들보다 자유로운 공기의 맛을 훨씬 더 잘 아는 법이다. 오늘날 여성들은 그들의 역사 덕분에 남성들이 훨씬 이후에야 생각할 수 있는 것들을 이미 행하거나 원할 줄 안다. 그는 개인적인 것을 전복시키고 '고유한 것'의 무용성을 볼 수 있다.

만일 여성에게 고유한 것이 있다면, 그것은 역설적이게도 계산 없이 자신을 탈고유화하는 것으로, 끝이 없고 주요 부분도 없는 채 그것이 하나의 전체라면 전체인 부분들로 구성되는 전체이다. 곧 그는 자신의 육체나 자신의 욕망을 군주화하지 않는다는 뜻이다. 그의 리비도는 우주적이고 무의식은 세계적이다. 그의 글쓰기는 아무런 제한된 테두리 없이 이어질 수 있고, 그의 언어는 뭔가를 잡아 두기보다는 운반한다.

「남자의 자궁」

그는 또 다른 언어를
말하게 한다—닫힘도
죽음도 모르는 수천 개의
혀가 말하는 언어를.
—엘렌느 씩쑤

남과 남

그는 아니라고 말한다. 말이 채 끝나지도 않았는데 말이다. 기분이 나빠지려는 순간에 그는 이미 자신의 대답을 보충 설명하면서 내 말과 나 자신을 '정의'해 주고 있다. 여기서 지친 듯 물러나야 할까. 아니면 그에게 또 다른 논리로 대응해야 할까. 하지만 실제로 난 지쳤다. 오늘은 이쯤에서 관두자. 그 다음날도 우리들의 대화는 전투적으로 이어진다. 그가 일보 전진하면 난 바리케이드를 쌓고 기회를 탐색했다가 역공을 시도한다. 이렇게 하기를 일주일쯤 지나자 난 그가 가장 즐겨 사용하는 전략을 마침내 알아냈다. 그는 일단 내가 말하는 모든 것을 부정한다. 그 다음 내가 거론하지 않은(대개는 내가 귀찮아서 생략한 것들이다) 점들에 최대한의 가치를 부여한다. 그리곤 그것이 마치 자신이 오래도록 고집 세게 지켜온 지조인 양 거드름을 피우며 말하는 것이다. 따라서, 내가 풀어야 할 문제는 그로 하여금 내 말을 인정하게 하는 것으로 좁혀지게 되었다. 이건 쉬운 일이다. 난 그에게 위로와 칭찬이 섞인 말들을 조심스럽게 던진다. 역시 그의 반응이 이전보다 훨씬 느슨하다. 난 칭찬의 강도를 조금 더 높인다. 그는 무장 해제를 시작한다. 이때 난 아까보다는 강도 있는 위로의 말을 살짝 끼워 넣는다. 이건 나중에 그가 이 대화를 자신의 승리로 떠올리는 바로 그 순간, 그의 기억 속에서 폭발해 사실은 나의 승리였음을 확신시켜 줄 것이다. 그의 무장 해제 덕분에 나의 지뢰도 안전하게 자리를 확보한다. 이제 난 고도의 비유적인 언어를 통해서 그를 정의하기 시작한다. 그것은 단순한 꿈꾸기 혹은, 시적인 비유로밖에 보이지 않을 것이다. 그러나, 그가 그렇게 받아들이기를 거부하는 자신에 대한 규정을 이 비유를 통해 성취할 것이다. 그가 이기적이고 자기 도취의 울타리에 갇혀 있다는 표현을 언덕 위에 펼쳐진 낭만적인 목장으로 비유한다. 또한, 그의 보수적이고 자기 정당화를 위해 만들어진 주장들을 풍경과의 조화를 위해 적당히만 키운 양들에 비유한다. '살찌게 할 수가 없어서가 아니라 단지 조화를 위해'라는 말이 그를 무척 흡족하게 만들었다. 심지어 그는 이 비유를 칭찬이라고 생각한다. 물론 그가 이런 오해를 하는 것도 무리는 아닐 것이다. 비유가 너무 아름다웠던 것이다. 그러나, 비유는 아름다워야 한다. 그래야만 상대가 기꺼이 받아들인다. 그리고, 비유의 아름다움에 신경을 써야만 나 자신이 '정의 내리기'라는 억압적이고 공격적인 언술 형태 속으로 되먹히는 것을 막을 수가 있다. 장식적이고 미학적인 언어가 논리와 정의 내리기의 언어를 해체할 수 있는 것이다. 어쨌든 오늘의 승리는 나의 것이다. 하지만, 내가 이런 승리의 기쁨에 도취되어 있는 것은 상대에게 공격의 빌미를 주는 수가 있다. 승리의 기쁨이 절정에 이르는 순간에 난 상대를 위해 자비를 베풀 준비를 해야만 한다. 난 진심으로 그가 가지고 있는 장점들을 열거하기 시작한다. 물론 그가 이미 삼키고 있는 비유의 구조를 통해서이다. 그는 계속되는 칭찬에 약간의 긴장을 느끼지만 이내 대수롭지 않게 여기며 나의 칭찬에 더욱 귀를 기울인다. 이제 설사 그가 이 모든 것을 알게 될지라도, 그리고, 나의 승리를 깨닫게 된다 할지라도 나를 악의 있는 사람으로 기억하지는 않을 것이다. 어쩌면 영영 내가 말한 비유의 의미를 깨닫지 못할지도 모르지만 말이다.

남과 여
이제 당신 이야기를 해봐요. 할말 없어요. 왜 할말이 없지요? 난 이렇게 다 이야기 했잖아요. 모든 말은 부정확한 것이에요. 오해를 만들고 싶지 않아요. 말이 부정확하다는 것은 모든 말의 전제일 뿐이죠. 그래도 우린 계속 말을 하고 있잖아요. 그래도 싫어요…… 당신 얘기나 더 해보세요. 나도 할 말 없어요. 그럼 내 손에 대해서 이야기해 보세요. 글쎄…… 당신 손은 크지만 무엇을 잡을 수 있는 손은 아닌 것 같아요. 잡을 수 없다니요? 아니 잡질 않아요. 뭘 잡지 않는다는 거죠? 잡고 싶은 것을 잡지 않아요. 당신 손은 잡기보다는 집어 내기에 적합해요. 아니면 두드리는 데요. 그건 맞아요. 난 피아니스트가 꿈이었어요. 남보다 많은 건반을 집을 수 있었거든요.

내 얘기가 그런 얘기는 아니었는데 덕분에 지금 당신은 당신에 관해 이야기를 시작했어요. 그래요. 난 피아니스트가 꿈이었어요. 하지만 지금은 아니예요. 지금은 뭐가 되고 싶죠? 말할 수 없어요. 말이란 무의미하니까요? 맞아요. 바로 그 이유예요. 내가 지금 무엇이 되고 싶다고 말해도 나중엔 분명 말과는 다른 사람이 되어 있을 거예요. 당신은 말이 무의미하다고 하지만 따지고 보면 당신은 말에 짓눌려 있는 것 같네요. 모든 말이 약속은 아니잖아요. 말은 정확하지 않아요. 우린 그냥 뭔가 불가능한 것을 말해 보려고 무한히 노력하고 있는 것일 뿐이예요. 그런 노력을 동정할 순 없나요. 하지만, 말이 씨가 되요. 씨가 되면 어때요. 그리고, 설사 그것이 나무가 되도 그게 말 때문은 아닐 거예요. 당신은 말로 상처를 줄 수도 있어요. 그럴지도 모르죠. 그러나, 제가 할 수 있는 극도의 애무도 말을 통해서 이루어질 걸요. 난 목욕하고 나서 온몸을 따뜻하고 부드럽게 감싸는 느낌을 좋아해요. 그리고, 난 말을 통해서 그런 느낌을 전달할 수 있을 것이라고 생각해요. 당신은 아직도 유아적이예요. 그럼, 당신은 모성적이예요. 그리고, 내가 당신이 모성적이라고 선언하는 순간 당신은 이 게임에서 진 거죠. 어떻게 알았어요? 내가 모성적이라는 걸. 난 그런 모습을 가장 보여 주기 싫었어요. 정말 숨기고 싶었어요. 왜죠? 왜 숨겨야 하죠? 어머니 때문이예요. 그 이상은 말할 수 없어요. 대체 왜 모든 여자들이 어머니에 대해서 집착하죠? 사실은 아버지 탓이예요. 뭐라구요? 처음엔 어머니 때문이라고 그랬잖아요. 모르겠어요. 생각해 보면 아버지가 더 부드러운 사람이었던 것 같아요. 그리고, 언제나 아버지랑 더 많은 이야기를 했어요. 당신은 그들을 죽여야 할 거예요. 뭐라구요? 당신의 부모 말이예요. 왜요? 왜 부모를 죽여요? 당신 말 속에 살아 있으니까요. 말 속에 살아 있는 게 뭐예요? 당신 말의 문법이 되어 있다는 거죠. 당신은 부모의 자궁이라는 문법 안에서 말하고 있는 태아예요. 자신의 문법을 찾아야 해요. 당신의 자궁 말이예요. 내가 부모를 어떻게 죽여요? 당연히 말로 죽이는 거죠. 당신이 양수처럼 풀어진 말로 당신 자신을 태어나게 하면 일단은 부모를 죽이는 일이 이루어져요. 그런 후에도, 흐느끼듯이 아니면 생리하듯이 말할 수 있어야 해요. 그리고 나면 자신의 자궁을 느낄 수 있을 거예요.

여와 여

둘이서 대화를 나눌 땐 이미 다 알고 있는 걸 확인하는 과정처럼 느껴져요. 한 사람이 이야기를 시작하면, 다른 사람은 얼른 그가 무슨 말을 하려는지 다 알아요. 그래서, 먼저 사람의 이야기 중간에 자기의 이야기를 얼른 해버리지요. 그러면 이야기를 시작한 사람도 좀더 솔직하게, 좀더 장황하게 이야기를 다하게 되지요. 이야기가 이야기를 물고늘어져요. 어느 땐 대화하는 두 사람이 아닌 사람들의 이야기까지 거기에 들어오지요. 말에 다리가 달리고, 또 달리고 우리들의 말엔 다리가 많지요. 실은 두 사람이 만나자마자 서로 무슨 이야기를 할지 다 알고 있어요. 그래서 알고 있는 말로부터 미끄러지려고 노력해요. 아니면 해야 할 말을 계속해서 연기시키는 거예요. 그래서 처음엔 그렇다, 아니다 하면 되었을 말이, 그 모든 변두리를 다 지나서 오느라 지쳐 버리지요. 우리는 아니다라는 말을 잘 못하지요. 그래서 어느 때는 아무리 말을 해도 앙금이 안 풀려요. 말하다가 그것도 모자라서 한없이 흐느끼는 친구를 보면 너무나 부러워요. 울고 싶은데 울음이 안 나오는 것처럼 슬픈 게 어디 있겠어요? 엄마와 딸도 마찬가지예요. 엄마와 딸은 말 안하고도 서로 아는 부분이 굉장히 많아요. 그러나, 알면서도 안 물러서지요. 둘 중 하나는 고집쟁이이기 마련이거든요. 헤어졌다가 다시 만나면 똑같은 이야기를 계속하고 있어요. 뱃속에서부터 시작된 이야기가 죽을 때까지 끝나질 않아요. 그러면서도 서로 알고 있는 거지요. 뭘 원하는지, 어느 부분이 괴로운지, 어느 부분을 감추는지, 아니면 어느 부분을 반대로 말하는지 말이예요. 여기에서부터 아픔에 거리 두기, 역설로 말하기, 마음 감추기, 은유로 말하기가 시작되지요.

남, 혹은 여

누가 누구를 정의하는 일은 끔찍한 일이다. 사람을 소주병 같은 가느다란 통로로 우겨 넣는 일이다. 게다가 말로 사람을 정의하는 것은 실제와는 아무런 상관도 없는 것으로 지워지지 않는 각인을 하는 짓이다. 하지만, 언제부터인지 정의하고 정의 당하는 일에 익숙해졌음을 발견한다. 그 우스꽝스러운 싸움을 심각하게 여기고 있음을 깨닫는다. 말의 연결을 사뭇 논리적인 양 가장해서 그를 쥐구멍으로 몰고 있었다. 그도 역시 말을 칼처럼 휘두르며 내 몸을 절단내려고 하고 나 역시 그의 혈관 하나하나가 보이는 것처럼 그를 해부하려고 들었던 것이다. 그러나, 무엇보다도 놀라운 일은 우리가 말싸움을 너무나 심각하게 여기었기에 말싸움이 단지 말싸움에 그치지 않았다는 점이다. 말싸움은 곧 몸싸움이고 말에서 이기면 그의 몸도 지배할 수 있었다. 그리고, 만약 내가 몸싸움에서 이기면 그에게 하는 모든 말이 바뀌었다. 이런 말싸움에 진저리가 난 나는 말로 칼을 대신하거나 말로 상대방을 조종하는 일을 그만두고 싶었다. 말로 애무를 하거나 사랑을 하고 싶었다. 말로 춤을 추고, 말로 다다를 수 없는 별까지 달려가고 싶었다. 아니 실제로 그러지는 못하더라도 그러는 척, 몸짓, 춤사위라도 하고 싶었다. 하지만, 나에겐 성기만 있을 뿐 자궁이 없다. 자궁이 있는 사람들이 흘러가고, 쏟아 놓고, 휘몰아치고 싶어하는, 그런 욕구가 내 몸에 없다. 마음만으로 그렇게 하고 싶어도 몸이, 글이 그렇게 되질 않는다. 그저 내가 할 수 있는 일은 나의 과거에, 그 피비린내 나는 말싸움에 거울을 들이대는 일이다. 아니면 그들의 말에 역설적인 미소로 대답하는 것이다. 이미 나는 그들에게 있어선 일종의 벙어리이다. 침묵으로 답하기가 나의 최후의 전술이 되버린 것이다. 그러나, 이건 뭔가 잘못된 것이 아닐까. 말을 할 수 없다면, 말을 사용하지 않는다면, 어떻게 칼을 애무로 바꿀 수 있을까. 자궁을 빌어서라도 말을 해야 하지 않을까. 자궁을 인공 장기처럼 이식해서라도 새로운 말을 해야 하지 않을까. 성기와 자궁 둘 다를 가지고 있는 조금은 괴이한 모습으로라도 말을 생산해 내는 것이 정정당당하지 않을까. 적어도 자신의 자궁을 기억하고 있는 이들에게 자궁을 달아 달라고 부탁하고 싶다. 마치 엄마가 딸을 배듯이 자궁 속에 자궁, 말 속에 말, 문법 속에 문법, 거울 속에 거울, 반영 속에 반영, 재현 속에 재현을 만들어 보고 싶다.

쥬디 시카고, 「Female Rejection Drawing, from the Rejection Quintet」, 1974.
사진 : 프랑크 J. 토마스.

서평

「여자가 알아야 할 남자의 비밀, 남자가 알아야 할 여자의 비밀」
Secret about men every women should know

김정화*

지은이 바바라는 심리상담가로서, 자신의 직접 경험과 상담 과정을 통한 간접 경험을 바탕으로 하여 이 책을 쓰고 있다. 이론 서적이 일반 독자에게 줄 수 있는 용어의 부담감 없이 평범한 언어를 사용하고 있어서 지은이가 이야기하고자 하는 것을 쉽게 접근하고 이해할 수 있다는 장점을 가지고 있다.

이 책을 쓴 목적은 지은이가 거듭 밝혔듯이, 여성 자신에 대해 올바르게 이해하고 남성과 올바른 관계를 정립하는 데 도움을 주기 위해서이다. 이 목적에 걸맞게 가장 눈에 띄는 장점은 여성들이 항상 느끼고 겪으면서도 구체적으로 언어화되지 못했던 것을 언어화하였다는 데 있다. 즉 남성과 여성이 같은 사물을 보고, 느끼고, 표현하는 데에는 서로 이방인이라고 생각될 만큼 다르다는 것을 지적하고 있다. 지은이는 남성을 "비슷한 육체적 겉모습을 하고 있는 외계인"으로 표현하면서, 이러한 차이를 사회화와 유전적 기억, 그리고 여성에 대한 심리적 경외감의 결과로 설명하고 있다. 그러나 지은이는 불가능한 것처럼 보이는 남녀 사이의 의사 전달, 관계 맺기, 사랑하기 들을 극복할 수 있는 것으로 보고 있다. 그 극복 방안으로 제시한 "남성 마음의 문 열기"에서 여성은 도와주는 역할을 하는데, 지은이는 전제

---

* 제주도에서 6형제 중의 맏딸로 커서 두살 난 딸을 하나 두었다. 건국대에 강의를 나가고 있으며, 의료제도에 관심이 많다.

조건으로 남성의 준비 상태를 꼽고 있다. 남성은 마음의 문을 열어야 여성과 진정한 의미에서의 대화가 가능하다고 지은이는 주장하고 있다. 여기서 마음의 문을 연다는 것은, 간단히 얘기한다면, 남성이 자신의 감정을 언어로 표현할 수 있게 되는 것을 뜻한다. 이 주장이 얼마나 설득력이 있는가는 독자들의 판단에 맡겨야 될 문제인 것 같다.

이 책은 크게 세 부분으로 나뉘어 있는데, 첫번째 부분에서 지은이는 여성이 남성과 관계를 맺고자 할 때 저지를 수 있는 실수들을 자신의 경험을 바탕으로 하여 지적하고 있다. 이러한 실수들은 알면서 저지르는 것들이 아니라 우리의 어머니들 그리고 그 전에 그들의 어머니들로부터 배운 행동 양식에서 오는 것들로 보고 있다. 지은이는 여성이 남성에 대하여 가장 자주 저지르는 실수들을 여섯 가지로 나누고, 각 실수에 대한 사례들과 더불어 그에 따른 문제점들과 해결책들을 제시하고 있다. 그 여섯 가지 실수들이란 첫째, 어머니처럼 행동하며 남성을 어린애처럼 다룬다. 둘째로 자신을 희생하며 스스로를 사랑하는 남자보다 열등한 위치에 둔다. 셋째로 남자들의 가능성을 보고 사랑에 빠진다. 넷째는 자신의 뛰어남과 능력을 숨긴다. 다섯째는 자신의 힘을 포기한다. 마지막으로 남자로부터 원하는 것을 얻기 위해 어린 소녀처럼 행동한다. 지은이는 여성이 위와 같은 여섯 가지 실수들을 극복하고 난 뒤에야 남성과 올바른 관계를 맺을 수 있다고 주장하고 있다.

이 책의 두번째 부분에서는 여성들이 남성에 대해 가지는 세 가지 질문으로 시작하여 남성들이 싫어하는 여성의 행동 양식, 특히 성적 매력을 중심으로 하여 서술하고 있다. 지은이는 여성들이 그 대답을 알고 싶어하는 "남성들의 세 가지 불가사의"를 다음과 같이 요약하고 있다. 첫째, 왜 남자들은 틀리는 것을 싫어하는가? 둘째, 왜 남자들은 여자들이 혼란에 빠지거나 감정적인 상태가 될 때 싫어하는가? 셋째, 왜 남자들은 여자들보다 사랑과 관계에 관심을 갖지 않는 것처럼 보이는가? 위와 같은 불가사의들에 대해서 지은이는 자신의 임상 경험을 바탕으로 그 원인들과 해결책들을 제시하고 있다. 그러나 이 두번째 부분의 삼분의 이 이상이 남성이 좋아하는 성적 매력에 대해 할애되고 있다.

마지막 부분에서 지은이는 남성들과 원활한 의사 교환을 위한 세 가지 비밀과 남성의 마음을 열도록 도와주는 비결, 그리고 강한 여성이 되는 비결들로 이 책을 마치고 있다. 남성과 올바른 인간 관계 맺기를 위한 올바른 의사 전달을 방해하는 여성들의 잘못들과 그에 대한 남성들의 반응을 임상 사례들을 통해 보여 주고, 해결 방안 역시 임상 경험을 바탕으로 하고 있다. 여기서 중요한 것으로 지은이는 "올바른 들어주기"를 강조하고 있다. 지은이가 제시한 방안들은 여성과 남성간의 관계에서뿐만 아니라 일반적인 인간들 사이의 관계에서도 보편적으로 활용이 가능한 것으로 보인다. 남성의 마음을 열도록 도와주는 것과 강한 여성이 되는 것은 이 책의 첫번째 부분에서 지적된 여섯 가지 실수를 극복하는 것과 중복되고 있으며 지은이도 이 부분은 작은 지면만을 할애하고 있다.

지은이는 이제껏 여성들이 사회화 과정을 통해 내면화한 "남성들에게 사랑받기 위해서는 어떻게 행동해야 한다"는 것들에 대해 질문을 하고 그에 대한 분석으로 이 책을 시작하고 있다. 지은이는 이러한 것들을 "여성이 남성에 대해 저지르는 여섯 가지의 실수"라고 부르면서, 여성이 한 인간으로서 남성과 올바른 관계를 맺기 위해서는 이러한 것들로부터 자유로워져야만 한다고 주장하고 있다. 그러나 아쉽게도 그러한 지은이의 출발점이 책이 진행되는 동안 색이 바래고 논리의 맥이 끊김을 발견하게 된다. 책의 중간이라 할 수 있는 두번째 부분은 책의 시작에서 얘기되었던 "여성의 인간 되기"의 주장과는 맥이 통하지 않는 단절이 나타나고 있다. 남성들이 싫어하는 여성의 실수들을 지적하고, 남성들이 왜 그러한 실수들을 싫어하는지를 설명하면서, 그에 대한 대처 방안을 제시함으로써 문제의 분석 시각이 여성이 아닌 남성의 것으로 변해 있는 것을 독자는 발견하게 되는 것이다. 앞서의 첫번째 부분이 여성이 자신의 두 발로 선 하나의 개체(인간)가 되어 남성과 인간다운 독립적인 관계를 맺기 위한 자기 분석의 시발점이었다고 한다면, 이 두번째 부분에서는 단순히 남성에게 성적 흥미를 유발하거나, 그러지 못하는 대상으로서 여성이 해야 할 방편들을 나열하고 있다. 다시 말해 남성에게 사랑받으려는 여성의 행동 양식들의 문제점을 지적함과 동시에, 어떻게 하면 더욱 효과적으로 관계를 맺고, 사랑받을 수 있는가 하는 것들을 남성의 관점에서 서술하고 요약하고 있다. 이러한 남성의 기준에 맞춘 가치판단은 지은이로 하여금 여성이 저지르는 '과실', '실수', '잘못하고 있는 것'들로 여성의 행동 양식들을 요약하고, 관계 맺는 과정의 실패를 여성에게 떠넘기는 잘못을 하게 만들고 있다. 마지막 셋째 부분은 바로 앞 부분인 두번째 부분보다는 첫번째 부분과 맥락을 같이하며, 또한 그 연장선에서 전개되고 있다. 홀로 서기 위해 그리고 남성과 올바르게 관계를 맺기 위해서 첫째로 여성 자신에 대한 분석이 있어야 한다고 하고 (첫번째 부분의 주제), 다음으로는 주어져 있는 상황 안에서 남성과의 관계를 시작하고 그 관계를 변화시켜 나가기 위한 (이 책의 결론) 방안들을 이 마지막 부분에서 제시하고 있다.

여기서 짚고 넘어가야 할 문제점은 관계 맺음과 그 해결 방안이 사회 구조적으로 결정될 수도 있음을 지은이가 놓치고 있다는 것이다. 여성이 한 인간으로 홀로 서서 남성이라는 인간과 올바른 관계를 맺기 위해서는, 여성 자신이 자신의 문제점을 깨달아 그로부터 자유로워지고 남성의 마음 문을 열기를 도와주는 것도 중요하지만, 동시에 다른 사회·문화적인 조건들이 선행되든지 적어도 병행되어야 한다. 여성이 자신의 짝을 선택하는 것과 혼전 관계가 우선 자유로워야 하며, 또한 경제적으로 독립되어 있는 사회 구조 속에서만이 여성의 선택이 여성 자신의 삶을 결정하는 중요한 변수가 될 수 있기 때문이다. 우리 나라와 같이 가부장적 이데올로기가 사회 전반을 지배하고 경제적으로는 남성(아버지, 남편, 아들)에게 의존해야 하는 곳에서는 지은이가 제시한 해결 방안들이 올바른 관계 맺음을 위한 방안이 되지 않을 수도 있다. 다시 말해, 사회적·경제적 남녀 평등이 전제되고 난 뒤에야 정서적·심리적 평등 관계를 향해 가는 것이 가능한 것이고, 앞의 전제가 없는 상황에서 후자의 평등을 향한 해결 방안은 실제 벌어지고 있는 일들을 오도할 위험을 지닐 수 있기 때문이다. 남성과의 올바른 관계 맺기 실패는 여성이 자신의 실수들을 인식하거나 극복하지 못했거나, 남성을 이해하지 못했거나 남성이 마음의 문을 열도록 도와주지를 못한 데에서 발생하는 문제로 이 책은 보이게 한다. 그러나 이 문제를 이해하기 위해서는, 여성 개인의 생각과 의지와는 상관없이, 남성과 동등한 인격체로 마주서는 것을 허락하지 않는 사회적·경제적 제약들이 고려되어야 하며, 또한 남성들로 하여금 "마음의 문"을 열도록 동기 부여가 전혀 되어 있지 않은 사회·문화적인 구조들 또한 고려되어야 할 것이다.

 그렇지만 여성이 남성과 관계를 맺으려 할 때 문제가 되지 않을 만한 것이 문제가 될 수 있는 바탕이 무엇인가를 이해하는 데 실마리를 제공하고 있다는 점에 이 책의 가치가 있다고 하겠다. 조금 아쉬운 것이 있다면 지은이가 여성이 남성과 관계를 맺는 것을 아주 자연스럽고 당연한 것으로 가정하고 있다는 점이다.

Peter Maurer 사진

여자로 말하기, 몸으로 글쓰기
[또 하나의 문화] 제9호

- 초판 발행일
  1992년 12월 24일
- 7쇄 발행일
  2002년 12월 16일
- 편집인
  또 하나의 문화 동인들
- 발행인
  유승희
- 발행처
  도서출판 또 하나의 문화
- 주소
  서울 마포구 동교동 184-6 대재빌라 302호 (121-818)
- 전화
  (02) 324-7486
- 팩스
  (02) 323-2934
- 이메일
  tomoon@tomoon.com
- 홈페이지
  www.tomoon.com
- 출판등록번호
  1987년 12월 29일 제9-129호
- ISBN
  89-85635-19-0 03800

ⓒ (사) 또 하나의 문화, 1992

※ 잘못된 책은 바꾸어 드립니다.